Verstehen

Martin Elbe

Verstehen

Entwicklung, Theorien und Anwendungen der Interpretativen Sozialwissenschaft

Martin Elbe
ZMSBw
Potsdam, Brandenburg, Deutschland

ISBN 978-3-658-38124-0   ISBN 978-3-658-38125-7 (eBook)
https://doi.org/10.1007/978-3-658-38125-7

Die Deutsche Nationalbibliothek verzeichnet diese Publikation in der Deutschen Nationalbibliografie; detaillierte bibliografische Daten sind im Internet über http://dnb.d-nb.de abrufbar.

© Der/die Herausgeber bzw. der/die Autor(en), exklusiv lizenziert an Springer Fachmedien Wiesbaden GmbH, ein Teil von Springer Nature 2022
Das Werk einschließlich aller seiner Teile ist urheberrechtlich geschützt. Jede Verwertung, die nicht ausdrücklich vom Urheberrechtsgesetz zugelassen ist, bedarf der vorherigen Zustimmung des Verlags. Das gilt insbesondere für Vervielfältigungen, Bearbeitungen, Übersetzungen, Mikroverfilmungen und die Einspeicherung und Verarbeitung in elektronischen Systemen.
Die Wiedergabe von allgemein beschreibenden Bezeichnungen, Marken, Unternehmensnamen etc. in diesem Werk bedeutet nicht, dass diese frei durch jedermann benutzt werden dürfen. Die Berechtigung zur Benutzung unterliegt, auch ohne gesonderten Hinweis hierzu, den Regeln des Markenrechts. Die Rechte des jeweiligen Zeicheninhabers sind zu beachten.
Der Verlag, die Autoren und die Herausgeber gehen davon aus, dass die Angaben und Informationen in diesem Werk zum Zeitpunkt der Veröffentlichung vollständig und korrekt sind. Weder der Verlag, noch die Autoren oder die Herausgeber übernehmen, ausdrücklich oder implizit, Gewähr für den Inhalt des Werkes, etwaige Fehler oder Äußerungen. Der Verlag bleibt im Hinblick auf geografische Zuordnungen und Gebietsbezeichnungen in veröffentlichten Karten und Institutionsadressen neutral.

Planung/Lektorat: Cori Antonia Mackrodt
Springer VS ist ein Imprint der eingetragenen Gesellschaft Springer Fachmedien Wiesbaden GmbH und ist ein Teil von Springer Nature.
Die Anschrift der Gesellschaft ist: Abraham-Lincoln-Str. 46, 65189 Wiesbaden, Germany

Vertrauen ist gut,
Verstehen ist besser.

Vorwort

Das *Verstehen* in den Geistes- und Sozialwissenschaften stellt sowohl eine wissenschaftstheoretische Grundausrichtung dar als auch eine forschungspraktische Orientierung, die in zahlreichen wissenschaftlichen Disziplinen großen Einfluss auf die Entwicklung und das heutige Selbstverständnis hatten. Dies gilt für Philosophie und Psychologie ebenso wie für Soziologie und Wirtschaftswissenschaften – um nur einige Beispiele zu nennen. In Psychologie, Soziologie und Managementlehre konnte ich mir seit Ende der 1990er Jahre in Forschung und Lehre ein inhaltlich breites Portfolio erarbeiten, das sich von Arbeit und Personal in Wirtschaft und Militär, über sozialpsychologische Organisationstheorie, -diagnose und -entwicklung, zu sozialwissenschaftlicher Forschung in den Bereichen Gesundheit, Sport, Konflikt und Gewalt erstreckt, doch blieb ein Themenbereich hierbei immer im Fokus: das Verstehen und die verstehende Methodologie.

Im Laufe der Zeit sind hierzu zahlreiche Texte entstanden, die Teile umfassenderer, jeweils thematisch spezifisch ausgerichteter Arbeiten und Bücher waren, aber eben nur in der Zusammenschau die Art von Überblick zu liefern vermögen, die für die Breite der Ansätze des Verstehens in den Geistes- und Sozialwissenschaften notwendig ist. Das vorliegende Buch bietet nun einen solchen Überblick über das Verstehen in den Geistes- und Sozialwissenschaften, wobei es neben neu verfassten Teilen insbesondere auf bereits von mir veröffentlichte Texte zurückgreift. Dies gilt speziell für Auszüge aus Büchern, die im Hause Springer erschienen sind – welche Texte im Detail verwendet wurden, wird in den bibliographischen Nachweisen in Anhang 4 deutlich.

Ich möchte den wissenschaftlichen Institutionen, an denen ich in den letzten 25 Jahren tätig sein durfte, für die Freiheit, an diesem Buch zu arbeiten (auch wenn das Endprodukt zwischendurch noch nicht feststand), danken. Dies betrifft insbesondere die Universität der Bundeswehr München, die Hochschule für Angewandtes Management in Ismaning (früher in Erding), die Deutsche Hochschule für Gesundheit und Sport in Berlin, die Hochschule für Medien, Kommunikation und Wirtschaft in Berlin sowie das Zentrum für Militärgeschichte und Sozialwissenschaften in Potsdam – an dem ich heute forsche. Ganz besonders aber möchte ich den folgenden Personen danken, die mich bei der Fertigstellung des vorliegenden Buches unterstützt haben: Frau Karin Elbe-Heimann, Prof. Dr. Dr. Christian Göbel, PD Dr. Nina Leonhard, Prof. Dr. Sibylle Peters und Dr. Lic. Markus Thurau.

Gewidmet ist das Buch meiner Frau Dr. med. Katrin Elbe und unserem Sohn Antonio.

Berlin und Potsdam   Martin Elbe
2022

Inhaltsverzeichnis

1	**Einleitung: Verstehen und das Interpretative Paradigma**	1
	Literatur	4
2	**Das Verstehen in der Philosophie**	5
2.1	Grundprobleme der Erkenntnistheorie	5
2.2	Ansätze des Verstehens von der Antike bis zur Renaissance	9
	2.2.1 Das Höhlengleichnis	9
	2.2.2 Teleologie und Kausalismus	13
2.3	Der Kampf der Methoden	16
	2.3.1 Die cartesianische Wende	16
	2.3.2 Aufklärung und Psychologismus	19
	2.3.3 Kritik der reinen Vernunft	22
2.4	Die Entwicklung im deutschsprachigen Raum	27
	2.4.1 Die historische Schule	27
	2.4.2 Die Erkenntnis der geschichtlichen Welt	32
	2.4.3 Grenzen der Hermeneutik	35
	2.4.4 Grundlegung der reinen Phänomenologie	41
2.5	Der philosophische Diskurs bis heute	46
	2.5.1 Pragmatismus und Existenzialismus	46
	2.5.2 Sprache, Verstehen und Erklären	49
	2.5.3 Konstruktivismus	55
2.6	Anforderungen an eine verstehende Epistemologie	63
	Literatur	68
3	**Handeln und Gesellschaft verstehen**	75
3.1	Überblick über die Verstehende Soziologie	75
3.2	Etablierung der Verstehenden Soziologie	82

	3.2.1 Das Verstehen bei Georg Simmel	82
	3.2.2 Max Weber und das verstehende Erklären	85
3.3	Ausbreitung in den Sozialwissenschaften	98
	3.3.1 Verstehende Nationalökonomie	98
	3.3.2 Zum Verstehen in der Pädagogik	103
3.4	Theoretische Weiterentwicklung	105
	3.4.1 Symbolischer Interaktionismus, Sozialkonstruktivismus und Ethnomethodologie	105
	3.4.2 Bourdieu und das Verstehen der Praxis	111
3.5	Interpretative Sozialforschung	113
	Literatur	115

4 Psychologisches Verstehen ... 123
- 4.1 Verstehende Psychologie ... 123
  - 4.1.1 Grundlagen und Überblick ... 123
  - 4.1.2 Psychotherapeutisches Verstehen ... 131
- 4.2 Sozialpsychologisches Verstehen ... 148
  - 4.2.1 Perspektiven der Sozialpsychologie ... 148
  - 4.2.2 Experimentelle und Reflexive Sozialpsychologie ... 150
  - 4.2.3 Lewin: Kein entweder-oder ... 152
  - 4.2.4 Analytische Sozialpsychologie ... 156
- 4.3 Systematisierung sozialpsychologischen Verstehens ... 158
  - 4.3.1 Systematik des Verstehens ... 158
  - 4.3.2 Alltagsverstehen und wissenschaftliches Verstehen ... 160
- Literatur ... 165

5 Anwendung I: Forschen mit Idealtypen ... 171
- 5.1 Der Homo Intelligere ... 171
- 5.2 Begründung und Entwicklung eines Verstehens-Fragebogens ... 174
  - 5.2.1 Entwicklung des EBVFB ... 174
  - 5.2.2 Soziodemographische Daten ... 175
  - 5.2.3 Verstehensformen ... 176
  - 5.2.4 Ziele und Zeit ... 180
  - 5.2.5 Verstehensprozess ... 183
  - 5.2.6 Bewertung des EBVFB ... 188
- 5.3 Antonovskys Kohärenzfragebogen ... 189
- 5.4 Idealtypen in der Forschungspraxis ... 193
  - 5.4.1 Vorwissen und Verstehen ... 193

	5.4.2 Beispiel 1: Handlungsleitende Institutionen im Unternehmen	196
	5.4.3 Beispiel 2: Idealtypen der Beratung	200
	5.4.4 Beispiel 3: Duale Karrieren	203
	Literatur	206

6 Anwendung II: Verstehende Beratung 211
   6.1 Verstehen als Beratungsgrundlage 211
   6.2 Verstehensprozess und Beratungsprozess 213
   6.3 Verstehen sozialen Handelns von und in Organisationen 216
   6.4 Beratung mithilfe des Modells betrieblicher Sozialisation 219
   6.5 Beratungsprozess als Sozialisationsprozess? 223
   6.6 Konsequenz für den dritten Handlungsmodus 225
   Literatur 227

7 Anwendung III: Gewaltpotenziale verstehen 229
   7.1 Das Gewaltgedächtnis 229
   7.2 Militärische Gewalt – Verstehen und Erlernen 231
   7.3 Militärische Sozialisation als Weitergabe von Gewaltwissen 239
   7.4 Gewaltwissen als Kern militärischer Organisationskultur 242
   7.5 Institutionalisierung und Rollenhandeln 247
   7.6 Sozialer Wandel: altes und neues Gewaltwissen 251
   7.7 Zusammenfassung 254
   Literatur 256

8 Resümee 259

Serviceteil 261

Anhang 1: Der Elbe-Beyer Verstehens Fragebogen (EBVFB) – Kommentierter Überblick 263

Anhang 2: Ablaufplan zur Durchführung des Experimentes: Der Sin Obelisk 271

Anhang 3: Der Kohärenzfragebogen (SOC – Sense of Coherence) 273

Anhang 4: Bibliographische Nachweise der Texte 275

Einleitung: Verstehen und das Interpretative Paradigma

Während Verstehen im Alltag ein grundlegender Teil der menschlichen Kommunikation und (noch allgemeiner) des sich-in-Beziehung-Setzens von Menschen mit anderen Menschen und mit der Umwelt sowie der Selbstvergewisserung seiner selbst ist, wird es für die Wissenschaft zur methodischen Herausforderung. (Friebertshäuser 2006) Selbst, wenn der benutzte Zeichenvorrat, die Sprache und Symbolik allen Beteiligten bekannt und verständlich ist, so sind doch die Intentionen und Wahrnehmungen von Menschen ebenso wenig unmittelbar zugänglich, wie die Sinnkonstruktionen und Ziele der Einzelnen oder die ursächlichen Gründe ihres Handelns. Die Handlungsmotive sind vielfältig und ihre Offenlegung anderen Menschen gegenüber unterliegt der Kontrolle der Selbstinszenierung im Alltag. Auch den Handelnden selbst sind Gründe und Zwecke, ja vielfach sogar die Emotionen, die das Handeln begleiten, nur bedingt bewusst und bleiben in ihren ursächlichen Anteilen hinsichtlich Handlungsablauf und -erfolg diffus. Mit diesen wenigen Bemerkungen wurden nicht nur grundlegenden Probleme des Alltagsverstehens kurz skizziert, es wurden auch zahlreiche Theoriebezüge angesprochen, die aus unterschiedlichen Disziplinen und Theorieschulen stammen, die einander mehr oder weniger beeinflusst haben – manchmal bewusst ignoriert wurden und vielfach einfach nicht zur Kenntnis genommen werden konnten, z. B. weil es Sprachbarrieren oder unterschiedliche Wissenschaftstraditionen gibt.

Die Theorie des Verstehens (oder der Hermeneutik) ist eine Wissenschaftstradition, die sich insbesondere im deutschsprachigen Raum seit dem 19. Jahrhundert entwickelt hat und ausgehend von der Philosophie in geistes- oder sozialwissenschaftlichen Disziplinen[1] großen Einfluss gewonnen hat. Bis zur ersten Hälfte des 20. Jahrhunderts hatte das Verstehen als wissenschaftstheoretische Orientierung eine paradigmatische Bedeutung in den Geistes- und Sozialwissenschaften, die allerdings ab den 1950er Jahren durch eine zunehmend analytische und kritisch-rationale Grundausrichtung zumindest ergänzt, partiell sogar verdrängt wurde.[2] Dies gilt nicht nur für den deutschen Sprachraum, sondern auch für die Wissenschaften in anderen kulturellen Kontexten. Speziell in den USA entwickelte sich seit Mitte des 20. Jahrhunderts eine Verstehenstradition, die von der Entwicklung im deutschsprachigen Raum beeinflusst war und die von Thomas P. Wilson als ‚interpretatives Paradigma' bezeichnet wurde. (Wilson 1980) Handlungsprozesse und Interaktionen sind demnach interpretationsbedürftig, es gilt sie zu deuten und das wiederum macht es notwendig sie zu verstehen. Grundsätzlich unterscheidet Wilson (1980, S. 55 ff.) das interpretative Paradigma von einem normativen Paradigma in den Sozialwissenschaften – wie in Verhaltenstheorie, Systemtheorie oder Rationaltheorie – die von einer gegebenen Wirklichkeit (die sich z. B. in Normen und Rollen ausdrückt) ausgehen. Der Ausgestaltung des interpretativen Paradigmas durch Wilson hinterliegt aber keine einseitige Beeinflussung der amerikanischen Geistes- und Sozialwissenschaften durch verstehende Ansätze aus dem deutschsprachigen Raum. James, Mead oder Parsons hatten diese zwar in ihrer jeweiligen Studienzeit in Deutschland kennen gelernt und Immigranten wie Schütz oder Lewin verstärkten diese in den USA ab Mitte des 20. Jahrhunderts. Es ist aber von einer Wechselwirkung

---

[1] Die Zuordnung einzelner Disziplinen zu den Geisteswissenschaften (in Abgrenzung zu den Naturwissenschaften) oder zu den Sozialwissenschaften ist nicht eindeutig und führt vielfach zu Überschneidungen: Die Philosophie gehört zu den Geisteswissenschaften, umfasst aber auch die Sozialtheorie, die ebenso in der Soziologie beheimatet ist. Die Soziologie kann zu den Geisteswissenschaften gezählt werden, gehört aber (wie auch die Politikwissenschaft und die Pädagogik) sicherlich zu den Sozialwissenschaften. Die Geschichtswissenschaft kann als Sozialwissenschaft angesehen werden ist aber auch eine der grundlegenden Geisteswissenschaften. Die Wirtschaftswissenschaften können als Sozialwissenschaften angesehen werden, zu den Geisteswissenschaften gehören sie eher nicht. Die Psychologie kann entweder als Geisteswissenschaft verstanden werden oder aber als Naturwissenschaft, eine Sozialwissenschaft ist sie eher nicht, obwohl die Sozialpsychologie erhebliche Überschneidungen zur Mikrosoziologie aufweist. Diese Unschärfen lassen sich wohl definitorisch auflösen, das ändert aber nichts daran, dass sowohl in der Entwicklung der wissenschaftlichen Disziplinen als auch im aktuellen Gebrauch unterschiedliche Zuordnungen vorgenommen wurden und werden. Es erscheint also sinnvoll diese Überschneidungen zur Kenntnis zu nehmen und sie als Ausdruck der jeweiligen Selbstverortung von Autoren zu verstehen – und damit schon eine Grundlage zum Verstehen der jeweiligen Autoren gewonnen zu haben.
[2] Zum Konzept des wissenschaftlichen Paradigmas vgl. Kuhn (1999).

1 Einleitung: Verstehen und das Interpretative Paradigma

zwischen Pragmatismus, symbolischem Interaktionismus und interpretativer Sozialforschung auf der einen Seite und dem Verstehen (einschließlich Hermeneutik und Phänomenologie) auf der anderen Seite auszugehen. So zeigt Herzog (1995) den Einfluss von James auf Husserl auf, Helle (1991) betont Schelers Rückgriff auf James und auch Wittgenstein bezieht sich auf James (Elbe 2002). Schütz (1974) und Wilson (1980) wiederum berufen sich dezidiert auf Weber.

Überblicke zu Ansätzen die unter dem interpretativen Paradigma subsumiert werden und dem Zusammenhang mit dem Verstehen finden sich bei Giddens (1994), Keller (2012), Abels (2010) oder Richter (1995) sowie – mit Schwerpunkt auf den Symbolischen Interaktionismus – bei Helle (1992). Diesen Schwerpunkt setzte bereits Wilson (1980), wodurch speziell die Überlegungen Herbert Blumers ins Zentrum der interpretativen Sozialwissenschaft rückt. Blumer (2013) setzt dabei drei Prämissen: Menschen handeln aufgrund eigener Bedeutungszuschreibungen in ihrer Umwelt, diese entstehen im Zuge sozialer Interaktionen und verändern sich im Handlungsprozess. Sowohl das Handeln, wie auch die Wahrnehmung sind dabei in hohem Maß „mit Symbolen und symbolanalogen inneren Repräsentationen" (Lenk 1993, S. 606) verbunden – eine Erkenntnis die auch schon für den Symbolischen Interaktionismus namensgebend war. Handeln und Interaktion sind in hohem Maß interpretationsbedürftig und darauf muss sich auf die Methodologie zur Erforschung menschlichen Handelns beziehen. Dies hat unmittelbare Folgen für die empirische Sozialforschung, die sich nun an Sinnkonstruktionen orientiert und dabei heute primär einer qualitativ-interpretierenden Forschungslogik folgt (z. B. Flick/Kardoff/Steinke 2003).

„In der heutigen bundesdeutschen Soziologieszene lassen sich diesem Paradigma all diejenigen Ansätze zurechnen, die einen sinnverstehende, hermeneutischen Zugang zu ihrem Forschungsgegenstand wählen und in der Regel mit qualitativen Methoden arbeiten […]. Damit versammelt das interpretative Paradigma theoretische Modelle und ein breites Arsenal von Forschungsstrategien und Methoden, die sowohl matriale Praxen als auch Interpretationsprozesse analysieren und aufeinander beziehen." (Keller 1999, S. 2)

Der vorliegende Band will dem Verstehen als grundlegender Perspektive in den interpretativen Sozial- und Geisteswissenschaften den zentralen Platz einräumen – die zentralen Fragen sind im Fortgang der Betrachtung immer wieder: Wie verstehe ich Handeln und Interaktionen? Wie verstehe ich andere und mich selbst? Welche Bedeutung/welcher Sinn wird sozialen Tatsachen und Handlungen zugeschrieben? Warum und wozu wird auf eine bestimmte Weise gehandelt? Wie lässt sich dies erforschen? Zur Beantwortung dieser Fragen muss die Breite der Geistes- und Sozialwissenschaften betrachtet werden und diese erstreckt sich von der Philosophie über die Soziologie, Wirtschaftswissenschaften und Pädagogik bis hin zur Psychologie. Hierbei werden Positionen und Entwicklungen aufgezeigt, aber auch eigene Konzepte und Systematiken formuliert – wodurch ein Beitrag geleistet werden soll, das Verstehen besser zu verstehen. Es sollen aber auch Anwendungsfelder zur Forschung mit Idealtypen, zur Verstehenden Beratung oder zum Verstehen von Gewaltpotenzialen aufgezeigt werden.

Literatur

Abels, H. (2010): Interaktion, Identität, Präsentation. Kleine Einführung in interpretative Theorien der Soziologie. 5. Aufl. Wiesbaden.
Blumer, H. (2013): Symbolischer Interaktionismus. Aufsätze zu einer Wissenschaft der Interpretation. Frankfurt a. M.
Flick, U./Kardoff, E.v./Stinke, I. (2003, Hrsg.): Qualitative Forschung. Ein Handbuch. Reinbek bei Hamburg.
Friebertshäuser, B. (2006): Verstehen als methodische Herausforderung für eine reflexive empirische Forschung. In: Friebertshäuser, B./Rieger-Ladich, M./Wigger, L. (Hrsg.): Reflexive Erziehungswissenschaft. Wiesbaden, S. 231–251.
Giddens, A. (1994): Interpretative Soziologie. Eine kritische Einführung. Frankfurt a. M.
Helle, H. (1991): Epistemological Affinities between Verstehen and Pragmatism. In: Helle, H. (Hrsg.): Verstehen and Pragmatism: Essays in Interpretative Sociology. Frankfurt a. M., S. 1–16.
Helle, H. (1992): Verstehende Soziologie und Theorie der Symbolischen Interaktion. 2. Aufl. Stuttgart.
Herzog, M. (1995): William James and the development of phenomenological psychology in Europe. In: History of Human Science 1/1995, S. 29–46.
Keller, R. (1999): Diskursbegriff und interpretatives Paradigma. Referat zum Workshop „Perspektiven der Diskursanalyse" vom 11.–12. März 1999 in Augsburg. URL: http://lrz-muenchen.de/~Diskursanalyse/keller.htm vom 23.02.2001.
Keller, R. (2012): Das Interpretative Paradigma: Eine Einführung. Wiesbaden.
König, E. (1991): Interpretatives Paradigma: Rückkehr oder Alternative zur Hermeneutik. In: Hoffmann, D. (Hrsg.): Bilanz der Paradigmendiskussion in der Erziehungswissenschaft. Leistungen, Defizite, Grenzen. Weinheim, S. 49–63.
Kuhn, T. (1999): Die Struktur wissenschaftlicher Revolution, 15. Aufl. Frankfurt a. M.
Lenk, H. (1993): Interpretationskonstrukte: zur Kritik der interpretatorischen Vernunft. Frankfurt a. M.
Richter, R. (1995): Grundlagen der verstehenden Soziologie: soziologische Theorien zur interpretativen Sozialforschung. Wien (AU).
Wilson, T. (1980): Theorien der Interaktion und Modelle soziologischer Erklärung. In: Arbeitsgruppe Bielefelder Soziologen (Hrsg.): Alltagswissen, Interaktion und gesellschaftliche Wirklichkeit. 1: Symbolischer Interaktionismus und Ethnomethodologie. 2: Ethnotheorie und Ethnographie des Sprechens. 5. Aufl. Opladen, S. 54–79.

Das Verstehen in der Philosophie 2

> **Zusammenfassung**
>
> Das Verstehen stellt in der Philosophie eines der Grundprobleme dar, welches weit über die Erkenntnistheorie hinausreicht. Die Möglichkeiten und Grenzen menschlichen Verstehens werden seit der Antike in der Philosophie diskutiert, wobei vielfach ein Gegensatz zwischen positivistisch-erklärenden und interpretativ-verstehenden Ansätzen betont wird, der sich – so zeigt sich immer wieder – so nicht halten lässt. Bis heute wurden zahlreiche Ansätze entwickelt, die dem Verstehen zugerechnet werden können und die, ob aus phänomenologischer, hermeneutischer, konstruktivistischer oder sprachwissenschaftlicher Sicht immer wieder den Menschen mit seiner Möglichkeit sich selbst und andere zu verstehen in das Zentrum der Betrachtung stellen. Hierzu gibt das vorliegende Kapitel einen Überblick.

2.1 Grundprobleme der Erkenntnistheorie

Im Rahmen der Philosophie beschäftigt sich die Epistemologie mit den Möglichkeiten der Erkenntnis durch den Menschen. Es ist nicht verwunderlich, dass schon Platons erkenntnistheoretische Überlegungen in fragend-sokratische Dialoge gefasst waren (Platon 1971), und auch heute noch vielfach das Problem anhand von Fragen systematisiert wird (Abb. 2.1 in Anlehnung Keller 1990, Helle 1999, Vollmer 1990):

In dem hier formulierten breiten Fragenkatalog der Epistemologie muss sich auch die Sozialwissenschaft positionieren, wobei sich (wie bereits in der Einleitung angedeutet) die Vielzahl der organisationstheoretischen Ansätze zwischen zwei Polen einordnen lässt, die Helle mit den Begriffen ‚verstehender Ansatz' und

Fragen	Inhalt
Was ist Erkenntnis?	Begriffsexplikation
Wie erkennen wir?	Wege und Formen
Was erkennen wir?	Gegenstand
Wie weit reicht die Erkenntnis?	Umfang und Grenzen
Warum erkennen wir gerade so, dies und nur dies?	Erklärung
Wie sicher ist unsere Erkenntnis?	Geltung
Worauf beruht ihre Sicherheit?	Begründung

Abb. 2.1 Fragen zur Erkenntnistheorie. (Eigene Darstellung)

‚szientistischer Ansatz' kennzeichnet (Helle 1999). Den beiden Polen lassen sich verschiedene Begriffspaare zuordnen: aristotelisch vs. platonisch, subjektivistisch vs. objektivistisch, idealistisch vs. galileisch, hermeneutisch vs. rationalistisch, konventionalistisch vs. positivistisch, phänomenologisch vs. funktionalistisch, ideographisch vs. nomothetisch. Diese Aufzählung ist insofern mit Vorsicht zu betrachten, als dass sie weder vollständig ist, noch die erkenntnistheoretischen Positionen, die sich hinter diesen Begrifflichkeiten verbergen, deutlich wiedergibt. Das Problem jeder epistemologischen Positionierung bleibt der fließende Übergang zwischen dem verstehenden und dem szientistischen Pol, der eine eindeutige Zuordnung schwierig macht. Als grundsätzliches Kriterium einer erkenntnistheoretischen Ortsfeststellung sieht Wright das Vorgehen bei der Generierung von Erklärungen (Wright 1991).

Teleologische Erklärungen sind in die Zukunft gerichtet, das Ziel eines Zusammenhangs oder einer Handlung soll aufgedeckt werden, sie antworten auf die Frage: ‚Wozu?' Es soll also der Sinn eines Zusammenhangs bloßgelegt werden – vor der Erklärung steht hier das Verstehen (in der engsten Fassung: das Verstehen einer zweckrationalen Handlung im Sinne Webers 1980).[1] Dem steht die kausale Erklärung gegenüber; diese ist in die Vergangenheit gerichtet, die Ursache eines Zusammenhangs (einer Handlung) soll deutlich gemacht werden, sie antwortet auf die Frage: ‚warum?' In der Antwort des ‚weil' wird die Ursache bloßgelegt,

---

[1] Aber: „Das *reale* Handeln verläuft in der großen Masse seiner Fälle in dumpfer Halbbewußtheit oder Unbewußtheit seines ‚gemeinten Sinns'" (Weber 1980, S. 10). Verstehen und teleologische Erklärung beschränken sich eben nicht auf zweckrationale Zusammenhänge, diese stellen nur ihre engste Form dar. Zur erkenntnistheoretischen Bedeutung der ‚Wozu?'-Frage vgl. insbesondere Keller 1990.

2.1 Grundprobleme der Erkenntnistheorie

aus der Regelmäßigkeit der Ursachen das Gesetz (Nomos) gewonnen.[2] Dieses Streben nach allgemeinen Gesetzen wird mit Wissenschaftlichkeit per se gleichgesetzt, weshalb das kausale Erklären auch als Szientismus bezeichnet werden kann. Kausale Erklärungen sind tendenziell wertrational,[3] da sie eine oder mehrere Ursachen (Explanans) mit einem zu erklärenden Phänomen (Explanandum) in Zusammenhang bringen wollen. Diesem Wollen hinterliegt der Nomos: Das Gesetz wird zum Wert, dem sich die Rationalität beugt.[4] Dies gilt auch für den (teilweise) relativierenden kritischen Rationalismus; der Wert, dem die Rationalität nachgeordnet ist, findet sich im Auffinden-Wollen dauerhafter Gesetze, das relativierende Moment im Prinzip der Falsifizierung. Doch dieses Prinzip ändert nichts an der Wertbezogenheit kritisch-rationaler Wissenschaft: Ein falsifiziertes Gesetz wird durch ein anderes ersetzt, das wiederum der Falsifizierung unterzogen wird (Chalmers 1994). Im kausalen Vorgehen steht die Erklärung vor dem Verstehen – erst wird das Gesetz formuliert, dann wird geprüft, ob dieses mit aufgefundenen Sinnbezügen in der ‚objektiven' Wirklichkeit übereinstimmt.[5] Dies erfolgt durch das statistische Testen von Hypothesen anhand quantitativ-empirischen Datenmaterials. Statistisches Material (auch in Bezug auf

---

[2] Der kausalen Erklärung wurde durch den methodologischen Monismus des Positivismus (vgl. Wright 1991, S. 18) im 19. Jahrhundert der Status der Logik schlechthin zugeschrieben. Dieser postulierte Zusammenhang erscheint selbst zutiefst kausalistisch und historisch kaum haltbar (ebd., S. 22), doch prägte er den wissenschaftstheoretischen Zugang zur Logik für das 20. Jahrhundert. Als gängige Schlussarten (vgl. z. B. Giesen/Schmid 1976, S. 49 ff.) werden der deduktiv-nomologische Schluss (D-N-Erklärung), der deduktiv-statistische Schluss (D-S-Erklärung) und der induktiv-statistische Schluss (I-S-Erklärung) angesehen, doch sind sie alle drei – auch bei probabilistischem Vorgehen – Kausalschlüsse.

[3] Nach Weber (1992a, S. 277 ff.) ist wertfreie Wissenschaft in dem Sinn unmöglich, als dass Wertinteressen des Forschers empirisch-wissenschaftlichem Arbeiten die Richtung weisen; innerhalb der Untersuchung werden aber insbesondere empirisch-historische *Kausalketten* immer wieder durchbrochen, da der Forscher zu werten beginnt (ebd., S. 291 ff.).

[4] Grundlage hierfür ist die Hempel-Oppenheimsche Theorie (vgl. z. B. Stegmüller 1978, S. 449 ff.).

[5] Die Möglichkeit von Sinnbehaftung der Statistik sah auch schon Weber (1980, S. 6): „*Statistik* gibt es (Absterbestatistik, Ermüdungsstatistik, Maschinenleistungsstatistik, Regelfallstatistik) von sinn*fremden* Vorgängen im gleichen Sinn wie von sinnhaften. *Soziologische* Statistik aber (Kriminalstatistik, Berufsstatistik, Preisstatistik, Anbaustatistik) nur von den letzteren (Fälle, welche *beides* enthalten: etwa Erntestatistik, sind selbstredend häufig)." Seine Unterscheidung zwischen sinnhafter und sinnfremder Statistik, ergibt sich aus dem handlungsorientiertem Sinnbegriff. Aus ontologischer Sicht ist diese Unterscheidung unnötig, da jede Tatsache, die statistisch abgebildet wird eine soziale Tatsache ist und damit Ausdruck einer sinnhaften Verweisstruktur.

die Sozialwissenschaften) ist aber stets doppelt sinnbehaftet, da es sich zum einen um zahlenmäßige Abbildungen sozialer Tatsachen (im ontologischen Sinn) handelt und zum anderen diese Abbildung selbst im Forschungsprozess sinnhaft konstruiert wurde. Der szientistische unterscheidet sich also letztlich vom verstehenden Ansatz dadurch, dass die Offenlegung von Sinnbezügen im Forschungsvorgehen nicht thematisiert wird. Die kausale Erklärung zielt auf die Beziehung zwischen Ursache und Wirkung ab, wobei das Problem der Wertrationalität dieses Vorgehens durch die Annahme der Existenz objektiven Wissens aufgehoben wird:

> „Alle wissenschaftliche Arbeit richtet sich auf den Fortschritt der objektiven Erkenntnis. […] Unsere Arbeit ist fehlbar, wie alle menschliche Arbeit. Wir machen ständig Fehler, und es gibt objektive Maßstäbe, die wir nicht erfüllen – Maßstäbe der Wahrheit, des Gehalts, der Gültigkeit und andere." (Popper 1995a, S. 55)

Die Tendenzhaftigkeit erkenntnistheoretischer Aussagen zeigt sich in den eigenen Ausführungen ebenso wie in dem Zitat von Popper. In Anlehnung an Helle (1999) lassen sich aber die erkenntnistheoretischen Grundpositionen der beiden Ansätze anhand von sechs Kategorien zusammenfassen (vgl. Abb. 2.2).

Wie bereits angedeutet, handelt es sich bei diesen Grundpositionen aber um Pole eines Kontinuums, auf dem sich erkenntnistheoretische Ansichten einordnen lassen. Die einzelnen Ansätze entsprechen nur selten dem reinen Typ eines der Pole. Die Wahl der eigenen Grundposition ist Ausdruck einer individuellen Glaubensposition, einer Wertsetzung, die wissenschaftlich nicht belegt werden kann.[6] Die Vielzahl erkenntnistheoretischer Positionen, die sich in den oben angeführten Begriffspaaren ausdrückt, können hier nicht im Einzelnen dargestellt werden.

Die folgenden Abschnitte beschäftigen sich mit der Entwicklung des verstehenden Denkens als Grundlage einer verstehenden Sozialwissenschaft,[7] die nicht den spezifischen und teilweise verkürzenden Ausführungen einzelner Ansätze interpretativ-verstehender Sozialwissenschaft folgt, sondern eben deren erkenntnistheoretische Bedingungen offenlegt. Obwohl die Begriffe Erklären und Verstehen, aber auch andere Kategorien (wie z. B. objektivistisch vs. subjektivistisch), erst der neueren Philosophie und den Sozialwissenschaften entstammen und deshalb nicht eindeutig definiert sind, ist es notwendig, wenn auch manchmal irritierend, diese auf antike, mittelalterliche und frühneuzeitliche Denkansätze

---

[6] Im Sinne Webers 1992b, S. 189 ff. kann nur die Widerspruchsfreiheit des daraus Folgenden wissenschaftlich geprüft werden, nicht jedoch das Werturteil selbst.

[7] Dementsprechend wird nur da auf szientistische Ansätze eingegangen, wo dies für das Verständnis der Entwicklung notwendig ist.

	verstehende Grundpositionen	szientistische Grundpositionen
Wissen	absolutes Wissen gibt es nicht, sondern nur zeitlich begrenzte, subjektive Konstruktionen	die Gegenstände der Welt sind objektiv vorhanden, das Wissen darüber wächst enzyklopädisch
Sitz der Wirklichkeit	im Menschen: das Subjekt schafft sich seine Wirklichkeit	außerhalb des Menschen: die Wirklichkeit ist objektiv vorhanden
Theoriebildung	Theorien sind Hilfskonstruktionen; sie helfen die Welt zu verstehen	Theorien sind ein Abbild der Wirklichkeit, die Kausalitäten aufzeigen
Stellung des Subjekts	die Person des Forschers, mit seiner Subjektivität, seinem Wollen und seinen Vorannahmen beeinflusst das Forschungsergebnis	Wissenschaft ist objektiv; die Person des Forschers darf auf das Ergebnis keinen Einfluss haben
nomologische Position	objektive Gesetze kann es nicht geben; wichtig ist, wie sich Einsichten auf das Denken und Handeln von Menschen auswirken	es gibt objektive Gesetze, die die Kausalitäten der Welt beschreiben; diese gilt es zu finden
Inhalt vs. Form	Inhalt und Form sind zu trennen: Inhalt bezeichnet das wahrgenommene Phänomen, Form die spezifische Sichtweise, die den Sinnzusammenhang bestimmt	eine Unterscheidung zwischen Inhalt und Form gibt es nicht: die Gegenstände sind ‚positiv' vorhanden, die Zusammenhänge werden objektiv erkannt

Abb. 2.2 Wissenschaftstheoretische Grundpositionen. (Eigene Darstellung)

anzuwenden. Nur dadurch kann die weit verwurzelte Tradition des Verstehens in Philosophie und Sozialwissenschaften umfänglich gewürdigt werden und schließlich in Anforderungen an eine verstehende Epistemologie (als Ziel des folgenden Kapitels) münden.

2.2 Ansätze des Verstehens von der Antike bis zur Renaissance

2.2.1 Das Höhlengleichnis

„Und das Gewisse (Unzweifelhafte, Genaue) aber erblickt kein Mensch, und es wird auch nie einen geben, der [es] weiß (erblickt hat) in Bezug auf die Götter und alles, was ich nur immer erwähne; denn selbst wenn es einem im höchsten Maß gelänge, etwas Treffendes (Vollendetes) auszusprechen, so wüsste er doch selbst nicht [davon]; Anschein (Schein, Meinung) haftet an allem." (Xenophanes, Fragment 34)[8]

---

[8] Zitiert nach Kutschera (1983, S. 19).

Dieser Text des Xenophanes, der um 500 v. Chr. entstanden ist, ist die älteste, uns bekannte erkenntnistheoretische Aussage und zeugt von frühen Ansätzen des Verstehens schon bei den Vorsokratikern der Antike. Gleichzeitig findet sich hier ein erster Schritt in Richtung der Emanzipierung des Menschen von der göttlichen Allmacht. Wie Kutschera ausführt, ist bei Homer das Handeln den Göttern vorbehalten, die Menschen führen nur deren Willen aus (Kutschera 1983). Xenophanes hingegen betont die Freiheit des Urteils (als Grundlage der Handlung). Er lässt dahingestellt, ob es die Wahrheit gibt, betont aber, dass der Mensch sie keinesfalls erkennen kann, sondern eben auf den Anschein angewiesen ist – hierauf begründet sich sein Handeln. Es gilt das jeweilige Dafürhalten als Handlungsgrundlage zu erfahren um eine Erklärung für das Handeln zu finden – kurz: Das Verstehen ist dem Erklären vorgeschaltet.

Einer der bekanntesten erkenntnistheoretischen Entwürfe der Antike findet sich bei Platon (427–347 v. Chr.):[9]

> In seinem Höhlengleichnis (Platon 1971, S. 555 ff.) stellt er den Anschein der Erkenntnis gegenüber und zeigt damit, dass der Mensch zwar sozial gebunden ist, es aber doch gilt, die (wahre) Erkenntnis zu erlangen. Platon beschreibt eine Höhle, in der gefesselte Menschen seit ihrer Kindheit mit dem Gesicht zur Wand sitzen. Hinter ihnen brennt ein Feuer; zwischen dem Feuer und den Gebundenen werden verschiedenartige Dinge vorbei getragen – die Gefesselten kennen also nur die verzerrten Schatten sowie die Gespräche und Geräusche der Träger. In weiter Ferne befindet sich der Eingang der Höhle. Würde einer der Gefangenen nun befreit und bis vor die Höhle geführt – so könnte er die Wahrheit erfahren. Wenn er dann jedoch zu den Gefesselten zurückkehren müsste, dann würden sie ihm nicht glauben und ihn aus ihrer Gemeinschaft ausstoßen.

Die Welt ist für Platon der Höhle vergleichbar, die menschliche Wahrnehmung also (wie bei Xenophanes) dem Schein verhaftet. Dem steht aber die Wahrheit des lichten Tages, jenseits der Höhle, gegenüber – hiernach soll der Mensch streben: nach der Idee, der wahren Erkenntnis. Auch hier findet sich ein Stück ‚Entzauberung': Im Streben nach der objektiven Wahrheit wird die Grundlage gelegt für die Erkenntnis des Positiven.[10] Zwar verweist Platon auf die Idee, die ihrem Wesen nach durch den Menschen nie vollends erkannt werden kann (und legt

---

[9] Eine Hierarchie menschlicher Erkenntnis legt Platon im ‚Liniengleichnis' (Platon 1971, S. 545 ff.) vor, auf deren unterster Stufe das Abbild steht und auf der höchsten die Idee.
[10] Mit ‚Positivem' ist hier das sinnlich Erfahrbare im Sinne Comtes gemeint (vgl. Helle 1997, S. 28 f.). Die Frühform des Positivismus zeigt sich noch deutlicher bei Demokrit (vgl. zu den Parallelen zwischen Platon und Demokrit insbesondere Windelband 1935; S. 82 ff.), doch hatte Platon den wesentlich größeren Einfluss auf die Entwicklung der europäischen Philosophie.

2.2 Ansätze des Verstehens von der Antike bis zur Renaissance

damit den Grundstein des Idealismus), gleichzeitig wird ihm darin die Wahrheit zum Erkenntnisziel. Das Höhlengleichnis kann durchaus auch als pädagogischer Aufruf zur Bildung verstanden werden, doch beinhaltet dies für Platon einen Erkenntniswandel, von der Erkenntnis der sichtbaren zur Erkenntnis der geistig erfassbaren Welt und hieraus eine Kritik am manipulativen Potenzial indirektvermittelter Erkenntnis abzuleiten[11] – aber darum geht es hier nicht. Es geht um Platons Beitrag zum Zusammenhang zwischen Erkenntnis und Verstehen. Platons Erkenntnistheorie ist zwar weder dem Verstehen, noch dem Szientismus eindeutig zuzuordnen, doch ist seine Methode des Erklärens kausalistisch: Unter der Prämisse der Idee verhalten sich Urbild und Abbild kausal zueinander (Ricken 2000). Er betont zwar die Subjektivität menschlicher Wahrnehmung, trotzdem soll der Mensch nach der Wahrheit, nach dem Guten streben. Die szientistische Position des Platonismus wird in der Fortführung der philosophischen Schule Platons (der Akademie) durch die Systematisierung der Wissenschaft (Unterteilung der Philosophie in Logik, Ethik und Physik), die Mathematisierung des Weltbilds und die antike Skepsis (wie sie sich in den aporetischen Dialogen des Platon ausdrückt, vgl. Erler 1987, Göbel 2002b) vorangetrieben. Letztere kann sogar als Gegenprogramm zum Verstehen aufgefasst werden, als radikaler Zweifel an jeglicher a) Existent des Metaphysischen, b) Verstehbarkeit bzw. c) Mitteilbarkeit von Verstehen. Doch ist dies keine eindeutige Position, sondern Zweifel.

Die platonische Akademie ist die Grundlage für die von Cosmo de Medici im 15. Jahrhundert gegründete Akademie von Florenz und die Wiederbelebung eines szientistischen Platonismus (Windelband 1935[12]). Neben Platon war es vor allem Aristoteles (384–322 v. Chr.), der die Wissenschaftsgeschichte der späteren Antike prägte (Gadamer 1999a).[13] Aristoteles lernte und lehrte als Schüler Platons selbst in Athen, stand aber in Widerspruch zu der Entwicklung, welche die Akademie in Platons späten Jahren und nach seinem Tod nahm (Vollrath 1990). Für Aristoteles ist die Frage nach dem Ousia (Wesen) von etwas Seiendem

---

[11] Vgl. hierzu Göbel (2002a) mit seinem Text „Wo ist der Journalist in Platons Höhle?".

[12] Auf den Philosophen Wilhelm Windelband wird in diesem Text immer wieder zurückgegriffen, da er einerseits mit seiner Philosophiegeschichte (Windelband 1935) einen wichtigen Referenztext für die Geschichte des Verstehens geschaffen hat und andererseits als Theoretiker des Verstehens – mit seiner Unterscheidung zwischen ‚nomothetisch' (Gesetze aufstellend) und ‚idiographisch' (den Einzelfall beschreibend) – zentrale Unterschiede in den Vorgehensweisen zwischen Naturwissenschaften und Geisteswissenschaften markiert hat (vgl. hierzu ausführlich Abschn. 2.4.1). Mit dem Rekurrieren auf Windelband wird hier also die verstehende Tradition in der Entwicklung der Philosophie bewusst betont.

[13] Gadamer (1999b) weist in diesem Zusammenhang auf die nachgeordnete Rolle Demokrits hin.

ausschlaggebend, die Idee hat demgegenüber nur ontologischen Verweischarakter. Diese Wesenheit bestimmt sich teleologisch nach ihrem Sinn, welcher der Veränderung unterliegt.[14]

Erkenntnistheoretische Ausführungen finden sich bei Aristoteles in verschiedenen Texten,[15] eine zentrale Rolle nimmt dabei aber das Werk „Über die Seele"[16] ein. Als Seele definiert Aristoteles die „Wesenheit im begrifflichen Sinne." (Aristoteles 1973, S. 25) Er lehnt damit jede kausale Erklärung über die ‚Zusammensetzung' der Seele explizit ab (u. a. die des Platon), vielmehr setzt er Leben und Wesen (im Sinne unmittelbarer Seinserfahrung) gleich. Seine Erklärung ist teleologisch, die Seele erklärt sich aus dem Ziel: um zu leben, und dafür bedarf es der Wahrnehmung: um sich mit der Umwelt in Beziehung setzen zu können. (Aristoteles 1973) Anders als bei Platon sind bei ihm Urbild und Abbild nicht mehr kausal verbunden, sondern nach der Möglichkeit, in der Wesenheit des Wahrnehmenden.

„Die Wirklichkeit des Wahrnehmbaren und der Wahrnehmung ist ein und dieselbe, ihr Sein ist aber nicht dasselbe, z. B. der wirkliche Schall und das wirkliche Gehör." (Aristoteles 1973, S. 51)

Auch das Wissen wird bei Aristoteles zur Konstruktion, das sich aus dem Verhältnis zwischen erkennendem Wesen und der erkannten Tatsache ergibt. Er unterscheidet dabei zwischen Form und Inhalt:

„Denn die Dinge sind entweder sinnlich wahrnehmbar oder denkbar; das Wissen ist gewissermaßen die Summe des Wißbaren, die Wahrnehmung die des Wahrnehmbaren. Wie das gemeint ist, muß untersucht werden. Wissen und Wahrnehmung verteilen sich auf die Dinge, das mögliche auf die möglichen Dinge, das verwirklichte auf die verwirklichten. Das wahrnehmende und das wissende Vermögen der Seele ist der Möglichkeit nach gleich den Dingen, dem Wißbaren auf der einen, dem Wahrnehmbaren auf der anderen Seite. Notwendig sind sie also, entweder die Dinge selber

---

[14] Vgl. hierzu Ricken 2000, S. 139 oder Bubner 1992, S. 130. Wright (1991, S. 151) gibt aber zu bedenken: „Obwohl sich bei Aristoteles und in der »aristotelischen« Wissenschaft eine starke Betonung der Teleologie erkennen lässt, sind keineswegs alle für diese Denkweise charakteristischen Erklärungen teleologisch. Aristotelische Erklärungen, einschließlich zahlreicher der bekannteren Fälle, werden im Sinne von »Möglichkeiten« oder »Vermögen« mit dem Wesen irgendeines Stoffes in Verbindung gebracht."

[15] Kampe 1870, S. X stützt sich auf sieben Texte ab.

[16] Aristoteles 1973. Von geringerer Bedeutung für den verstehenden Ansatz ist demgegenüber seine Schrift über die Hermeneutik „Peri Hermeneias" (Aristoteles 1994), die weniger interpretativ-verstehenden Charakter hat, als vielmehr eine Logik der Sprache darlegt.

oder ihre Formen. Aber doch nicht sie selber, denn nicht der Stein liegt in der Seele, sondern seine Form." (Aristoteles 1973, S. 61)

Für Aristoteles sind die Dinge der Inhalt, die Form bleibt Perspektive. Er rückt somit der Position des Verstehens deutlich näher als Platon; seine Erkenntnistheorie stellt das Wesen über die Idee, die teleologische Erklärung über die kausale, das gebundene Wissen über das absolute. Aber auch wenn Aristoteles eine teleologische Metaphysik hat, so schließt seine Epistemologie doch kausales Erklären ein. Für Platon wie auch Aristoteles gilt, wie Bubner (1992) bemerkt, dass sie nicht nomologisch denken, also keine Gesetzmäßigkeiten suchen, sondern kausalistische Gründe oder teleologische Ziele. Der erkenntnistheoretische ‚Mainstream' der Antike ist damit eher dem Verstehen verhaftet, als dem Szientismus, wobei in der wissenschaftstheoretischen Entwicklung ‚Entzauberung' im Sinne einer Rationalisierung des Denkens festzustellen ist. Ein erster Hinweis hierfür fand sich bei Xenophanes, besonders prägend für die weitere Entwicklung wurden aber Platon und Aristoteles. Ihr Denken blieb zwar eingebunden in ein religiöses Weltbild, doch erkannten sie die Wahrnehmung als subjektiv, den Menschen als eigene Wesenheit und sein Handeln als (partiell) frei.

2.2.2 Teleologie und Kausalismus

Das Spannungsfeld zwischen platonischem und aristotelischem Denken bestimmte die Entwicklung der Philosophie in der Antike und im Mittelalter. Augustinus (354 bis 430) steht als Mittler zwischen der griechisch-antiken und der christlich-mittelalterlichen Philosophie. Selbst in klassischer Philosophie ausgebildet, wurde er nach seiner Taufe ein wichtiger Theologe und Bischof von Hippo – er zählt zu den sogenannten ‚Kirchenvätern'.[17] In Vereinigung von Neuplatonismus und christlicher Theologie spannt sich Augustinus' Denken zwischen der Idee in Gott und dem freien Willen des Menschen auf: Der Weg zum Wahren, Göttlichen wird gehemmt durch die – nicht der Willensfreiheit unterliegende – Erbsünde und geebnet allein durch den Glauben (Windelband 1935). Die wahrhafte Erkenntnis ist nur in Form der Illumination (göttlicher Erleuchtung) möglich und auch die Erlösung allerdings unterliegt dem göttlichen Ratschluss und kann durch den Menschen nicht vorhergesehen werden.

---

[17] Vgl. hierzu Körner (1990, S. 123 f.) sowie Windelband (1935, S. 223).

„In der Prädestinationslehre erstickt somit (und das ist ihr philosophisches Moment) die absolute Kausalität Gottes den freien Willen des Individuums." (Windelband 1935, S. 239)

Es ist die kausalistische Erklärung, die das Frühmittelalter prägt und die aristotelische Teleologie in den Hintergrund drängt. Die christliche Prädestinationslehre ist zutiefst kausalistisch, da die Ursache in der Erbsünde klar angegeben wird, das Ziel hingegen (und der Sinn) dem göttlichen Ratschluss anheimfällt, also nicht erkannt werden kann – man kann nur daran glauben. Durch diese religiöse Wertung wird der Boden bereitet für eine ethische Rationalisierung[18] in der entstehenden totalen Institution der katholischen Kirche. Die wertrational-kausalistische Erkenntnisauffassung wird bestimmend für das (wissenschaftliche) Denken des Mittelalters, wiewohl die Hermeneutik, als Methode der Auslegung der Bibel, auch bei Augustinus teleologisch geprägt blieb, da hier ein mehrfacher Schriftsinn anerkannt wurde (Gadamer 1999c). Mit Thomas von Aquin (1225–1274) wird aristotelisches Gedankengut in der Hochscholastik prägend. Die rhetorische Methode des ‚sic et non' erscheint zwar vordergründig kausalistisch, da Gründe dialektisch untersucht werden, ordnet diese aber letztlich teleologisch der wahrhaften Möglichkeit im Heiligen Geist zu (Keller 1990). Die teleologische Sicht überwiegt bei Thomas von Aquin aufgrund seiner perspektivischen Ontologie: Inhalt und Form zeigen sich in Wirklichkeit und Möglichkeit des Seins, in Wesen und Akt, in Materie und Form (Kluxen 1990). Der Rückgriff auf aristotelisches Denken[19] ist Ausdruck eines weiteren Rationalisierungsschubs im Hochmittelalter, der mehr unter zweckrationalem, als unter wertrationalem Postulat steht (wissenschaftlich z. B. in der Gründung von Universitäten, technisch z. B. in der transzendent-verweisenden, raumüberspannenden Gotik, rechtlich z. B. in der Prozessordnung durch die Inquisition).

Das Spannungsfeld der beiden philosophischen Traditionen blieb auch im Übergang vom Hochmittelalter zur Renaissance prägend. Während speziell auf den britischen Inseln die frühmittelalterliche platonische Tradition weiterwirkte, entstand auf dem Kontinent eine neuerliche platonische Bewegung, deren Hauptsitz im 15. Jahrhundert die Akademie in Florenz wurde (Windelband 1935). In der platonischen Tradition erlangte die Prädestinationslehre für den protestantischen Calvinismus jene Bedeutung, die Weber als eine der Grundlagen für die kapitalistische Wirtschaftsethik beschrieben hat (Weber 1993). In der katholischen Kirche

---

[18] Weber (1992c, S. 422) hat dies als ein Grundprinzip der Rationalisierung beschrieben.
[19] Thomas von Aquin wurde, als einer der bekanntesten Vertreter des hochscholastischen Aristotelismus, zum Namensgeber einer bedeutenden kirchlichen Denkrichtung, dem *Thomismus*.

2.2 Ansätze des Verstehens von der Antike bis zur Renaissance

wurde der aristotelische Thomismus zur vorherrschenden Doktrin, diese wurde 1563 auf dem Konzil von Trient verbindlich festgelegt (Windelband 1935). Vor diesem Hintergrund ist auch die Auseinandersetzung der katholischen Kirche, die am geozentrischen-aristotelischen Weltbild festhielt, mit Galileo Galilei zu sehen. Galilei ist einer der herausragenden Vertreter des neuerlichen Rationalisierungsschubs, welcher dem kausalistisch-wertrationalen Denken verpflichtet war und die Prinzipien mechanistischer Naturwissenschaft zum Postulat wissenschaftlichen Arbeitens schlechthin machte.[20] Rationalisierung als soziales Phänomen pendelt zwischen den Polen teleologisch-zweckrationaler und kausalistisch-wertrationaler Entzauberung einer mystisch belebten, religiös institutionalisierten Welt. Sowohl die platonische, als auch die aristotelische Tradition bestanden seit der Antike stets nebeneinander – als Impulsgeber für die Entmystifizierung lösten sie einander jedoch wechselnd ab. In der wissenschaftlichen wie auch in der sozialen Wirkung zielt das kausale Prinzip auf die Durchsetzung des Machbaren (und wird dabei selbst zum impliziten Wert), das teleologische Prinzip hingegen auf das Gewollte (der Sinn wird zum Referenzkriterium, an dem sich das rationale Handeln zweckhaft orientiert). Gegenüber dem herrschenden Paradigma wirkt das andere Prinzip jeweils revolutionär.

Zum Ausgang des 16. Jahrhunderts hatte sich das ordnend-teleologische Prinzip in seiner Rationalisierungsleistung erschöpft, im Denken, wie im Handeln war das Bedürfnis nach neuen Machbarkeiten entstanden; dem entsprachen die neu erfundenen kausalen Naturgesetze, die fortan den ‚Kampf der Methoden' (Windelband 1935) dominierten.[21] Abb. 2.3 fasst wichtige Beiträge der antiken

---

[20] Galileis Eintreten für das heliozentrisch-kopernikanische Weltbild führte 1616 zur Ablehnung der Gedanken des Kopernikus und des Galilei. Hierzu Feyerabend: „Die Kirche zur Zeit Galileis hielt sich viel enger an die Vernunft als Galilei selber und sie zog auch die ethischen und sozialen Folgen der Galileischen Lehren in Betracht. Ihr Urteil gegen Galilei war rational und gerecht, und seine Revision läßt sich nur politisch-opportunistisch rechtfertigen." (Feyerabend 1999, S. 9).

[21] Hierzu kann man anmerken, dass eine Vielzahl der herangezogenen antiken und mittelalterlichen Denker zwar Epistemologie betreiben, aber den Gegenstand des Wissens (oder der Erkenntnisgewinnung, die nur bedingt mit Verstehen bzw. Erklären im heutigen Sinn gleichzusetzen ist) kaum im Handeln anderer Menschen sehen, sondern im Sein, seinen Gesetzmäßigkeiten (metaphysisch und physisch) und seinem Sinn – im Handeln Gottes. Dieser Unterschied ließe sich sicherlich vielfach deutlicher herausarbeiten, da die verwendeten Kategorien späterer Hermeneutiken (z. B. ‚einfühlendes Verstehen') auf das menschliche Tun und seine ‚Produkte' (von psychisch und moralisch bestimmten Verhaltensweisen bis zu Texten) zielen. Die Perspektive der vorliegenden Untersuchung ist es aber nicht eine angemessene Würdigung der jeweiligen Autoren in ihrer Zeit vorzunehmen, sondern ihren Beitrag zu einer Theorie des Verstehens herauszuarbeiten.

Verstehender Ansatz	These	Aussagen	Haupt-vertreter
Antike Philosophie	Gewinnung menschlicher Handlungsfreiheit	Lösung von der Prädestination Konzeption von Idee und Kausalität Konzeption von Wesen und Teleologie	Xenophanes Platon Aristoteles
Thomismus	Teleologie als Grundlage zweckrationalen Handelns	Inhalt und Form als Wirklichkeit und Möglichkeit des Seins	Thomas von Aquin

Abb. 2.3 Wichtige frühe Beiträge zum Verstehenden Ansatz. (Eigene Darstellung)

und mittelalterlichen Philosophie für die Entwicklung des verstehenden Denkens zusammen.[22]

2.3 Der Kampf der Methoden

2.3.1 Die cartesianische Wende

Seit dem 15. Jahrhundert zeigten sich Fortschrittstendenzen im Okzident, welche der katholisch-teleologischen Ordnung des Thomismus zuwiderliefen (z. B. der Buchdruck, die Reformation, die ‚Entdeckung' Amerikas). Die ständische Durchdringung der Lebenswelt verlor ab ca. 1600 ihre allmächtige Stellung. Dies zeigte sich auch in der erkenntnistheoretischen Auseinandersetzung. Mit dem Begriff der ‚cartesianischen Wende'[23] wird ein Wandlungsprozess vom erkenntnistheoretischen Paradigma der (objektiven) Wahrheit zu einem neuen der bloßen (subjektiven) Gewissheit bezeichnet. Die allgemeine Glaubenswahrheit wurde

---

[22] Der bisherige Überblick über Einflüsse auf eine Tradition des Verstehens in der Philosophie muss defizitär bleiben. Es fehlen die Sophisten, die Stoiker, Peter Abaelard, Johannes Duns Scotus, Wilhelm von Ockham, Nikolaus von Kues und viele mehr. Und doch kann man argumentieren, dass sie lediglich zur Vorgeschichte gehören und eben in Bezug auf das Verstehen nicht den Einfluss haben, der den hier im Überblick behandelten Denkern zuzuschreiben ist. Die Auswahl ist verkürzend und wird auch den einzelnen behandelten Philosophen in ihrem umfangreichen Schaffen nicht gerecht – das ist aber auch nicht das Ziel dieser Abhandlung. Ziel des vorliegenden Kapitels ist es, einen Überblick über die Tradition des Verstehens im okzidentalen Denken zu geben und daraus Anforderungen, die an das Verstehen zu stellen sind, abzuleiten.

[23] Der Begriff der cartesianischen Wende lehnt sich an einen ihrer Hauptprotagonisten, René Descartes (lat. Cartesius), an.

2.3 Der Kampf der Methoden

durch die Erfahrung des Individuums und seine Fähigkeit, eigene Urteile zu treffen abgelöst. Die neue kausalistische Rationalisierung schlug sich im Denken von Kopernikus, Keppler, Galilei, Leibniz, Newton oder Descartes nieder und stand damit in scharfem Widerspruch zur traditionell religiös-philosophischen Bildung:

> „Wenn die heutige Kultur von einer Tendenz der Wissenschaftsgläubigkeit gekennzeichnet ist, so war der kulturelle Horizont der Zeit des Galilei einheitlich und von einer besonderen philosophischen Bildung geprägt. Dieser einheitliche Charakter einer Kultur, der an sich auch heute positiv und wünschenswert wäre, war einer der formellen Gründe für die Verurteilung des Galilei. Die Mehrheit der Theologen vermochte nicht formell zwischen der Heiligen Schrift und ihrer Deutung zu unterscheiden, und das ließ sie eine Frage der wissenschaftlichen Forschung unberechtigterweise auf die Ebene der Glaubenslehre übertragen."[24]

So Papst Johannes Paul II. (1992) in einer Ansprache ‚zum Fall Galilei' vor der Päpstlichen Akademie der Wissenschaften am 31.12.1992. Doch genau dieser ‚einheitlich kulturelle Charakter' war nicht mehr vorhanden – mit ihrer Ablösung als totale Institution ging der katholischen Kirche eben auch die Deutungshoheit in philosophischen und theologischen Fragen verloren. Die Rationalisierungsleistung des teleologischen Prinzips hatte sich erschöpft, die kulturelle Einheitlichkeit war nicht mehr gegeben. Vielmehr stellte sich die nun fortschrittstreibende Kraft des kausalen Denkens gegen die konservative des teleologischen. Die Entdeckung des naturwissenschaftlichen Irrtums führt, wenn schon nicht zur Infragestellung des Glaubens, so doch zur Anzweiflung derjenigen, welche die Prinzipien ‚richtiger' Erkenntnis vorgaben – oder wie Galilei formulierte:

> „Wenn schon die Schrift nicht irren kann, so können doch einige ihrer Erklärer und Deuter in verschiedener Form irren." (Johannes Paul II. 1992)

Während die katholische Kirche also am teleologischen Erkenntnispostulat, mit seiner explizit zweckrationalen Handlungsausrichtung (‚um-zu' transzendenter Glückseligkeit zu gelangen) festhielt, stützte sich das – zunehmende Dynamik erzeugende – Postulat kausalistischer Erklärung, mit seiner implizit wertrationalen Basis (‚weil' dies Naturgesetze seien oder ‚weil' die Erlösung prädestinativ vorgegeben sei) auf zwei Katalysatoren: ein naturwissenschaftlich-mechanistisches Weltbild und die religiöse Geworfenheit des Menschen im Protestantismus, wie sie sich am stärksten im Calvinismus ausdrückte. Die neue, kausalistische Rationalisierungsbewegung betraf prinzipiell alle Lebensbereiche

---

[24] Johannes Paul II. (1992) [Hervorh. durch d. Verf.] in einer Ansprache ‚zum Fall Galilei' vor der Päpstlichen Akademie der Wissenschaften am 31.12.1992.

der Menschen. Die feudalistische Gesellschaft wurde durch die absolutistische abgelöst, das ptolemäische Weltbild durch das kopernikanische, die religiös-institutionelle Einheit durch kanonische Vielfalt. Doch traf diese nicht im selben Ausmaß für alle Gegenden Europas zu.[25] Die Bestimmung des Augsburger Religionsfriedens ‚cuius regio eius religio' 1555, dass wer regiert auch die Religionsausübung im Herrschaftsgebiet bestimmt, führte zu Unterschieden der Rationalisierungsdynamik sowie der Durchsetzungsgeschwindigkeit des neuen Denkens zwischen katholisch und protestantisch regierten Ländern. Auf die Folgen für die Entwicklung neuer Institutionen und speziell des Kapitalismus wurde bereits hingewiesen.[26]

Trotzdem darf das Aufkommen einer an der kausalen Erklärung orientierten Naturphilosophie nicht als einseitige Abkehr vom teleologischen Denken aristotelischer Prägung missverstanden werden, worauf insbesondere Shapin hinweist. Der provozierende Auftakt: „Die sogenannte wissenschaftliche Revolution hat es nie gegeben [...]" (Shapin 1998, S. 9) zu seiner Abhandlung über die cartesianische Wende wird von folgenden Erkenntnissen gestützt:

„Nicht die gesamte Naturphilosophie des siebzehnten Jahrhunderts war mechanisch oder experimentell ausgerichtet, und auch unter den Naturphilosophen, die Mechanik und Experiment berücksichtigten, war deren Rolle und Bedeutung umstritten." (Shapin 1998, S. 21)

„Die aristotelisch-teleologische Begriffswelt, mit der die mechanistischen Philosophen so hart ins Gericht gingen, bot ein integriertes Verständnis des Menschen und der Natur, wobei die teleologisch geprägte Sprache sich zur Deutung beider Bereiche eignete. Die Ablehnung der Teleologie durch die mechanistischen Philosophen des siebzehnten Jahrhunderts bedeutete, daß der Diskurs über den Menschen sich grundlegend vom Diskurs über natürliche Prozesse unterschied." (Shapin 1998, S. 188)

Dieser Diskurs über Mensch und Natur sowie über die Möglichkeit der Erkenntnis fand in ganz Europa statt. Nicht eigentlich wissenschaftliche Revolution als Ablösung eines anachronistischen Denkens, sondern die Konkurrenz der Methoden kennzeichnete nun, nach dem Untergang der Deutungshoheit der Kirche, die wissenschaftstheoretische Auseinandersetzung und legte so den Grundstein für die Aufklärung. Vorarbeiten hierzu leisteten insbesondere Baruch de Spinoza und John Locke.

---

[25] Galilei selbst freilich konnte sich auf die religiöse Basis im katholischen Umfeld Italiens nicht abstützen und wurde zum öffentlichen Widerruf seiner Ansichten gezwungen.
[26] Vgl. hierzu die Diskussion zwischen Weber (1993) und Sombart (1920).

2.3.2 Aufklärung und Psychologismus

Spinozas Hauptwerk „Ethica more geometrico demonstrata" erscheint posthum 1677. Ausgehend von seiner Auseinandersetzung mit dem positivistischen Denken Descartes[27] kommt Spinoza in seiner Ethik zu einer geradezu entgegengesetzten Auffasssung:

> „Unter Substanz verstehe ich dasjenige, was in sich ist und durch sich gedacht wird: das heißt dasjenige, dessen Begriff des Begriffes eines anderen Dinges nicht bedarf, um daraus gebildet zu werden." (Spinoza 1982, S. 1)

Für Spinoza ist das Sein dem Denken vorgeordnet, er geht von der unmittelbaren Seins-Erfahrung aus, alles Andere bedarf der Erkenntnis, um es dem unbestimmten Etwas zu entreißen:

> „Alles was ist, ist entweder in sich oder in einem anderen […], das heißt […]: außerhalb der Erkenntnis gibt es nichts denn Substanz und deren Zustände. Nichts also gibt es außerhalb des Verstandes, wodurch mehrere Dinge voneinander unterschieden werden könnten, als die Substanz oder, was […] dasselbe ist, deren Attribute und Zustände." (Spinoza 1982, S. 3 f.)

Verstand und Wille sind dabei teleologisch ausgerichtet und ordnen sich dem Wesen, als absolute Substanz, die Spinoza Gott nennt, nach. Er erkennt die Existenz kausaler Beziehungen an, aber eben eingebunden in einen teleologischen Rahmen. In den Hauptteilen der Ethik behandelt Spinoza die menschlichen Regungen, die Affekte und zeigt dabei eine konstruktivistische Auffassung des Verhältnisses von Mensch und Welt:

> „Vollkommenheit und Unvollkommenheit sind also in Wahrheit nur Daseinsformen des Denkens, nämlich Begriffe, die wir dadurch zu bilden pflegen, daß wir die Individuen derselben Art oder Gattung miteinander vergleichen: und aus diesem Grunde habe ich […] gesagt, daß ich unter Wirklichkeit und Vollkommenheit dasselbe verstehe." (Spinoza 1982, S. 192)

Helle (1999) rechnet Spinoza damit zu den Wegbereitern des Verstehens in den Geisteswissenschaften. Doch vertritt auch Spinoza keinen reinen Typ verstehender Philosophie – obwohl er durchaus das hermeneutisch-historische Prinzip der

---

[27] Spinoza verwirft aber letztlich Descartes Philosophie: „Alles schließlich, was Cartesius vom Willen und dessen Freiheit behauptet, lasse ich beiseite, da ich genug und übergenug dargelegt habe, daß es falsch ist." (Spinoza 1982, S. 272).

Sinnauslegung kennt (Gadamer 1999d). Wie bei Platon wird auch bei Spinoza die Idee zur Wahrheit, nämlich im Wesen der absoluten Substanz, in Gott.[28]

Die Anfänge der Aufklärung sieht Windelband (1935, S. 368) in England, insbesondere bei John Locke, der „[...] eine populäre Form empirisch-psychologischer Darstellung für die allgemeinen Umrisse der cartesianischen Weltauffassung fand." Obwohl diese Auffassung von Lockes 1690 erschienenem Werk verbreitet scheint, wird sie seinem Hauptwerk „An Essay Concerning Human Understanding" (Locke 1997) nur bedingt gerecht. Locke entwirft eine ontologische Psychologie, indem er das Phänomen der Idee untersucht (insbesondere wie der Mensch zur Idee als Vorstellungsinhalt kommt), die Verbindung zur Sprache und zur Benennung von Ideen (seien diese nun Tatsachen oder Universalien) herstellt und damit zu einer Philosophie des Wissens gelangt. Locke greift der Instinktreduktion, wie sie die philosophische Anthropologie des 20. Jahrhunderts entwickelt, vor und bestreitet die Existenz angeborener Ideen oder praktischer Prinzipien, vielmehr sind Ideen und Sprache erworbene Fähigkeiten, wobei er allerdings den Prozess des Wissenserwerbs mehr andeutet denn ausführt. Auch Locke greift (ähnlich wie Spinoza) in seiner Erkenntnistheorie dem Konstruktivismus vor, wenn er schreibt:

> „[...] that it is a perverting the use of words, and brings unavoidable obscurity and confusion into their signification, whenever we make them stand for anything, but those ideas we have in our own minds." (Locke 1997, S. 365)

Er lässt keinen Zweifel daran, dass Sprache und Ideen als Wissensinhalte dem einzelnen Menschen eigen sind und nicht einer äußeren Welt entstammen. Der Mensch lebt in einer Welt der Ideen, die Verbindung zu Tatsachen, zur äußeren Realität liegt in der Entsprechung der relationalen und sprachlichen Verknüpfung der Wissensinhalte:

> „[...] that all knowledge lies only in the perception of the agreement or disagreement of our own ideas [...]." (Locke 1997, S. 499)

Und dies bestimmt für ihn auch den Stellenwert von ‚Wahrheit':

---

[28] Weshalb Windelband (1935, S. 348 ff.) Spinoza zwischen Descartes und Leibniz einordnet und ihm Determinismus vorwirft – erst bei Leibniz sieht er die Versöhnung zwischen mechanistischer und teleologischer Weltanschauung.

2.3 Der Kampf der Methoden

„Truth then seems to me, in the proper import of the word, to signify nothing but the joining or seperating of signs, as things signified by them, do agree or disagree one with another." (Locke 1997, S. 508)

Wahrheit ist also eine individuelle Konstruktion, die sich aus der relationalen Verknüpfung aufgrund der Übereinstimmung von Ideen als Wissensinhalten untereinander sowie deren wahrgenommenen Entsprechung äußerer und somit scheinbar realer Gegenständlichkeiten (Tatsachen), die sich in Symbolen (sprachlicher oder sonstiger Art) manifestieren, ergibt. Eine äußere, übergeordnete Wahrheit gibt es in Lockes konstruktivistischer Psychologie nicht mehr.[29]

Die Beispiele John Locke und Baruch de Spinoza zeigen, dass erkenntnistheoretisch kaum von einer einseitigen wissenschaftlichen Revolution gesprochen werden kann. Nicht nur im Umfeld katholischer Theologie und Philosophie wahrte sich ein aristotelisch-teleologisches Denken, selbst bei den ‚Schülern' Descartes finden sich Abweichungen von einer streng mechanistischen Methodologie. Locke sticht hierbei insofern heraus, als dass er zwar eine kausal-empirische Methode vertritt, doch eben damit zu einem konstruktivistisch-verstehenden Ergebnis gelangt. Dies wurde auch von Vertretern einer reinen cartesianischen Lehre angegriffen – so durch David Hume, der Locke in einer Reihe mit Bacon und Shaftsbury erwähnt (Hume 1978), ihn im Folgenden allerdings scharf wegen seiner ‚radikal-konstruktivistischen' Auffassung (dass es keine angeborenen Ideen gäbe) kritisiert. Hume dreht das Prinzip der Wahrnehmung um und lässt die Gegenständlichkeit außerhalb des Menschen zum Urbild werden, die menschliche Idee desselben hingegen zum Abbild. (Windelband 1935) Ideen wie auch Theorien lassen sich aufgrund dieser Konstruktion an einer ‚objektiven' Realität überprüfen (welche damit zum höchsten Wert wird), und eben dies hatte der subjektivistische Entwurf Lockes ausgeschlossen.[30]

Die Philosophie der Aufklärung ist schon in ihrer Entstehung im 17. Jahrhundert durch die Auseinandersetzung zwischen szientistischen und verstehenden Auffassungen gekennzeichnet. Auch wenn der Rationalisierungseffekt in der Gesellschaft – und insbesondere in Bezug auf die Ersetzung total-stabiler Institutionen durch partiell-stabile (wie den im 17. Jahrhundert entstehenden Vorformen der Organisation, z. B. den Handels-Aktiengesellschaften) – auf dem kausalistisch-cartesianischen Denken beruht, scheint in der Wissenschaft der Kampf der Methoden eine Grundlage für die Fortschrittsdynamik zu sein. Dies

---

[29] Selbst die *Idee* ‚Gott' sei dem Menschen nicht angeboren und unterscheide sich dementsprechend zwischen den Menschen (Locke 1997, S. 93 ff.).

[30] Zur Bedeutung Lockes und Humes als Vorläufer des radikalen Konstruktivismus vgl. auch Glasersfeld (1998, S. 67 ff.).

zeigt sich in der Vollendung und Überwindung der Aufklärung, die insbesondere mit dem Namen Immanuel Kant verbunden ist.

2.3.3 Kritik der reinen Vernunft

In der Aufklärung war die Psychologie zur Grundlage philosophischer Erkenntnislehre geworden, der Mensch wurde zur ‚Wahrnehmungsmaschine', welche in der Realität befindliche Urbilder abbildet und gemäß ihrer Erfahrungen kategorisiert. In einer von äußeren Realitäten bestimmten Welt waren Wertfragen kein philosophisches Thema, da diese mit den Dingen naturgegeben waren. Dieser Mangel wurde Kant im Laufe seiner Tätigkeit als Philosophieprofessor in Königsberg zunehmend bewusst[31] und führte ihn zu seiner „Kritik der reinen Vernunft" (Kant 1990), in der er die Frage nach dem Vorwissen, dem Transzendenten, Apriorischen, Metaphysischen neu stellte. Durch die Herausarbeitung der Idee als reinen, transzendentalen Begriff, der jenseits psychischer Erfahrung einer physisch vorhandenen Realität steht, überwindet er die empiristisch-psychologische Erkenntnislehre eines Hume. Auch Kant geht dabei vom ‚konstruktivistischen' Wahrnehmungspostulat aus:

> „Wir haben in der transzendentalen Ästhetik hinreichend bewiesen: daß alles, was im Raume oder der Zeit angeschaut wird, mithin alle Gegenstände einer uns möglichen Erfahrung, nichts als Erscheinung, d. i. bloße Vorstellungen sind, die, so wie sie vorgestellt werden, als ausgedehnte Wesen, oder Reihen von Veränderungen, außer unseren Gedanken keine an sich gegründete Existenz haben." und weiter: „Uns ist wirklich nichts gegeben als die Wahrnehmung und der empirische Fortschritt von dieser zu anderen möglichen Wahrnehmungen. Denn an sich selbst sind die Erscheinungen, als bloße Vorstellungen nur in der Wahrnehmung wirklich, die in der Tat nichts anderes ist, als die Wirklichkeit einer empirischen Vorstellung, d. i. Erscheinung." (Kant 1990, S. 491 ff.)

Doch ist diese Wahrnehmung nicht unbedingt, sondern zum einen kausal verknüpft in ihrer natürlichen Entstehung außerhalb des Menschen, zum anderen aber ihrer Möglichkeit nach angelegt in den transzendentalen Ideen. In diesem Begriff findet sich der Kern von Kants „Kritik der reinen Vernunft", es geht ihm in diesem Werk nicht um Erkenntnistheorie, sondern um den Nachweis des Transzendenten – oder wie Gadamer die Kantsche Selbstauffassung beschreibt, ginge es ihm darum, dass „[...] er dem Wissen seine Grenzen gewiesen habe, um dem Glauben seinen Platz zu gewinnen." (Gadamer 1999e, S. 214) Dazu bedurfte

---

[31] Vgl. hierzu Kant (1990, S. 389a [erstmalig 1781]) sowie Windelband (1935, S. 447).

2.3 Der Kampf der Methoden

er des Begriffes des Transzendentalen – anders formuliert: des bedingenden Vorwissens.[32]

Kant verbindet die psychologische Vorstellung mit einer kosmologischen vom unbedingt Vorhandenen, also der Existenz apriorischen Wissens (besser: Glaubens). Hierzu entwickelt er einen komplexen Begriffsapparat. Auf diese Begrifflichkeit wurde vielfach rekurriert (sowohl von szientistischer wir auch von verstehender Seite), ohne die Einbindung in Kants Gesamtentwurf ausreichend zu berücksichtigen. Seine Vorstellungsbegriffe werden deshalb hier gemäß ihres hierarchischen Aufbaus in eine Darstellung gefasst (vgl. Abb. 2.4, nach Kant 1990, S. 354; die *kursiv* gesetzten Begriffe erwähnt er nicht explizit).

Kant verwendet den Begriff der Idee also enger, als er in diesem Buch verwendet wird.[33] Bei Kant verweist Idee schon auf die transzendentale Idee, wobei das Adjektiv nur den Bereich des grundsätzlich real nicht Möglichen spezifiziert. Wenn aber die transzendentale Idee keine Möglichkeit einer sinnlich erfahrbaren Entsprechung in sich trägt, dann ist eine objektive Deduktion nicht möglich, wohl aber die Induktion, die Kant (1990) an folgendem Syllogismus demonstriert:

von der Erkenntnis des Selbst → zur Welterkenntnis → zum Urwesen.

---

[32] Christian Göbel weist in diesem Zusammenhang darauf hin, dass, nachdem Kant lange als Antimetaphysiker galt und auch von der katholischen Kirche auf den Index gesetzt wurde, sich inzwischen zwar bei einigen Kantforschern die Erkenntnis durchgesetzt hat, dass sein Denken durchaus ‚theo-logische' Grundzüge hat und er von einer metaphysischen Anlage des Menschen ausgeht. Allerdings vertritt Kant nachdrücklich die Ansicht, dass Gott unbeweisbar sei und Gottes Existenz nur postuliert werden kann. Unabhängig hiervon wohnt natürlich jeder Erkenntnis ‚Transzendenz' im Sinne der Subjektübersteigung inne. Allerdings spielt bei Kant ohnehin eher das ‚Transzendentale' die entscheidende Rolle. Letzteres bezeichnet bei Kant die Möglichkeitsbedingungen von Erkenntnis, die selbst der Erkenntnis unzugänglich sind. Dazu mag natürlich das transzendente Sein zählen, wenn es z. B. als Schöpfergott (als notwendiges Seiendes) verstanden wird, ohne welchen die Welt (als kontingentes Seiendes) nicht existieren könnte. ‚Transzendent' wird in diesem letzteren Sinn als die empirische Welt übersteigendes Seiendes verstanden. Bei Kant fallen in diesem Sinn Transzendentes und Transzendentales zuweilen zusammen, z. B. in Gott als ‚Inbegriff alles Realen' und als ‚regulative Idee' (vgl. hierzu Göbel 2005). In Hinblick auf den Begriff des ‚Apriorischen' muss darauf hingewiesen werden, dass dieser bei Kant wie auch an seinem Ursprung in der scholastischen Philosophie des Mittelalters grundlegend erkenntnistheoretisch gebraucht wird: als von den Sinnen unabhängige Erkenntnis, z. B. durch rein logische Begriffsanalyse. Hier kann man allerdings auch sagen, dass das Sein und vielleicht auch der Glauben ‚a priori' zur Erkenntnis sind.

[33] Die Begriffsverwendung hier entspricht der Kantschen ‚Notion'.

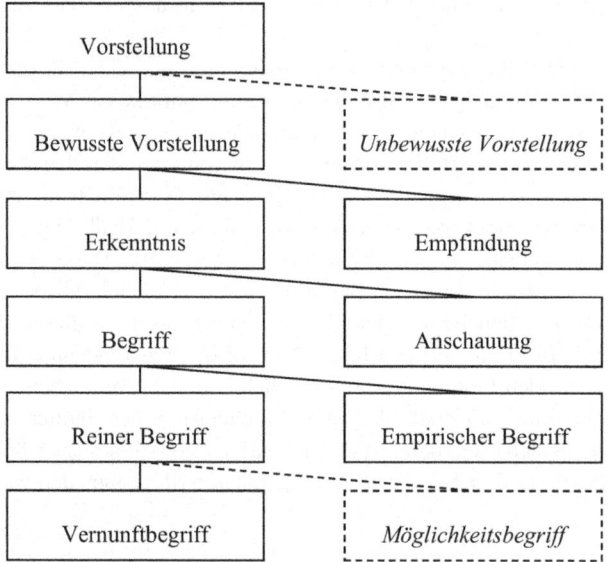

Abb. 2.4 Vorstellungsbegriffe nach Kant. (Eigene Darstellung)

Hier scheint der verstehende Zirkel auf, da die Erkenntnis des Selbst zur Voraussetzung für die Erkenntnis des Vorwissens, begründet im Urwesen, wird. Dies ist jedoch ein epistemologisches Problem und damit nicht Gegenstand von Kants Untersuchung. Ihm geht es um den Nachweis der Existenz des Transzendenten und damit der Wesensheit schlechthin. Die Probleme des Verstehens berührt er nur am Rande:

> „Vernunftbegriffe dienen zum *Begreifen*, wie Verstandesbegriffe zum *Verstehen* (der Wahrnehmung)." (Kant 1990, S. 347)

Ohne es weiter auszuführen, deutet Kant also an, dass er zwei Verstehensbegriffe kennt, den abstrakteren des Begreifens für den Bereich der Begriffe (einschließlich der Ideen) und den konkreteren des Verstehens für den Bereich der Wahrnehmung. Auch wenn es ihm nicht um Epistemologie geht, so bezieht er doch Position:

- Die Wesenheit ist apriorisch.
- Hieraus leiten sich die Begriffe ab.

2.3 Der Kampf der Methoden

- Diese können nicht deduktiv erschlossen werden.
- Menschliche Erkenntnis setzt unmittelbare Seinserfahrung voraus.
- Damit erschließen sich a) die Welt der Begriffe und
  b) die subjektive Möglichkeit der Erkenntnis.
- Objektive Erkenntnis des Menschen ist nicht möglich.
- Die Bedeutung von Wahrnehmungsinhalten muss verstanden werden.
- Dabei gibt es keinen Vorrang des Selbstverstehens vor dem Fremdverstehen.
- Die natürliche Welt ist teleologisch gerichtet.
- Das Kausalprinzip ordnet sich dem teleologischen unter.[34]

Kants Bedeutung liegt ebensosehr in der Vollendung der Aufklärung wie in der Folgewirkung, die sein Denken zeigte. Wie Gadamer darlegt, ist Kants Werk die „[…] gemeinsame Voraussetzung der entgegengesetztesten philosophischen Tendenzen […]". (Gadamer 1999e, S. 213) Dabei hat Heidegger zweifellos recht, wenn er schreibt:

> „Die Absicht der Kritik der reinen Vernunft bleibt demnach grundsätzlich verkannt, wenn dieses Werk als ‚Theorie der Erfahrung' oder gar als Theorie der positiven Wissenschaft ausgelegt ist." (Heidegger 1951, S. 25)

Trotzdem wurde Kants Werk vielfach dahingehend missverstanden und für den Kampf der Methoden von den verschiedenen Richtungen vereinnahmt. Die direkteste Wirkung entfaltete es im deutschen Idealismus, der zur Grundlage für die spezifischen Traditionen verstehender Philosophie, speziell in Deutschland wurde. Hervorzuheben sind hier insbesondere Hegel (1996), dessen 1807 erstmalig erschienenes Werk „Phänomenologie des Geistes" zur Bedingung der Phänomenologie schlechthin wurde sowie Schleiermachers Arbeiten zur Hermeneutik. Als Erkenntnistheorie wurde das Werk Kants aber erst durch die Neukantianer und die historische Schule der Philosophie in Deutschland gedeutet.[35] Mit der Überwindung der Aufklärung durch Kant trat der Kampf der Methoden in ein neues Stadium. Jetzt wurde auch die teleologische Position aus der theologischen Befangenheit befreit und erlangte im Idealismus philosophischen ‚Mainstream-Charakter'. Hegel (1996) rückt das Wesen als absolute Kategorie und daraus abgeleitet das Bei-sich-Sein (er nennt es Selbstbewusstsein) in das Zentrum seiner Betrachtung und kommt damit zur Forderung, das Phänomen des Wesens (als

---

[34] Vgl. hierzu Kant (1990), S. 63 ff.; S. 105 ff.; S. 255 ff.; 338 ff.; S. 347 ff.; S. 366; S. 383a; 491 ff.

[35] „Die Geburt der ›Erkenntnistheorie‹ war also eine Art Protest gegen den Panlogismus der Hegelschule." (Gadamer 1999f, S. 342).

reine Vernunft, als Geist) dialektisch und damit teleologisch erkennen zu sollen.[36] Erst dies führt zur Phänomenologie als absolutes Wissen:

„Das Ding ist Ich; in der Tat ist in diesem unendlichen Urteil das Ding aufgehoben; es ist nichts an sich; es hat nur Bedeutung im Verhältniss, nur durch Ich und seine Beziehung auf dasselbe." (Hegel 1996, S. 553)

Dem stand jedoch die zunehmende Dynamik des gesellschaftlich-technischen Fortschritts und der naturwissenschaftlichen Erkenntnis mit ihrer kausalistischen Grundlage entgegen. Dies hatte weiteren Einfluss auch auf die Philosophie. Z. B. kommt Comte in Frankreich zur umgekehrten Auffassung und fordert das Positive (im Sinne von eindeutig, objektiv erkennbar) zur alleinigen Grundlage jeder wissenschaftlichen Anschauung zu machen, wobei auch er sich von Kant beeinflusst sah. Innerhalb dieses Wissenschaftssystems wies Comte auch der ‚Sozialphysik' ein rein positivistisches Erkenntnispostulat zu und nannte dies Soziologie (Windelband 1935, Helle 1999).

Während auch im 19. Jahrhundert die Tendenzen der kausalistisch-wertrationalen Entzauberung gesellschaftlich prägend blieben und ihren Niederschlag u. a. in der Durchsetzung des neuen Institutionentyps ‚Organisation' fanden (ebenso wie in der philosophischen Entwicklung zum Positivismus), traten die teleologisch-zweckrationalen Tendenzen insbesondere in der Philosophie zutage. Mit der zunehmenden faktischen Säkularisierung der Gesellschaft zeigte das teleologische Denken aber auch hier Wirkung und drückte sich z. B. in neuen Ideologien (Liberalismus, Sozialismus) aus. Es scheint, als würde die Schließung des ‚cultural lags' aufgrund eines vorauseilenden (mechanistisch-kausalistisch begründeten) technischen Fortschritts einer normativ-teleologischen Ergänzung bedürfen.

Abb. 2.5 fasst die wichtigsten verstehenden Ansätze der Neuzeit bis Mitte des 19. Jahrhundert zusammen:

Der von Windelband so bezeichnete ‚Kampf der Methoden' (Windelband 1935, S. 317) fand in Anschluss an Kant eine deutliche Veränderung dahingehend, dass die theologische Teleologie in Folge des cartesianischen Weltbildes verdrängt worden war, und nun die philosophische Teleologie zum Gegenpol des Positivismus wurde. Der Kampf der Methoden wurde zur konstanten und offenbaren Auseinandersetzung innerhalb der Wissenschaft und wandelte sich

---

[36] Vgl. Windelband (1935, S. 515 ff.). Zur teleologischen Auffassung Hegels in der Nachfolge von Aristoteles vgl. auch Wright (1991, S. 20 f.).

Verstehender Ansatz	These	Aussagen	Hauptvertreter
Konstruktivismus I	Die Wirklichkeit ist konstruiert	Ontologischer Konstruktivismus mit teleologischem Rahmen	Spinoza
		Psychologischer Konstruktivismus mit kausalem Rahmen	Locke
Vernunftkritik	Kausalität ordnet sich der Teleologie nach	Transzendente Idee als Grundlage umfassender begrifflicher Typenbildung; Wahrnehmungen müssen verstanden werden	Kant
		Zusammenführung von Idee und Wesen in der Phänomenologie	Hegel

Abb. 2.5 Zentrale Beiträge der Neuzeit bis Mitte des 19. Jahrhunderts. (Eigene Darstellung)

zum andauernden ‚Methodenstreit'. Der Diskurs auf der Seite einer verstehendteleologischen Philosophie im 19. und 20. Jahrhundert wurde dabei durch verschiedene Schulen vertreten, z. B.:

- durch historische Schule und ‚geisteswissenschaftliche Methode',
- durch Phänomenologie und Hermeneutik,
- durch den Pragmatismus und den Existenzialismus,
- durch die sprachphilosophische Konzeption von Verstehen und Erklären,
- durch den Konstruktivismus.

Die Entwicklung des verstehenden Ansatzes in der Philosophie wird im Folgenden anhand der Diskussion im deutschsprachigen Raum bis ins 20. Jahrhundert sowie darüber hinaus anhand der Entwicklung des Diskurses bis heute dargestellt.

2.4 Die Entwicklung im deutschsprachigen Raum

2.4.1 Die historische Schule

Die Begründung einer Geschichtswissenschaft kennzeichnet den Beginn der Herauslösung geisteswissenschaftlicher Disziplinen aus der Philosophie als Universalwissenschaft,[37] wodurch auch die Methodendiskussion eine fachspezifische Dimension bekam. Als Vorläufer dieser Entwicklung kann die Begründung

---

[37] Hier mag mancher Theologe einwenden, dass die einzige Universalwissenschaft die Theologie sei, deren Magd die Philosophie ist – aber das hieße dann doch hinter die Aufklärung zurück zu fallen.

einer spezifisch kunsthistorischen Auffassung durch Johann Winckelmann angesehen werden, der damit zum „[...] missing link zwischen Spätaufklärung und Frühhistorismus [...]" (Ernst 1984, S. 256) wird.[38] Die Entwicklung eines selbstständigen Ansatzes des Verstehens beginnt in Deutschland mit den Arbeiten Johann G. Droysens, der erstmalig die Unterscheidung zwischen Erklären und Verstehen einführte. (Droysen 1925 [erstmalig 1858])[39] Droysen benannte als Aufgabe der Wissenschaft: zu erkennen, zu erklären und zu verstehen. Für ihn, als Historiker, entspricht dem ein methodisches Vorgehen, das sich nach Heuristik (als Regeln des Findens historischer Spuren → Erkennen), Kritik (als Bestimmung des Verhältnisses von historischer Spur und ihr zugrundeliegendem Willensakt → Erklärung) und Interpretation (als Nachvollziehen des Gedankens/der Idee, die für die Entstehung der historischen Spur leitend war → Verstehen) gliedert (Droysen 1925, S. 11 ff.). All dies ist eingebunden in eine teleologische Grundorientierung der Geschichte im Sinne Hegels (Droysen 1925, S. 35 f., Jauß 1999, S. 193):

> „In der sittlichen Welt reiht sich in unendlicher Kette von Ringen Zweck an Zweck. Jeder dieser Zwecke hat zunächst seinen Weg und sein Werden für sich; aber zugleich ist jeder für die anderen bedingend, durch die anderen bedingt." (Droysen 1925, S. 34)

Für Droysen ordnet sich also das kausale Prinzip dem teleologischen unter, und damit steht auch er in der Tradition Kants, wobei er aber nicht mehr eine allgemeine wissenschaftlich-philosophische Methode vertritt, sondern eine spezifisch historische und so auch in der Nachfolge (bei gleichzeitiger Konkurrenz) zu

---

[38] In diesem Vorgriff auf eine breite Historisierung geisteswissenschaftlicher Disziplinen zeigt sich ein interessantes Phänomen: Die Kunstgeschichte wird als spezifische Geschichtswissenschaft begründet und nicht als generelle Kunstwissenschaft (wie beispielsweise die Soziologie, Psychologie oder Ökonomie als fachlich und nicht methodologisch unterschiedene Wissenschaften begründet wurden). Mit dieser Besonderheit geht eine methodische „Erblast" einher: Zum einen wird die Kunstgeschichte mit ihrem ikonographisch-ikonologischen Vorgehen explizit auf eine verstehende Methodologie angelegt, zum anderen aber mit einer problematischen Teleologie ausgestattet: der Stil- und Epochenbildung, die Winckelmann ex post für die griechische Antike konstruiert. Das bedeutet aber, dass sowohl die Auswahl der unter Kunst subsumierten Artefakte dem autonomen Kunstbegriff, wie er in der Aufklärung entstanden war, entsprachen, als auch, dass die sinnstiftenden Bezüge Konstruktionen der Aufklärung und nicht der Entstehenszeit waren. Eine so beschaffene Geschichtswissenschaft gibt aber weniger Auskunft über Sinnkonstrukte der untersuchten zeitlichen Vergangenheit als vielmehr über die Sinnkonstrukte der Zeit, in der die Untersuchung angestellt wird.
[39] Vgl. auch Wright (1991, S. 19) sowie (Apel 1979, S. 15).

2.4 Die Entwicklung im deutschsprachigen Raum

Ranke, dem Begründer einer spezifischen Geschichtswissenschaft steht.[40] Die historische Schule konzipiert das Methodenproblem herausgelöst (wenn auch nicht unabhängig) von einer generellen Geschichtsphilosophie als eigenständige, geisteswissenschaftliche Disziplin.

„In der um den Historismus organisierten Theoriedebatte stehen also Grundfragen der ‚Menschenwissenschaft' zur Verhandlung, deren Bedeutung über die einer periodisch wiederkehrenden Selbstverständigung über Funktion und Struktur von Geschichtswissenschaft weit hinausgeht. Als methodologisches Prinzip der Kontextualisierung und disziplinär übergreifende Attitüde der Sozial- und Geisteswissenschaften sichert der Historismus die Einsicht in die Standort- und damit Interessengebundenheit wissenschaftlicher Generalisierung. Noch in vermeintlicher Neutralität als erklärter Bedingung wissenschaftlicher Objektivität artikulieren sich unter der Hülle werturteilsfreier sachlogischer Präferenzen durchsetzungswillige Interessen. Ihnen wird ein Artikulationsraum eröffnet, dessen weltbürgerlicher Zuschnitt die Partikularität des Ausgangs- und angestrebten Endpunkts vergessen machen soll. Ausgegangen wird von konkreten sozialen Interessen, ihrer Realisierung und Durchsetzung als Endpunkt historischer Teleologie. So dient etwa die historiographische Mobilisierung von Sinnressourcen immer zugleich auch der Legitimationsbeschaffung je aktueller Herrschaftsinteressen, ist der historiographische Zugriff auf vergangene Gegenwart immer auch Strukturierungsangebot von Zukunft." (Bialas 1996, S. 34 f.)

Die Entstehung der historischen Schule kann nicht losgelöst von sozialhistorischen Phänomenen der Entstehungszeit verstanden werden. Die Ablösung der theologisch legitimierten, totalen Institution durch pluralistisch legitimierte Institutionen führte auch zu einer Neuorientierung hinsichtlich der Begründung politischer Ordnungen. Die Diskrepanz zwischen Legitimation und staatlicher Institution war insbesondere da sichtbar geworden, wo Grenzen ethischer Einheitlichkeit und somit sprachlich-kultureller Gemeinschaft von der staatlichen Einheit deutlich divergierten. In den (klein-) deutschen Staaten, der Habsburger-Monarchie, Italien oder Polen zeigte sich diese Suche nach neuer Legitimation in nationalstaatlichen Bestrebungen, die einer Idee als Legitimationshilfe bedurften.

Und eben diese Idee fand sich in der historischen Begründung eines legitimen Anspruchs auf eine institutionelle Entsprechung ‚natürlich' (ethisch) entstandener Gemeinschaft.[41] Gleichzeitig zeigte das Vorbild Frankreichs die grundsätzliche

---

[40] Vgl. hierzu Gadamer 1999d, S. 216 ff., Jaeger/Rüsen 1992, S. 81 ff. sowie Wolfgang Weber 1984, S. 78 f.

[41] In seiner Entstehung zeigte der Historismus eine deutliche Nähe zu nationalstaatlichen Tendenzen (für die Frühphase der historischen Schule in Deutschland vgl. hierzu Jaeger/Rüsen 1992; S. 86 ff.), die Kontinuität bis zu Windelbands „Geschichtsphilosophie. Eine

Möglichkeit, Institutionen nicht mehr standesgemäß oder gottgegeben zu begründen – und ‚organisieren' hieß ja ‚ein Land französisch einrichten'. Während also der Historismus die verstehend-teleologische Begründung für nationalstaatliche Forderungen lieferte (und somit einen zweckrationalen Fortschritt aus expliziter Wertsetzung ableitete), wirkte auf der alltäglichen Institutionenebene die kausalistisch-mechanistische Entzauberung des technischen Fortschritts, der Industrialisierung. Beide Rationalisierungstendenzen wirkten fördernd auf die Verbreitung von Organisationen als partiell-stabile Institutionen: Teleologisch auf staatlicher Ebene (z. B. ausgedrückt in den Verwaltungsreformen Bayerns oder Preußens), kausalistisch im Frühkapitalismus der Industrialisierung. Die wissenschaftstheoretische Eigenleistung des sich so konstituierenden Historismus erschöpfte sich im Laufe des 19. Jahrhunderts, sodass an dessen Ende die Philosophie dieses Terrain wieder besetzte:

> „Während innerhalb der Forschungstätigkeit der praktisch arbeitenden Historiker ein ausdifferenziertes und hochspezialisiertes Forschungssystem entstand, das dazu beitrug, daß ein Großteil der Historiker immer mehr über immer weniger wußte, wurde die theoretische Begründungsarbeit der Geschichtswissenschaft, die damit ihre wissenschaftstheoretische Eigenständigkeit verlor und zu einer Teildisziplin der Kulturwissenschaften herabsank, von Philosophen übernommen, die nicht mehr fachspezifisch argumentierten, sondern das Selbstverständnis und den Status der Geistes- und Kulturwissenschaften insgesamt reflektierten." (Jaeger/Rüsen 1992, S. 152)

Die wissenschaftstheoretische Bedeutung der historischen Schule soll im Folgenden insbesondere anhand zweier Entwicklungslinien aufgezeigt werden: Die eine folgt der Schule der Neukantianer[42] (z. B. Windelband, Rickert, aber auch Weber), die andere betrachtet die Konzeptionen Diltheys und Simmels. Windelband interpretiert Kant dahingehend, dass zwischen Natur- und Geisteswissenschaft unterschieden werden müsse (Windelband 1935, S. 548) und schreibt diesen beiden Wissenschaftsrichtungen eine jeweils eigenständige Methodologie zu. Während die Naturwissenschaft mithilfe allgemeingültiger Gesetze natürliche Phänomene zu erklären sucht, also nomothetisch vorgeht, soll in der Geisteswissenschaft ideographisch gearbeitet werden: Das einzelne Phänomen ist zu

---

Kriegsvorlesung" (Windelband 1971 [erstmalig 1916]) hatte und letztlich auch eine *partielle* Affinität zum Nationalsozialismus nach sich zog (vgl. Jaeger/Rüsen 1992, S. 95 ff.).
[42] Der Neukantismus hatte seine Schwerpunkte in Marburg und in Südwestdeutschland; mit Windelband und Rickert werden hier die prominenten Vertreter der südwestdeutschen Schule behandelt, die für die Entwicklung eines eigenständigen verstehenden Ansatzes besondere Bedeutung hatten.

2.4 Die Entwicklung im deutschsprachigen Raum

verstehen und aus diesem Verstehenszusammenhang heraus zu erklären (Jaeger/Rüsen 1992, S. 152 sowie Wright 1991, S. 19). Auf dieser Grundlage konzipiert Windelband (1935, 1971) sowohl Geschichtsphilosophie als auch eine eigenständige Geschichte der Philosophie. Hieran knüpfte Rickert mit seiner wertorientierten, methodologisch aber weniger festgelegten und in diesem Sinne der Kantschen Konzeption näherstehenden Philosophie an:

> „So sehen wir, daß bei der Lösung des Weltanschauungsproblems sowohl der Objektivismus als auch der Subjektivismus in der bisherigen Form versagen, und der Grund dafür liegt auf der Hand. Ihr Weltbegriff ist nicht weit genug. Beide kennen nur Wirklichkeiten, und mögen die Wirklichkeit noch so umfassend denken, so ist sie doch immer ein Teil der Welt. Außer den Wirklichkeiten gibt es Werte, deren Geltung wir verstehen wollen. Erst diese beiden Reiche machen aus, was den Namen der Welt verdient, und dabei ist vor allem darauf zu achten, daß die Werte, die wir so den Wirklichkeiten gegenüberstellen, nicht etwa selbst als Wirklichkeiten anzusehen sind. Wir werden dies am besten begreifen, wenn wir auf die Verknüpfung der Werte mit den Wirklichkeiten achten und wieder daran denken, daß die Wirklichkeit aus Objekten und Subjekten besteht." (Rickert 1999a, S. 13)

Obwohl Rickert hier eindeutig Bezug auf Kant nimmt, fällt auf, dass er die Verstehenskategorien nicht im Sinne Kants (1990, S. 347) verwendet, der ja das Begreifen den Begriffen vorbehalten hatte, das Verstehen jedoch der Wahrnehmung. Dies drückt sich noch klarer im Folgenden aus:

> „Wir erfahren nicht nur sinnliches Sein durch ‚äußere' oder ‚innere' Wahrnehmung, sondern wir verstehen unmittelbar auch unsinnliche Gegenstände, die wir ‚Bedeutungen' oder ‚Sinngebilde' nennen. [...] Die entscheidende Alternative innerhalb der Erfahrung ist daher die von wahrnehmbar und verstehbar, oder um die alten Termini in einem veränderten Sinne zu benutzen, die von sensibel und intelligibel." (Rickert 1999b, S. 321)

Hier fällt der Neukantismus hinter Kant selber zurück: Während jener die Verstehenskategorien zwar nur streift, damit aber zu dem Ergebnis kommt, dass das Selbstverstehen keinen Vorrang vor dem Fremdverstehen hat (Kant 1990, S. 349 f.), trennt Rickert das Verstehen von der Wahrnehmung ab und überführt es in die Selbsterfahrung. Der Hintergrund hierfür ist in dem Versuch Rickerts zu sehen, Kants transzendente Einheit in ontologischen Pluralismus aufzulösen, der das Erkennen einer letztlich doch objektiven Welt nur in partiellen Wirklichkeiten zulässt. Dies ermöglicht es ihm zwar (unter anderem in gegenseitiger Bezugnahme zu Weber), den Wertbegriff als eigentlich vermittelnde Instanz zwischen Wirklichkeitskonstruktion und Sinnzuschreibung, als inneres Erleben herauszuarbeiten, doch impliziert er damit gleichzeitig, dass das Selbstverstehen dem Fremdverstehen letztlich vorgeordnet ist. Die Konsequenz hieraus wäre eine Vorordnung einer psychologischen Sicht vor einer soziologischen, die Rickert (ebenso wie Weber) allerdings ablehnt: Die Philosophie hat

> „[…] die Werte, die sie darstellt, […] so aufzufinden, daß sie dabei an die realen Güter der Kultur anknüpft, in denen sie ‚verkörpert' und zugänglich geworden sind." (Rickert 1999b, S. 321)

Für Rickert tritt so die Teleologie als methodologische Grundorientierung der Philosophie ganz in den Vordergrund, gleichzeitig verwirrt sich aber die begriffliche Klarheit, die Kant geschaffen hatte und führt letztlich in das Paradoxon jeder Epistemologie: Sind Vorwissen oder Wahrnehmung konstitutiv? – oder sprichwörtlich – Was war zuerst da: Henne oder Ei? Obwohl Rickert in der Philosophie heute nur noch wenig Beachtung findet, war er doch in den ersten Jahrzehnten des 20. Jahrhunderts einer der einflussreichsten deutschen Philosophen (Bast 1999, S. VII). Seine Wirkung bis heute entfaltet Rickerts Denken aber durch die gegenseitige explizite Bezugnahme mit Weber. Damit hatte der Neukantismus der südwestdeutschen historischen Schule für die Soziologie in Deutschland mitbegründenden Charakter.

2.4.2 Die Erkenntnis der geschichtlichen Welt

Die zweite Entwicklungslinie der historischen Schule, die für den verstehenden Ansatz in Deutschland eine bis heute noch prominente Bedeutung hat, liegt in den Werken Wilhelm Diltheys und Georg Simmels[43] begründet. Dilthey (1966) will die Philosophiegeschichte mit einer erkenntnistheoretischen Perspektive so verknüpfen, dass er zu einer spezifischen Grundlegung jeder historischen Wissenschaft als Geisteswissenschaft (in Abgrenzung zur Naturwissenschaft) gelangt. Er nimmt dabei von Anfang an Bezug auf Kant, konzipiert er doch sein Werk als „[…] Kritik der historischen Vernunft […]" (Dilthey 1966, S. IX).[44] Gegenstand einer so geschaffenen Geisteswissenschaft ist für Dilthey:

> „[…] die geschichtlich-gesellschaftliche Wirklichkeit, soweit sie als geschichtliche Kunde sich im Bewußtsein der Menschen erhalten hat, als gesellschaftliche, über

---

[43] Zu Georg Simmel vgl. die Ausführungen im Kapitel zur Verstehenden Soziologie in diesem Buch.
[44] Vgl. hierzu auch Gadamer 1999d, S. 223.

2.4 Die Entwicklung im deutschsprachigen Raum

den gegenwärtigen Zustand sich erstreckende Kunde der Wissenschaft zugänglich gemacht worden ist." (Dilthey 1966, S. 24)

Eine so konzipierte Geisteswissenschaft enthält drei Klassen von Aussagen:

1. die Wirklichkeit der Wahrnehmung (als historisches Wissen),
2. die Wirklichkeit der Abstraktion (als theoretisches Wissen) und
3. Werturteile und Regeln (als praktisches Wissen).

Das Spannungsfeld zwischen Vorwissen und Wissen erkennt er als psychologisches Problem:

„Das Wissen ist da, es ist ohne Besinnung mit dem Erleben verbunden, und es ist auch kein anderer Ursprung und Grund desselben auffindbar als eben in dem Erleben." (Dilthey 1927, S. 18)

Er kann dieses Problem aber nicht psychologisch lösen:

„Die regelrechte Deduktion aus der Analysis des Bewußtseins, welche erst die Erfahrung konstruieren will, um dann ihre Ergebnisse zu benutzen, ist der Schein der Erkenntnistheorie, der aufgelöst werden muß. Ein solches Verfahren ist unmöglich, denn:

1. Zirkel des Denkens.
2. Voraussetzung der Erfahrung.
3. Wahr und falsch ist nur im Urteil." (Dilthey 1966, S. 419)

Die Lösung ist vielmehr eine historische: als Analyse der Begriffsbildung im Sinne einer Begriffsphilosophie Kants.[45] Dies ist in engem Zusammenhang zur lebensphilosophischen Auffassung Diltheys zu sehen (Dilthey 1927, S. 192 ff. sowie 228 ff.). Aufbauend auf eine ontologisch-zeitlich gebundene Auffassung menschlicher Existenz, erkennt er die Sozialisation des Individuums als Grundlage dessen, was er als ‚objektiven Geist' bezeichnet. Gemeint sind damit

---

[45] Dilthey (1966) ebnet mit diesem Vorgehen den Weg von Kant zu Weber, der in seiner Bildung von Idealtypen historisch geformte Begriffe ins Reinste übersteigert (dies durch die Tendenz der zweckrationalen Entzauberung rechtfertigend) und dann wertanalytisch (im Sinne Rickerts) zur Differenzbildung zwischen idealem Begriff und durchschnittlicher oder tatsächlicher Handlung gelangt, also zu einer Erklärung von Handeln auf der Basis des Verstehens (der Bedeutung in Bezug auf reine Begriffe). Vgl. hierzu Weber (1992a, 1992b, 1992d).

alle Lebensäußerungen, „[...] die das Individuum auffaßt [...]" (Dilthey 1927, S. 209), was Sprache ebenso einschließt, wie Sitte, Recht, Religion oder Kunst. Hieraus ergibt sich die elementare Form des Verstehens als analoger Schluss, als unmittelbares Verstehen. Darauf bauen die höheren Formen des Verstehens auf, insbesondere das Hineinversetzen, Nachbilden, Nacherleben und Interpretieren. Gemeint ist hiermit die Reziprozität der Perspektiven auf der Grundlage des zeitlich gebundenen ‚Ichs' im Verhältnis zum ‚Du'. Zur Interpretation gehört auch die Auslegung, als „[...] Verstehen dauernd fixierter Lebensäußerungen [...]" (Dilthey 1927, S. 217), also aller Artefakte. Die umfassendste Form solcher Lebensäußerungen findet sich in der Schrift als Artefakt der Sprache. Die Auslegung der Schrift wird als Hermeneutik bezeichnet. In seiner wissenschaftlichen Analyse denkt Dilthey in Systemen, was ihn zu einem spezifischen Strukturbegriff führt, den er sowohl auf die Psyche, als auch auf die Gesellschaft bezieht: Struktur ist die Form, unter die ein Inhalt (als Stoff) subsumiert wird,[46] und woraus er seine Sinnverweise schöpft, denen er aber zugleich neue Bedeutung verleiht. Damit kommt er zu einer ‚äußeren Organisation der Gesellschaft', die sich auf dem inneren Bewusstsein der Individuen von Gemeinschaft als psychischer Tatsache gründet (Dilthey 1966, S. 64 ff.).[47] In der Folge entwickelt Dilthey einen institutionellen Organisationsbegriff als historischen Ausdruck von Kultursystemen, die einem hermeneutischen[48] Verstehen zugänglich sind (Dilthey 1927, S. 265).

Dilthey verknüpft in seiner Konzeption des Verstehens die Traditionen der historischen Schule – und damit der Begrifflichkeit Droysens – mit dem Idealismus von Schleiermacher.[49] Dieser setzte „[...] der allgemeinen ‚Wut des Verstehens', die nach seiner Ansicht den religiösen Sinn des Menschen zerstöre [...]" (Bernard 1999, S. 17), die Regelhaftigkeit der Hermeneutik als allgemeines Prinzip entgegen. Dem evangelischen Pfarrer und Philosophen Schleiermacher

---

[46] Dilthey greift hier auf Kant zurück (Dilthey 1966, S. 420).

[47] Die Zusammenhänge von Gemeinschaft, Verband, Herrschaft und Recht, die Dilthey hier skizziert, hat Weber (1980) weiter ausgearbeitet.

[48] Die altgriechische Bedeutung des Wortstamms von ‚Hermeneutik' schwankt zwischen sinngemäßem Übersetzen und bloßem Mitteilen. Welchen Gebrauch der Götterbote Hermes von den beiden so unterschiedlichen Bedeutungsmöglichkeiten der Hermeneutik bei der Wahrnehmung seiner Aufgaben machte, erschloss sich den Sterblichen kaum (vgl. Gadamer 1999c, S. 92) – schon der Ursprung des Begriffs Hermeneutik weist somit auf die Mehrdeutigkeit jedes interpretativen Vorgehens hin.

[49] Diltheys explizite Auseinandersetzung mit Schleiermacher erfolgt auf über 1600 Seiten und umfasst die Bände XIII und XIV der Gesammelten Schriften.

war die Tradition der Hermeneutik als Regelwerk der inhaltlichen Bibelauslegung – durch grammatische, historische, ästhetisch-rhetorische und sachliche Interpretation – vertraut (Dilthey 1974, S. 327). Schleiermacher verband dies nun mit der Individualität des Auslegenden, wofür er die Grundlage in Kants Transzendentalphilosophie fand. Dem Menschen wird somit das Verstehen des Menschen und seiner Artefakte über seine zeitliche Geworfenheit hinaus möglich, da er Mensch ist. Auf dieser Verallgemeinerung und Transzendierung der Hermeneutik baut Dilthey sein Konzept des Verstehens auf, wobei er den Verstehensbegriff weiter fasst, als die Hermeneutik:

> „Wir nennen den Vorgang, in welchem wir aus Zeichen, die von außen sinnlich gegeben sind, ein Inneres erkennen: Verstehen. […] Dies Verstehen reicht von dem Auffassen kindlichen Lallens bis zu dem des Hamlet oder der Vernunftkritik. Aus Steinen, Marmor, musikalisch geformten Tönen, aus Gebärden, Worten und Schrift, aus Handlungen, wirtschaftlichen Ordnungen und Verfassungen spricht derselbe menschliche Geist zu uns und bedarf der Auslegung." (Dilthey 1974, S. 318 f.)

Nur die Auslegung schriftlich fixierter Lebensäußerungen nennt Dilthey (1927, S. 217 sowie 1974, S. 333) Hermeneutik. Hierbei handelt es sich aber um jeweils singuläre Erscheinungen und eben dies kennzeichnet das Verhältnis von Verstehen und Erklären:

> „Da, wo bewußt und methodisch die allgemeinen Einsichten angewandt werden um das Singulare zu allseitiger Erkenntnis zu bringen, erhält der Ausdruck Erklären für die Art des Singularen seinen Ort. Er ist aber nur berechtigt, sofern wir uns bewußt halten, daß von einer vollen Auflösung des Singularen in das Allgemeine nicht die Rede sein kann." (Dilthey 1974, S. 337)

2.4.3 Grenzen der Hermeneutik

Die Konzeption geisteswissenschaftlichen Verstehens durch Dilthey wurde konstitutiv für die Entwicklung einer hermeneutischen Verstehensperspektive in Deutschland und führte gleichzeitig zu einer anhaltenden Tendenz der Verengung des Verstehens. Die Gewinnung der Hermeneutik als generelles philosophisches Erkenntnisprinzip ist sicher Schleiermacher und in seiner Nachfolge Dilthey zu verdanken: als Verknüpfung regelgebundener Sinnauslegung mit der transzendenten Idee und dadurch mit dem Selbst. Doch ist dies nur auf schriftlich fixierte Lebensäußerungen bezogen, also auf entweder historisch vorhandene Texte (wie alt oder jung sie auch immer sein mögen) oder durch eigenen Vertextung von Wahrnehmung im weitesten Sinn, die dadurch natürlich selbst wieder historisch wird. Während aber Dilthey darüber die umfassendere Kategorie des Verstehens setzt (vom kindlichen Lallen über das Handeln Erwachsener bis hin zur Musik oder zu bildnerischen Artefakten) und hierfür eine unmittelbar einfühlende, anthropologisch motivierte Verstehensleistung sieht, verwirrt sich diese Eindeutigkeit Diltheys in der entstehenden ‚hermeneutischen Schule'. Weber folgte Dilthey in dieser Differenzierung der Begriffe und verwandte für seine soziologischen Analysen den Begriff des Verstehens.

Ganz anders Heidegger, dessen vermeintliche Anlehnung an Dilthey tatsächlich eine Umdeutung der Hermeneutik zur ontologischen Methode schlechthin, also eine Gleichsetzung von Hermeneutik und Verstehen bedeutete.

„Phänomenologie des Daseins ist Hermeneutik in der ursprünglichen Bedeutung des Wortes, wonach es das Geschäft der Auslegung bezeichnet. Sofern nun aber durch die Aufdeckung des Sinnes des Seins und der Grundstrukturen des Daseins überhaupt der Horizont herausgestellt wird für jede weitere ontologische Erforschung des nicht daseinsmäßigen Seienden, wird diese Hermeneutik zugleich »Hermeneutik« im Sinne der Ausarbeitung der Bedingungen der Möglichkeit jeder ontologischen Untersuchung." (Heidegger 1993, S. 37)

Aber auch wenn Heidegger die Gleichsetzung von Verstehen und Hermeneutik vornahm, ging es ihm doch um Anderes. Sein Anliegen war ein ontologisches, besser: die Wiederbegründung der Metaphysik als Seinslehre – und hierzu brauchte er das Verstehen, das ihm durch Dilthey und mehr noch durch dessen engen Freund, Graf York von Wartenburg, zum erkenntnistheoretischen Zugang wurde (Gadamer 1999g, S. 420 f., 1999d, S. 258 sowie Heidegger 1993, S. 397 ff.). Dies ordnet Heidegger allerdings in ‚Sein und Zeit' einer generell phänomenologischen Methode der Untersuchung unter (Heidegger 1993, S. 27 ff.).[50]

Den größten Einfluss auf die Ausgestaltung des hermeneutischen Ansatzes in der Philosophie hat wohl Hans-Georg Gadamer, der von 1923 bis 1928 Assistent bei Heidegger war und dessen Hauptwerk „Wahrheit und Methode" (Gadamer 1999d) 1960 erschien. Gadamer knüpft hier an die Ausführungen über die „Methaphysik als Grundlage der Geisteswissenschaften" von Dilthey (1966, S. 123 ff.) an, indem er die ästhetische Erfahrung zum eigentlichen Gegenstand der Geisteswissenschaften macht. An der Ontologie des Kunstwerks erläutert

---

[50] Dies wird dementsprechend im nächsten Abschnitt über die Phänomenologie weiter behandelt.

2.4 Die Entwicklung im deutschsprachigen Raum

er nun (hier noch ganz in der Tradition Heideggers) die Notwendigkeit des Verstehens als Hermeneutik:

„Die klassische Disziplin, die es mit der Kunst des Verstehens von Texten zu tun hat, ist die Hermeneutik. Wenn unsere Überlegungen richtig sind, stellt sich das eigentliche Problem der Hermeneutik aber ganz anders dar, als man es kennt. Es weist dann in die gleiche Richtung, in die unsere Kritik am ästhetischen Bewußtsein das Problem der Ästhetik verschoben hatte. Ja, die Hermeneutik müßte dann sogar derart umfassend werden, daß sie die ganze Sphäre der Kunst und ihre Fragestellung mit einbezöge." (Gadamer 1999d, S. 169)

Das Ästhetische wird ihm zur Wahrheit und damit zur Grundlage einer Theorie der hermeneutischen Erfahrung. Bis zu diesem Punkt erscheint Hermeneutik als Synonym zum Begriff des Verstehens, dann aber gibt Gadamer ihr eine ontologische Wendung am ‚Leitfaden der Sprache'.

„Die innige Einheit von Verstehen und Auslegung bewährt sich also gerade darin, daß die Auslegung, die die Sinnimplikation eines Textes entfaltet und in sprachlicher Weise ausdrücklich macht, gegenüber dem gegebenen Texte eine neue Schöpfung scheint, aber gleichwohl neben dem Verstehen kein eigenes Dasein behauptet." (Gadamer 1999d, S. 477) Und weiter:

„Gehen wir von der ontologischen Grundverfassung aus, wonach Sein Sprache, d.h. Sichdarstellen ist, die uns die hermeneutische Seinserfahrung aufgeschlossen hat, dann folgt daraus aber nicht nur der Ereignischarakter des Schönen und die Geschehensstruktur alles Verstehens. Wie sich die Seinsweise des Schönen als Vorzeichen einer allgemeinen Seinsverfassung erwies, so wird sich ein Gleiches an dem zugehörigen Wahrheitsbegriff zeigen. Auch hier können wir von der metaphysischen Tradition ausgehen, aber auch hier werden wir zu fragen haben, was an ihr für die hermeneutische Erfahrung übrig bleibt. Nach der traditionellen Metaphysik gehört das Wahrsein des Seienden zu seiner transzendentalen Bestimmung und ist mit dem Gutsein aufs engste verbunden (an dem wiederum das Schönsein mitscheint)." (Gadamer 1999d, S. 490)

Obwohl Gadamer hierbei natürlich hinter den Schönheitsbegriff der Aufklärung zurückgreift und Ästhetik als weltanschauliches Wahrheitspostulat annimmt, zeigt sich doch die Sprachlichkeit als ontologische Grundkategorie und zerbricht damit Diltheys Annahme vorwissenschaftlicher Erfahrung im Sinne eines nicht-sprachlichen Einfühlens, ebenso wie auch die unmittelbare, vor-sprachliche Selbsterkenntnis als Selbstverstehen nicht mehr berücksichtigt ist. Erst was in sprachliche Kategorien gefasst wurde, kann verstanden werden, und nur was in Textform vorliegt, ist letztlich einer wissenschaftlichen Hermeneutik zugänglich.

Hermeneutik ist damit nicht mehr Synonym des Verstehens, sondern dessen Sprache fordernder Ersatz. Gadamer engt hiermit nicht nur Diltheys, sondern auch Heideggers Begriff der Hermeneutik ein, da Sprache zur ontologischen Kategorie schlechthin wird. Es scheint aber so, als ob nicht jede Form sprachlichen Ausdrucks der Interpretation bedürfe, vieles wird auch sprachlich unmittelbar verstanden. Obwohl diese (häufigen) Fälle der Ontologie Gadamers entsprechen, entziehen sie sich doch seiner Hermeneutik, wie z. B. Gründer (1975, S. 88 f.) zeigt:

> „Denn es gibt triviales Verstehen, das einer Auslegung nicht bedürftig ist. »Der Mantel hängt neben der Tür« – diesen Satz verstehen wir ohne Anstoß. [...] So scheint es rätlich, unter Hermeneutik im genaueren nicht Theorie des Auslegens und Verstehens zu begreifen, sondern Theorie des Verstehens unter Schwierigkeiten."

Dies erscheint als Rückkehr zur kategorialen Unterordnung der Hermeneutik unter das Verstehen, wie sie Dilthey getroffen hatte. Mit einer weiteren Kritik setzt sich Gadamer selbst auseinander:

> „Doch der gewichtigste Einwand gegen meinen Grundriß einer philosophischen Hermeneutik ist der, daß ich angeblich aus der Sprachgebundenheit alles Verstehens und aller Verständigung die grundlegende Bedeutung des Einverständnis folgere und damit ein gesellschaftliches Vorurteil zugunsten der bestehenden Verhältnisse legitimiere." (Gadamer 1999h, S. 465)

Diesen Vorwurf kann er widerlegen und trifft doch nicht das eigentliche Problem: Es ist nicht das Einverständnis, welches das Fremd- wie auch das Selbstverstehen schwierig erscheinen lässt, sondern die grundsätzliche Widerständigkeit, die Unsicherheit der Fremd- und Selbstwahrnehmung – mit der selbst Lösung versprechende Metakommunikation behaftet ist – und die der Wahrheit jede andere Grundlage als den Glauben entzieht, sie zur bloßen Wirklichkeit macht (so auch Habermas 1997a, S. 188 f.).

Die so umrissene Grundlegung einer philosophischen Hermeneutik zeigt ein zentrales Problem: Die Gleichsetzung von Hermeneutik und Verstehen. Es wird alles nicht-sprachliche Verstehen ausgeschlossen, so z. B. ein empathisches Verstehen auf der Grundlage der Reziprozität der Perspektiven. Ein einfühlendes Verstehen dieser Art bedient sich der Analogie als Schlussart und wirkt als Emotion, als Mit-Fühlen, Mit-Leid, Mit-Freude. Als solches ist das empathische Verstehen vor-sprachlich, obwohl es der Versprachlichung durchaus fähig ist, bleibt der sprachliche Ausdruck für Emotionen defizitär, die Gesamtheit assoziativer Sinnverweise lässt sich nicht sprachlich ausdrücken, wohl aber unmittelbar

2.4 Die Entwicklung im deutschsprachigen Raum

verstehen. Eine Hermeneutik im Sinne Gadamers kann dies nicht fassen. Das zeigt auch der Versuch Pleßners „Zur Hermeneutik nichtsprachlichen Ausdrucks" (Pleßner 1982, S. 459 ff.). Er grenzt sprachgeprägte Ausdrucksformen (Lachen, Weinen, Musik) von anderen nicht-sprachlichen Formen ab (die er allerdings nicht näher benennt; gemeint sind wohl ‚wirklich emotionaler' und vegetativer Ausdruck).

> „Sprachgeprägte Ausdrucksformen, die sich sprachlicher Interpretation entziehen, sind einmal Lachen und Weinen, zum anderen die Musik. Ausdrucksformen aber, die in Fortführung gewisser sprachlicher Intentionen auf deren Mittel verzichten, finden wir in der Darstellungsform und der Zeichensprache der Mathematik. Mimik und Gestik grenzen sich in diesem Sinne gegen Sprache nicht ab." (Pleßner 1982, S. 462)

Und weiter:

> „Was sich schon im Anlaß der sprachlichen Interpretation entzieht, wenn auch oft durch Sprache hervorgerufen, sieht sich in der Reaktion an die vegetative Zone verwiesen, in welcher die Selbstbeherrschung aufhört, von der wiederum die Sprache lebt." (Pleßner 1982, S. 464)

Auf diesen Kernannahmen basierend (und unter expliziter Anlehnung an Gadamer) geht Pleßner (1982, S. 474) von der Möglichkeit einer Hermeneutik nichtsprachlichen Ausdrucks aus, verneint aber deren sprachliche Auslegbarkeit (z. B. der Musik). Wenn er also von ‚musikalischer Hermeneutik' schreibt, meint er damit einen empathischen Akt (Pleßner 1982, S. 461 ff.). Musik sei sprachlich nicht fassbar, allerdings auch nicht emotional: „Musik steht der Gefühlserregung nicht näher als der Sprache." (Pleßner 1982, S. 471) Adorno folgend lässt er letztlich nur eine adäquate Form des Verstehens von Musik gelten, die eigene Aufführung: „Musik deuten heißt Musik machen." (Pleßner 1982, S. 471) Der Akt musikalischen Verstehens ist bei Pleßner und Adorno also nicht das Mit- oder Nach-Erleben von Musik durch einen Zuhörer (dies wird ins Vegetative verwiesen), sondern nur die Spielpraxis. Als musikalische Hermeneutik lassen sie nur das musizieren gelten, für welches Noten einen vermittelnden Charakter haben – sie sind demnach nicht interpretierbar. Interpretierbar ist nach dieser Auffassung nur die Musik durch eigene Aufführung, nicht hingegen ihre schriftliche Darstellung. Abgesehen davon, dass eine solche Hermeneutik jedes musikalische Verstehen außerhalb der Aufführungspraxis ausschließt, entzieht sie sich auch der Wissenschaft, da nur unmittelbares Erleben durch den Interpreten bleibt – und hiervon kann es kein Wissen geben, ebensowenig wie vom Lachen oder Weinen. Eine Untersuchung, wie die über den Witz in Organisationen (Neuberger

1988), wäre demnach von vornherein zum Scheitern verurteilt. Das Gleichsetzen von Verstehen und Hermeneutik führt bei Pleßner zu dem Paradoxon, dass nichtsprachliche Hermeneutik zur restriktiven Empathie eines szenischen Nacherlebens wird, welche sich der Versprachlichung entzieht.

Die eine Grenze einer hermeneutischen Auffassung im Sinne Gadamers zeigt sich also in der (scheinbaren) Unmöglichkeit der Versprachlichung nichtsprachlicher Sinnverweise. Die zweite Grenze findet sich im Versuch, dies trotzdem zu tun, also eine Wahrnehmung letztlich in ein sprachliches Artefakt, in einen Text zu überführen. Hier stellt sich die Frage, welche Sinnverweise in der Interpretation dieses Textes letztlich verstanden werden: die Sinnzuschreibung des Handelnden in der Handlung (bzw. in der Erstellung eines Werkes) oder die Sinnverweise einer enäußerten sozialen Tatsache oder der Sinnkontext der Wahrnehmung dieser Tatsache oder die Sinnstruktur eines auf der Grundlage der Wahrnehmung angefertigten Textes oder die Wahrnehmung dieses Textes durch den Interpreten etc.? Der Kontextgebundenheit jedes Wissens kann sich auch die Hermeneutik nicht entziehen. Hiermit soll nicht das ontologisch-konstitutive Moment der Sprache für die Überführung des unbestimmten Etwas in eine soziale Tatsache im Sinne der Benennung bestritten werden, nur bedarf die Existenz der sozialen Tatsache eben auch der Idee und des Glaubens sowie des apriorischen (eigenen) Seins als Grundanlage der Wahrnehmung. Eine Beschränkung des Verstehens auf die Sprache oder gar nur auf Texte verschließt somit einen umfassenden Zugang zur Bedeutungskontextualität unseres Wissens. Auch wenn Wissenschaft in hohem Maße sprachgebunden ist, so übersteigt doch ihr Gegenstand, das Wissen in seiner Unmittelbarkeit, die sprachliche Vermittlung und Auslegung durch die Hermeneutik.

Mit Hermeneutik werden im Folgenden dementsprechend Verstehensakte mithilfe von Texten bezeichnet.[51] Es geht also um konserviertes Wissen, das allerdings aufgrund der Subjektivität seiner Wahrnehmung (in der Auseinandersetzung mit dem Text) einer eigenständigen Verstehensleistung bedarf. Der Ursprung des Wissens allerdings findet sich im Transzendenten, in der Idee und ist damit unauflöslich an die Lebenswelt gebunden. Eben darum geht es in der philosophischen Verstehenstradition der Phänomenologie: um die Analyse der Lebenswelt.

---

[51] Hiervon geht auch Graeser (1989, S. 9 ff.) aus und behandelt im Anschluss daran insbesondere das Problem des Verstehens sprachlich nicht vollständig explizierbarer Sinnverweise, und Lenk kommt zu dem Ergebnis: „Das traditionelle, von der Hermeneutik untersuchte Verstehen von Texten wurde demgegenüber als Spezialfall, nämlich als Unterkategorie des Textinterpretierens verstanden." (vgl. Lenk 1993, S. 607).

2.4.4 Grundlegung der reinen Phänomenologie

„Die Lebenswelt ist der selbstverständliche, unbefragte Boden sowohl jeglichen alltäglichen Handelns und Denkens wie auch jeden wissenschaftlichen Theoretisierens und Philosophierens. Sie ist die ‚primordiale Sphäre' – nicht nur, weil sie auch ohne die neuzeitliche Wissenschaftskonzeption mit ihrem objektiven Wahrheitsbegriff existiert, sondern auch weil viele der lebensweltlichen Sinnes- und Geltungssetzungen für jedes wissenschaftliche Argumentieren notwendigerweise vorausgesetzt werden müssen." (Eberle 1984, S. 82)

Diese Konzeption der Lebenswelt, wie sie Eberle beschreibt, steht am Ende des Schaffens von Edmund Husserl, der die Phänomenologie vom Idealismus Hegelscher Prägung befreite und das Wesen der Dinge (ihre immanenten Sinnverweise) in das Zentrum seiner Betrachtung stellte. Husserl geht davon aus, dass die zunehmende Mathematisierung der Wissenschaft seit der kopernikanischen Wende zu einer Verschiebung des Sinnhorizontes führte, dass also die Welt der Wissenschaft sich von der Lebenswelt entfernt hat, den Unterschied zwischen Sinnkonstruktionen in Alltag und Wissenschaft aber ignoriert.[52]

Es ist diese ‚naturwissenschaftliche' Konzeption, die auch die ‚zergliedernde Psychologie' bei Descartes oder Hume bestimmt oder die ‚positive' Auffassung von Comte, dessen Ausgangspunkt die ‚objektiv vorhandenen Dinge' waren. Husserls Forderung ‚zurück zu den Dingen' ist dem diametral entgegengesetzt. Gegenstand seiner Phänomenologie ist die Erkenntnis des Phänomens, des Wesens eines Dinges als lebensweltliche Bedeutung. Diese „[…] selbstverständlich geltende Lebensumwelt […]" sieht Husserl (1976, S. 105) auch als für die Betrachtungen Kants konstitutiv an. Das Sein in der Lebenswelt bedeutet aber in Abkehrung von Descartes, dass es ein reines Denken nicht gibt, es ist stets ein ‚ego cogito cogitatum', ein Denken von etwas. Das Denken ist teleologisch gerichtet, ausgehend vom transzendentalen Phänomen, vom Wesen als reines Phänomen (Husserl 1976, S. 173 ff.). Der Sinn einer lebensweltlichen Handlung (oder eines lebensweltlichen Artefakts) findet sich im psychisch immanenten Sinnverweis, in der transzendenten Idee. Husserl (1992, S. 200 ff.) unterscheidet dementsprechend auch zwischen dem Akt des Wahrnehmens (Noesis) und dem Wahrgenommenen (Noema). Grundlage jeder Wissenschaft ist das Verstehen der

---

[52] Vgl. Husserl 1976, S. 42 ff. Diese ‚Sinnentleerung' demonstriert er anhand der Arithmetisierung der Geometrie, bei der die in der Geometrie enthaltenen Sinnverweise auf die Lebenswelt durch die Transponierung in arithmetische Formeln verloren gehen, somit nur eine mathematische Grammatik erhalten bleibt. Husserls „Die Krisis der europäischen Wissenschaften und die transzendentale Philosophie" erschien in Teilen erstmals 1936, vollständig allerdings erst posthum 1953.

Verweisstruktur zwischen Lebenswelt und reinem Phänomen: die Offenlegung der noetisch-noematischen Struktur (Husserl 1986, 1992, S. 311 f. sowie Eberle 1984, S. 29). Das Wesen als solches ist also nicht a priori erkennbar, sondern zeigt sich im Bewusstseinsphänomen und dieses in der lebensweltlichen Manifestierung. Der Syllogismus ist demnach kein deduktiv-nomologischer, sondern ein induktiv-empirischer: von der Lebenswelt auf das Phänomen (Husserl 1986, S. 57 f.). Das Wesen und damit auch der Sinn einer lebensweltlichen Erscheinung werden erkennbar:

> „Die Phänomenologie verfährt schauend aufklärend, Sinn bestimmend und Sinn unterscheidend." (Husserl 1986, S. 58)

Die epistemologische Methode der Phänomenologie besteht in der phänomenologischen Reduktion. Diese umfasst zwei Reduktionstechniken: die eidetische Reduktion und die transzendentale Reduktion. Während in der eidetischen Reduktion das Wesentliche einer lebensweltlichen Erscheinung, also die Idee (mit Hilfe der freien Assoziation, also letztlich durch Perspektivenwechsel) gesucht wird, liefert die transzendentale Reduktion durch Einbeziehung möglicher Kontexte die Sinnverweisstruktur der Erscheinung (Eberle 1984, S. 22 ff.). Durch Anwendung beider Reduktionstechniken, durch die phänomenologische Reduktion insgesamt, ist die Erkenntnis des Wesens als reines Bewusstseinsphänomen möglich. Eine Analyse der Phänomene ist dabei gleichzeitig eine Analyse der Konstitutionsleistung der transzendentalen Subjektivität und wird damit zur Grundlage einer phänomenologischen Psychologie (im Gegensatz zur zergliedernden Psychologie naturwissenschaftlicher Prägung). Durch die phänomenologische Methode etabliert sich der Psychologe als Forscher, als ‚uninteressierter Zuschauer', in dem Sinne, als dass er keine Wertung im Gang der phänomenologischen Reduktion vornimmt (Husserl 1976, S. 194 ff.). Phänomenologisches Verstehen heißt dabei, sowohl in der Selbst-, wie in der Fremderkenntnis jedes einfühlende Verstehen auszuschalten. Doch auch der Forscher ‚lebt in der Welt', kann sich aus der Lebenswelt nicht herauslösen, bleibt Mensch und somit einfühlend. Husserl (1976, S. 261 ff.) bereinigt dadurch das Transzendente vom Mystischen und die Phänomenologie vom idealistischen Geist. Das Verstehen wird zur lebensweltlichen, dabei aber systematischen Aufgabe der Wissenschaft – doch bleiben die so gefundenen Sinnverweise bar des Gefühls, des unmittelbar Eingefühlten. Dieses Paradoxon kann er zwar (ähnlich Dilthey) nicht auflösen, aber:

> „Die Phänomenologie befreit uns vom alten objektivistischen Ideal des wissenschaftlichen Systems, der theoretischen Form der mathematischen Naturwissenschaft, und

2.4 Die Entwicklung im deutschsprachigen Raum

befreit uns danach von der Idee einer Ontologie der Seele, die ein Analogon sein könnte der Physik." (Husserl 1976, S. 268)

Husserl konnte mit seinem Programm einer Phänomenologie die Logik nicht reformieren (Stegmüller 1978, S. 81 ff.), doch schaffte er die epistemologische Rückbindung der Wissenschaft an den Alltag, an die Lebenswelt und kam damit einem Empfinden seiner Zeit entgegen, das bis heute anhält: dem ‚Unbehagen an der Moderne' (Taylor 1995). Die Entzauberung und Technisierung von Lebenswelt und Wissenschaft mögen einander befördern, doch können sie keine Antwort auf transzendente Fragen geben, da sie nur positive zulassen. Fragen nach dem Sein (und damit nach dem Sinn) sind aber a priori transzendent, da die Unmittelbarkeit der individuellen Seins-Erfahrung transzendent ist. Das Unbehagen an der Entzauberung ist ein Unbehagen am Verlust der selbstverständlichen Legitimation von Institutionen, mit anderen Worten: der Zulässigkeit des Glaubens. Auf die Frage nach dem Wesen, nach dem Sinn (beispielsweise einer Organisation oder der Organisationsgesellschaft) kann es keine kausale Antwort geben, sondern nur eine teleologische. Da aber der Objektivismus eine mystisch-religiöse Legitimation in der Moderne unmöglich machte, bedurfte es einer neuen Fassung transzendenter Sinnfindung und diese versprach die lebensweltlich orientierte Phänomenologie Husserls, als Legitimation des eigenen wissenschaftlichen Handelns durch Rückbindung an die Lebenswelt. Gleichwohl blieb Husserls verstehend-phänomenologischer Ansatz insofern defizitär, als dass er für die Durchführung der phänomenologischen Reduktion zum einen die Zurücknahme des eigenen Vorwissens durch den Forscher forderte, ihm zum anderen die Verhaftetheit des Forschers als Mensch in der Lebenswelt bewusst blieb, wie ja auch die Technik der freien Assoziation im Zuge der eidetischen Reduktion lebensweltliches Vorwissen des Forscher voraussetzt. Die Zirkelhaftigkeit des Verstehens mit dem ihm immanenten Vorwissen (welches Empathie ebenso wie Sprachlichkeit ermöglicht) konnte Husserl nicht auflösen, da er letztlich einer objektivistischen Vorstellung von Logik verhaftet blieb. Die weitere Entwicklung der Phänomenologie ist insbesondere mit drei Schülern Husserls verknüpft, mit Martin Heidegger, Max Scheler und Alfred Schütz. Heidegger entwickelte die Phänomenologie zur Ontologie. Er knüpft das Verstehen an die Unmittelbarkeit des Seins und dessen zeitliche Bedingtheit (Heidegger 1993, S. 142 ff. und S. 336 ff.). Für ihn ist Ontologie nur als Phänomenologie möglich, und diese selbst ist eine Methode: die Methode der Auslegung (Heidegger 1993, S. 35 ff.).

Grundlage jeder Auslegung ist das Verstehen, und dieses ist unmittelbar an das eigene Da-Sein geknüpft. Da-Sein bedeutet eben In-der-Welt-Sein und damit ein Sich-in-Beziehung-Setzen, ein unmittelbares Sich-an-der-Welt-Verstehen. Verstehen wird so zu einer Grundkategorie des Seins, womit Heidegger hinter die Reziprozität der Perspektiven zurückgreift. „Das Dasein entwirft als Verstehen sein Sein auf Möglichkeiten." (Heidegger 1993, S. 148) Die Möglichkeit des Seins ist das Wesen des Phänomens als sein grundsätzlicher Sinnverweis. Eine objektivistische Haltung wird zum Missverstehen, zum bloßen Anstarren im Gegensatz zur Wesensschau. Für Heidegger gibt es somit keine Erkenntnis ohne Vorwissen, er nimmt die Zirkelhaftigkeit der Erkenntnis als Verstehen an.

„Dieser Zirkel des Verstehens ist nicht ein Kreis, in dem sich eine beliebige Erkenntnisart bewegt, sondern er ist der Ausdruck der existenzialen Vor-Struktur des Daseins selbst. [...] Der »Zirkel« im Verstehen gehört zur Struktur des Sinnes, welches Phänomen in der existenzialen Verfassung des Daseins, im auslegenden Verstehen verwurzelt ist." (Heidegger 1993, S. 153)

Hierauf gründet alle Auslegung, alle Wissenschaft, die stets ein Erschließen von Apriorischem, genauer: des Apriori, ist. Eine Abstraktion vom eigenen Sein ist nur durch das In-der-Welt-Sein möglich, d. h. Wissenschaft kann es nur durch Annahme des verstehenden Zirkels, durch (Er-) Klärung des Vorwissens geben. Verstehen ist dabei „[...] als Existieren im wie immer entworfenen Seinkönnen primär zukünftig." (Heidegger 1993, S. 337) Somit ist es teleologisch gerichtet: Wir bemühen uns im Augenblick um Verstehen des Gegenwärtigen oder Vergangenen, um unser zukünftiges (Da-)Sein zu sichern. Wir verstehen, um zu wissen, „[...] »Wissen« aber ist kein Entdeckthaben einer Tatsache, sondern das Sichhalten in einer existenziellen Möglichkeit." (Heidegger 1993, S. 336) Heidegger hält sich mit seinem Entwurf einer phänomenologischen Ontologie in der Philosophie. Für sein Verstehen gibt es keine methodische Beschränkung, da es außer dem Verstehen nur das Miss-Verstehen, die Ignoranz des eigenen Vorwissens gibt. Auch phänomenologische Reduktion im Sinne Husserls ist möglich, nur kann sich der Forscher eben nicht als ‚uninteressierter Zuschauer' etablieren; er befindet sich immer im Zirkel des Verstehens, dies kann er für sich annehmen oder er missversteht. Die phänomenologischen Entwürfe von Scheler (1957) und Schütz (1974) entwickeln Heideggers philosophische Phänomenologie weiter in Richtung (Proto-)Soziologie.[53]

Ausgehend von Husserls Methode der Reduktion anerkennt Max Scheler (1957) zwar auch die Fruchtbarkeit einer kausalistisch-experimentellen Methode (z. B. der Psychologie), bloß kann solche Erkenntnis nur in der Folge einer phänomenologischen Grundhaltung zur Wissenschaft werden, die letztlich eine

---

[53] Zum Begriff der Protosoziologie vgl. Eberle 2000, S. 55 ff.

2.4 Die Entwicklung im deutschsprachigen Raum

„[…] Institution zur Erkenntnis der Wahrheit […]" (Scheler 1957, S. 396) ist. Schelers Wahrheitsbegriff ist dabei sowohl konstruktivistisch gehalten, wie auch phänomenologisch, als Wahrheit der adäquaten Erkenntnis, die sich in der Selbstgegebenheit, im Wesen des Phänomens (hier: der Wissenschaft) vollendet. Auf einer so gefassten phänomenologischen Basis entwickelt Scheler seine Sozialphilosophie, die zu einer Soziologie des Wissens und deren anthropologischen Grundlegung führt (Scheler 1960, 1962). Die Leistung der Phänomenologie für die Philosophie des Verstehens liegt in der Gewinnung der Lebenswelt als teleologisches wie auch kausales Bezugssystem des Seins und der Erkenntnis. Die Notwendigkeit einer transzendenten Fassung des Vorwissens mündet in drei kategorischen Möglichkeiten: das Sein, die Zeit und das Wissen. Hieraus nährt sich jede Möglichkeit der Erkenntnis: Erkenntnis bedarf des Vorwissens und dieses gilt es lebensweltbezogen zu explizieren – oder, wie Heidegger formulierte:

> „Das Entscheidende ist nicht, aus dem Zirkel heraus-, sondern in ihn nach der rechten Weise hineinzukommen." (Heidegger 1993, S. 153)

Die Methode des Erkennens, Beschreibens und Erklärens der (Lebens-) Welt ordnet sich dem Verstehen als In-Bezug-Setzen mit der Lebenswelt nach, wobei die Phänomenologie, wie sie Heidegger, Scheler oder Schütz umrissen, ein experimentelles Erkennen oder ein kausales Erklären keineswegs ausschließt, nur ist dies erst der zweite Schritt phänomenologischer Wissenschaft. Der erste Schritt besteht in der Offenlegung des In-der-Welt-Seins des Forschers, in der Explizierung seines Relevanzsystems (z. B. als disziplinär gebundenes Erkenntnisinteresse, welches zielgerichtet ist) und seines gebundenen alltäglichen wie auch wissenschaftlichen Vorwissens, welches das Erkennen von Sinnverweisen beschränkt. Die Frage ist eben, wie man in den Zirkel des Verstehens hineinkommt. Forschen ist niemals ‚uninteressiertes Zuschauen' (denn das wäre ein bloßes Anstarren), sondern stets ein ‚interessiertes Erschauen', welches die Möglichkeit der Erkenntnis limitiert.

Abb. 2.6 gibt einen Überblick über die Hauptentwicklungslinien der verstehenden Philosophie im deutschsprachigen Raum seit Mitte des 19. Jahrhunderts:

Verstehender Ansatz	These	Aussagen	Hauptvertreter
Historismus	Teleologische Bedingtheit des Historischen	Verstehen als historische Methode zur Interpretation der Idee	Droysen
		Historisches Verstehen nur Modifikation des zeitgleichen Verstehens	Simmel
		Konzeption einer geistes-wissenschaftlichen Methode des Verstehens	Dilthey
Hermeneutik	Methode des Verstehens ist die Interpretation von Texten	Textinterpretation als philosophische Methode	Schleiermacher
		Gleichsetzung von Verstehen und Hermeneutik	Gadamer
		Paradoxon empathischer Hermeneutik	Pleßner
Phänomenologie	Transzendentale Bezogenheit der Wahrnehmung auf das Wesen	Lebensweltliche Gebundenheit der Erkenntnis des Phänomens als reiner Bewusstseinsakt; Methode der phänomenologischen Reduktion; Paradoxon des Forschers als uninteressierter Zuschauer	Husserl
		Auflösung des Paradoxons im verstehenden Zirkel; Phänomenologie als Fundamentalontologie	Heidegger
		Überführung der Phänomenologie in Protosoziologien	Scheler/Schütz

Abb. 2.6 Die Entwicklung im deutschsprachigen Raum. (Eigene Darstellung)

2.5 Der philosophische Diskurs bis heute

2.5.1 Pragmatismus und Existenzialismus

Die Entwicklung einer Philosophie des Verstehens im 19. und 20. Jahrhundert war natürlich keineswegs auf den deutschen Sprachraum beschränkt, auch wenn hier seit Kant und dem Idealismus ein deutlicher Schwerpunkt entstanden war. Das Bedürfnis nach einer teleologischen Legitimation abseits religiöser Institution führte beispielsweise in den USA zu einer vom Positivismus ausgehenden Philosophie, die in mancherlei Hinsicht der Phänomenologie verwandt ist, sich in ihrer Stellung zum Transzendenten aber fundamental unterscheidet: dem Pragmatismus. In Humescher Tradition wird jede Metaphysik streng abgelehnt, zugleich wird aber anerkannt, dass es keine Evidenz für eine Wahrhaftigkeit in einer positiv erkennbaren Realität gebe, sondern nur pragmatische Wahrheiten, die sich

2.5 Der philosophische Diskurs bis heute

am Handlungserfolg bewähren. Eine zentrale Rolle nimmt auch hier das Vorwissen des Einzelnen ein, er ist aber nie uninteressierter Zuschauer, sondern stets äußerst interessierter Beteiligter. Einer der Begründer des Pragmatismus, William James[54] schreibt hierzu:

„Der einzelne Mensch hat bereits einen Vorrat von alten Ansichten. Jetzt stößt er auf eine neue Erfahrung und diese setzt die alten Meinungen in Bewegung. Jemand widerspricht ihnen, oder wir entdecken in einem Augenblick des Nachdenkens, daß sie einander widersprechen; oder wir hören von Tatsachen, mit denen sie unvereinbar sind. Oder es entsteht in uns ein Verlangen, das durch die alten Meinungen nicht befriedigt wird. Das Resultat ist eine Verwirrung in unserem Inneren, die unserm Geiste bis jetzt fremd war, von der wir uns nun befreien wollen, indem wir unsere früheren Meinungen modifizieren. Wir retten davon, so viel wir können, denn in solchen Glaubenssachen sind wir alle extrem konservativ. Wir versuchen also zuerst diese, dann jene Meinung zu ändern (sie leisten nämlich der Änderung in sehr verschiedenem Grade Widerstand), bis endlich eine neue Idee kommt, die wir dem alten Vorrat mit einem Minimum an Störung einverleiben können, eine Idee, die zwischen dem alten Vorrat und der neuen Erfahrung vermittelt und beide miteinander in glücklicher und bequemer Weise verschmilzt. Dieser neue Gedanke wird dann als wahr angenommen." (James 1999, S. 70 f.)

Nun ist nicht die grundsätzlich konstruktivistische Auffassung neu, die sich ja schon bei Locke zeigte, sondern die Unterordnung dieser Wahrheitskonstruktion unter ihre Bewährung an der Handlung:

„Die Art wie der Gedanke wirkt, macht ihn wahr und läßt ihn als wahr anerkannt werden." (James 1999, S. 73)

Hinter dieser Abhängigkeit des Wahrheitspostulats vom Handlungsbegriff verbirgt sich eine feine Verflechtung teleologischer und kausaler Weltauffassung: Während die Wahrheitskonstruktion des Einzelnen der Bewahrung seiner Handlungsfähigkeit teleologisch nachgeordnet ist – „[…] daß das Individuum nur denkt, um eine unterbrochene Handlung fortsetzen zu können […]" (Mead 1969, S. 400 f.) – es sich hierbei also um den psychologischen Erklärungsanteil pragmatischer Erkenntnistheorie handelt, müssen sich die so gefundenen Wahrheiten in einer kausal geordneten Welt bewähren, die Handlungen müssen erfolgreich sein – dies ist der soziale Teil der Erklärung des Pragmatismus. Obwohl der Pragmatismus als Handlungswissenschaft eine eigene Tradition des Verstehens (speziell in der Form der Theorie des symbolischen Interaktionismus im Anschluss an Mead

---

[54] Neben William James hatten insbesondere Charles S. Peirce und John Dewey auf die Entwicklung des Pragmatismus großen Einfluss (Helle 1992, S. 45).

(1969)) ausbildete und dabei auch phänomenologisches Denken integrierte (insbesondere Goffman 1996, der sich explizit auf James und Schütz bezieht), wurden die Differenzen zu den Phänomenologen in Deutschland deutlich wahrgenommen. So wirft Scheler dem Pragmatismus vor: „[...]

1. Die Verfälschung der Idee des Wissens
2. Die falsche Ansetzung des Grund Folge Verhältnisses von Wissen und Handeln
3. Die Verkennung von Wesenswissen und induktivem Wissen
4. Die falschen Grundsätze der pragmatischen «Logik» [...]". (Scheler 1960, S. 226 ff.)

Die zentrale Kritik findet sich dabei in der Vernachlässigung des transzendenten Charakters apriorischen Wissens aufgrund der Reduktion auf ‚erfolgreich' handlungsleitendes Wissen. Durch die Integration des Schützschen Lebensweltkonzepts (z. B. bei Goffman 1996) fand dies in den Sozialwissenschaften Berücksichtigung, aber auch in der Philosophie blieb der Pragmatismus bis heute wirksam (Helle 1992, Rorty 1999).

In Frankreich wurden die Phänomenologie Husserls sowie die Fundamentalontologie Heideggers nach dem zweiten Weltkrieg durch den Existenzialismus zur Philosophie der jungen Generation und zur politischen Bewegung. (Seibert 2000) Die Vermittlung der eher erkenntnistheoretischen Phänomenologie in eine der Authentizität der eigenen Existenz verpflichteten Philosophie wurde primär von Albert Camus (1997) und Jean-Paul Sartre (1991) vorgenommen. Husserls Lebenswelt wird bei Sartre zur Situation, in der sich die Authentizität der eigenen Existenz im Handeln manifestiert, sie wird gleichsam individualisiert:

„Es ist mein Platz, mein Körper, meine Vergangenheit, meine Position, insofern sie durch die Indikationen der anderen bereits bestimmt ist, schließlich meine grundlegenden Beziehungen zu Anderen." (Sartre 1991, S. 846)

Auch Camus beschreibt diese Individualisierung des Seins, doch wendet er sie ins Absurde:

„Die Kluft zwischen der Gewissheit meiner Existenz und dem Inhalt, den ich dieser Gewissheit zu geben suche, ist nie zu überbrücken. Ich werde mir selbst immer fremd bleiben." (Camus 1997, S. 26)

Das Absurde ergibt sich aus dem Bedürfnis des Menschen, die Welt als sinnhaft zu erleben, und der Unmöglichkeit einer dauerhaften Sinnhaftigkeit. Es gibt kein sicheres Wissen, sondern nur die Täuschung (etwas als sinnhaft zu erkennen)

und die Ent-Täuschung (den Sinnzusammenhang wieder zu verlieren). Da Verstehen aber heißt, die Welt auf das Menschliche zurückzuführen, hat das Absurde „[...] nur insoweit einen Sinn, als man sich mit ihm nicht einverstanden erklärt." (Camus 1997, S. 30).
Bei Sartre (1991) wie auch bei Camus (1997) bleibt nur das intuitive Verstehen des Einzelnen im situativen Handeln. Verstehen heißt dann Sinnschaffung gegen die Widerständigkeit der Welt als Rebellion gegen die Institutionen, gegen die Organisationen. Wo im Pragmatismus der Sinn im Erfolg der Handlung angesiedelt ist, sich die soziale Ordnung also in der erfolgreichen Handlung begründet, steht der Existenzialismus dem diametral entgegen: Der individuelle Sinn entsteht im Widerstand gegen die soziale Ordnung, durch das situative Handeln wird die Absurdität im Augenblick überwunden. Phänomenologie, Pragmatismus und Existenzialismus haben sich im philosophischen Diskurs über das Verstehen bis heute vielfach gegenseitig beeinflusst (z. B. Rorty 1999). In den Vordergrund der philosophischen Diskussion trat allerdings das Problem der Sprachphilosophie. Speziell die Vertreter einer analytisch-szientistischen Sprachphilosophie (wie Searle 1977) scheinen die Gegenposition zum Verstehen zu vertreten.

2.5.2 Sprache, Verstehen und Erklären

> „Die englische Philosophie ist gegenwärtig fast ganz analytische Philosophie (linguistic analysis). Man hört dort immer wieder, daß Philosophie überhaupt nichts anderes sein könne als Analysis der Sprache." (Hirschberger 1980, S. 656)

Diesen Eindruck konnte man in der zweiten Hälfte des 20. Jahrhunderts wohl haben, doch wird die Aussage dem Problem der Sprachphilosophie, der Verbindung zwischen dem alltäglichen Phänomen des Sprechens mit dem abstrakten Phänomen der Logik, nicht gerecht. Searle schildert die Situation folgendermaßen:

> „Bei den gegenwärtigen Arbeiten zur Sprachphilosophie lassen sich mindestens zwei Richtungen unterscheiden – die eine konzentriert sich auf den Gebrauch von Ausdrücken in Sprechsituationen, die andere auf die Bedeutung von Sätzen." (Searle 1977, S. 33)

Beide Richtungen lassen sich bei einem der bedeutendsten Philosophen des 20. Jahrhunderts, Ludwig Wittgenstein, feststellen. Sein Frühwerk, der „Tractatus logico-philosophicus" (Wittgenstein 1997a) folgt einer streng mathematischen Gliederung, ähnlich der Ethik Spinozas (1982), und ist wie diese zutiefst einem logischen Konstruktivismus verhaftet. Ausgehend von der ontologischen Setzung: „Die Welt ist alles, was der Fall ist." (Wittgenstein 1997a, S. 11) beschäftigt sich Wittgenstein mit der logischen und sprachlichen Abbildung der Welt unter dem Postulat der Sinnhaftigkeit, wobei er zu dem Ergebnis kommt, dass sich eine „[...] Logik der Tatsachen nicht vertreten läßt." (Wittgenstein 1997a, S. 29) Logik ist also kein ontologisches Prinzip, sondern ein Prinzip der Sprache und somit begrenzt: „Die Grenzen meiner Sprache bedeuten die Grenzen meiner Welt." (Wittgenstein 1997a, S. 67) Das Problem der Transzendenz (z. B. Ethik, Ästhetik oder Mystik) ist für Wittgenstein kein Problem der Logik und somit letztlich kein Problem der Philosophie, deren Sätze unter logischem Wahrheitspostulat stehen. Die Sätze der Philosophie werden unsinnig, da das Metaphysische (der eigentliche Sinn) sich der Logik entzieht. Eine philosophische Beschäftigung dieser Art mag bei der Erkenntnis der Welt helfen, nur entzieht auch diese sich der Logik; zuletzt gilt: „Wovon man nicht sprechen kann, darüber muß man schweigen." (Wittgenstein 1997a, S. 85).

Wittgenstein hat damit die Möglichkeit einer absoluten Bedeutung oder Wahrheit ad absurdum geführt. Was bleibt ist deren relative Bedeutung, die Sinngebung in konkreten Situationen, und eben diesem Problem widmet er sich in seiner Spätphilosophie: der Analyse von Sprachspielen, als lebensweltlich gebundene Sinngebung – doch dies setzt Verstehen voraus. Wittgenstein schreibt selbst, dass seine Spätphilosophie viele Gegenstände betrifft: „Den Begriff der Bedeutung, des Verstehens, des Satzes, der Logik, die Grundlagen der Mathematik, die Bewusstseinszustände und Anderes." (Wittgenstein 1997b, S. 231) Da man offensichtlich nicht mit der Logik beginnen kann, beginnt Wittgenstein seine ‚Philosophischen Untersuchungen' mit der Schilderung einer Alltagshandlung:

„Ich schicke jemand einkaufen. Ich gebe ihm einen Zettel, auf diesem stehen die Zeichen: »fünf rote Äpfel«. Er trägt den Zettel zum Kaufmann; der öffnet die Lade, auf welcher das Zeichen »Äpfel« steht; dann sucht er in einer Tabelle das Wort »rot« auf und findet ihm gegenüber ein Farbmuster; nun sagt er die Reihe der Grundzahlwörter – ich nehme an, er weiß sie auswendig – bis zum Worte »fünf« und bei jedem Zahlwort nimmt er einen Apfel aus der Lade, der die Farbe des Musters hat. – So, und ähnlich, operiert man mit Worten. – »Wie weiß er aber, wo und wie er das Wort ›rot‹ nachschlagen soll und was er mit dem Wort ›fünf‹ anzufangen hat?«. – Nun, ich nehme an, er handelt, wie ich es beschrieben habe. Die Erklärungen haben irgendwo ein Ende. – Was ist aber die Bedeutung des Wortes »fünf«? – Von einer solchen war hier garnicht die Rede; nur davon, wie das Wort »fünf« gebraucht wird." (Wittgenstein 1997b, S. 238)

Wittgenstein beschäftigt sich hier mit dem Verhältnis zwischen implizitem und explizitem Wissen und setzt dies in Bezug zur Sprache. Sprache erlangt ihre

2.5 Der philosophische Diskurs bis heute

Bedeutung, ihren Sinn aus der kontextualen Gebundenheit, aus der (intentionalen) Handlung und den Handlungsbedingungen. Dies bezeichnet Wittgenstein mit Sprachspiel: „Das Wort »Sprachspiel« soll hier hervorheben, daß das Sprechen der Sprache ein Teil ist einer Tätigkeit, oder einer Lebensform." (Wittgenstein 1997b, S. 250) Die Konzeption des Sprachspiels schwankt zwischen lebensweltlicher und pragmatischer Orientierung; Wittgenstein anerkennt das Apriorische, wenn er schreibt: „Das Wesen ist in der Grammatik ausgesprochen." (Wittgenstein 1997b, S. 398) Gleichzeitig konstituiert sich der Sinn der Sprache (wie des Sprechbaren) in der Handlung, wobei sich Wittgenstein explizit auf William James bezieht. (Wittgenstein 1997b, S. 388, 410) Es gilt: „In der Sprache berühren sich Erwartung und Erfüllung." (Wittgenstein 1997b, S. 420) – ebenso wie Wesen und Erkenntnis, Vorwissen und Interpretation, implizites und explizites Wissen.

„Grammatik sagt nicht, wie die Sprache gebaut sein muß, um ihren Zweck zu erfüllen, um so und so auf Menschen zu wirken. Sie beschreibt nur, aber erklärt in keiner Weise, den Gebrauch der Zeichen." (Wittgenstein 1997b, S. 432)

Der Sinn ergibt sich erst durch die Verwendung im Sprachspiel. Die Verschiedenartigkeit der Verwendung in verschiedenen Sprachspielen grenzt sich durch ihre Regelbezogenheit ab: Die Regel verstehen heißt dann das Sprachspiel verstehen. Dazu ist es notwendig, wichtige von unwichtigen Regeln zu unterscheiden – den Witz des Spiels zu erkennen. Mit dem Witz des Spiels versteht man das Wesen des Spiels und seinen, die Sprache konkretisierenden, Sinnzusammenhang. (Wittgenstein 1997b, S. 303, 343 ff.) Dies ermöglicht es auch gegen die Regeln zu handeln, solange die Sinnbezogenheit auf das Wesen des Spiels gewahrt bleibt. Das Erklären des Sprachspiels ordnet sich dabei ganz dem Verstehen unter, das Spiel ist die Tatsache: „Nicht um die Erklärung eines Sprachspiels durch unsere Erlebnisse handelt sich's, sondern um die Feststellung eines Sprachspiels." (Wittgenstein 1997b, S. 476) Hier schließt sich bei Wittgenstein der Zirkel zwischen Vorwissen und Erklären – im Verstehen. Entweder man versteht ein Spiel oder eben nicht.

„Die Rechtfertigung durch die Erfahrung hat ein Ende. Hätte sie keins, so wäre sie keine Rechtfertigung." (Wittgenstein 1997b, S. 429) sowie „Wir erwarten dies und werden von dem überrascht; aber die Kette der Gründe hat ein Ende." (Wittgenstein 1997b, S. 383)

Dies gilt sowohl für das ‚Meinen' oder ‚Gemeint-Haben' als Ausdruck des intendierten Sinns einer Handlung des Mitspielers am Sprachspiel, als auch für das

Erkennen des Sprachspiels als Beobachter – so findet auch die Explizierung des Vorwissens ihre Grenze: im Empathischen, in der Reziprozität der Perspektive. Wittgenstein (1997b) verwirft damit eine apriorische Logik und kommt zuletzt zu einer verstehenden Sprachphilosophie, in der sich im Sprachspiel die Logik der Handlung unterordnet. Was bleibt sind lebensweltlich segmentierte Logiken, die zudem intentional durchbrochen werden können, und diese gilt es zu verstehen.[55]

Wittgensteins verstehender Ansatz in der Philosophie wurde insbesondere durch Georg Henrik von Wright und Peter Winch weitergeführt. Winch (1992) schlägt in seiner sozial-philosophischen Analyse die Brücke zwischen der Sprachphilosophie Wittgensteins und einer Philosophie generellen Fremdverstehens, wobei er die Grenze sprachlich-kultureller Gebundenheit überschreitet und die Sprachspielanalyse auch auf ‚primitive' Gesellschaften anwendet. (Winch 1987, S. 97 ff.) Für ihn steht dabei das Vorwissen des Beobachters im Vordergrund (z. B. lassen sich mit dem Rationalitätsbegriff eines westlichen Forschers schwerlich die magischen Rituale des afrikanischen Volkes der Zande verstehen). Während Winch die Möglichkeiten einer (sozialwissenschaftlichen) Anwendung des Sprachspiel-Konzepts auslotet, bleibt Wright einer wissenschaftstheoretischen Analyse verhaftet. In „Erklären und Verstehen" stellt Wright (1991) die kausale Denktradition der teleologischen gegenüber und kommt zu dem Schluss, dass in der handlungstheoretisch geprägten Sozialwissenschaft die teleologische Erklärung vorrangig sei. (Wright 1991, S. 148 f.) Die sozial-konstruktivistische Idee der ‚Philosophischen Untersuchungen' bleibt ihm dabei allerdings fremd. Seine Teleologie bezieht sich auf eine objektiv vorhandene (soziale) Welt, deren Erscheinungen (z. B. die Bewegungen einer Menschenmenge) nicht unbedingt aus ihrer Zielorientierung heraus erklärt werden können. Dabei vernachlässigt er,

---

[55] Diese Absage an eine apriorische Logik löst Schmucker-Hartmann (1979) in seiner „Logik des Verstehens" nur scheinbar, wenn er schreibt: „Die Logik erhält ihre Objektivität dadurch, daß sie auf Beobachtung fixiert ist." (Schmucker-Hartmann 1979, S. 12). Indem er die Objektivität zunächst als „[...] allgemein anerkannte Objektivität [...]" (ebd., S. 4) einführt, greift er auf die Akzeptanz des ‚Objektiven' in der sozialen Situation zurück, also auf das, was Wittgenstein Sprachspiel nennt. Seine Konzeption des Verstehens ist die des Reflektierens der Offenbarkeitsstrukturen, die sich in ihrer Vollkommenheit unterscheiden, zugleich aber bedingen (ebd., S. 126). Seine Logik der Forschung bleibt damit eine Konstruktion reflektierend-verstehender Zirkel auf sich selbst. Dem steht die Konzeption Figals (1996) entgegen: „Je deutlicher sich die Einsicht herausbildet, daß alles Denken und Erkennen sprachlich geprägt und damit an die Vieldeutigkeit der Sprache gebunden ist, desto seltener glaubt man außerdem, zu letzten und eindeutig formulierbaren Gewißheiten vorzudringen." (ebd., S. 11). Und dementsprechend wird das Verstehen „[...] also seinem Wesen nach auf mehrfache Weise zur Sprache gebracht." (ebd., S. 30). Dem ordnet sich die Logik nach.

2.5 Der philosophische Diskurs bis heute

	Erklären	Verstehen
Holismus	*Systeme* → Funktion	*„Spiele"* → Regeln
Individualismus	*Akteure* → Nutzen	*Aktoren* → »Pflichten«

Abb. 2.7 Dimensionen sozialwissenschaftlicher Ambivalenz. (Eigene Darstellung)

dass eine solche Erklärung stets die Erklärung eines Beobachters ist und eben die Beobachtung ist sinnhaft teleologisch gerichtet, nicht a priori die Erscheinung, die ja erst durch die Beobachtung vom unbenannten Etwas zur ontologischen Existenz kommt (im obigen Beispiel – von Wright 1991, S. 122 – zur Demonstration oder zum Volksfest wird). Die Erklärung ist letztlich ein Sprachspiel des Beobachters, das es zu verstehen gilt, um die Erklärung zu verstehen. Trotz seines ‚teleologischen Bekenntnisses' scheint bei Wright der Glaube an das Objektive durch. Er kann Wittgenstein nicht wirklich zu den partiellen Logiken der Sprachspiele folgen.

Ein ähnliches Problem taucht bei Martin Hollis auf, der bei den Bayreuther Wittgenstein-Vorlesungen (Hollis 1991) und ausführlicher in seiner „Einführung in die Philosophie der Sozialwissenschaften" (Hollis 1995) folgende Gegenüberstellung unternimmt (Abb. 2.7):[56]

Hollis kontrastiert den verstehenden Ansatz der Sprachspiele bei Wittgenstein mit dem spieltheoretischen Ansatz des Menschen als ‚Rationalem Entscheider' (Rational Choice).[57] Obwohl Hollis dem Verstehen die Vorrangstellung einräumt

---

[56] Abb. 2.7 ist eine Kombination der Darstellungen von Hollis 1991, S. 32 und Hollis 1995, S. 36.

[57] Eine ähnliche Gegenüberstellung findet sich auch bei Esser (1991) sowie bei Eberle (2000, S. 127 ff.). Diese stellen allerdings die phänomenologische Lebensweltanalyse von Schütz der Rational Choice-Theorie gegenüber, wobei Esser der Rational Choice-Theorie den Vorzug gibt mit dem Hauptargument, dass holistische Erklärungen aus der phänomenologischen Analyse allein nicht gewonnen werden könnten (Esser 1991, S. 101 f.). Eberle sieht hierin eine Vernachlässigung der Sinnkonstrukte und die Gefahr, dass „[…] unter der Hand für Wirklichkeit genommen wird, was lediglich Modell ist." (Eberle 2000, S. 212).

(Hollis 1991, S. 117), kommt er letztlich zu keiner Integration zwischen Erklären und Verstehen. (Hollis 1995, S. 332 ff.) Und doch war diese Integration bei Wittgenstein angelegt: in den partiellen Logiken der Sprachspiele. Folgt man diesen, sind spieltheoretische Erklärungen möglich, wenn der Beobachter das beobachtete Spiel versteht, also dessen partielle Logik, dessen Witz erkennt. Auf dieser Basis lässt sich durchaus eine spieltheoretische Handlungsprognose abgeben, nur eben nicht auf der Grundlage einer apriorischen Logik, einer Verallgemeinerung der Rational Choice-Theorie. Wright und Hollis kommen letztlich nicht zu einer Integration zwischen Verstehen und Erklären, da sie dem Wandel der konstruktivistischen Position Wittgensteins vom psychologistischen Konstruktivismus des ‚Tractatus' zu einem sozialen Konstruktivismus in den ‚Philosophischen Untersuchungen' nicht folgen.

Noch deutlicher zeigt sich dies in der Sprachphilosophie John Searles, der Sprechakte analysiert, das Sprechen also als Handlung konzipiert. Eine Analyse sei möglich, da Jeder implizites Wissen über die Verwendung von Sprache habe, es somit ein Wahrheitskriterium gebe, das sich logisch analysieren ließe. (Searle 1977, S. 31) Obwohl Searle also Vorwissen als konstitutiv für seine Analyse voraussetzt, hinterfragt er nicht sein eigenes philosophisches Vorwissen einer allgemeinen Logik, sondern macht sein wissenschaftliches Sprachspiel implizit zur Grundlage der Analyse aller Sprechakte, es wird ihm zum Wahrheitspostulat. Auf dieser Grundlage sind Sprechakte einer allgemeinen Logik zugänglich:

> „Deshalb ist im Prinzip jeder Sprechakt, den man vollzieht oder vollziehen könnte, durch einen gegebenen Satz (oder eine gegebene Reihe von Sätzen) eindeutig bestimmbar, wenn die Voraussetzungen erfüllt sind, daß der Sprecher aufrichtig spricht und daß der Zusammenhang passend ist." (Searle 1977, S. 33)

Hintergrund für Searles Postulat einer absoluten Logik ist sein Glaube an eine vom Menschen unabhängig bestehende, objektiv vorhandene Welt, er unterscheidet dementsprechend zwischen natürlichen Tatsachen (die objektiv vorhanden sind) und institutionellen Tatsachen (welche sich aus den sozialen Verhältnissen, aus der Existenz von Institutionen ableiten). (Searle 1977, S. 78) Seine positivistische Grundauffassung führt im Laufe seiner Auseinandersetzung mit der Sprachphilosophie zu immer mechanistisch-biologistischeren Vorstellungen, er weist letztlich jede Teleologie zurück und beschränkt sich auch in seiner Analyse der Intentionalität von Sprechakten auf kausale Begründungen (z. B. einzelne Neuronenentladungen im Gehirn). (Searle 1977, S. 334 ff.) Dies führt bei Searle zu einer vehementen Ablehnung des sozialen Konstruktivismus, wie ihn

2.5 Der philosophische Diskurs bis heute

Berger/Luckmann (1997) vertreten und wie er sich auch in Wittgensteins ‚Philosophischen Untersuchungen' gezeigt hat. In der Sprachphilosophie zeigt sich deutlich, dass der Gegensatz von Erklären und Verstehen bis heute zu polarisieren vermag. Die Integration der Ansätze durch Wittgenstein bedeutete die Preisgabe einer apriorischen Logik (und damit des Szientismus), also eine Hinwendung zum Verstehen. Wright und Hollis konnten dem nicht folgen – um den Preis, dass (trotz einer grundsätzlichen Neigung zum Verstehen) eine klare ontologische Position nicht mehr formulierbar war. Searles ontologische Position hingegen ist eindeutig: Sie ist anti-konstruktivistisch,[58] seine Tatsachen sind letzten Endes natürliche. Eine neuerliche Integration der sprachphilosophischen Traditionen (insbesondere Wittgensteins und Searles) mit deutlichem Rückgriff auf den Pragmatismus (insbesondere in Anschluss an Mead), aber auch auf die Soziologien Webers und Parsons', nimmt Jürgen Habermas in seiner „Theorie des kommunikativen Handelns" vor. (Habermas 1997a, b) Doch auch wenn Habermas hier zu einer sprachphilosophisch fundierten und handlungstheoretisch orientierten Protosoziologie gelangt, kann er doch nicht den ontologischen Graben zwischen Wittgenstein und Searle überwinden.

2.5.3 Konstruktivismus

Der Konstruktivismus kann als jüngste ‚Erfindung' im Diskurs um das Verstehen in der Philosophie aufgefasst werden, auch wenn sich konstruktivistisches Denken bis zur Aufklärung (insbesondere Spinoza, Locke und Kant) zurückverfolgen lässt. (Glasersfeld 1998, S. 67 ff.) Das Problem bei der Beschreibung des Konstruktivismus als wissenschaftstheoretischer Richtung besteht in der Heterogenität der hierunter subsumierten, teilweise recht unterschiedlichen Ansätze. Während Knorr-Cetina (1989, S. 86) beispielsweise drei grundsätzliche Strömungen nennt (Sozialkonstruktivismus, kognitionstheoretischer Konstruktivismus und

---

[58] Searles anti-konstruktivistisches Buch von 1995 heißt im Original: „The Construction of Social Reality" (Searle 1997). Berger und Luckmanns Grundlegung des Sozialkonstruktivismus von 1966 heißt: „The Social Construction of Reality" (Berger/Luckmann 1997). Auf die Folgen einer derartigen Veränderung des Titels hatte schon Pleßner 1969 aufmerksam gemacht (Pleßner 1997, S. IX), gleichwohl ignoriert Searle das Buch von Berger/Luckmann und bezieht sich explizit weder im Text, noch in den Anmerkungen darauf.

empirischer Konstruktivismus), unterscheidet Winter (1999) sieben ‚Konstruktivismen'.[59] Eberle differenziert nach drei Grundrichtungen, denen sich die unterschiedlichen Ansätze zuordnen lassen: nach Konstrukt*ionismus*, Konstrukt*ivismus* und *Sozial*konstruktivismus.

„Im Deutschen ist diese begriffliche Unterscheidung ungebräuchlich. In der Sache trifft sie jedoch einen wichtigen Punkt: Es macht einen großen Unterschied, ob man die Prozesse der Wirklichkeitskonstruktion in der subjektiven Erfahrung individueller Akteure oder in deren Interaktionen mit andern sucht; ob man sie im Inneren der Handelnden ortet oder in ihrem Äußeren. Denn die subjektive Erfahrung eines Akteurs ist der direkten Beobachtung durch ein alter ego entzogen, während seine kommunikativen Handlungen beobachtbar sind. Ins Lager der Konstruktionisten gehören nach Maßgabe dieser Definition der postmoderne und der relationale Konstruktivismus, der systemtheoretische Konstruktivismus Luhmanns und der empirische Konstruktivismus (inkl. der Ethnomethodologie). Zum Lager der Konstruktivisten zählen dagegen der biologische Konstruktivismus Maturana/Varelas und der darauf basierende radikale Konstruktivismus. Es ist jedoch ein Missverständnis, den phänomenologisch fundierten Sozialkonstruktivismus Berger/Luckmanns ebenfalls zu den Konstruktivisten zu zählen, denn dieser bildet geradezu die Brücke zwischen den beiden Lagern." (Eberle 2000, S. 228; Hervorh. durch d. Verf.)

Gemeinsam ist den verschiedenen Richtungen die Absage an eine positivistische Epistemologie, Gegenstände der Erkenntnis sind nicht objektive Tatsachen, sondern menschliche Konstruktionsleistungen. In Bezug auf den Prozess, die Ziele und Ursachen dieser Konstruktionsleistungen unterscheiden sich die Meinungen aber deutlich. Dies liegt wohl primär daran, dass die Entstehung konstruktivistischer Auffassungen einzelwissenschaftlich geprägt war und nicht philosophisch. Die prägenden Einflüsse kamen aus der Psychologie, der Soziologie und der Biologie – diese wurden in der Philosophie aufgegriffen und vor dem Hintergrund erkenntnistheoretischer Traditionen weiter diskutiert. Doch auch hier gilt: Einen universellen Konstruktivismus gibt es nicht, wohl aber recht heterogene Konstruktivismen.[60]

Der Begriff des Konstruktivismus für die epistemologische Leistung des Menschen in der Auseinandersetzung mit der Umwelt leitet sich wohl aus dem französischen *construction* her, den der Psychologe Jean Piaget 1975 im Titel

---

[59] Vgl. Winter 1999, S. 42 ff.; hierzu zählt er auch zwei Kunstrichtungen, nicht jedoch die von ihm selbst vertretene Richtung einer Theorie des Beobachters in Anlehnung an den radikalen Konstruktivismus.
[60] Vgl. hierzu Hacking (1999, S. 45): „John Searle (1995) argumentiert vehement (und meiner Meinung nach stichhaltig) gegen den universellen Konstruktivismus. Er nennt jedoch nicht einen einzigen universellen Konstruktivisten." [Hervorh. durch d. Verf.].

2.5 Der philosophische Diskurs bis heute

seiner Abhandlung über die Entwicklung der Erkenntnis beim Kind anführt: „La construction du réel chez l'enfant".[61] Piaget kommt zu dem Ergebnis, dass sich das ‚Weltbild' des Kindes (seine Wirklichkeitskonstruktion) gleichzeitig aufgrund von Assimilation (hinsichtlich eines vorsprachlichen Bezugsschemas) und Akkomodation (hinsichtlich eines handlungsorientierten Bezugsschemas) herausbildet. Dieses Konzept Piagets wird in den zwei Hauptlinien der Entwicklung konstruktivistischen Denkens aufgegriffen: im Sozialkonstruktivismus und im radikalen Konstruktivismus. Diese konstruktivistische Sicht kritisiert Ian Hacking (1999, S. 11) und führt beispielhaft 33 Werke (hauptsächlich der 80er und 90er Jahre des 20. Jahrhunderts) an, die soziale Konstruktion behandeln. Die Gegenstände sozialer Konstruiertheit reichen dabei von ‚den achtziger Jahren', über Flüchtlingsfrauen, die Natur, die technischen Systeme bis zum Wissen. Hackings Meinung nach ist der Begriff der ‚sozialen Konstruktion' zur Kampfvokabel in den Wissenschaften geworden, dabei sei er doch in den meisten Fällen trivial:

> „Wir brauchen jemanden, der behauptet, jedwedes Objekt, gleichgültig welches – die Erde, deine Füße, Quarks, das Aroma des Kaffees, Kummer, Eisbären in der Antarktis –, sei in irgendeinem nicht trivialen Sinn sozial konstruiert." (Hacking 1999, S. 45)

Es scheint als habe dies die Ontologie, spätestens seit Heideggers (1993) „Sein und Zeit", hinreichend besorgt: Es ist nicht die bloße Existenz eines unbenannten Etwas, sondern dessen Wahrnehmung, Benennung und der Glaube an dessen Existenz, die es zur Tatsache werden lassen, zur sozialen Tatsache.[62] Daraus leitet sich die Bedeutung der Tatsachen ab; anthropologisch gesprochen: Der Mensch hat keine Möglichkeit anders als sozial zu konstruieren. Dies trifft auf ‚Naturgesetze' ebenso zu, wie auf das ‚Gossen'sche Gesetz' vom abnehmenden Grenznutzen.[63] Man könnte im Sinne des Pragmatismus einwenden: Was macht dies für einen Unterschied, es kommt auf den Erfolg des Handelns an. Was aber heißt ‚Erfolg'? Gerade ‚Erfolg' ist ein teleologischer Begriff, mit expliziter Wertbehaftung. Doch dies ist nicht Hackings Problem, er nimmt an, dass alles Soziale (trivialerweise) sozial konstruiert sei, nur gäbe es wohl auch nicht sozial konstruierte Gegebenheiten. (Hacking 1999, S. 47, 108) In der sympathisierenden Ambivalenz Hackings zum Sozialkonstruktivismus spiegelt sich das Grundproblem des Realismus/Objektivismus/Positivismus: In der Annahme, es gäbe eine wie auch immer geartete Wahrnehmungsfähigkeit des Menschen, die nicht sozial

---

[61] Vgl. hierzu auch Foerster 1997b, S. 292.

[62] Vgl. Sutter (1997) zu den Verstehenspositionen einer konstruktivistischen Hermeneutik.

[63] Vgl. zum Gossenschen Gesetz z. B. Krumbachner 1991, S. 181 ff.

geprägt ist, die also nicht mit Bedeutungszuschreibungen verbunden ist, wird impliziert, dass eine solche Wahrnehmung wertfrei sei und damit unabhängig von jedweden apriorischen Annahmen wahr. Hier liegt der zentrale Unterschied zwischen einer grundlegend konstruktivistischen Auffassung und deren letztendlicher Ablehnung.

Während der Sozialkonstruktivismus untersucht, was Menschen in einer Gesellschaft für wahr halten,[64] liegt im Realismus/Objektivismus/Positivismus die Wahrheit außerhalb des Menschen, in einer (apriorischen) bedeutungsfreien Natur. Naturwissenschaftliche Erkenntnisse werden damit zu Wahrheiten, solange sie nicht (mit Hilfe naturwissenschaftlicher Methoden) widerlegt sind – dies gilt auch, wenn man sie unter ein Falsifikationspostulat stellt (auch einstweilige Wahrheiten bleiben einstweilen Wahrheiten). Die philosophische Auseinandersetzung Searles (1997) und Hackings (1999) mit dem Sozialkonstruktivismus erscheint dabei eher als neu-etikettierte Stellungnahme zur Diskussion um die Einheitlichkeit der Wissenschaftstheorie, wie sie seit Droysen (Mitte des 19. Jahrhunderts) geführt wird. Dilthey hatte die Trennung von Geistes- und Naturwissenschaft gefordert, und hier scheinen sich sowohl Searle als auch Hacking anzuschließen, wenn auch mit unterschiedlichem Gestus: Searle die Existenz einer objektiven Welt deutlich hervorhebend, Hacking dies eher unterschwellig hinnehmend. Beide beschränken die soziale Konstruiertheit der Wirklichkeit auf soziale Phänomene, bei beiden merkt man die angenommene Überlegenheit einer apriorischen Logik und der ‚natürlichen' Phänomene. Doch wie schon Kuhn 1962 in seiner „Struktur der wissenschaftlichen Revolution" bemerkte:

> „Was in der Welt des Wissenschaftlers vor der Revolution Enten waren, sind nachher Kaninchen." (Kuhn 1999, S. 123)[65]

Das jeweils vorherrschende wissenschaftliche Paradigma tritt dabei mit einheitswissenschaftlichem Wahrheitsanspruch auf. Shapin dagegen bezweifelt, dass sich die Wissenschaft in Zyklen normaler Wissenschaft und wissenschaftlicher Revolutionen entwickelt hat, aber auch er kommt zu dem Ergebnis, dass die Wissenschaft von den Forschern, also den Menschen, die sie betreiben, nicht zu trennen sei – negiert man dies, so hat das Folgen:

---

[64] Auch der Pragmatismus ist an dieser Frage interessiert, engt diese aber auf das soziale Wahrheitskriterium des Erfolgs ein.

[65] Hacking (1999, S. 157) ‚klassifiziert' Kuhn deshalb auch als Sozialkonstruktivisten höchsten Grades.

2.5 Der philosophische Diskurs bis heute

„Unsere Erfolge im Bereich der Naturerkenntnis führen zu tiefgreifenden Problemen, wenn es darum geht, unsere Stellung innerhalb der natürlichen Welt und überhaupt die menschliche Natur zu verstehen." (Shapin 1998, S. 188)

Diese Sorge teilen auch viele Naturwissenschaftler (insbesondere Physiker), von denen hier nur zwei angeführt werden sollen:

„Schon einmal, in der Epoche des Hellenismus, begannen die Wissenschaftler, ihre Aufgabe ausschließlich in der Ausarbeitung und Anwendung mathematischer Vorhersagetechniken zu sehen; was folgte, war ein Desaster für die Wissenschaft. Für die meisten von uns umfaßt die Aufgabe die Natur zu verstehen, mehr. Prognosen sind gut und schön; aber wir müssen Sinn in dem finden, was wir voraussagen." (Toulmin 1981, S. 138)

Zu einem ähnlichen Ergebnis kommt auch Dürr (2000, S. 115 ff.). Er verwendet die Metapher des Netzes für die Wissenschaft als notwendiges, damit aber auch einengendes soziales Bezugssystem, das Sinn verleiht. Doch was sich schon in den Arbeiten Plancks, Einsteins und Heisenbergs andeutete, wurde den heutigen Physikern zur Gewissheit: Naturgesetze gibt es nicht, sie sind eine wissenschaftliche, mithin soziale Erfindung. Da Materie nicht aus Materie zusammengesetzt ist, gibt es nur „[...] Verwandlung von Potenzialität in Realität." (Dürr 2000, S. 126) Die physikalischen Wahrheiten lösen sich in metaphysische Substanz, in Potenzialität auf.

„Potentialität bietet aber die Möglichkeit, in »Teilen« zu Realität zu gerinnen und zu dem zu führen, was wir in unserer Außenansicht und mit unseren Sinnen als äußere Schöpfung wahrnehmen." (Dürr 2000, S. 135)

Im Rahmen dieser Realität handeln wir, ordnen sie und schaffen sie, womit man wieder bei der Netzmetapher wäre:

„Das heißt, wir fangen Fische mit Netzen, und diese Netze sind nicht zufällig gekommen, sie haben sich in der Wirklichkeit als lebensdienlich bewährt." (Dürr 2000, S. 155)

Das sozialkonstruktivistische Denken in der Philosophie des 20. Jahrhunderts entwickelte sich somit aufgrund verschiedener Wissenschaftstraditionen. Namensgebend war die sozialphilosophische Wendung der Phänomenologie Husserls durch Schütz und Berger/Luckmann. Einflüsse finden sich auch in der Wissenschaftsphilosophie und -geschichte, insbesondere bei Kuhn, Feyerabend[66] und Shapin. Nicht zuletzt haben auch Physiker (wie Toulmin und Dürr) deutlich gemacht, dass eine dem Realismus/Objektivismus/Positivismus verpflichtete wissenschaftliche Auffassung weder dem Menschen als erkennendes und soziales Wesen, noch dem Erkenntnisgegenstand gerecht wird. Während der Mensch sich aus sozialkonstruktivistischer Sicht mit einer gesellschaftlich vorhandenen Wirklichkeitskonstruktion auseinandersetzen muss, dementsprechend das Erkenntnisinteresse dem Zusammenhang zwischen sozialer Faktizität und subjektiv gemeintem Sinn gilt (Berger/Luckmann 1997, S. 20), ist der *radikale Konstruktivismus* biologisch-psychologisch orientiert. Im Vordergrund steht die individuelle Wirklichkeitskonstruktion, nicht die soziale (was eine Anwendung auf das Soziale aber keineswegs ausschließt). (z. B. Luhmann 1993 oder Hejl 1996) Der radikale Konstruktivismus steht damit in der Tradition Lockes, wobei er über dessen reduktionistischen Psychologismus hinausgeht.

„Die Erkenntnistheorie des Radikalen Konstruktivismus läßt sich kurz auf folgenden Nenner bringen: Sie versteht sich als Kognitionstheorie und sie ist nichtreduktionistisch. Das soll heißen, sie ersetzt die traditionelle epistemologische Frage nach den Inhalten oder Gegenständen von Wahrnehmung und Bewußtsein durch die Frage nach dem Wie und konzentriert sich auf den Erkenntnisvorgang, seine Wirkungen und Resultate. Und sie ist nicht-reduktionistisch, weil sie nicht auf fundamentale oder elementare Objekte oder Prozesse (etwa psychologistischer oder sensualistischer Art) fixiert ist, auf die Wahrnehmung und Bewußtsein »letztlich« zurückgeführt werden sollen." (Schmidt 1996, S. 13; unter Auslassung einer Fußnote)

Der Begriff eines ‚radikalen Konstruktivismus' wurde vom Philosophen Ernst von Glasersfeld (1998, S. 17) geprägt, dessen konstruktivistische Anschauung sich insbesondere auf die Arbeiten Piagets stützt. Darüber hinaus waren für die Entwicklung des radikalen Konstruktivismus insbesondere die Arbeiten des Kybernetikers und Philosophen Heinz von Foerster (1997a, 1997b), des Psychologen Paul Watzlawick (1976, 1998) sowie der Biologen Humberto Maturana und Francisco Varela (Maturana/Varela 1987) wegweisend. Anders als im Sozialkonstruktivismus lässt sich der radikale Konstruktivismus nicht auf ein ‚bahnbrechendes' Werk zurückführen, vielmehr entstanden in den 70er Jahren des 20. Jahrhunderts verschiedene Arbeiten, welche diese wissenschaftstheoretische

---

[66] Feyerabends (1999) anarchistische Wissenschaftstheorie ist letztlich zutiefst einer lebensweltlichen Anschauung verpflichtet – hierauf wird in Abschn. 3.5 nochmal eingegangen.

2.5 Der philosophische Diskurs bis heute

Richtung begründeten.[67] Der radikale Konstruktivismus bezieht seine Grundlagen zum einen aus der systemtheoretisch-kybernetischen Perspektive (unter Rückgriff auf die biologistische Erkenntnistheorie Maturanas und Varelas 1987), zum anderen aus der psychologisch-konstruktivistischen Anschauung (unter Rückgriff auf Piaget 1973, 1975). Der kybernetische Einfluss zeigt sich in der Annahme, dass Systeme (seien es physische, psychische oder soziale) sich regelkreishaftig, somit selbstreferentiell (autopoietisch) verhalten (Elbe 2001, S. 568 f.), der konstruktivistische Einfluss zielt darauf, dass sie sich aufgrund dessen ihre Wirklichkeit selbst konstruieren. (Foerster 1973, S. 35 ff.) Hieraus folgt zweierlei: „[...]

> Wenn Systeme sich grundsätzlich autopoietisch verhalten, dann können sie als geschlossene Systeme in Auseinandersetzung mit der Umwelt und nicht als für die Umwelt offene Systeme, wie in der älteren Systemtheorie angenommen, betrachtet werden.
> Wenn geschlossene Systeme sich mit der Umwelt auseinandersetzen, dann beobachten sie Erscheinungen in dieser Umwelt (und in diesen Erscheinungen sich selbst). Aus dieser Beobachtung bauen sie ein Bild der Wirklichkeit, indem sie den Erscheinungen Sinn zuschreiben. Eine objektive Wahrheit kann es also nicht geben, sondern nur subjektive Wirklichkeiten – die mehr oder weniger zueinander passen." (Elbe 2001, S. 568 f.)

Das Beobachtete wird so zum zentralen Aspekt der Wirklichkeitskonstruktion und der Auseinandersetzung mit der Umwelt, was eine systemimmanente Entscheidung über das zu Beobachtende voraussetzt – und damit eine Unterscheidung von allem nicht-zu-Beobachtenden. Durch diese (nicht unbedingt bewusste) Wahl hat sich das System für eine bestimmte Wahrnehmung der Wirklichkeit entschieden, die andere Wahrnehmungen unmöglich macht. Das System ist partiell blind: Es hat einen blinden Fleck. (Foerster 1973, S. 35 f.) Aufgrund der so getroffenen Unterscheidung ist es zu einer anderen Beobachtung bzw. Wirklichkeitskonstruktion nicht fähig. (Elbe 2001, S. 568) Mit dieser Konzeption versucht der radikale Konstruktivismus eine Erkenntnistheorie ohne ontologische Fundierung zu schaffen. (Foerster 1997b, S. 366 ff. sowie Glasersfeld 1996, S. 401 ff.) Dies gilt sowohl für die ‚naive' Ontologie des Positivismus als auch für eine Fundamentalontologie phänomenologischer Prägung.[68] Es wird auf jede apriorische Betrachtung verzichtet, letztlich gibt es nur subjektive Wirklichkeitskonstruktionen, wobei sich der radikale Konstruktivismus als rein rationales Modell sieht

---

[67] Besonders hervorzuheben sind in diesem Zusammenhang die Arbeiten von Foerster (1973), Smock/Glasersfeld (1974) und Watzlawick (1976).

[68] Auch hierin steht der radikale Konstruktivismus in der Tradition Piagets, der die Phänomenologie als ‚parawissenschaftlich' ablehnte (Piaget 1973, S. 73 f.).

(Glasersfeld 1996, S. 429), dessen deduktiv-nomologische Methode der Falsifizierung in Übereinstimmung mit dem kritischen Rationalismus steht – mit einem Unterschied: Auch bei so konstruierten ‚wissenschaftlichen' Wirklichkeiten handelt es sich nicht um Wahrheiten, sondern eben nur um die subjektive Wirklichkeit des Forschers. (Piaget 1973, S. 73 f.) Radikal konstruktivistisches Verstehen ist dabei Sprachverstehen,[69] das an Handlungsschemata geknüpft ist und bleibt der Substitution von Ontologie durch Ontogenetik, wie sie Piaget getroffen hat, vollständig verhaftet. Das bedeutet, dass nicht gesellschaftlich vorhandene Sinnkonstruktionen (als Wesen von Phänomenen, als Universalie) zur Grundlage des alltäglichen wie auch wissenschaftlichen Verstehens gemacht werden, sondern der individuelle Erwerb von Sinnkonstruktionen und der damit verbundene Aufbau von Schemata. Die Intersubjektivität im radikalen Konstruktivismus zeigt sich in der Viabilität, in der situationsspezifischen Passung verwendeter Begriffe, die sich nach der Orientierungserwartung der Beteiligten richtet. (Rusch 1992, S. 231) Der radikale Konstruktivismus übernimmt dabei formal die teleologische Epistemologie der Kybernetik (Foerster 1997b, S. 283) und nähert sich dem Pragmatismus an:

„Wir entwerfen Theorien, um gewisse Dinge zu erreichen. Und die Theorien sind gut, wenn sie uns diese Dinge bringen oder uns dahin führen; und sie sind schlecht, wenn sie es nicht tun." (Glasersfeld 1996, S. 424)

Doch bleibt das Verhältnis zur Logik ambivalent, was sich insbesondere im Konzept der Autopoiese zeigt. Das autopoietische System wird in seiner Selbstreferenz teleologisch konzipiert, doch führt diese Selbstreferenz zu Paradoxien (Foerster 1997b, S. 286), deren Auflösung im Sinne einer allgemeinen Logik nicht möglich ist.[70] Zugleich wird das autopoietische System in seiner inneren (kybernetischen) Regelkreishaftigkeit kausal gedacht. In der Geschlossenheit des autopoietischen Systems liegt letztlich die allgemeine Logik des radikalen Konstruktivismus: in der Ontogenetik. „All dies verlangt Veränderung, andere Weisen des Denkens, also Ontogenetik, d.h. Erfinden, Schaffen." (Foerster 1997b, S. 293) Anders formuliert: Radikal konstruktivistisches Verstehen ist die subjektive Erfindung einer intersubjektiven Bedeutung und diese erfolgt

---

[69] Zum Sprachverstehen aus radikal-konstruktivistischer Sicht vgl. Watzlawick 1976, Rusch 1992, Foerster 1997a.

[70] Vgl. z. B. Foerster 1973 oder Watzlawick 1976. Dies zeigt sich auch in der Vorliebe für die Demonstration der Subjektivität von Konstruktionsleistungen anhand von logischen Paradoxien und visueller Täuschungen.

radikal-konstruktivistische Sinnkonstitution

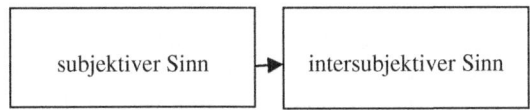

sozialkonstruktivistische Sinnkonstitution

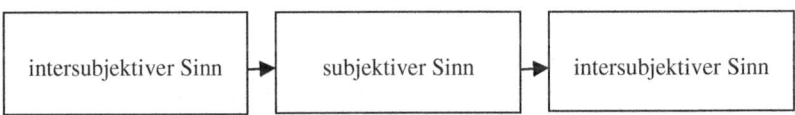

Abb. 2.8 Unterschiede konstruktivistischer Sinnkonstitutionen. (Eigene Darstellung)

funktional-operational. Zum Unterschied zwischen radikal-konstruktivistischer und sozialkonstruktivistischer Verstehensauffassung vgl. Abb. 2.8:

Mit dem konstruktivistischen Diskurs abschließend wurden die wichtigsten Ansätze verstehender Philosophie vorgestellt und kritisch diskutiert. Doch hat hiermit die Entwicklung der verstehenden Philosophie keinen Endpunkt erreicht – vielmehr wird der Diskurs weitergeführt, vgl. z. B. Schurz 1988.

2.6 Anforderungen an eine verstehende Epistemologie

Der Überblick über die Entwicklung verstehender Ansätze in der Philosophie hat gezeigt, dass es eine nicht unterbrochene Tradition verstehenden Denkens von der Antike bis in die Gegenwart gibt.[71] Hierbei haben sich vielerlei Bezüge

---

[71] Noch einmal: Naturgemäß muss ein solcher Überblick selektiv bleiben. Zum einen konnten nur Hauptentwicklungslinien aufgezeigt werden und zum anderen musste eine Selektion der dabei behandelten Denker vorgenommen werden. So analysiert z. B. Glasersfeld (1998, S. 74 ff.) die Bedeutung Benthams und Vicos als Vorläufer des radikalen Konstruktivismus, und Helle (1999, S. 34 ff.) zeigt den Einfluss Blumenbachs auf Kant in Hinblick auf die Entwicklung eines verstehenden Ansatzes in der Soziologie. Für die vorliegende Analyse kommt es aber nicht auf Vollständigkeit an, sondern darauf, zu untersuchen, wie sich verstehendes Denken in Zusammenhang mit der Tendenz zur Rationalisierung im Okzident entwickelt hat.

und Rückgriffe auf Ansätze der Vergangenheit gezeigt, eine kumulative Wissensvermehrung, ein klares ‚Fortschreiten' verstehender Erkenntnistheorie hat sich allerdings nicht abgezeichnet.[72]

Die Hauptursache hierfür findet sich in der Abhängigkeit der Verflechtung verstehenden Denkens mit der gesellschaftlichen Rationalisierungsleistung. Anders formuliert: Die Teleologie jeglichen menschlichen Wahrnehmens und Handelns kann als kausale Ursache für die Entwicklung der okzidentalen Wissenschaft zwischen ihrem szientistischen und ihrem verstehenden Pol angesehen werden. Dies führte aber eher zu einer Ausdifferenzierung der Tradition des Verstehens als zur Herausbildung eines einheitlichen verstehenden Paradigmas. Abb. 2.9 fasst die Entwicklung, wie sie hier skizziert wurde, zusammen:

Ausgangspunkt der gesamten okzidentalen Philosophie ist die Gewinnung menschlicher Handlungsfreiheit in der griechischen Antike, wobei eben diese Rationalisierungsleistung (in ihrer kausalen, wie auch teleologischen Form) die Frage nach dem Sinn menschlichen Daseins aufwirft. Die Konzeption der Idee (Platon), respektive des Wesens (Aristoteles) legt die Basis für eine säkularisierte Weltauffassung, die des Göttlichen nicht mehr bedarf, es gleichwohl aber nicht ausschließt. Das Sakrale ist nur der religiöse Ausdruck der absoluten Institution. Die Sinnsuche in der transzendenten Idee, im Wesen eröffnet aber die Möglichkeit des Sinnverweises in jeder Institution. Sie ist eben reine Transzendenz. Somit fallen beide Begriffe zusammen: Im Transzendenten sind Wesen und Idee ein und dasselbe. Transzendent heißt, dass sie apriorisch sind und zwar in dem Sinn, als dass sie nicht erst durch das individuelle Sein (sum!) begründet werden. Wesen und Idee begrenzen die Möglichkeit des Seins (Form) in der Wirklichkeit (Inhalt). So ist die Wirklichkeit bei Thomas von Aquin teleologisch gerichtet. Dies führt im Konstruktivismus I zu einer ontologischen Variante (Spinoza), welche im Widerstreit mit der psychologistischen Auffassung (Locke) steht.[73] Hier scheint eine Synthese gleichwohl möglich: Der Einzelne konstruiert seine Wirklichkeit auf der Basis der transzendentalen Möglichkeit – und diese ist sozial gegeben. Die Kausalität sozialer Tatsachen (Faktizität) ist demnach individuell teleologisch begründet. Kants Konzeption der Vorstellungsbegriffe versucht dies idealtypisch zu fassen: Soziale Tatsachen können wir verstehen, deren teleologische Grundlage, die Idee, hingegen nur begreifen. Fremdverstehen ist in

---

[72] Dies spricht eher für eine paradigmatische Entwicklung innerhalb der Wissenschaftstheorie, wie sie Kuhn (1999) oder, um den revolutionären Anteil bereinigt, Shapin (1998) vertreten, als für eine kumulative Wissensvermehrung, wie sie Popper (1995b) vertritt.

[73] Die konstruktivistischen Ansätze des 17. Jahrhunderts greifen damit der Auseinandersetzung zwischen Sozialkonstruktivismus und radikalem Konstruktivismus des 20. Jahrhunderts vor.

2.6 Anforderungen an eine verstehende Epistemologie

Verstehender Ansatz	These	Aussagen	Hauptvertreter
Antike Philosophie	Gewinnung menschlicher Handlungsfreiheit	Lösung von der Prädestination	Xenophanes
		Konzeption von Idee und Kausalität	Platon
		Konzeption von Wesen und Teleologie	Aristoteles
Thomismus	Teleologie als Grundlage zweckrationalen Handelns	Inhalt und Form als Wirklichkeit und Möglichkeit des Seins	Thomas von Aquin
Konstruktivismus I	Die Wirklichkeit ist konstruiert	Ontologischer Konstruktivismus mit teleologischem Rahmen	Spinoza
		Psychologistischer Konstruktivismus mit kausalem Rahmen	Locke
Vernunftkritik	Kausalität ordnet sich der Teleologie nach	Transzendente Idee als Grundlage umfassender begrifflicher Typenbildung; Wahrnehmungen müssen verstanden werden	Kant
		Zusammenführung von Idee und Wesen in der Phänomenologie	Hegel
Historismus	Teleologische Bedingtheit des Historischen	Verstehen als historische Methode zur Interpretation der Idee	Droysen
		Historisches Verstehen nur Modifikation des zeitgleichen Verstehens	Simmel
		Konzeption einer geisteswissenschaftlichen Methode des Verstehens	Dilthey
Hermeneutik	Methode des Verstehens ist die Interpretation von Texten	Textinterpretation als philosophische Methode	Schleiermacher
		Gleichsetzung von Verstehen und Hermeneutik	Gadamer
		Paradoxon empathischer Hermeneutik	Pleßner
Phänomenologie	Transzendentale Bezogenheit der Wahrnehmung auf das Wesen	Lebensweltliche Gebundenheit der Erkenntnis des Phänomens als reiner Bewusstseinsakt; Methode der phänomenologischen Reduktion; Paradoxon des Forschers als uninteressierter Zuschauer	Husserl
		Auflösung des Paradoxons im verstehenden Zirkel; Phänomenologie als Fundamentalontologie	Heidegger
		Überführung der Phänomenologie in (Proto-) Soziologien	Scheler/ Schütz
Handlungsphilosophie	Verstehen als Handlungsakt	Im Pragmatismus erweist sich die Wahrheit der Erkenntnis im Erfolg der Handlung	z.B. James
		Im Existenzialismus wird das Verstehen zur Handlung; Absurdität als ständige Ent-Täuschung; Selbstverstehen ist unmöglich	Sartre/ Camus
Sprachverstehen	Verstehen als Sprachspiel	Konstruktivistische Widerlegung der apriorischen Logik; Konzeption partieller Sprachspiele, die verstanden werden können; empathisches Moment	Wittgenstein
		Versuch der Integration zwischen Erklären und Verstehen aufgrund der Annahme einer apriorischen Logik, die sich aus einer objektiven Welt begründet	Wright/ Hollis
Konstruktivismus II	Psychische versus soziale Konstruktion der Wirklichkeit	Ausarbeitung eines psychologischen Konstruktivismus auf empirischer Basis; geistige Repräsentation wird im Handeln objektiviert	Piaget
		Im Sozialkonstruktivismus wird auf phänomenologischer Grundlage untersucht, wie sich soziale Wirklichkeitskonstruktionen im Zusammenspiel mit subjektivem Sinn bilden	Berger/ Luckmann
		Der radikale Konstruktivismus steht in der Tradition Piagets und verbindet diese mit der kybernetischen Systemtheorie; Verstehen wird zur subjektiven Erfindung	Foerster/ Glasersfeld

Abb. 2.9 Entwicklung und Differenzierung verstehender Philosophie. (Eigene Darstellung)

diesem Zusammenhang weniger problematisch als Selbstverstehen; Letzteres ist nur möglich in Form des In-die-Welt-Bringens, der sozialen Entäußerung, als an der Idee orientiertes eigenes Handeln. Die unmittelbare Seinserfahrung bleibt dabei ebenso unverstehbar wie auch unbegreifbar. Hier konvergiert das individuell und sozial Apriorische: im Transzendenten.

Dies versucht Hegel in seiner ‚Phänomenologie des Geistes' zu fassen. Das Transzendente zeigt sich im Bewusstsein und ist historisch bedingt. Verstehen als Interpretation der Idee wird somit zur historischen Methode (Droysen). Für Simmel ist das historische Verstehen nur eine Modifikation des zeitgleichen Verstehens. Das subjektiv Gefühlte ist die Form, nach welcher ‚objektive' Inhalte verstanden werden. Das Verstehen wird symbolisch vermittelt, orientiert an der transzendenten Idee. Bei Dilthey wird die historische Methode zur eigenständigen Methodologie der Geisteswissenschaften in Abgrenzung zur kausal-erklärenden Methode der Naturwissenschaften. Diese Trennung ist problematisch, da sie zum Konflikt zwischen zwei Wahrheitspostulaten führt: Während die Naturwissenschaften eine objektiv vorhandene Realität erklären, verstehen die Geisteswissenschaften subjektive Wirklichkeitskonstruktionen, die historisch begründet sind.

Eine Auflösung dieses Problems findet sich im Pragmatismus (James), der ‚Erfolg' zum Wahrheitskriterium erhebt und damit eine intersubjektive und historisch bedingte Wirklichkeitskonstruktion annimmt, nämlich dem, was in einer konkreten historischen Situation als Erfolg zugelassen wird. Damit gilt: Erfolg ist ein teleologisch-handlungsorientiertes Kriterium für intersubjektive Wirklichkeitskonstruktionen. Die Trennung zwischen Natur- und Geisteswissenschaften wird so zu einer inhaltlichen, nicht aber zu einer methodologischen Unterscheidung. Bei Sartre wird die Handlung selbst zum Verstehensakt, da in der Handlung die Vermutung des Verstehens der Handlung durch den oder die Anderen begründet liegt. Die Handlung ist der Erfolgstest einer vermuteten intersubjektiven Wirklichkeitskonstruktion. Missverstehen als Absurdität ist die Ent-Täuschung dieser Vermutung (Camus).

Diese Aussagen des Existenzialismus sind eng verbunden mit der Entwicklung der Phänomenologie durch Husserl. Die Erkenntnis des Phänomens als reiner Bewusstseinsakt ist lebensweltlich gebunden. Dies gilt aber auch für den Forscher selbst: Eine Haltung als ‚uninteressierter Zuschauer' ist nicht möglich. Die Trennung des transzendentalen Wesens (als tiefster Sinnverweis einer intersubjektiven Wirklichkeitskonstruktion) von der individuellen Wirklichkeitskonstruktion (als stets mitgeltender Teil des Vorwissens) ist nur bedingt möglich. In Anschluss an Heidegger gilt somit: Der Verstehensakt hat zirkulären Charakter, Vorwissen und Erkenntnis bedingen einander in jedem Schritt des Verstehens aufs Neue. Der

2.6 Anforderungen an eine verstehende Epistemologie

Eintritt in den verstehenden Zirkel erfolgt durch den Versuch der Explizierung des eigenen Vorwissens. Vorwissen in diesem Sinn sind dabei das Erkenntnisziel und der intendierte Handlungserfolg (teleologische Momente als Ausdruck vermuteter intersubjektiver Wirklichkeitskonstruktion) sowie Antezendenzbedingungen und Hypothesen (kausale Momente als Ausdruck der individuellen Wirklichkeitskonstruktion). Hierunter fallen auch alle Formen der Logik; eine apriorische Logik ist demnach abzulehnen (Wittgenstein). Es gibt keine einheitliche Lebenswelt, vielmehr differenziert diese sich anhand unterschiedlicher intersubjektiver Wirklichkeitskonstruktionen, in partiellen Sprachspielen. Im Verstehen fallen Handlung und Sprache, Institution und Sprachspiel zusammen. Diese verstehen heißt aber, ihre Bedeutung, ihr Wesen aus sich heraus zu begreifen. Der verstehende Zirkel endet im Missverstehen, wenn dies nicht gelingt: aus sich heraus verstehen (ohne Empathie kein Verstehen). Spiele/Institutionen basieren auf Regeln, die teleologisch auf die Idee verweisen. Diese kann nicht aus einer dem Spiel fremden Logik abgeleitet werden, sondern wird empathisch erworben als Reziprozität der Perspektive im Spiel. Empathie wird damit zur Grundlage, Sprachspiele zu verstehen und Ideen zu begreifen. Im verstehenden Zirkel erwirbt der Mensch empathisch die Reziprozität der Perspektiven, welche ihm die Teilnahme am Sprachspiel, an der Institution ermöglicht. Ein Verstehen, das über das empathische Moment hinausgeht und versucht, die verstandene Idee in andere (hier: wissenschaftliche) Sprachspiele zu übertragen, bedient sich regelmäßig der vertextenden Übersetzung. Das Sprachspiel der Textinterpretation heißt Hermeneutik, ihr entzieht sich die Empathie. Ein Gleichsetzen von Hermeneutik und Verstehen (Gadamer) bedeutet aber, sich dem verstehenden Zirkel zu entziehen suchen. Der Diskurs des Konstruktivismus II (als jüngste Form der Auseinandersetzung um das Verstehen) überschreitet die Grenze zwischen der Philosophie und den wissenschaftlichen Einzeldisziplinen. Während der Sozialkonstruktivismus (Berger/Luckmann) das Verstehen zur Grundlage der Sozialwissenschaften macht und damit auf die Philosophie zurückwirkt,[74] konzipiert der radikale Konstruktivismus (Foerster/Glasersfeld) seine Verstehensauffassung aufgrund von biologischen und psychologischen Erkenntnissen unter Rückgriff auf eine kybernetische Systemtheorie. Dies führt letztlich das Verstehen ad absurdum, es bleiben nur subjektive Wirklichkeiten, das Verstehen wird zur subjektiven Erfindung. Dem widerspricht aber die Existenz des Transzendenten, das sich in der Sprache, in den Institutionen ausdrückt. Im Einzelfall verstanden zu haben, mag

---

[74] Auch in dieser Darstellung wurden viele Begriffe übernommen, die sich erst in der Soziologie etabliert haben, z. B. der sozialwissenschaftliche Institutionenbegriff oder das Konzept der Reziprozität der Perspektiven.

eine subjektive Erfindung sein, das Verstehen hingegen ist Ausdruck der Teilhabe an der sozial begründeten Transzendenz. Verstehen heißt, die Regeln des Sprachspiels anzunehmen. Erklären heißt, diese Regeln zu explizieren (auszusprechen). Wissenschaft bedeutet die jeweils lebensweltlich gebundene partielle Logik des Verstehens in ein spezifisches Sprachspiel zu übersetzen. Hermeneutik ist die Methode, lebensweltliches Verstehen in wissenschaftliches Erklären zu überführen.

Jede verstehende Wissenschaft wird sich an den Ergebnissen der Entwicklung des Verstehens in der Philosophie messen lassen müssen, wobei diese Entwicklung natürlich nicht zu einem Ende gekommen ist, sondern sowohl in den Grundlagen als auch in einzelnen Perspektiven weiterentwickelt wird (vgl. hierzu Abschn. 4.2.2).

Literatur

Apel, K.-O. (1979): Die Erklären:Verstehen-Kontroverse in transzedentalpragmatischer Sicht. Frankfurt a. M.
Aristoteles (1973): Über die Seele. Darmstadt.
Aristoteles (1994): Peri Hermeneias. Berlin.
Bast, R. (1999): Vorwort des Herausgebers. In: ders. (Hrsg.): Rickert, Heinrich: Philosophische Aufsätze. Tübingen, S. VII–XI.
Berger, P./Luckmann, T. (1997): Die gesellschaftliche Konstruktion der Wirklichkeit – Eine Theorie der Wissenssoziologie. 5. Aufl. Frankfurt a. M.
Bernard, A. (1999): Die Wut des Verstehens. Friedrich Schleiermacher und die Entstehung der Hermeneutik. In: Süddeutsche Zeitung vom 22.03.1999, S. 17.
Bialas, W. (1996): Historismus in wissenschaftsphilosophischer Perspektive. In: Oexle, O./Rüsen, J. (Hrsg.): Historismus in den Kulturwissenschaften: Geschichtskonzepte, historische Einschätzungen, Grundlagenprobleme. Köln., S. 29–41.
Bubner, R. (1992): Antike Themen und ihre moderne Verwandlung. Frankfurt a. M.
Camus, A. (1997): Der Mythos von Sisyphus. Hamburg.
Chalmers, A. (1994): Wege der Wissenschaft. Einführung in die Wissenschaftstheorie. 3. Aufl. Berlin.
Dilthey, W. (1927): Gesammelte Schriften. VII. Band. Der Aufbau der geschichtlichen Welt in den Geisteswissenschaften. Leipzig.
Dilthey, W. (1966): Gesammelte Schriften. I. Band. Einleitung in die Geisteswissenschaft. Versuch einer Grundlegung für das Studium der Gesellschaft und der Geschichte. 6. Aufl. Stuttgart.
Dilthey, W. (1974): Entstehung der Hermeneutik. In: ders.: Gesammelte Schriften. V. Band. Die Geistige Welt. Einleitung in die Philosophie des Lebens. Erste Hälfte. Abhandlungen zur Grundlegung der Geisteswissenschaften. 6. Aufl. Stuttgart, S. 317–338.
Droysen, J. (1925): Grundriß der Historik. Halle.

Dürr, H.-P. (2000): Was können wir wirklich wissen? Naturwissenschaftliche Erkenntnis und Wirklichkeitserfahrung. In: Bayerische Akademie der schönen Künste (Hrsg.): Was heißt »wirklich«?: Unsere Erkenntnis zwischen Wahrnehmung und Wissenschaft. Waakirchen-Schaftlach, S. 103–135.

Eberle, T. (1984): Sinnkonstitution in Alltag und Wissenschaft: Der Beitrag der Phänomenologie an die Methodologie der Sozialwissenschaften. Bern (CH).

Eberle, T. (2000): Lebensweltanalyse und Handlungstheorie. Beiträge zur Verstehenden Soziologie. Konstanz.

Elbe, M. (2001): Organisationsberatung: Kritik und Perspektiven aus soziologisch verstehender Sicht. In: Wüthrich, H./Winter, W./Philipp, A. (Hrsg.): Grenzen ökonomischen Denkens: Auf den Spuren einer dominanten Logik. Wiesbaden, S. 551–580.

Erler, M. (1987): Der Sinn der Aporien in den Dialogen Platons. Berlin.

Ernst, W. (1984): Winckelmann im Vor(be)griff des Historismus. In: Blanke, H./Rüsen, J. (Hrsg.): Von der Aufklärung zum Historismus. Zum Strukturwandel des historischen Denkens. Paderborn, S. 255–260.

Esser, H. (1991): Alltagshandeln und Verstehen: Zum Verhältnis von erklärender und verstehender Soziologie am Beispiel von Alfred Schütz und »rational choice«. Tübingen.

Feyerabend, P. (1999): Wider den Methodenzwang. Frankfurt a. M.

Figal, G. (1996): Der Sinn des Verstehens. Beiträge zur hermeneutischen Philosophie. Stuttgart.

Foerster, H.v. (1973): On Constructing a Reality. In: Preiser, F. (Hrsg.): Environmental Design Research. Vol. 2. Stroudsburg (USA), S. 35–46.

Foerster, H.v. (1997a): Entdecken oder Erfinden. Wie läßt sich Verstehen verstehen? In: Gumin, H./Meier, H. (Hrsg.): Einführung in den Konstruktivismus. 3. Aufl. München, S. 41–88.

Foerster, H.v. (1997b): Wissen und Gewissen. Versuch einer Brücke. 4. Aufl. Frankfurt a. M.

Gadamer, H.-G. (1999a): Was ist Metaphysik? In: ders.: Gesammelte Werke. Bd. 3. Neuere Philosophie. – 1. Hegel, Husserl, Heidegger. – Tübingen, S. 209–212.

Gadamer, H.-G. (1999b): Selbstdarstellung Hans-Georg Gadamer. In: ders.: Gesammelte Werke. Bd. 2. Hermeneutik: Wahrheit und Methode – 2. Ergänzungen; Register. Tübingen, S. 479–508.

Gadamer, H.-G. (1999c): Klassische und philosophische Hermeneutik. In: ders.: Gesammelte Werke. Bd. 2. Hermeneutik: Wahrheit und Methode – 2. Ergänzungen; Register. Tübingen, S. 92–117.

Gadamer, H.-G. (1999d): Gesammelte Werke. Bd. 1. Hermeneutik: Wahrheit und Methode – 1. Grundzüge einer philosophischen Hermeneutik. Tübingen.

Gadamer, H.-G. (1999e): Kant und die hermeneutische Wende. In: ders.: Gesammelte Werke. Bd. 3. Neuere Philosophie. – 1. Hegel, Husserl, Heidegger. – Tübingen, S. 213–222.

Gadamer, H.-G. (1999f): Kants ›Kritik der reinen Vernunft‹ nach 200 Jahren. In: ders.: Gesammelte Werke. Bd. 4. Neuere Philosophie. – 2. Probleme, Gestalten. – Tübingen, S. 336–348.

Gadamer, H.-G. (1999g): Der eine Weg Martin Heideggers. In: ders.: Gesammelte Werke. Bd. 3. Neuere Philosophie. – 1. Hegel, Husserl, Heidegger. – Tübingen, S. 417–430.

Gadamer, H.-G. (1999h): Nachwort zur 3. Aufl. In: ders.: Gesammelte Werke Bd. 2. Hermeneutik: Wahrheit und Methode – 2. Ergänzungen; Register. Tübingen, S. 449–478.

Giesen, B./Schmid, M. (1976): Basale Soziologie: Wissenschaftstheorie. München.

Glasersfeld, E.v. (1996): Siegener Gespräche über Radikalen Konstruktivismus. In: Schmidt, S. (Hrsg.): Der Diskurs des radikalen Konstruktivismus. 7. Aufl. Frankfurt a. M., S. 401–440.
Glasersfeld, E.v. (1998): Radikaler Konstruktivismus: Ideen, Ergebnisse, Probleme. 2. Aufl. Frankfurt a. M.
Göbel, C. (2002a): Wo ist der Journalist in Platons Höhle? In: Katholische Bildung 103 (2002), S. 255–263.
Göbel, C. (2002b): Griechische Selbsterkenntnis: Platon, Parmenides, Stoa und Aristipp. Stuttgart.
Göbel, C. (2005): Kants Gift. Wie die Kritik der reinen Vernunft auf den 'Index librorum prohibitorum' kam. In: Fischer, N. (Hrsg.): Kant und der Katholizismus. Stationen einer wechselhaften Geschichte. Freiburg, S. 91–137.
Goffman, E. (1996): Rahmen-Analyse: ein Versuch über die Organisation von Alltagserfahrungen. 4. Aufl. Frankfurt a. M.
Gründer, K. (1975): Hermeneutik und Wissenschaftstheorie. In: Simon-Schaefer, R./Zimmerli, W. (Hrsg.): Wissenschaftstheorie der Geisteswissenschaften. Kon-zeptionen, Vorschläge, Entwürfe. Hamburg, S. 86–97.
Graeser, A. (1989): Das Problem der Hermeneutik – Verstehen und Erklären aus philosophischer Sicht. In: Rusterholz, P./Svilar, M. (Hrsg.): Verstehen und Erklären: Umgang mit Texten. Referate einer Vorlesungsreihe des Collegium Generale der Universität Bern. Bern (CH), S. 9–20.
Habermas, J. (1997a): Theorie des kommunikativen Handelns. Band 1. Handlungsrationalität und gesellschaftliche Rationalisierung. 2. Aufl. Frankfurt a. M.
Habermas, J. (1997b): Theorie des kommunikativen Handelns. Band 2. Zur Kritik der funktionalistischen Vernunft. Frankfurt a. M.
Hacking, I. (1999): Was heißt ›soziale Konstruktion‹? Zur Konjunktur einer Kampfvokabel in den Wissenschaften. Frankfurt a. M.
Hejl, P. (1996): Konstruktion der sozialen Konstruktion: Grundlinien einer konstruktivistischen Sozialtheorie. In: Schmidt, S. (Hrsg.): Der Diskurs des radikalen Konstruktivismus. 7. Aufl. Frankfurt a. M., S. 303–339.
Hegel, G. (1996): Phänomenologie des Geistes. Stuttgart.
Heidegger, M. (1951): Kant und das Problem der Metaphysik. 2. Aufl. Frankfurt a. M.
Heidegger, M. (1993): Sein und Zeit. 17. Aufl. Tübingen.
Helle, H. (1992): Verstehende Soziologie und Theorie der Symbolischen Interaktion. 2. Aufl. Stuttgart.
Helle, H. (1997): Einführung in die Soziologie. 2. Aufl. München.
Helle, H. (1999): Verstehende Soziologie: Lehrbuch. München.
Hirschberger, J. (1980). Geschichte der Philosophie. Band II: Neuzeit und Gegenwart. 11. Aufl. Freiburg.
Hollis, M. (1991): Rationalität und soziales Verstehen. Frankfurt a. M.
Hollis, M. (1995): Soziales Handeln: eine Einführung in die Philosophie der Sozialwissenschaften. Berlin.
Hume, D. (1978): A Treatise of Human Nature. Oxford etc (UK).
Husserl, E. (1976): Husserliana Band VI. Die Krisis der europäischen Wissenschaften und die transzendentale Philosophie. Eine Einleitung in die phänomenologische Philosophie. 2. Aufl. Haag (NL).

Literatur

Husserl, E. (1986): Die Idee der Phänomenologie. Fünf Vorlesungen. Hamburg.
Husserl, E. (1992): Gesammelte Schriften Bd. 5. Ideen zu einer reinen Phänomenologie und phänomenologischen Philosophie. Hamburg.
Jaeger, F./Rüsen, J. (1992): Geschichte des Historismus: eine Einführung. München.
James, W. (1999): Was will der Pragmatismus? In: Gadenne, V./Visintin, A. (Hrsg.): Wissenschaftsphilosophie. Freiburg, S. 61–76.
Jauß, H. (1999): Das Verstehen von Geschichte und seine Grenzen. In: ders. (Hrsg.): Probleme des Verstehens. Ausgewählte Aufsätze. Stuttgart, S. 188–210.
Johannes Paul II. (1992): Schmerzliches Mißverständnis im »Fall Galilei« überwunden. Ansprache von Papst Johannes Paul II. an die Päpstliche Akademie der Wissenschaften am 31. Oktober 1992. In: deutscher L'Obsevatore Romano vom 13.11.1992, S. 9–10. [http://www.stjosef.at/dokumente/papst_galilei.htm vom 26.10.2000].
Kampe, F. (1870): Die Erkenntnistheorie des Aristoteles. Leipzig.
Kant, I. (1990): Kritik der reinen Vernunft. 3. Aufl. Hamburg.
Keller, A. (1990): Allgemeine Erkenntnistheorie. 2. Aufl. Stuttgart.
Kluxen, W. (1990): Thomas von Aquin: Das Seiende und seine Prinzipien. In: Speck, J. (Hrsg.): Philosophie des Altertums und des Mittelalters: Sokrates, Platon, Aristoteles, Augustinus, Thomas von Aquin, Nikolaus von Kues. 4. Aufl. Göttingen, S. 171–214.
Knorr-Cetina, K. (1989): Spielarten des Konstruktivismus. Einige Notizen und Anmerkungen. In: Soziale Welt 1,2/89, S. 86–96.
Körner, F. (1990): Augustinus: Das Grund-Problem der Existenz. Die Frage nach der Ratio im Dasein und Denken des Menschen. In: Speck, J. (Hrsg.): Philosophie des Altertums und des Mittelalters: Sokrates, Platon, Aristoteles, Augustinus, Thomas von Aquin, Nikolaus von Kues. 4. Aufl. Göttingen.
Krumbachner, J. (1991): Geschichte der Wirtschaftstheorie. München.
Kuhn, T. (1999) Die Struktur wissenschaftlicher Revolutionen. Frankfurt a. M.
Kutschera, F.v. (1983): Das Fragment 34 von Xenophanes und der Beginn erkenntnistheoretischer Fragestellungen. In: Weingartner, P./Czermak, H. (Hrsg.): Erkenntnis und Wissenschaftstheorie: Akten d. 7. Internat. Wittgenstein-Symposiums, 22. – 29. August 1982, Kirchberg am Wechsel (Österreich). Wien (AU), S. 19–25.
Lenk, H. (1993): Interpretationskonstrukte: zur Kritik der interpretatorischen Vernunft. Frankfurt a. M.
Locke, J. (1997): An Essay Concerning Human Understanding. London.
Luhmann, N. (1993): Soziologische Aufklärung 5: Konstruktivistische Perspektiven. 2. Aufl. Opladen.
Maturana, H./Varela, F. (1987): Der Baum der Erkenntnis. Die biologischen Wurzeln des menschlichen Erkennens. Bern (CH).
Neuberger, O. (1988): Was ist denn da so komisch? Thema: Der Witz in der Firma. Weinheim.
Mead, G. (1969): Sozialpsychologie. Neuwied am Rhein.
Piaget, J. (1973): Erkenntnistheorie der Wissenschaft vom Menschen. Hauptströmungen der sozialwissenschaftlichen Forschung. Herausgegeben von der Unesco. Frankfurt a. M.
Piaget, J. (1975): Der Aufbau der Wirklichkeit beim Kinde. Gesammelte Werke Band 2. Stuttgart.
Platon (1971): Der Staat. Darmstadt.

Pleßner, H. (1982): Zur Hermeneutik nichtsprachlichen Ausdrucks. In: ders.: Gesammelte Schriften VII. Ausdruck und menschliche Natur. Frankfurt a. M., S. 459–477.
Pleßner, H. (1997): Zur deutschen Ausgabe. In: Berger, P./Luckmann, T. (1997): Die gesellschaftliche Konstruktion der Wirklichkeit. Eine Theorie der Wissenssoziologie. Frankfurt a. M., S. IX–XVI.
Popper, K. (1995a): Subjektive oder objektive Erkenntnis? In: Miller, D. (Hrsg.): Popper, Karl R.: Lesebuch: ausgewählte Texte zur Erkenntnistheorie, Philosophie der Naturwissenschaften, Metaphysik, Sozialphilosophie. Tübingen, S. 40–59.
Popper, K. (1995b): Das Wachstum wissenschaftlicher Erkenntnis. In: Miller, D. (Hrsg.): Popper, Karl R.: Lesebuch: ausgewählte Texte zur Erkenntnistheorie, Philosophie der Naturwissenschaften, Metaphysik, Sozialphilosophie. Tübingen, S. 154–163.
Ricken, F. (2000): Philosophie der Antike. 3. Aufl. Stuttgart.
Rickert, H. (1999a): Vom Begriff der Philosophie. In: Bast, R. (Hrsg.): Heinrich Rickert: Philosophische Aufsätze. Tübingen, S. 3–36.
Rickert, H. (1999b): Thesen zum System der Philosophie. In: Bast, R. (Hrsg.): Heinrich Rickert: Philosophische Aufsätze. Tübingen, S. 319–324.
Rorty, R. (1999): Philosophy and Social Hope. London (UK).
Rusch, G. (1992): Auffassen, Begreifen und Verstehen. Neue Überlegungen zu einer konstruktivistischen Theorie des Verstehens. In: Schmidt, S. (Hrsg.): Kognition und Gesellschaft. Der Diskurs des Radikalen Konstruktivismus 2. Frankfurt a. M., S. 214–256.
Sartre, J.-P. (1991): Das Sein und das Nichts. Versuch einer phänomenologischen Ontologie. Reinbek.
Scheler, M. (1957): Schriften aus dem Nachlass. Band I. Zur Ethik und Erkenntnislehre. 2. Aufl. Bern.
Scheler, M. (1960): Die Wissensformen und die Gesellschaft. 2. Aufl. Bern.
Scheler, M. (1962): Die Stellung des Menschen im Kosmos. 6. Aufl. Bern.
Schmidt, S. (1996): Der Radikale Konstruktivismus: Ein neues Paradigma im interdisziplinären Diskurs. In: ders. (Hrsg.): Der Diskurs des radikalen Konstruktivismus. 7. Aufl. Frankfurt a. M., S. 11–88.
Schmucker-Hartmann, J. (1979): Logik des Verstehens. Meisenheim am Glan.
Schurz, G. (1988, Hrsg.): Erklären und Verstehen in der Wissenschaft. München.
Schütz, A. (1974): Der sinnhafte Aufbau der sozialen Welt. Eine Einleitung in die verstehende Soziologie. Frankfurt a. M.
Searle, J. (1977): Sprechakte. Ein philosophischer Essay. Frankfurt a. M.
Searle, J. (1997): Die Konstruktion gesellschaftlicher Wirklichkeit. Zur Ontologie sozialer Tatsachen. Reinbeck.
Seibert, T. (2000): Existenzialismus. Hamburg.
Shapin, S. (1998): Die wissenschaftliche Revolution. Frankfurt a. M.
Smock, C./Glasersfeld, D. (1974): Epistemolgoy and Education: The Implications of Radical Constructivism for Knowledge Acquisition. Athens (USA).
Sombart, W. (1920): Der Bourgois. Zur Geistesgeschichte des modernen Wirtschaftsmenschen. 5. und 6. Tausend. München.
Spinoza, B. d. (1982): Die Ethik. Schriften und Briefe. Nachdruck der 7. Aufl. Stuttgart.
Stegmüller, W. (1978): Hauptströmungen der Gegenwartsphilosophie. Eine kritische Einführung. Band 1. 6. Aufl. Stuttgart.

Sutter, T. (1997; Hrsg.): Beobachtung verstehen, Verstehen beobachten: Perspektiven einer konstruktivistischen Hermeneutik. Opladen.
Taylor, C. (1995): Das Unbehagen an der Moderne. Frankfurt a. M.
Toulmin, S. (1981): Voraussicht und Verstehen. Ein Versuch über die Ziele der Wissenschaft. Frankfurt a. M.
Vollmer, G. (1990): Evolutionäre Erkenntnistheorie: angeborene Erkenntnisstrukturen im Kontext von Biologie, Psychologie, Linguistik, Philosophie und Wissenschaftstheorie. 5. Aufl. Stuttgart.
Vollrath, E. (1990): Aristoteles: Das Problem der Substanz. In: Speck, J. (Hrsg.): Grundprobleme der großen Philosophen. 4. Aufl. Göttingen, S. 78–122.
Watzlawick, P. (1976): Wie wirklich ist die Wirklichkeit? Wahn · Täuschung · Verstehen. 3. Aufl. München.
Watzlawick, P. (1998, Hrsg.): Die erfundene Wirklichkeit. Wie wissen wir, was wir zu wissen glauben? 10. Aufl. München.
Weber, M. (1980): Wirtschaft und Gesellschaft: Grundriß der verstehenden Soziologie. 5. Aufl. Tübingen.
Weber, M. (1992a): Der Sinn der »Wertfreiheit« der Sozialwissenschaften. In: Winckelmann, J. (Hrsg.): Max Weber: Soziologie – Universalgeschichtliche Analysen – Politik. Stuttgart, S. 263–310.
Weber, M. (1992b): Die »Objektivität« sozialwissenschaftlicher Erkenntnis. In: Winckelmann, J. (Hrsg.): Max Weber: Soziologie – Universalgeschichtliche Analysen – Politik. Stuttgart, S. 186–262.
Weber, M. (1992c): Einleitung in die Wirtschaftsethik der Weltreligionen. In: Winckelmann, J. (Hrsg.): Max Weber: Soziologie – Universalgeschichtliche Analysen – Politik. Stuttgart, S. 398–440.
Weber, M. (1992d): Über einige Kategorien der verstehenden Soziologie. In: Winckelmann, J. (Hrsg.): Max Weber: Soziologie – Universalgeschichtliche Analysen – Politik. Stuttgart, S. 97–150.
Weber, M. (1993): Die protestantische Ethik und der »Geist« des Kapitalismus. Bodenheim.
Weber, W. (1984): Wissenssoziologische Aspekte des Strukturwandels der Geschichtswissenschaft. In: Blanke, H./Rüsen, J. (Hrsg.): Von der Aufklärung zum Historismus. Zum Strukturwandel des historischen Denkens. Paderborn, S. 73–90.
Winch, P. (1987): Was heißt »eine primitive Gesellschaft« zu verstehen? In: Kippenberger, H./Luchesi, B. (Hrsg.): Magie: die sozialwissenschaftliche Kontroverse über das Verstehen fremden Denkens. Frankfurt a. M., S. 73–119.
Winch, P. (1992): Versuchen zu verstehen. Frankfurt a. M.
Windelband, W. (1935): Lehrbuch der Philosophie. Billige Ausgabe. Tübingen.
Windelband, W. (1971): Geschichtsphilosophie. Eine Kriegsvorlesung. Würzburg.
Winter, W. (1999): Theorie des Beobachters: Skizzen zur Architektonik eines Metatheoriesystems. Frankfurt (Main).
Wittgenstein, L. (1997a): Logisch-philosophische Abhandlung. Tractatus logico-philosophicus. In: ders.: Werkausgabe Bd. 1 Tractatus logico-philosophicus [u. a.]. 11. Aufl. Frankfurt a. M., S. 7–85.
Wittgenstein, L. (1997b): Philosophische Untersuchungen. In: ders.: Werkausgabe Bd. 1 Tractatus logico-philosophicus [u. a.]. 11. Aufl. Frankfurt a. M., S. 225–580.
Wright, G.H.v. (1991): Erklären und Verstehen. 3. Aufl. Frankfurt a. M.

Handeln und Gesellschaft verstehen 3

> **Zusammenfassung**
>
> Das Verstehen stellt eine eigenständige Theoriefamilie innerhalb der Sozialwissenschaften dar, die bis in ihre ‚Gründungsphase' zurückreicht und auch heute noch aktuell ist. Zahlreiche Klassiker (z. B. Simmel, Weber) haben hierzu wichtige Beiträge geleistet, aber auch heutige Ansätze (z. B. Sozialkonstruktivismus, Ansätze der interpretativen Sozialforschung) stellen konkrete theoretische oder empirische Arbeitsfelder der Verstehenden Sozialwissenschaften dar. Im vorliegenden Artikel wird diesbezüglich ein Überblick gegeben, es werden sowohl Ansätze wichtiger Klassiker vorgestellt als auch aktuelle Entwicklungen der Verstehenden Sozialwissenschaften diskutiert.

3.1 Überblick über die Verstehende Soziologie

Während im zweiten Kapitel ein Überblick über die Entwicklung verstehender Ansätze in der Philosophie gegeben wurde, ist das dritte Kapitel dem Verstehen in den Sozialwissenschaften – insbesondere in der Soziologie – gewidmet. Bühl (1972a, S. 7) bezeichnet die (Weiter-) Entwicklung „der Verstehenden Soziologie als permanente und überaus schwierige Aufgabe der soziologischen Theoriebildung". Hierbei kommt Max Weber, der die Soziologie zu Anfang des 20. Jahrhunderts mitprägte, ohne Zweifel eine Schlüsselrolle zu. Weber definierte Soziologie als

„[…] eine Wissenschaft, welche soziales Handeln deutend verstehen und dadurch in seinem Ablauf und seinen Wirkungen ursächlich erklären will. ‚Handeln' soll (…) ein menschliches Verhalten (einerlei ob äußeres oder innerliches Tun, Unterlassen oder Dulden) heißen, wenn und insofern als der oder die Handelnden mit ihm einen subjektiven Sinn verbinden. ‚Soziales' Handeln aber soll ein solches Handeln heißen, welches seinem von dem oder den Handelnden gemeinten Sinn nach auf das Verhalten anderer bezogen wird und daran in seinem Ablauf orientiert ist." (Weber 1980, S. 1)

Damit wird deutlich, womit sich die Soziologie grundsätzlich beschäftigt: mit dem sozialen Handeln – also nicht mit naturwissenschaftlichen Phänomenen, aber auch nicht mit dem Erleben, der Kognition und dem generellen Verhalten von Menschen (dies ist Gegenstand der Psychologie). Ablauf und Wirkung des sozialen Handelns sollen betrachtet werden, was im größeren Zusammenhang bedeutet, dass die Entstehung und der Wandel von sozialer Ordnung mit deren mannigfaltigen Einflüssen in den Fokus der Betrachtung tritt. Das zugrundeliegende Handeln soll ‚deutend verstanden' werden, was Ausgangspunkt des wissenschaftlichen Bemühens – des Erklärens – ist. Hier wird das interpretative Moment eingeführt, wobei eine klare Beschränkung der Verstehensanstrengung mit formuliert wird. Verstanden werden soll der ‚subjektive Sinn' als das, was einer Handlung, die auf andere Menschen bezogen ist, als Bedeutung hinterlegt wird. Damit handelt es sich beim soziologischen Verstehen um Konstruktionen des Fremdverstehens zweiten Grades, denn hier wird aus wissenschaftlicher Perspektive herausgearbeitet, wie eine Handlung oder ein Handlungszusammenhang, mithin soziales Geschehen, aus einer *durchschnittlichen* Perspektive verstanden wird.[1] Die passende Frage ist dabei: „Was ist damit gemeint?" Eben dies gilt es zu interpretieren. Hierbei handelt es sich aber explizit nicht um Rekonstruktion des individuell Gemeinten, sondern um eine Konstruktion des durchschnittlich Gemeinten. Der oder die Einzelne ist aus dieser Sicht nur Träger eines durchschnittlichen Sinngehalts, der sich im Handeln ausdrückt und durch eine vielfache Verwendung soziale Strukturen, Sitten und Bräuche, Institutionen, Herrschaft und Gesellschaft hervorbringt – also Ordnung erzeugt. Ganz in diesem Sinn wird zu Beginn des 20. Jahrhunderts die Soziologie in Deutschland als eine „Kulturwissenschaft, d. h. Geisteswissenschaft, d. h. aber verstehende Wissenschaft" (Sombart 1977, S. 209) eingeführt – zumindest stellte Sombart dies als Vorsitzender der methodologischen Sektion der Deutschen Gesellschaft für Soziologie (DGS) als Quintessenz der Tagung 1926 in Wien fest. In der darauffolgenden

---

[1] Weber (1980, S. 1) unterscheidet vom soziologisch-durchschnittlich gemeinten Sinn, den im *historischen Einzelfall* konkret gemeinten Sinn.

3.1 Überblick über die Verstehende Soziologie

Tagung der DGS in Zürich 1928 wurde hierzu von Sombart (1977, S. 208 ff.) das Programm einer Verstehenden Soziologie im Anschluss an Weber weiter ausgearbeitet und diskutiert (u. a. von Karl Mannheim).

„Die Entwicklung der Verstehenden Soziologie ist eine permanente und überaus schwierige Aufgabe der soziologischen Theoriebildung, deren Vernachlässigung jedoch schwerwiegende Konsequenzen im Sinne einer Verengung des geistigen Horizonts der Soziologie und damit auch der Ausblendung der gesellschaftlich vielleicht gerade entscheidenden Probleme und Entwicklungsmöglichkeiten nach sich ziehen müsste." (Bühl 1972a, S. 7)

Bei Weber (1980) wurde die Verstehende Soziologie als eine Wissenschaftsdisziplin eingeführt, die auf dem Konzept des methodologischen Individualismus (Neck 2019) beruht – dies bedeutet, dass sich sozialwissenschaftliche Erklärungen auf individuelles Handeln zurückverfolgen lassen müssen, oder (anders formuliert), dass das Verstehen individueller Sinnzuschreibungen die Voraussetzung für das Erklären sozialer Handlungsfolgen darstellt. (Esser 1993, S. 6) Wie oben bereits angemerkt, handelt es sich bei dieser Form des sozialwissenschaftlichen Verstehens um ein Fremdverstehen zweiter Ordnung. Dieses Verstehen orientiert sich an wissenschaftlichen Standards, es ist nicht empathisch sondern systematisch angelegt.[2]

Die Form des verstehenden Erklärens im methodologischen Individualismus kann nun durchaus unterschiedlich ausgestaltet werden, so verweist Etzrodt (2003) in seiner Einführung in die sozialwissenschaftliche Handlungstheorie hinsichtlich der soziologischen Theorien auf die phänomenologische Soziologie, den symbolischen Interaktionismus, die strukturell-funktionale Theorie und (in einem Exkurs) auf Rollenkonzepte. In all diesen Theoriefamilien wurden verstehende Ansätze entwickelt, doch reicht das Verstehen in der Soziologie deutlich hierüber hinaus. Zwar werden selbst Durkheim (1995) von König in der Einleitung zu dem Band „Die Regeln der soziologischen Methode" Ansätze eines rationalen Verstehens zugeschrieben, allerdings wird hiermit die Perspektive des Verstehens schon sehr weit gefasst. Ein Folgeproblem des methodologischen Individualismus ist die Notwendigkeit der Mehrebenenanalyse: Wie entstehen aus dem Verstehen individuellen Handelns Erklärungen sozialer Strukturen? Dieses Problem hat schon

---

[2] Systematisches Verstehen und Erklären bedeutet nicht, dass dieses mathematisch-analytischen formuliert werden muss. Neck (2019, S. 451) weist vielmehr darauf hin, dass die österreichische Schule des methodologischen Individualismus (insbesondere Carl Menger, Ludwig von Mises und Friedrich August von Hayek) die Konzentration auf analytische Ansätze im Rahmen soziologischer Erklärungen, aufgrund der spezifischen Handlungstheorie, ablehnte.

Simmel (1998a) in seinen 1890 erschienen Überlegungen „Zur Erkenntnistheorie der Socialwissenschaften" thematisiert. Was rechtfertigt eigentlich die Analyse eines so abstrakten Begriffs wie ‚Gesellschaft' als Gegenstand der Soziologie?

„Die Frage, wie viele und welche realen Einheiten wir zu einer höheren, aber nur subjektiven Einheit zusammenzufassen haben, deren Schicksal den Gegenstand einer besonderen Wissenschaft bilden sollen – ist nur eine Frage der Praxis." (Simmel 1998a, S. 129)

Für Simmel liegt die Lösung in der Intensität der Wechselwirkungen zwischen den Individuen, also den Interaktionen. Dieser quantitative Aspekt ist aber um einen qualitativen zu ergänzen, es müssen Übergänge zwischen Individuum und Gesellschaft modelliert werden, die zwischen Verstehen und Erklären vermitteln. Schluchter (2003, S. 60 ff.), Esser (1993, S. 100) und Coleman (2000, S. 68 ff.) modellieren diesen Übergang anhand des Idealtyps „Die protestantische Ethik und der „Geist" des Kapitalismus" (Weber 1993). Abb. 3.1 verdeutlicht dies.

Sozialer Wandel in der Gesellschaft – hier die Entstehung des Kapitalismus unter Einfluss der protestantischen Ethik, die Weber nicht als Kausalmodell verstanden wissen wollte, sondern als idealtypische Konstruktion (vgl. Abschn. 3.3) – lässt sich eben nicht auf der Makroebene sozialen Wandels schlüssig erklären, sondern nur, wenn auf das Handeln der Einzelnen rekurriert wird.

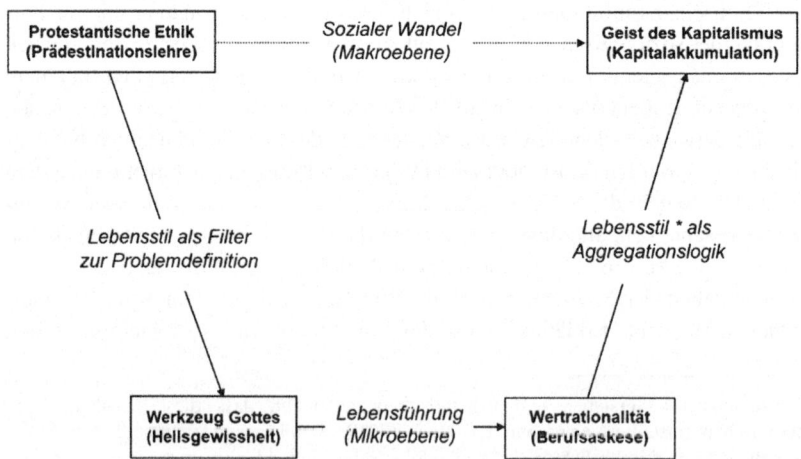

Abb. 3.1 Mehrebenenmodell der Protestantischen Ethik. (Eigene Darstellung)

3.1 Überblick über die Verstehende Soziologie 79

Hierzu sind aber schlüssige Brückenannahmen zu treffen, also nachvollziehbare Begründungen zu nennen, warum bestimmte individuelle Handlungsvorstellungen (hier: sich selbst als Werkzeug Gottes zu begreifen) als mikrosoziologisches Phänomen mit spezifischen makrosoziologischen Gegebenheit verbunden sind (hier: der Prädestinationslehre im ‚asketischen Protestantismus'). Die Angehörigen einer spezifischen sozialen Gruppe pflegen aufgrund ihres gemeinsamen Glaubens einen ähnlichen Lebensstil – das ist die Brückenannahme. In der alltäglichen Lebensführung auf der Mikroebene zeigen sie nun bestimmte Handlungstendenzen, die zu konkreten Verhaltensmustern werden (Berufsaskese und Wertrationalität als Handlungsgrundlage). Diese Muster lassen sich wiederum als abgeleiteter Lebensstil* zur logischen Grundlage der Aggregation individuellen Handelns zu einem sozialen Phänomen auf der Makroebene verstehen.[3] Beständige Kapitalakkumulation, als Ergebnis des Geistes des Kapitalismus, und darauf basierendes unternehmerisches Handeln sind also keine logische Folge des Protestantismus, sondern der regelmäßigen individuellen Handlungstendenzen (Lebensführung).[4] Erst die Systematik der Mehrebenenanalyse ermöglicht das verstehende Erklären sozialer Ordnung. Vor diesem Hintergrund sollen im vorliegenden Text insbesondere Ansätze expliziter Verstehenskonzeptionen in der Soziologie angesprochen werden, um die Bedeutung einer eigenständigen *Verstehenden Soziologie* herauszuarbeiten. Die Grundlegung Webers (1980), wie sie oben angesprochen wurde, zählt für die meisten soziologischen Verstehensansätze zu den zentralen Bezugspunkten, allerdings ist anzumerken, dass es durchaus

---

[3] Der Zusammenhang zwischen gesellschaftlichen Gegebenheiten und individuellem Handeln wird insbesondere durch das Konzept der Lebensstile, wie es der französische Soziologe Pierre Bourdieu (1976, 1982, 1987) herausgearbeitet hat, hergestellt. Der individuelle Lebensstil ist letztlich eine Stilisierung des Lebens, die der Herstellung und Reproduktion des klassen- (respektive milieu-) spezifischen Habitus in der sozialen Praxis entspricht – dies kann auch als klassen- oder gruppenspezifische Konvention angesehen werden. Alltägliche Lebensführung verbindet den stilisierten Habitus mit typischen Handlungen: „Die Form der Lebensführung einer Person besteht darin, zu welchen Zeitpunkten, an welchen Orten, in welcher inhaltlichen Form, in welchen sozialen Zusammenhängen und orientiert an welchen sozialen Normen, mit welchen sinnhaften Deutungen sowie mit welchen Hilfsmitteln oder Ressourcen und schließlich mit welchen emotionalen Befindlichkeiten eine Person im Verlauf ihres Alltags typischerweise tätig ist." (Voß 1995, S. 32).

[4] Für das hier dargestellte Mehrebenenmodell (Abb. 3.1) benutze ich meine eigene Modellierung, die Lebensstil als Brückenannahmen und Lebensführung als Handlungsvollzug in das Colemansche Modell (Coleman 2000) einfügt, und weiche damit von den Modellierungen der Protestantischen Ethik und des Geistes des Kapitalismus nach Weber (1993) durch Schluchter (2003, S. 60 ff.), Esser (1993, S. 100) oder Coleman (2000, S. 68 ff.), die sich auch jeweils unterscheiden, ab. Abraham (2008) und Greshoff (2008) diskutieren ausführlich die Verstehens-Erklärens-Konzeption im Mehrebenenmodell bei Coleman und bei Esser.

unterschiedliche Entwicklungsstränge und jeweils eigenständige Ausprägungen in verschiedenen Ländern gab. Überblicke zur Verstehenden Soziologie als einem besonderen Theoriestrang mit einer interpretativen methodologischen Fundierung wurden im deutschsprachigen Raum immer wieder vorgelegt und auch Einführungen in die Soziologie als Wissenschaft oder Studienfach mit einer dezidiert verstehenden Perspektive finden sich. Ein aktuelles Beispiel ist der Band „Soziologie verstehen. Eine problemorientierte Einführung" von Thomas Kron und Christina Laut (2021). Offensichtlich wird da eine umgangssprachliche Verstehensauffassung verwendet, nämlich *etwas verstehen* – hier das Studienfach Soziologie. Das hat mit der soziologischen Verstehensperspektive, der es darum geht, soziales Handeln zu verstehen, zuerst einmal nicht viel zu tun, allerdings zeigt schon der erste Blick ins Buch, dass eine Problemlösungsperspektive eingenommen wird, die es notwendig macht, Strukturen und Handlungskonstellationen als Folgen sozialen Handelns zu begreifen, – und hier wird die Verstehenskonzeption explizit ausgeführt – die es zu deuten, zu interpretieren gilt.

Lehrbücher zur Verstehenden Soziologie gibt es von Helle (1999) und Richter (1995). Greshoff/Kneer/Schneider (2008) legten einen umfassenden Band zur Verstehens-Erklärens-Kontroverse aus sozial- und kulturwissenschaftlicher Perspektive vor, in dem die Positionen von 21 Klassikern der Soziologie ausführlich dargestellt werden, ein Lesebuch zur „Verstehenden Soziologie. Grundzüge und Entwicklungstendenzen" hatte Bühl (1972b) bereits vorgestellt, wobei er die Ansätze anhand von Originaltexten soziologischer Klassiker verdeutlichte. Einführungen in die interpretativen Theorien der Soziologie (Abels 2010) oder in das sozialwissenschaftliche interpretative Paradigma (Keller 2012) greifen die US-amerikanische Tradition des Verstehens auf, die Helle (1992) bereits als spezifische Form der Verstehenden Soziologie eingeordnet hat, und die in besonderem Maß die interpretative (qualitative) Sozialforschung als konkret deutendes Forschungsvorgehen in der Soziologie prägt (z. B. Rosenthal 2014). Die Verstehende Soziologie ist damit eine der dominanten sozialtheoretischen Perspektiven. Es lassen sich grundsätzlich Verstehende Sozialtheorie von Erklärender Sozialtheorie und Normierenden Sozialtheorie unterscheiden. In allen drei Theoriefamilien finden sich sowohl ganzheitlich-holistische, als auch individualistische Perspektiven (vgl. Abb. 3.2 in Anlehnung an Elbe 2021, S. 65), die jeweils spezifische Aspekte des sich-in-Beziehung-Setzens zwischen Menschen besonders betonen.

3.1 Überblick über die Verstehende Soziologie

	Verstehende Sozialtheorie	*Erklärende Sozialtheorie*	*Normierende Sozialtheorie*
Holistische Perspektive	Kulturtheorien (Kommunikation)	funktionale Theorien (System)	Kritische Theorien (Konflikt)
Individualistische Perspektive	Rollentheorien (Sozialisation)	rationale Theorien (Vernunft)	Nutzentheorien (Bedürfnis)

Abb. 3.2 Sozialtheoretische Perspektiven. (Eigene Darstellung)

„Aus einer holistisch-verstehenden Sicht treten Kulturphänomene als zentrale Bezugs- und Erklärungsmuster in den Vordergrund, die sich in Formen der Kommunikation (sprachlich, durch Symbole und Artefakte) ausdrücken. Wichtige soziologische Vertreter einer solchen Perspektive sind Norbert Elias, Pierre Bourdieu oder Max Weber. Mit dem individualistisch-verstehenden Zugang rückt das Individuum und seine Sozialisation in der Ausgestaltung der verschiedenen Anforderungen im sozialen Feld als Rollenspieler ins Zentrum der Betrachtung; wichtige Vertreter sind z. B. George Herbert Mead und Erving Goffman. Ein ganzheitlich-erklärender Zugang modelliert das soziale Feld als Systembezug, in dem Elemente und ihre Beziehungen zueinander hinsichtlich ihrer Funktionalität für einen bestimmten Ausschnitt des sozialen Feldes betrachtet werden. Vertreter dieser Position sind insbesondere Talcott Parsons und Niklas Luhmann. Die individualistisch-erklärende Perspektive wird in der rationalen Handlungstheorie vertreten, Individuen und Kollektive handeln rational und versuchen ihre Interessen durchzusetzen und ihre Bedürfnisse zu befriedigen; diese Position findet sich u. a. bei Herbert Simon und James Coleman. Die holistisch-normierende Sozialtheorie geht wiederum von der Gesellschaft als Gesamtheit aus und konzipiert die Beziehungen kollektiver und individueller Akteure als von Interessenskonflikten geprägt, die historisch bedingt sind. Vertreter dieser Theorierichtung sind Karl Marx, Lewis Coser und Ralf Dahrendorf. Die individualistisch-normierende Sozialtheorie betont einerseits die Nutzenorientierung des Individuums und die Abstimmung dieser mit Hilfe von marktlichen Tauschformen sowie heute auch die Bedeutung von Institutionen zur Absicherung dauerhafter Beziehungen. Wichtige Protagonisten sind Friedrich August von Hayek, Thorstein Veblen und Oliver Williamson. Mit dieser (naturgemäß knapp ausfallenden und verkürzenden) Zuordnung einzelner Soziologen zu sozialtheoretischen Clustern bleiben zahlreiche Theorieansätze und ihre VertreterInnen unerwähnt – doch lassen sich diese in der hier umrissenen Systematik in der Regel verorten. Einige Vertreter könnten an unterschiedlichen Positionen aufgeführt werden und einige Positionen (wie z. B. Konflikttheorien und Institutionentheorien) berühren sich." (Elbe 2021, S. 65 f)

Es finden sich auch integrative Ansätze der Sozialtheorie, so z. B. bei Apel (1979), der die historische Entwicklung der Erklärens-Verstehens-Kontroverse rekonstruiert und dies in einer transzendental-pragmatischen Wissenschaftstheorie auflösen möchte, bei Esser (1991), der das Verhältnis von erklärender und verstehender Soziologie am Beispiel der Theorien von Alfred Schütz und des Rational Choice zu klären versucht[5] oder bei Stichweh (1995), der ausgehend von Talcott Parsons,[6] die Differenzierung von Systemtheorie und Rational Choice diskutiert. Besonders hervorzuheben ist in diesem Kontext die Theorie der Strukturierung von Anthony Giddens (1995), der versucht, die holistische und die individualistische Perspektive zu integrieren und dabei dezidiert auf einen verstehend-hermeneutischen Ansatz aufbaut.

Insgesamt wird deutlich, dass der methodologische Individualismus sich ebenso wenig auf verstehende Ansätze beschränken lässt, wie auch das Verstehen selbst nicht zwangsweise auf individualistische Begründungen rekurriert, sondern durchaus auch holistische Perspektiven einschließen kann. Dies umfasst auch kollektive Handlungsbegründungen, die Kron/Laut (2021) als eigentlichen Kern der soziologischen Theoriebildung anführen. Die unterschiedlichen Spielarten der Verstehenden Soziologie können hier nicht erschöpfend dargestellt werden – vielmehr ist es notwendig, eine Auswahl besonders einflussreicher Ansätze zu treffen und diese in der gebotenen Kürze eines Einführungswerks in die Gesamtheit der Verstehenden Sozialwissenschaften darzustellen.

3.2 Etablierung der Verstehenden Soziologie

3.2.1 Das Verstehen bei Georg Simmel

Georg Simmel (1858 bis 1918) stammte aus einem wohlhabenden Elternhaus in Berlin, wo er auch zur Schule ging und studierte (Philosophie, Psychologie und Geschichte). Hier wurde er promoviert und habilitierte sich 1885 in Philosophie. (Helle 1997, S. 96 ff.)[7] Als Privatdozent und außerordentlicher Professor zog Simmel Zuhörer und Zuhörerinnen weit über die Studentenschaft hinaus an und führte auch privat, mit seiner Frau Gertrud, einen Salon, der das geistige und

---

[5] Zur integrativen Sozialtheorie von Hartmut Esser vgl. auch Greshoff/Schimank (2013) sowie Greshoff/Schimank (2006).

[6] Parsons (2003). Gerhardt (2001, S. 401 ff.) zeigt ausführlich, wie unmittelbar die Systemtheorie Parsons auf der Verstehensauffassung und Kategorienlehre Webers beruht.

[7] Ausführlich dokumentiert Helle (1997, S. 98 f.) die Schwierigkeiten, die Simmel jeweils bei beiden Prüfungsverfahren mit den jeweiligen Prüfungsgremien hatte – sowohl bei der Promotion als auch bei der Habilitation wurden die von Simmel eingereichten Arbeiten jeweils abgelehnt. Auch als Privatdozent dauerte es dann bis 1908, bis Simmel endlich eine Professorenstelle als Extraordinarius erhielt, nachdem eine erste Berufung 1898 noch abgelehnt worden war.

3.2 Etablierung der Verstehenden Soziologie

kulturelle Berlin zu Beginn des 20. Jahrhunderts mit prägte. Erst die letzten vier Lebensjahre verbrachte Simmel außerhalb Berlins, als ordentlicher Professor an der Universität Straßburg.

Simmels sozialphilosophisches Denken ist untrennbar mit seiner erkenntnistheoretischen Position verbunden und beeinflusste damit die Soziologie zu Beginn des 20. Jahrhunderts in einem Ausmaß, dass Helle (1997, S. 102) schreibt, er habe „unter Berufung auf Kant die ‚Verstehende Soziologie' begründet." Simmel vollzieht den Übergang vom historisch-philosophischen Verstehen zur verstehenden Soziologie. In seiner Abhandlung „Die Probleme der Geschichtsphilosophie" gibt Simmel (1998b) dem historischen Verstehen eine psychologische Fundierung. Grundlage jeden Verstehens ist, „daß wir uns [...] „in die Seele der Person versetzen" können." (Simmel 1998b, S. 317) Er fasst Empathie als Reziprozität der Perspektiven und unterscheidet das Verstehen objektiver und logischer Inhalte vom Gewollten und Gefühlten. Simmel macht aber auch deutlich, dass inhaltliches Verstehen ohne empathische Grundlage nicht möglich ist. Das Selbst als Mensch-Sein ist die Voraussetzung jeglichen Verstehens und damit auch des historischen. Im subjektiv Gefühlten findet sich demnach die Form, nach welcher der Inhalt ‚objektiver' Erkenntnis verstanden wird. Simmels psychologische Grundlegung des Historischen wendet sich ab den 90er Jahren des 19. Jahrhunderts zunehmend ins Soziologische. Beides konvergiert im Verstehen, in der Wechselwirkung, die symbolisch vermittelt wird:

„Was jener will und denkt und fühlt, können wir ihm nicht ansehen, sondern alles Ansehbare sei nur Brücke und Symbol, um das Subjekt zur konstruktiven Schöpfung dessen, was wohl in der Seele des andern vorgehen mag, anzuregen, anzuleiten." (Simmel 1999, S. 155)[8]

Damit war für Simmel das Problem historischen Verstehens zu einem soziologischen geworden, zur bloßen „[...] Modifikation des zeitgleichen, ganz aktuellen Verstehens [...]" (Simmel 1999, S. 158). Noch deutlicher als in den frühen Arbeiten tritt hier die Problematik des Fremdverstehens, der Diskrepanz und Verbundenheit zwischen Du und Ich, als Wechselwirkung (Interaktion) in den Vordergrund des Verstehens. Das historische Problem zeitlichen Abstands wird aufgelöst in der grundsätzlichen soziologischen Vermittlung des Menschen als

---

[8] Die Abhandlung ‚Vom Wesen des historischen Verstehens' basiert auf einem Vortrag Simmels im Januar 1918. Sie wurde im Juni 1918 (vier Monate vor seinem Tode) veröffentlicht und stellt somit seine abschließende Konzeption des Verstehens dar.

‚zoon politikon'.[9] Hierfür findet Simmel letztlich eine dritte Art des Verstehens, die in der zeitlosen Symbolik der transzendenten Idee angelegt ist.

„Sondern jene Inhalte zeigen schon in ihrem eigenen ideellen Bestand Beziehungen und Angewiesenheiten, sind gleichsam zeitlose Symbole ihrer zeitlich seelischen Realisierung, beides in tiefst gegründeter gegenseitiger Abhängigkeit." (Simmel 1999, S. 171)

Simmel findet hier vollständig zu Kant zurück, die transzendente Idee als apriorische Grundlage des Verstehens akzeptierend. Diese ist auch der Interaktion vorgeordnet – nicht in der psychischen Abbildung sozialer Interaktion, sondern in der sozial apriorischen Symbolik der Idee liegt die Möglichkeit des Verstehens. Wie Helle (1999, S. 46 f.) anmerkt, ist Simmel damit von der frühen Verstehenskonzeption des um 25 Jahre älteren Diltheys beeinflusst, kann aber dessen Wendung zur historisch-perspektivischen Gebundenheit des Individuums nicht folgen. Dilthey selbst rechnet sich nicht zur historischen Schule,[10] ihre Verdienste anerkennend, kritisiert er:

„Aber die historische Schule hat bis heute die inneren Schranken nicht durchbrochen, welche ihre theoretische Ausbildung wie ihren Einfluß auf das Leben hemmen mußten. Ihrem Studium und ihrer Verwertung der geschichtlichen Erscheinungen fehlte der Zusammenhang mit der Analysis der Tatsachen des Bewußtseins, sonach Begründung auf das einzige in letzter Instanz sichere Wissen, kurz eine philosophische Grundlegung. Es fehlte ein gesundes Verhältnis zu Erkenntnistheorie und Psychologie." (Dilthey 1966, S. XVI)[11]

Nach Richter (1995, S. 35) ist für Simmel Verstehen grundsätzlich „die Beziehung eines Geistes zu einem anderen" und kann typischerweise drei Formen annehmen: das seelische Verstehen, das historische Verstehen und das zeitlose Verstehen. „Die Verbindung dieser drei Arten des Verstehens ergibt schließlich Sinnverstehen oder objektives Verstehen des Sinns einer Äußerung" (Richter 1995, S. 37). Das empathische Verstehen ist somit weitreichend und kann auch große räumliche oder zeitliche Distanzen überwinden. Für die Verbindung dieser

---

[9] Simmel (1999, S. 162) greift den Betrachtungen Heideggers – zur Idee des Mensch-Seins über die zeitliche Geworfenheit hinaus – vor und konzipiert das historische Mensch-Seins aus der Reziprozität der Perspektiven jenseits zeitlicher Gebundenheit.
[10] Die auch er bis auf Winckelmann zurückführt, vgl. Dilthey (1966, S. XVI).
[11] Gleichzeitig erteilt Dilthey (1966) auch der positivistischen Soziologie Comtescher Prägung eine deutliche Absage und bezeichnet deren Aufgabe als unlösbar, nicht allerdings einem Ansatz verstehender Soziologie im Sinne Simmels.

drei Verstehensformen gibt uns Weber (1985, S. 428) ein Beispiel: „Man [...] muss nicht Caesar sein, um Caesar zu verstehen." Die Frage ist allerdings, ob es sich mit dieser Grundlegung des Verstehens im Empathischen tatsächlich um einen soziologischen Zugang handelt, oder ob hier nicht viel mehr eine philosophische oder psychologische Verstehensperspektive eingenommen wird. „Die skizzierten Reflexionen über Verstehen und Erklären haben sich nun nicht unwesentlich auf Simmels soziologische Studien ausgewirkt." (Ziemann 2008, S. 30) Es ist die *Verbindung der drei Verstehensformen*, die zu einer überindividuellen und nicht mehr am Erleben orientierten Verstehenskonzeption führt und eben hierauf fußte Simmel (1995) seine Soziologie, als Untersuchungen über die Formen der Vergesellschaftung.

3.2.2 Max Weber und das verstehende Erklären

Zentralen Einfluss auf die Entwicklung der Verstehenden Soziologie hatte Max Weber, dessen monumentales Werk „Wirtschaft und Gesellschaft" (Weber 1980), das im Untertitel „Grundriß der Verstehenden Soziologie" heißt, hierfür den Rahmen setzte – Albert et al. (2003) sprechen hier sogar vom „Weber-Paradigma".

Max Weber (1864 bis 1920) war ein Grenzgänger zwischen den geistes- und sozialwissenschaftlichen Disziplinen und hatte Professuren für Recht, Staatswissenschaften und Nationalökonomie in Berlin, Freiburg, Heidelberg und München inne. Dem Neukantismus und der historischen Schule nahestehend, verband Weber während seiner gesamten wissenschaftlichen Laufbahn ökonomische, juristische und soziale Aspekte unter einer historischen Perspektive. Obwohl er 1909 Mitbegründer der Deutschen Gesellschaft für Soziologie war, bezeichnete er sich noch 1917 als Nationalökonom (Weber 1995, S. 3). Weber war einer der wichtigsten Vertreter der historischen Schule der Nationalökonomie in Deutschland, wobei er Wirtschaft stets als gesellschaftliches Phänomen auffasste, welches aus seiner historischen Entwicklung zu verstehen sei. In seiner wissenschaftstheoretischen Position wurde er insbesondere von Kant, Windelband, Dilthey und Simmel beeinflusst, mit Rickert stand er in intensivem Austausch.

Weber schließt, beeinflusst auch von Simmel, eng an Dilthey mit seiner erkenntnistheoretischen Position an. Die Grundlegung der Soziologie als verstehende Handlungswissenschaft (Weber 1980) wurde eingangs des Kapitels bereits erläutert, darüber hinaus hat Weber aber in zahlreichen Schriften Bezug auf das Verstehen und seine spezifische Methode, die als Idealtypvergleich bezeichnet werden kann, Bezug genommen. Dies betrifft insbesondere seine „Gesammelte

Aufsätze zur Wissenschaftslehre" (Weber 1985), den Aufsatz „Über einige Kategorien der verstehenden Soziologie" (Weber 1992a), die „Vorbemerkung zu den gesammelten Aufsätzen zur Religionssoziologie" (Weber 1992c), die Überlegungen zum „Sinn der „Wertfreiheit" der Sozialwissenschaften" (Weber 1992d), die Aufsätze „Die „Objektivität" sozialwissenschaftlicher Erkenntnis" (Weber 1992e) und „Die drei reinenTypen der legitimen Herrschaft" sowie die Analyse „Die protestantische Ethik und der ‚Geist' des Kapitalismus" (Weber 1993). Bereits im Objektivitäts-Aufsatz hatte Weber (1992e) deutlich gemacht, dass Wertungen ebenso wie empathische Zugänge keinen Platz im Rahmen der wissenschaftlichen Analyse haben, auch wenn diese z. B. im Rahmen der Themenwahl oder des Annehmens einer Problemstellung durchaus von Bedeutung sind – dies gehört aber zum Bereich des ästhetischen Wertens (Weber 1992d). Im Forschungsprozess selbst sollten emotionale Aspekte soweit als möglich vermieden werden. Dies lässt sich am besten bewerkstelligen, indem Typen empirischer Regelmäßigkeit gebildet werden. Motive sozialen Handelns lassen sich entweder aus der Konformität mit grundlegenden Vorstellungen und Handlungserwartungen ableiten oder (und dies ist von besonderem Interesse) in der Abweichung von solchen Vorstellungen und Erwartungen. Diese lassen sich durch Kontrastierung mit sogenannten *Idealtypen* deutlich herausarbeiten, weshalb Weber in seinen Arbeiten der Konstruktion spezifischer Idealtype immer wieder besondere Aufmerksamkeit widmet.

Dies soll im Folgenden insbesondere an seinem Idealtyp der bürokratischen Herrschaft verdeutlicht werden. Weber (1980) hat seinen Idealtyp der Bürokratie nicht als explizite Organisationstheorie entwickelt, obwohl sie vielfach als solche rezipiert wurde. Sein bürokratischer Idealtyp ist als Referenzmodell innerhalb der Herrschaftstheorie aufzufassen, er verwendet den Organisationsbegriff streng instrumentell (institutionell spricht er von Verbänden und Anstalten).[12] Webers Ansatz ist nur vor dem Hintergrund seines spezifischen Forschungsinteresses verständlich: Wie kann man Wirtschaft und Gesellschaft im Okzident verstehen? Weber erkennt ein Prinzip als konstitutiv für die historische Entwicklung Europas, das nirgendwo sonst auf der Welt ähnliche Bedeutung erlangte: das Prinzip der Rationalisierung. (Weber 1992c, S. 340 ff.) Weber versteht darunter die Zunahme der Zweckrationalität im Denken und Handeln der Menschen, in den gesellschaftlichen Strukturen, den Artefakten und den Ideen.

Um Handeln unter diesem Postulat sinnhaft deuten zu können (zu verstehen), entwickelt Weber in Anlehnung an den Kantschen Vernunftsbegriff (Notion)

---

[12] Weber bleibt in seinen Begrifflichkeiten vielfach einer juristischen Diktion verhaftet.

3.2 Etablierung der Verstehenden Soziologie

die Methode der idealtypischen Begriffsbildung. Idealtypen haben keine Entsprechung in der Lebenswelt, sie können vielmehr je als rationalster Sinnverweis, als Übersteigerung zur blanken Idee, als reinster Begriff angesehen werden.

„Wie bei jeder generalisierenden Wissenschaft bedingt die Eigenart ihrer Abstraktionen es, daß ihre Begriffe gegenüber der konkreten Realität des Historischen relativ inhaltsleer sein müssen." (Weber 1980, S. 9)

Gleichzeitig führt dies aber zu einer gesteigerten Eindeutigkeit der Begriffe. Und hierum geht es Weber: die reinste, zweckrationale Handlungsorientierung der Notion aus der historischen Entwicklung herauszuarbeiten, da dies im Okzident der grundsätzliche Sinnverweis des Handelns ist.

„Für die Forschung will der idealtypische Begriff das Zurechnungsurteil schulen: er ist keine ‚Hypothese', aber er will der Hypothesenbildung die Richtung weisen. Er ist nicht eine Darstellung der Wirklichkeit, aber er will der Darstellung eindeutige Ausdrucksmittel verleihen. Er ist also die ‚Idee' der historisch gegebenen modernen verkehrswirtschaftlichen Organisation der Gesellschaft, die uns da nach ganz denselben logischen Prinzipien entwickelt wird, wie man z. B. die Idee der ‚Stadtwirtschaft' des Mittelalters als ‚genetischen' Begriff konstruiert hat." (Weber 1992e, S. 234f)

Wissenschaftliches Verstehen heißt für Weber nun die Differenz realen Handelns zum idealtypischen Handeln aufzuzeigen und so die Handlungsanteile erkennen zu können, die nicht zweckrational an der Idee orientiert waren, sondern einer anderen kausalen Zurechnung bedürfen.[13] Um eben einen solchen Idealtyp handelt es sich beim Weberschen Modell der Bürokratie als reinstes Herrschaftsinstrument, das hier exemplarisch vorgestellt werden soll. Im Rahmen der Entwicklung gesellschaftlicher Ordnung im Okzident wirkt die Rationalisierung insbesondere bezüglich der Strukturen der Herrschaft, welche sich normalerweise eines Verwaltungsstabes bedienen. Gemeint ist hiermit jedes Handeln zur Herrschaftsausführung, sei dieses nun staatlich oder privatwirtschaftlich. Um ihre

---

[13] „Man hat eben methodisch sehr oft nur die Wahl zwischen unklaren oder klaren, aber dann irrealen und ‚idealtypischen' Termini. In diesem Fall sind die letzteren wissenschaftlich vorzuziehen." (Weber 1980, S. 11) Auf die Richtigkeit und Nutzbarkeit des Idealtyps hat Tönnies bereit Anfang der 1930er Jahre hingewiesen, zugleich aber angemerkt: „daran habe ich nur auszusetzen, daß das ‚Ideal' eine Vorstellung von etwas Vollendetem und Wertvollem mit sich führt, worauf Webers Absicht nicht gerichtet war." (Tönnies 1965, S. IV). Das hierin angelegte Missverständnis sollte die Rezeption des Weberschen Idealtyps bis heute begleiten, obwohl in der Soziologie selbst Konzept und Begrifflichkeit hinreichend erforscht und diskutiert wurden (z. B. Gerhard 2001, Kelle/Kluge 2010, Prewo 1979).

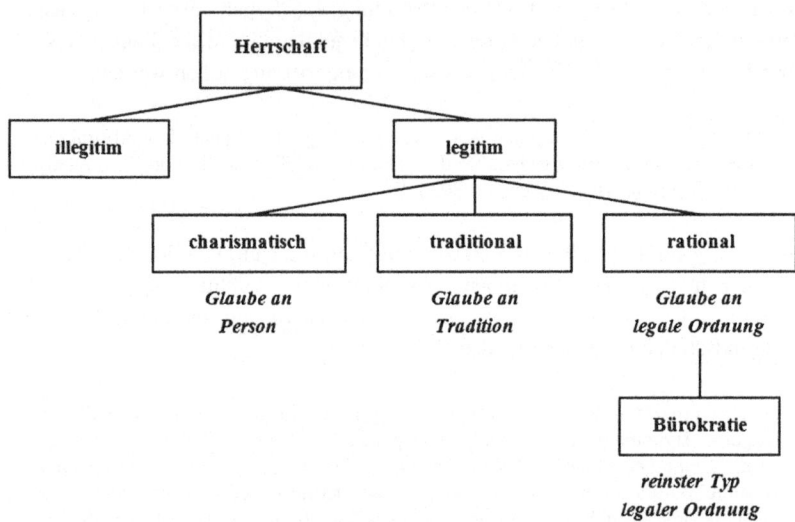

Abb. 3.3 Typen der Herrschaft. (Eigene Darstellung)

Dauerhaftigkeit zu gewährleisten, bedarf Herrschaft der ontologischen Absicherung im Glauben an ihre Legitimität. Auf dieser Grundlage entwirft Weber nun eine Typologie der Herrschaft, deren reinster Typ die Bürokratie ist (vgl. Abb. 3.3).[14]

Webers Idealtyp der Bürokratie ist der Versuch der Übersteigerung des Vorwissens, das Menschen im Okzident Anfang des 20. Jahrhunderts als Sinnverweis im Umgang mit sozialen Gebilden hatten, welche legal Herrschaft ausübten (was Dilthey mit systematischer Organisation bezeichnete). Sinnverweis bedeutet in diesem Zusammenhang eine Verhaltenserwartung unter dem Postulat vollkommener Rationalisierung. Durch die Übersteigerung dieses Vorwissens kommt Weber zum reinen Begriff, zum Wesen der Organisation.[15] Schon Kant hatte festgestellt, dass reine Begriffe keine sinnliche Entsprechung haben. Der Idealtyp der

---

[14] Die Darstellung fasst die Überlegungen von Weber (1980, S. 124, 727 ff. sowie 1992f, S. 151 ff.) zusammen.

[15] Weber benutzte einen instrumentellen Organisationsbegriff, Dilthey zur selben Zeit jedoch bereits einen institutionellen. Wie bereits ausgeführt, war um 1900 Organisation als soziales Gebilde ebenso wie als Begriff gesellschaftlich voll wirksam, so dass Bürokratie als Idealtyp der Organisation verstanden werden kann.

Bürokratie kann somit nicht die Verhaltenserwartung einzelner Menschen an konkrete Organisationen wiedergeben (oder gar eine Beschreibung der Funktion von Organisationen liefern), wohl aber die abstrakte Idee der Organisation fassen. Die Entwicklung dieser Idee, wie sie Anfang des 20. Jahrhunderts wirksam war, ist nach Weber eben ein spezifisch okzidentales Phänomen, gebunden an bestimmte historische Voraussetzungen (Weber 1980, S. 556 ff.):

- die Entwicklung einer kapitalistischen Geldwirtschaft,
- eine quantitative und qualitative Aufgabenerweiterung der Verwaltung,
- die Konzentration sachlicher Betriebsmittel,
- die Entwicklung einer technischen Infrastruktur,
- die Nivellierung sozial-ökonomischer Unterschiede bezüglich einer persönlichen Amtsübernahme.

Von zentraler Bedeutung war dabei die Trennung von Haushalt und Betrieb, im Zuge der Ablösung der totalen Institution durch partielle Institutionen.

> „Die Entwicklung ‚moderner' Verbandsformen auf allen Gebieten [...] ist schlechthin identisch mit Entwicklung und stetiger Zunahme der bureaukratischen Verwaltung:" (Weber 1992c, S. 347)

Weber bezieht den Idealtyp der Bürokratie explizit auf die Vorstellung in seiner Zeit. Bürokratische Herrschaftsstrukturen gab es durchaus zu anderen Zeiten und an anderen Orten (z. B. im alten Ägypten, im antiken Rom, im alten China oder in der katholischen Kirche), nur lag diesen eben nicht das spezifische Prinzip der Rationalisierung zugrunde. (Weber 1980, S. 558) Weber gewann seinen Idealtyp zwar aus der historischen Betrachtung (bezüglich vergangener Zeiten, wie auch seiner eigenen Zeit), als wissenschaftliche Hypothese konnte er allerdings nur in den industrialisierten Staaten seiner Zeit dienen, da nur dort die Rationalisierung der Lebenswelt entsprechend vorangeschritten war.

Auch zu jener Zeit wich die konkrete Verhaltenserwartung im Umgang mit Organisationen natürlich erheblich vom vorstellbaren, idealtypischen Handeln innerhalb einer bürokratischen Ordnung ab, da im sozialen Alltag nicht-rationale Handlungsanteile das Verhalten in erheblichem Maß mitbestimmen. Doch ist diese Abweichung von der reinen Idee eben das, was für Weber zur Grundlage wissenschaftlichen Verstehens wird. Dementsprechend konzipiert er seinen Idealtyp streng rational. Bürokratisches Handeln wird durch Formalismus und Utilitarismus bestimmt, es ist eine Herrschaft kraft Wissens. Ihre Legalität beruht auf der Einhaltung von Regeln, die sich aus wert- oder zweckrational gesatztem (also festgeschriebenem) Recht ableiten. Ausdruck dieser Rationalität sind Kontinuität und Aktenmäßigkeit der Amtsführung. Diese ist innerhalb der bürokratischen Ordnung durch folgende Merkmale geprägt (Weber 1980, S. 126 f.):

a) nur sachliche Amtspflicht,
b) Amtshierarchie,
c) Amtskompetenz,
d) Anstellungskontrakt,
e) Fachqualifikation,
f) monetäres Entgelt und Pensionsanspruch,
g) Amtsführung als Hauptberuf,
h) sozialer Aufstieg aufgrund einer geregelten Laufbahn,
i) Trennung von Amts- und Privatsphäre,
j) Amtsdisziplin und Kontrollmechanismen.

Mit einer so umrissenen Regelhaftigkeit sozialen Handelns in Organisationen lassen sich nun ‚moderne' Bürokratien vergleichen, wodurch man die Handlungen im Einzelfall oder als durchschnittliche Fälle des Handelns erkennt, die von nicht-zweckrationalen Handlungsantrieben geleitet werden und die damit für das wissenschaftliche Verstehen ausschlaggebend sind: Welche Handlungsanteile sind nicht zweckrational motiviert? Nach Weber hat die Durchsetzung der Bürokratie erhebliche Folgen für die Entwicklung wirtschaftlicher und gesellschaftlicher Strukturen (Weber 1980, S. 128 ff. sowie 572 ff.):

- Die Zunahme zweckrationalen Handelns führt aufgrund der technischen Überlegenheit bürokratischer Verwaltungen zur organisationalen Durchdringung der Gesellschaft. Affekte werden aus dem professionellen Handeln verdrängt.
- Dies drückt sich u. a. darin aus, dass sich sozialer Status zunehmend aus der beruflichen Stellung (Amtshierarchie) ableitet. Durch fachliche Qualifizierungstests werden soziale Unterschiede bezüglich der Erlangung einer Stellung nivelliert.
- Trotzdem führt dies tendenziell zu einer Herrschaft der Besitzenden, da nur diese sich die Kosten entsprechender Fachschulung leisten können.
- Die Machtzunahme der Exekutive gegenüber der Legislative (Bürokratie bindet Herrschaft – auch in privatwirtschaftlichen Organisationen) führt zu einer Verselbständigung des zweckrationalen Handelns. Die Regeleinhaltung gewinnt damit Dominanz über die (wertrationale) Regelsetzung.

3.2 Etablierung der Verstehenden Soziologie

- Dies führt zu einer zunehmenden Exklusivität organisationalen Wissens,[16] d. h. die Rationalitätsvermutung gegenüber organisationalem Handeln wird zunehmend zum Glauben an die Institution der Organisation, da die rationale Kontrolle der Organisation selbst anheimgestellt ist.

Die Idealtypenkonstruktion, die Weber bei der Bildung seines Herrschaftsbegriffes (und damit auch des Bürokratiebegriffs) anwendet,[17] wird erst voll verständlich, wenn man sie eingebunden in seine Gesamtkonzeption des Verstehens betrachtet.[18] Weber unterstellt, dass menschliches Verhalten grundsätzlich (auch historisch) verständlich deutbar sei,[19] was ebenso für zweckrationale Handlungsmotive gilt, wie auch für Affekte. Die verstehende Soziologie sucht dabei speziell nach Motiven nicht rein rationalen Verhaltens, die sozial sind. In ihrer sozialen Gerichtetheit unterscheidet Weber Handlungen nach ihrem Zusammenhang: Gemeinschaftshandeln von Gesellschaftshandeln, Handeln in Bezug auf Verbände vom Handeln in Bezug auf Anstalten. Gemeinschaftshandeln ist Verhalten, das sinnhaft auf andere Menschen bezogen ist.

„Ein ungewollter Zusammenprall zweier Radfahrer z. B. soll uns nicht Gemeinschaftshandeln heißen. Wohl aber ihre etwaigen vorherigen Versuche einander auszuweichen, oder, nach einem Zusammenstoß, ihre etwaige „Prügelei" oder „Verhandlung" über einen gütlichen „Ausgleich"." (Weber 1992a, S. 112)

Besteht über ein gezeigtes Verhalten dauerhaft Einverständnis, bezeichnet Weber dies als Verband, wofür er als Beispiel die Verwendung von Geld anführt (dies

---

[16] „Diese Überlegenheit des berufsmäßig Wissenden sucht jede Bürokratie noch durch das Mittel der *Geheimhaltung* ihrer Kenntnisse und Absichten zu steigern. Bürokratische Verwaltung ist ihrer Tendenz nach stets Verwaltung mit Ausschluß der Öffentlichkeit." (Weber 1980, S. 572).

[17] Weitere Beispiele für die Anwendung der idealtypischen Konstruktion sind: der Idealtyp der mittelalterlich-okzidentalen Stadt (Weber 1980, 741 ff.) sowie „Die protestantische Ethik und der „Geist" des Kapitalismus" (Weber 1993).

[18] In Bezug auf Webers Auffassung des Verstehens sind insbesondere vier Arbeiten von Bedeutung: „Die „Objektivität" sozialwissenschaftlicher Erkenntnis" (Weber 1992e) von 1904, „Über einige Kategorien der verstehenden Soziologie" von 1913 (Weber 1992a), „Der Sinn der „Wertfreiheit" der Sozialwissenschaften" von 1917 (Weber 1992d) sowie der Anfang von „Wirtschaft und Gesellschaft: Grundriß der verstehenden Soziologie" von 1921/1922 (Weber 1980, S. 1 ff.).

[19] „Man muß, wie oft gesagt worden ist, „nicht Cäsar sein, um Cäsar zu verstehen". Sonst wäre alle Geschichtsschreibung sinnlos." (Weber 1992a, S. 97).

entspricht näherungsweise dem Institutionenbegriff, wie er in dieser Arbeit verwendet wird). Gesellschaftshandeln hingegen ist an gesellschaftliche Ordnung (Werte und Normen) gebunden, an der sich die Handelnden zweckrational orientieren. Organisationaler Ausdruck dessen ist die gesatzte, letztlich oktroyierte Ordnung (Herrschaft), wie sie sich idealtypisch in der Bürokratie ausdrückt. Gesellschaftliche Strukturen dieser Art nennt Weber Anstalten. Es deutet sich an, dass soziales Handeln in Bezug auf Verbände (Institutionen) oder Anstalten (Organisationen) sinnhaft wertgebundenes Handeln ist.

In diesem Zusammenhang untersucht er auch die Bedeutung der Sprache:

„Zunächst: zwischen den Einzelnen und nicht in deren Eigenschaft als Sprachgenossen, sondern als Interessenten sonstiger Art: die Orientierung an den Regeln der gemeinsamen Sprache ist also nur Mittel der Verständigung, nicht Sinngehalt von sozialen Beziehungen. Erst die Entstehung bewußter Gegensätze gegen Dritte kann für die an der Sprachgemeinsamkeit Beteiligten eine gleichartige Situation, Gemeinschaftsgefühl und Vergesellschaftung, deren bewußter Existenzgrund die gemeinsame Sprache ist, stiften." (Weber 1980, S. 23)[20]

In der Arbeit von 1904 geht Weber davon aus, dass jedem Handeln oder nicht-Handeln eine Wertung zugrunde liegt. (Weber 1992e) Die Wertfindung durch den Einzelnen entzieht sich aber der wissenschaftlichen Behandlung, die Wissenschaft kann nur prüfen, inwiefern das Handeln zu dem Gewollten in innerer Widerspruchslosigkeit steht. Für die Wissenschaft selbst gilt dabei, dass schon das Erkenntnisinteresse, die Auswahl eines wissenschaftlichen Analysegegenstandes wiederum Wertung bedingt: einen Zusammenhang zu untersuchen und einen anderen nicht. Auch kann sich der Wissenschaftler als Mensch der grundsätzlichen Neigung, Werturteile zu fällen, kaum entziehen, doch ist dies nicht gleichzusetzen mit einer bewusst wertenden Wissenschaft. Das Bemühen des Wissenschaftlers hat einer werturteilsfreien Erkenntnis zu dienen – unter der Annahme der Kulturgebundenheit jeglicher Erkenntnis. Diese bestimmt die jeweilige Auffassung von Wirklichkeit.

„Denn auch die Erkenntnis der sichersten Sätze unseres theoretischen – etwa des exakten naturwissenschaftlichen oder mathematischen – Wissens ist, ebenso wie die Schärfung und Verfeinerung des Gewissens, erst Produkt der Kultur." (Weber 1992e, S. 191)

---

[20] Damit erteilt Weber der apriorischen Sprachlogik eine Absage und greift der Sprachspielkonzeption Wittgensteins vor.

3.2 Etablierung der Verstehenden Soziologie

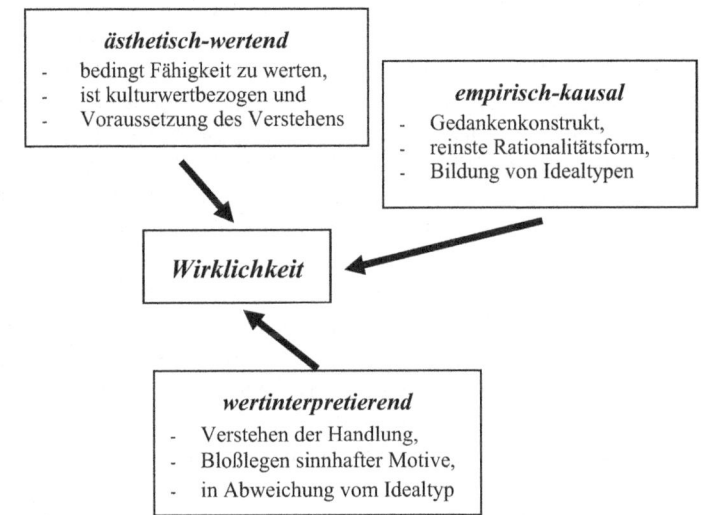

Abb. 3.4 Zugänge des Verstehens nach Weber. (Eigene Darstellung)

Ausgehend hiervon kann das Ziel sozialökonomischer Erkenntnis nur die „[…] Erkenntnis der Wirklichkeit in ihrer Kulturbedeutung […]" (Weber 1992e, S. 215) sein, und dementsprechend ist auch der Kulturbegriff selbst ein Wertbegriff. Darauf aufbauend entwickelt Weber nun, unter explizitem Rückgriff auf Kant, die gedankliche Gestalt des Idealtyps, wie sie oben umrissen wurde.[21] Diese Überlegungen greift Weber 1917 mit der Forderung, dass es keine praktischen Wertungen innerhalb empirischer Untersuchungen geben dürfe, (Weber 1992d, S. 277) wieder auf. Das Verstehen misslingt immer dann, wenn empirisch-historische Kausalketten aufgrund von Wertungen durchbrochen werden.

Weber (1992d) spezifiziert auf dieser Grundlage den Zusammenhang zwischen Verstehen und Wertung in der Wissenschaft (vgl. Abb. 3.4).

Die drei Zugänge des Verstehens entwickelt Weber am Beispiel der Kunst, betont aber, dass sie ebenso für Literatur, Religion oder Philosophie – letztlich also für alle Gegenstände der Geisteswissenschaft – gelten. Dies gilt auch für das

---

[21] Weber bezog mit seinem ‚Objektivitätsaufsatz' Stellung in einer Debatte um die richtige Methode der Nationalökonomie, die als ‚Jüngerer Methodenstreit' bekannt ist und die grundsätzlich bis heute anhält (Krumbachner 1991, S. 167 ff.). Es ist allerdings festzustellen, dass Weber hierbei auch von Seiten (z. B. der Neopositivisten) vereinnahmt wurde, deren Positionen seiner verstehenden geradezu entgegenstehen. (Prewo 1979, S. 60).

Verstehen wirtschaftlicher Sachverhalte. Deren Ästhetik findet sich in ihrer technisierten Logik. So stellt das Konstrukt der Rentabilität eine technische Wertung dar. Generell ist für Weber die Idee des Fortschritts ein offensichtlicher Ausdruck okzidentaler Rationalisierung, der sich insbesondere als technisch-kausaler Fortschritt zeigt und damit eine okzidental kulturspezifische Wertung zugrunde legt, welcher sich auch die Wissenschaft nicht entziehen kann. (Weber 1992d, S. 284 ff.) Vor diesem Hintergrund unterscheidet Weber (in seinem nachgelassenen Hauptwerk von 1921/1922: Weber 1980) zwischen dem alltäglichen Verstehen unmittelbarer Einzelhandlungen (in denen die drei Zugänge zusammenfallen) und dem erklärenden Verstehen in der Wissenschaft, welches eine systematische Einordnung in den Sinnzusammenhang verlangt. Weber trennt dabei zwischen gemeintem Sinn und objektiv gültigem Sinn, (Weber 1980, S. 1 ff.)[22] wobei die einzelne Handlung jeweils sowohl zweckrationale, wie auch wertrationale, affektuelle und traditionale Sinnanteile hat. Die Zweckmäßigkeit der Handlung ergibt sich aus ihrem Erfolg. Die Erforschung des objektiv gültigen Sinns verweist er in die dogmatischen Wissenschaften (z. B. Jurisprudenz). Die empirischen Wissenschaften haben nicht die Aufgabe den ‚richtigen' oder ‚wahren' Sinn zu erforschen, sondern den subjektiv gemeinten. Nicht alle Aspekte des Verhaltens sind sinnbehaftet und somit verstehbar, vielmehr ist die Grenze zwischen Verstehbarkeit und Nicht-Verstehbarkeit fließend. Verständlich ist aber grundsätzlich rational- wie irrational-motivationsmäßiges Handeln.

> „"Motiv" heißt ein Sinnzusammenhang, welcher dem Handelnden selbst oder dem Beobachter als sinnhafter „Grund" eines Verhaltens erscheint." (Weber 1980, S. 5)

Dies bedingt die Deutung eigenen oder fremden Handelns, welche eines Bezugsgrundes, der Evidenz bedarf. Evidenz kann zum einen rationaler Art sein (insbesondere logisch oder mathematisch), zum anderen aber einfühlend-nacherlebender Art (z. B. emotional, künstlerisch-rezeptiv). Eine wissenschaftliche Betrachtung bedient sich rationaler Evidenz und ist typenbildend. Rationale Evidenz kann entweder sinnhaft adäquat sein (also auf den typischen Sinnzusammenhang durchschnittlicher Denk- und Gefühlsgewohnheiten abstellen) oder kausal adäquat (insbesondere in Bezug auf Häufigkeiten oder Wahrscheinlichkeitsregeln). Rationale Evidenz des Sinnverstehens bedingt also eine ‚richtige' kausale Deutung, nach der Ablauf und Motiv der Handlung im Zusammenhang

---

[22] Wobei Weber direkt Bezug auf Simmel nimmt, der diese Unterscheidung zwar trifft, im Verstehen aber wieder zusammenfließen lässt.

3.2 Etablierung der Verstehenden Soziologie

verstanden werden. Sinnbezüge kausaler Deutung werden dabei nach dem Einzelfall der Handlung (historischer Fall), näherungsweise nach durchschnittlichen Verhaltenserwartungen (institutionell, mit Einverständnis am Verband orientiert) oder konstruiert (als subjektiv reiner Typus: Notion) vorgenommen. Dem folgt auch die typenbildende Methode wissenschaftlichen Verstehens (Weber 1980, S. 1 ff.):

a) Realtypen werden sinnhaft adäquat als Näherung an durchschnittliche Sinnzuschreibungen gebildet.
b) Aufbauend hierauf werden Idealtypen als Übersteigerung der rationalsten Idee konstruiert.
c) Im historischen Fall (Einzelfall) werden irrationale, affektuelle Sinnzusammenhänge als ‚Störung' des reinen Typs behandelt, womit man zu einer kausalen Zurechnung von Abweichungen zu den Irrationalitäten kommt.

Insgesamt lässt sich soziales Verhalten verstehend erklären: Wissenschaftliches Vorgehen ist Ausdruck unserer kulturbezogenen Wertung (Rationalisierung). Dieses ist empirisch-kausal und bedient sich der Typenbildung. Das Verstehen im historischen Einzelfall ist wertinterpretierend, wobei sich die Evidenz der Deutung aus der Differenzbildung zum Idealtyp ergibt. Weber nimmt dabei aber an, dass in der Soziologie soziale Gebilde (z. B. Organisationen) nicht so behandelt werden können wie Einzelindividuen,[23] obwohl Alltagsvorstellungen von Menschen dies tun.[24]

Für Weber steht somit das Verstehen individueller Handlungen im Vordergrund, welches sich als Gesellschaftshandeln an Institutionen orientiert. In diesem Sinn ist sein Bürokratiemodell individualistisch, da er ein kollektives Handeln ablehnt, gleichwohl entwickelt er die Bürokratie als Handlungsrahmen, als Idealtyp, auf den sich sinnhaftes Handeln grundsätzlich, also auch in der Abweichung davon, bezieht. Weber (1980, S. 127) selbst kann die idealtypische Behandlung der Bürokratie aber nicht durchhalten, so konzipiert er die Leitung einer bürokratischen Organisation selbst als unbürokratisch (Monarch, Präsident, Kapitaleigner), wozu er aufgrund der historischen Ableitung gute Gründe haben mag, doch verlässt er damit seinen eigenen Anspruch an Idealtypen: der gedanklich

---

[23] „[...] jedenfalls gibt es für sie keine handelnde Kollektivpersönlichkeit." (Weber 1980, S. 6).
[24] „Handeln im Sinn sinnhaft verständlicher Orientierung des eigenen Verhaltens gibt es für uns nur als Verhalten von einer oder mehreren *einzelnen* Personen." (Weber 1980, S. 6).

reinsten Konstruktion. Dies zeigt sich auch in Webers Annahme, dass der kapitalistische Unternehmer aufgrund seines Erwerbsinteresses den Bürokraten an Wissen überlegen sei. Auch seine Diagnose, dass die Bürokratie „[...] nach allen Erfahrungen [...]" die „[...] technisch zum Höchstmaß der Leistung vervollkommenbare [...]" (Weber 1980, S. 127) Herrschaftsform sei, scheint an die Grenzen idealtypische Konstruktion zu stoßen. Während das erste Zitat noch auf die realtypische Begründung für den Idealtyp verweist, kann das zweite Zitat durchaus als Managementempfehlung unter dem Postulat rationaler Kulturwertbezogenheit missverstanden werden. Weber prognostiziert eine Zunahme der Bürokratisierung:

> „Gewiß ist die Bürokratie bei weitem nicht die einzige moderne Organisationsform, so wie die Fabriken bei weitem nicht die einzige gewerbliche Betriebsform ist. Aber beide sind diejenigen, welche dem gegenwärtigen Zeitalter und der absehbaren Zukunft den Stempel aufdrücken. Der Bürokratisierung gehört die Zukunft." (Weber 1980, S. 834)

Er sieht dies aber durchaus nicht unkritisch. Spezialisierung, Geheimhaltung, Rationalisierung sind Einflüsse, welche die Bürokratie zum ‚stählernen Gehäuse' machen und den Menschen in seiner Individualität bedrohen. Also fragt er nach den Möglichkeiten der Beschränkung bürokratischer Herrschaft, implizit Sein-Sollendes in die Untersuchung einführend, indem er der Individualität Eigenwert unterstellt. (Weber 1980, S. 834) Damit erliegt er seiner eigenen Feststellung, dass das Verstehen immer dann misslingt, wenn empirisch-historische Kausalketten aufgrund von Wertungen durchbrochen werden. (Weber 1980, S. 291) Dies sagt allerdings wenig über die Tauglichkeit oder Untauglichkeit der idealtypischen Konstruktion aus, sondern vielmehr etwas über das Problem der Werturteilsfreiheit: Auch Weber gelingt es eben nicht, als Forscher zum ‚uninteressierten Zuschauer' zu werden. Webers Analyse der Bürokratie ist letztlich der Kern seiner aktuellen Gesellschaftsbeschreibung: Organisationen (Anstalten als Verwaltungsstäbe legaler Herrschaft) bestimmen aufgrund der Rationalisierung zunehmend das Handeln in der Gesellschaft. Um dieses Handeln wissenschaftlich verstehen zu können, bedarf es des Idealtyps der Bürokratie, als deren reinsten Ausdrucks. Hierbei handelt es sich aber eben nicht um die aktuelle Beschreibung bestehender Organisationen oder gar um eine Gestaltungsempfehlung für die Herrschaftsausübung (Management), sondern um die denkbar reinste Form, die so in der Realität nicht vorkommt. Diesbezüglich wird Weber deutlich:

3.2 Etablierung der Verstehenden Soziologie

„Je schärfer und eindeutiger konstruiert die Idealtypen sind: je weltfremder sie also, in diesem Sinne, sind, desto besser leisten sie ihren Dienst, terminologisch und klassifikatorisch sowohl wie heuristisch". (Weber, 1980, S. 10)

Idealtypen sind damit dezidiert nicht etwas real Existierendes und erst recht nicht etwas Sein-Sollendes. Sie bilden Sinnverweise ab, auf die wir unser Handeln beziehen, nicht aber Anzustrebendes. Die Begründung von Sein-Sollendem, die Setzung von Zielen ist der Wissenschaft entzogen, ist Gegenstand politischen Handelns und damit zutiefst ästhetisch-wertend. Über die Sinnhaftigkeit von Zielen kann eine Wissenschaft demnach keine Auskunft geben, wohl aber darüber, ob die Mittel, die zur Zielerreichung eingesetzt werden, adäquat sind im Sinne der Kulturwertbezogenheit – und hinsichtlich des Idealtyps der Bürokratie bedeutet dies für Organisationen: zweckrational. Als Vergleichsmaßstab dient dafür der Idealtyp der Bürokratie. Auf den Einzelfall bezogen (z. B. bei der Einstellung eines Mitarbeiters in ein Unternehmen) kann herausgearbeitet werden, inwieweit das Handeln zweckrational bestimmt war (z. B. also aufgrund von Fachqualifikation erfolgt, wobei in einem Arbeitsvertrag Rechte und Pflichten geregelt werden) und welche Handlungsanteile anders, wertrational oder irrational, motiviert waren (z. B. aufgrund von Beziehungen). Das soziale Handeln kann so in den Sinnzuschreibungen verschiedener Handlungsanteile verstanden werden. In derselben Weise lassen sich durchschnittliche Sinnzuschreibungen deuten, also Realtypen (z. B. welches Handeln ist in Organisationen des Typs ‚Versicherung' näherungsweise zu erwarten?) – hierbei handelt es sich um Abstraktionen aus einer Mehrzahl historischer Einzelfälle, die der konkreten Verhaltenserwartung des Einzelnen deutlich näherliegen, als der Idealtyp. Wissenschaftlich lassen sich Realtypen durchaus auch quantitativ gewinnen, z. B. in der Statistik. (Weber 1980, S. 6) Nach Elbe/Saam (2008) dienen Idealtypen demgegenüber insbesondere dazu, qualitativ heterogenes soziales Handeln zu verstehen, da es hierbei nicht zweckmäßig ist, einen Durchschnitt zu bilden. Ihre Leistungsfähigkeit erlangen Idealtypen insbesondere dadurch, dass sie es ermöglichen, die Abweichung zwischen idealtypkonformem Handeln und beobachtetem Handeln zu bestimmen. Das Hauptaugenmerk liegt auf der Erklärung der Handlungsabweichung vom Idealtyp, da dies eine systematische Interpretation von Handlungsmotiven und Sinnzuschreibungen ermöglicht.

Webers Idealtyp der Bürokratie kann durchaus als Ansatz einer verstehenden Organisationstheorie aufgefasst werden. (Elbe 2002) In seiner Ausarbeitung zeigt Weber eine konsequente Anwendung der Kant' 'chen Vorstellungsbegriffe auf das Soziale, wodurch er eine transzendental fundierte Organisationstypologie möglich scheinen lässt und diese auch in Bezug auf Zweckrationalität in

Form des Idealtyps der Bürokratie ausführt. Dies ist vor dem Hintergrund seines ‚Wissenschaftsprogramms' verständlich, führt aber zu einer Vernachlässigung der empathischen Momente organisationalen Handelns, welches er auch nur als Handeln von Akteuren, nicht jedoch von Organisationen selbst konzipiert. Für Weber erscheint die Wirklichkeit kulturgebunden konstruiert, wie aber der Einzelne zu diesen Konstruktionen kommt, lässt er dahingestellt. Auch die Hermeneutik als Prinzip der textualen Verwissenschaftlichung blendet er aus. Als verstehende Theorie bleibt Webers Ansatz somit defizitär. Trotzdem erscheint sein Vorgehen der lebensweltlich-gebundenen, historisch fundierten Bildung von Idealtypen aus der Übersteigerung von Realtypen – gegenüber der Husserlschen Reduktionstechnik – deutlich konkretisierend und liefert die Grundlage für eine Methodologie verstehender Organisationswissenschaft, die sowohl quantitative als auch qualitative Vorgehensweisen zu berücksichtigen vermag. Zusammenfassend lässt sich Webers Ansatz folgendermaßen, nach den von Elbe (2002, vgl. Kap. 2 in diesem Band) aufgestellten Forderungen an eine verstehende Epistemologie, bewerten (Abb. 3.5):

Webers Verstehensansatz und insbesondere seine Orientierung an Idealtypen wurden (wie das Konzept des Idealtyps insgesamt) vielfach rezipiert und häufig fehlinterpretiert. So wurde sein Bürokratiemodell zuerst in den USA (seit den 40er Jahren des 20. Jahrhunderts) als Organisationstheorie aufgefasst und dabei als anzustrebendes Managementmodell missverstanden. Dementsprechend war es Ausgangspunkt für Kritik (z. B. von Merton, Udy, Blau, Crozier, Pugh), aber auch intensiver empirischer und theoretischer Forschung. (Mayntz/Ziegler 1977, Elbe/Peters 1996) Auf die Entwicklung der Organisationswissenschaft in Deutschland hatte Webers Ansatz erst ab ca. 1960, in Anschluss an die amerikanische Forschung, Einfluss. Für die Grundlegung der Soziologie, die (verstehende) Methodologie, für die Religionssoziologie, die Herrschaftssoziologie, die Wirtschafts- und Organisationssoziologie ist Max Weber eine der zentralen Bezugsgrößen geworden – zu Recht sprechen Albert et al. (2003) vom Weber-Paradigma.

3.3 Ausbreitung in den Sozialwissenschaften

3.3.1 Verstehende Nationalökonomie

Weber wurde damit einer der Begründer sowohl der Wirtschaftssoziologie als auch einer verstehenden Nationalökonomie. Die Grenzziehung zwischen Ökonomie und Soziologie war bis Mitte des 20. Jahrhunderts bei weitem nicht so

3.3 Ausbreitung in den Sozialwissenschaften

Epistemologische Forderung	Position Max Webers
Transzendente Idee des Sozialen.	Diese zeigt sich in den Idealtypen.
Zuordnung der Wirklichkeit zur ontologischen Möglichkeit (Form und Inhalt).	Der Idealtyp als ontologische Möglichkeit verweist auf den Realtyp als sinngebende Wirklichkeit.
Soziales Apriori der Wirklichkeitskonstruktionen.	Wirklichkeit ist kulturgebunden und damit sozial apriorisch.
Verstehen sozialer Tatsachen, induktive Begriffsbildung.	Verstehen als wissenschaftliche Aufgabe; induktive Begriffsbildung hin zum Idealtyp.
Historische Bedingtheit des Sozialen und der Institutionen.	Institutionen als Ergebnis der okzidentalen Rationalisierung, historische Entwicklung der einzelnen Institutionen.
Symbolische Vermittlung sozialer Phänomene.	Z. B. in der religiösen Fundierung sozialen Handelns.
Erfolg als teleologisch handlungsorientierte Wirklichkeitskonstruktion.	Zweckrationalität als okzidentales Prinzip, Bürokratie als reinste Form.
Handlung als Erfolgstest der Wirklichkeitskonstruktion.	Handlung als vielfach sinnbehaftet und auf Erfolgstest angewiesen.
Lebensweltliche Gebundenheit sozialen Verstehens.	Wissenschaftliches Verstehen ist lebensweltlich gebunden in der Betrachtung der Sinnmotive.
Verstehender Zirkel zwischen Vorwissen und Erkenntnis.	Gewinnung des Idealtyps aus Realtypen, als hypothetischer Verweis und damit im Zirkel.
Handlungsorientierung an Institutionen und Sprachspielen.	Anstalt als Sonderform des Verbands; Sprache als Form sozialer Beziehungen.
Sozialisation als verstehender Zirkel zur Anpassung der Reziprozität der Perspektiven.	Wird nicht behandelt.
Sozialisation zur Teilnahme am Sprachspiel ist empathisch.	Wird nicht behandelt.
Interpretation von Sprachspiele mittels der Hermeneutik.	Wird nicht behandelt.
Hermeneutik als Grundlage wissenschaftlichen Erklärens.	Verstehenskonzeption ist vor-hermeneutisch angelegt.

Abb. 3.5 Bewertung von Webers Position. (Eigene Darstellung)

deutlich wie heute, und neben Karl Marx war Max Weber sicherlich einer der wichtigsten Theoretiker für beide Disziplinen. Von besonderer Bedeutung war darüber hinaus auch Werner Sombart. Mit „Der Bourgeois" (Sombart 1913), seinem vierbändigen Werk zum modernen Kapitalismus (Sombart 1916) und seiner Lehre zu den drei Nationalökonomien (Sombart 2003, zuerst erschienen 1930) war er einer der Mitbegründer der Wirtschaftssoziologie und beeinflusste (zusammen mit Weber) den Methodenstreit in den Wirtschafts- und Sozialwissenschaften, worauf in untenstehendem Exkurs näher eingegangen wird. Seine

Position ist dabei klar: Die Nationalökonomie darf keine Werturteile fällen. Sombart (2003) weist darauf hin, dass die „richtende Nationalökonomie" prinzipiell von Werturteilen ausgeht und diese auch systematisch erzeugt – weshalb sie nicht wissenschaftlich sein kann. Die „ordnende Nationalökonomie" orientiert sich in ihrer Methodik an den Naturwissenschaften, zwar entzaubert sie die Wirtschaft von religiösen und metaphysischen Vorstellungen, allerdings kann sie damit nicht ihrem Wesen und ihren Sinnbezügen gerecht werden. Das gelingt allein der „verstehenden Nationalökonomie". Ohne Zweifel ist sie eine Sozialwissenschaft, die sich mit menschlichem Handeln beschäftigt und hierfür muss sie verstehen.

Sombart (2003) unterscheidet drei Formen des Verstehens: das Sinnverstehen (Handlungszwecke und Systemteile in der theoretischen Nationalökonomie), das Sachverstehen (konkrete Erscheinungen des realen Wirtschaftens und hierbei auftretende Sinnzusammenhänge) sowie das Seelenverstehen (Wirtschaft als jeweils spezifische kulturelle Erscheinung, die an die kollektive Seele der Menschen gebunden ist). Aus dieser wissenschaftlich-verstehenden Perspektive können Werte offengelegt werden, sie lassen sich aber nicht wissenschaftlich begründen. Mit diesem Beitrag zum Verstehen und zur Methodenlehre in den Wirtschafts- und Sozialwissenschaften positionierte sich Sombart noch einmal dezidiert an der Seite Webers im Methodenstreit, der generell die Sozialtheorie prägte, insbesondere aber in den Wirtschaftswissenschaften ausgetragen wurde.

Exkurs zum Methodenstreit in den Wirtschaftswissenschaften

a) Im älteren Methodenstreit (ca. 1880) vertrat Schmoller eine induktiv-historische Methode, Menger dagegen eine deduktiv-nomologische. (Krumbachner 1991, S. 166 f.)

b) Im jüngeren Methodenstreit (ab 1909) ging es um die Zulässigkeit von Werturteilen in der Wissenschaft; Weber und Sombart forderten die Unterlassung von Werturteilen in wissenschaftlichen Untersuchungen, Schmoller, Wagner u. a. hielten diese dagegen für zulässig. (Elbe 2002, S. 170)

c) Schmalenbach und Nicklisch forderten ab ca. 1915 eine Abkehr von einer, der reinen Gewinnorientierung verpflichteten, Privatwirtschaftslehre (insbesondere durch Rieger vertreten) hin zu einer gemeinwirtschaftlich orientierten Betriebswirtschaftslehre. (Schneider 1995, S. 234 ff.)

d) Ab ca. 1935 wurden die Positionen des Werturteilsstreits wieder aufgegriffen; normativ orientierte Wissenschaftler (wie Brinkmann oder Gottl) attackierten wertfreie und ordoliberale Positionen, z. B. von Peter, Euken, Lampe. (Janssen 2000, S. 253 ff.)

3.3 Ausbreitung in den Sozialwissenschaften

e) In der Volkswirtschaftslehre dominierten nach dem II. Weltkrieg ordoliberale und deduktiv-nomothetische Positionen (Krumbachner 1991, S. 208 ff.), in der Betriebswirtschaftslehre bis ca. 1980 rationale (z. B. Gutenberg) und entscheidungstheoretische Modelle (z. B. Heinen). (Hundt 1977, S. 127 ff.)

f) Die Auseinandersetzung um die Werturteilsfreiheit der Betriebswirtschaftslehre hält bis heute an, da diese in einer Konzeption als Managementlehre durchaus normativ-wertende Elemente enthält (Schneider 1995, S. 242 ff.). Ebenso wird weiterhin die Diskussion über eine stärker sozialwissenschaftliche Ausrichtung der Betriebswirtschaftslehre geführt (vgl. Fischer-Winkelmann 1982, Deters 1990 oder Walter-Busch 1998). Auch in der Volkswirtschaftslehre scheint der Methodendiskurs nicht abgeschlossen zu sein (Pagenstecher 1987), dies gilt insbesondere für die Institutionenökonomie. (Nelson/Sampat 2001)◄

Pagenstechers (1987) Analyse des Verstehens und Erklärens in der Nationalökonomie macht deutlich, dass zwar die grundlegenden Probleme, die in der Soziologie und der Nationalökonomie verhandelt werden, ähnlich sind, es aber doch Verschiebungen in den Schwerpunkten gibt: Während in der Soziologie der Sinn der Handlung im Vordergrund steht, sind es in der Ökonomie eher Präferenzen und Zwecke sowie Umfang und Gültigkeit des Rationalitätsprinzips. Die besondere Bedeutung Max Webers für beide Disziplinen zeigt sich u. a. darin, wie dessen methodische Umsetzung wissenschaftlichen Verstehens mithilfe von Idealtypen in den beiden Disziplinen weiter verwendet und gewürdigt wird. (Machlup 1971)Während in Deutschland die historische Schule, mit Vertretern wie Schmoller und Sombart, eine verstehende und stilorientierte Nationalökonomie propagierte (Schefold 1994), bis Mitte des 20. Jahrhunderts dominant blieb, bildet sich in Österreich (mit Menger, Böhm-Bawerk und Mises) die sogenannte Grenznutzen-Schule, die zwar dem methodologischen Individualismus verpflichtet ist, dabei aber einem deduktiv-nomologischen Paradigma folgt und bis heute die internationale Wirtschaftstheorie prägt. (Neck 2019) Dies wurde zunehmend mit einem nutzenorientierten Rationalismus verbunden und, in analytisch-mathematischen Konzepten mit dem Ziel der Optimierung formalisiert, zur mathematischen Ökonomie. (Hoppe 1996, S. 76 f.) Diese Richtung der Wirtschaftswissenschaften dominiert auch heute noch Mikro- und Makroökonomik, wobei nicht nur Märkte und Organisationen analysiert werden, sondern generell soziales Handeln, Staat und Politik. (Homann/Suchanek 2000).

Verstehende Ansätze in den Wirtschaftswissenschaften finden sich heute eher in der Managementlehre (Simon 1993, Weick 1995) und in der Organisationswissenschaft (Elbe 2002, Elbe/Peters 2016), wo Sinnverstehen, Organisationskultur und begrenzte Rationalität Verstehen thematisieren. Hinzu kommen Gestaltungsansätze, die in den Wirtschaftswissenschaften immer wieder eingeführt werden, wie z. B. die Organisationsentwicklung, die systematisch verstehende Methoden in ihr Gestaltungskonzept, wie z. B. Moderation, integriert. (Elbe/Erhard 2020) In der Organisations- und Personalentwicklung verbinden sich Wirtschaftswissenschaften und Pädagogik. Die Verknüpfung wird im Forschungsprojekt „Moralische Entwicklung und wirtschaftliches Verstehen" an der Universität Siegen thematisiert. Es wird davon ausgegangen, dass um ökonomische Prozesse als gesellschaftliche Phänomene in ihrem sozialen Kontext verstehen zu können, es sowohl ökonomischer Kompetenz als auch eines spezifischen wirtschaftlichen Verstehens bedarf, wobei die beiden Konzepte voneinander zu unterscheiden sind.

„Denn während in der Literatur mit ökonomischen Kompetenzen in der Regel die Fähigkeiten bezeichnet werden, kontextspezifisch wirtschaftlich adäquat zu handeln, soll ökonomisches Verstehen das inhaltliche Begreifen von allgemeinen ökonomischen Sachverhalten bezeichnen, wobei es nicht einfach um die bloße Kenntnisnahme geht, sondern vielmehr die intellektuelle Erfassung und Reflexion des Gesamtzusammenhangs wirtschaftlicher Prozesse in gesellschaftlichen Arrangements angesprochen wird. Während in der Berufs- und Wirtschaftspädagogik ökonomische Kompetenzen in der Tradition von Wolfgang Klafki als die Fähigkeiten und Fertigkeiten bezeichnet [werden], ökonomische Probleme zu lösen, handelt es sich beim wirtschaftlichen Sinn-Verstehen in der Tradition der verstehenden Soziologie nach Max Weber um einen hermeneutischen Erkenntnisprozess bei dem subjektive Sinnzusammenhänge, Deutungsmuster und Handlungsorientierungen konstruiert und hierdurch handlungsleitend für soziale Akteure werden." (Homepage des Forschungsschwerpunkts: https://www.uni-siegen.de/zlb/bildungs-forschung/forschungsschwerpunkte/schwerpunkt-2/?lang=de vom 04.01.2021)

In dem Projekt wird der Ansatz einer verstehenden Wirtschaftswissenschaft in der Tradition Webers und Sombarts anhand von empirischen Befunden für eine aktualisierte Methode wirtschaftlichen Verstehens aktualisiert (vgl. Goldschmidt/Keipke/Lenger 2020 sowie Keipke/Lenger 2018).

3.3.2 Zum Verstehen in der Pädagogik

Während sich die Werturteilsfreiheit in Anlehnung an Weber und Sombart in der Soziologie ziemlich durchgesetzt hat, war dies in den Wirtschaftswissenschaften nicht so eindeutig. Spätestens die Pädagogik aber, mit ihrem Anspruch, nicht nur Prozesse der Sozialisation und Erziehung zu erforschen, sondern diese inhaltlich und methodisch gestalten zu wollen, wählt hier einen anderen wissenschaftstheoretischen Zugang. Allerdings ist das Verstehen für die Pädagogik konstitutiv, wie sich bereits bei dem wirtschaftspädagogischen Ansatz von Goldschmidt/Keipke/Lenger (2020) gezeigt hat.

Dilthey schafft ab den 1880er Jahren, ausgehend von seiner „Einleitung in die Geisteswissenschaft" (Dilthey 1966), eine verstehend-hermeneutische Grundlegung der nicht-naturwissenschaftlichen Wissenschaftsdisziplinen. Dies gilt für Philosophie, Geschichte, Soziologie und Psychologie ebenso wie für die Pädagogik, der er einen eigenen Band widmet (Dilthey 1961). Wissen kann durch Auslegung, als „[…] Verstehen dauernd fixierter Lebensäußerungen […]" (Dilthey 1927, S. 217) hermeneutisch verstanden werden, doch baut dies auf der elementaren Form des Verstehens, als unmittelbarem Verstehen (Hineinversetzen, Nachbilden, Nacherleben, Interpretieren) auf. Seine hermeneutische Verstehenskonzeption entwickelt Dilthey insbesondere in der Auseinandersetzung mit dem Idealismus von Schleiermacher.[25] In seiner Pädagogik beschäftigt sich Dilthey (1961) mit Geschichte und Grundlinie des Faches, wobei bis Anfang der 1920er Jahre diese kaum als eigenständige Disziplin angesehen werden kann. Auch die Pädagogik ist im Verstehen fundiert und wird zum Verstehen des Pädagogen im Mit-Erleben:

> „Wir verstehen einen Menschen nur, indem wir mit ihm fühlen, seine Regungen in uns nachleben; wir verstehen nur durch Liebe. Und gerade an ein unentwickeltes Leben müssen wir uns annähern durch die Kunst der Liebe, durch ein Mindern unserer eigenen Gefühle in das Dunkle, Unentwickelte, Kindliche, Reine. Alles Raisonnement tritt nur als sekundär hinzu. Hiermit hängt zusammen, daß in dem pädagogischen Genius Gemüt und Anschauungskraft vorherrschen, gar nicht der Verstand." (Dilthey 1961, S. 201)

Erziehung ist für Dilthey (1961, S. 205 ff.) teleologisches Handeln, das Einwirken auf andere ist zielgerichtet, muss aber zuerst einmal die Aufmerksamkeit

---

[25] Diltheys beschäftigt sich ausführlich mit dem Ansatz Schleiermachers in den Bänden XIII und XIV der Gesammelten Schriften. Vgl. zur Verstehenskonzeption Diltheys auch Elbe (2002) sowie Kap. 2 in diesem Band.

auf sich lenken und eben dies kann nur auf verstehender Grundlage erfolgreich sein. Mit dieser Konzeption wird der Ansatz Dilthey zur Grundlage einer geisteswissenschaftlichen Pädagogik (Hermann 1971), die auch für die Schulpädagogik besondere Bedeutung hatte.

> „Die geisteswissenschaftlichen Pädagogen Eduard Spranger, Herman Nohl, Theodor Litt und auch ihre bekanntesten Schüler Erich Weniger und Wilhelm Flitner haben sich seit 1915 bis in die 1960er Jahre in einer Reihe von Denkschriften und Publikationen zu Fragen der Lehrerbildung geäußert und auf die Entwicklung derselben massiv Einfluss zu nehmen gesucht." (Matthes 2021, S. 177)[26]

An diese Entwicklung schließt Ende der 1970er Jahre Danner (1998) in seiner Darstellung der „Methoden geisteswissenschaftlicher Pädagogik" an, wobei er die Grundlegung der philosophischen Hermeneutik, Phänomenologie und Dialektik für den pädagogischen Erkenntnisprozess deutlich macht. Auch aktuelle Ansätze der verstehenden Pädagogik setzen Schwerpunkte in „Begriff und Methode des Verstehens in der Erziehungswissenschaft" (Gaus/Uhle 2006), bis hin zur verstehenden Diagnostik in der Pädagogik. (Baumann/Bolz/Albers 2021) Generell gilt:

> „Für die pädagogische Handlungsfähigkeit kommen verstehenden Ansätzen und Methoden, die dabei unterstützen, das Verhalten des Menschen im Kontext seiner Biografie sowie seiner aktuellen Lebenssituation einzuschätzen, eine entscheidende Rolle zu." (Baumann/Bolz/Albers 2021).

In der Pädagogik wurden vielerlei Verstehenskonzepte entwickelt oder adaptiert, und speziell, da das Verhältnis zwischen geisteswissenschaftlicher Pädagogik und dem Verstehen als komplex beschrieben werden kann (Hollstein 2020), lässt sich doch feststellen, dass immer wieder auf die Ansätze aus den Referenzdisziplinen der Philosophie, Soziologie und Psychologie zurückgegriffen wurde. Dies gilt auch für die Rezeption des subjektwissenschaftlichen Ansatzes von Holzkamp (2003) in der Pädagogik, nach der Erziehung einen Akt der Fremdbestimmung darstellt, wodurch ein widerständiger Lernprozess ausgelöst wird. Pädagogik ist demnach vom Lernenden, vom Subjekt her zur denken, als Teil der Lebensführung aus Sicht des Subjekts. (Holzkamp 1993) Der Kern der Pädagogik als Sozial- und Geisteswissenschaft bleibt aber, dass sie selbst ein wertebasiertes,

---

[26] Das Verstehenskonzept des Dilthey-Schülers Eduard Spranger wird in diesem Band in Kap. 4, im Rahmen der verstehenden Psychologie besprochen.

praktisches Handeln darstellt, das Menschen – insbesondere Kinder – dahingehend beeinflussen will, dass diese bestimmte Entwicklungsschritte vollziehen, sich spezifisches Wissen aneignen, Kompetenzen erwerben oder einfach geforderte Handlungen zeigen können und wollen. Für alle pädagogischen Ansätze, auch für reformpädagogische und subjektorientierte, gilt hierbei, dass sie einen Erziehungsanspruch haben, da sie per definitionem ein teleologisches Handeln bedingen. Dies gilt für das gesamte institutionelle Bildungswesen (insbesondere im Kontext geisteswissenschaftlicher Schultheorie, vgl. Gudjons 2001), aber auch für den „Verstehensprozess in der Fallarbeit" (Mechler 1999) oder für „Verstehen und Handeln im betrieblichen Ausbildungsalltag" (Müller/Mechler/Lipowsky 1997).

3.4 Theoretische Weiterentwicklung

3.4.1 Symbolischer Interaktionismus, Sozialkonstruktivismus und Ethnomethodologie

Eingangs wurden ja bereits erste Überlegungen zum ‚interpretativen Paradigma' (Wilson 1980) vorgestellt. Es war gezeigt worden, inwiefern der amerikanische Pragmatismus hierfür eine Grundlage darstellt (vgl. auch Richter 1995) und welche Verflechtungen es zwischen den Traditionen des Verstehens im deutschsprachigen Raum und symbolischem Interaktionismus und interpretativer Sozialforschung es gibt. Es gibt verschiedene Richtungen innerhalb des Interpretativen Paradigmas, von denen hier drei näher beleuchtet werden sollen: der Symbolische Interaktionismus, der Sozialkonstruktivismus und die Ethnomethodologie.

Auf den *Symbolischen Interaktionismus* hatte insbesondere Herbert Blumer als Nachfolger von George Herbert Mead an der Universität Chicago[27] einen zentralen Einfluss und prägte auch den Begriff. Blumer (2013) setzt dabei, Mead

---

[27] Mead hat sowohl die erste als auch die zweite Chicagoer Schule der Soziologie (den Symbolischen Interaktionismus) beeinflusst und beide wurden sowohl vom Pragmatismus, als auch von Verstehensansätzen der Geistes- und Sozialwissenschaften in Deutschland mit geprägt. Auch der bedeutendste Vertreter der ersten Chicagoer Schule, Robert Park, hatte u. a. bei Dewey wie auch bei Simmel und Windelband studiert und damit die Verbindung zwischen den beiden wissenschaftstheoretischen Ansätzen weiter ausgebaut und einen feldbezogenen, empirisch-verstehenden Ansatz zur Erforschung des unmittelbaren sozialen Umfeldes, wie er auch heute noch in der Gemeindesoziologie vertreten wird, befördert. Löw (2001) zieht hier die Verbindungslinie zu Bourdieu und für Raumsoziologie heute.

folgend, drei Prämissen: Menschen handeln aufgrund eigener Bedeutungszuschreibungen in ihrer Umwelt, diese entstehen im Zuge sozialer Interaktionen und verändern sich im Handlungsprozess. Während Meads Hauptwerke erst posthum erschienen, hat er als Hochschullehrer seine Schüler stark geprägt. Zentrale Themen Meads waren der Geist und die Verwendung signifikanter Symbole (Gesten) zur Bedeutungsübertragung im sozialen Kontext, Entwicklung und Funktion von personaler Identität (I und Me) in Auseinandersetzung mit der Gesellschaft (Mead 1973), aber auch die Gesellschaft selbst und ihre Institutionen, das Bewusstsein und insbesondere auch das wissenschaftliche Studium des Bewusstseins als Verhalten (Mead 1969). Meads Verstehensposition liegt in der interaktionalen Sinngebung: „Welche sinnhafte, soziale Geltung einer Geste durch die interpretierende Reaktion auf die Geste zugewiesen wird, hängt davon ab, wie sie verstanden wird, [...]." (Lenz 2008, S. 181) Hier wird die Fundierung der Meadschen Sozialpsychologie im Pragmatismus von James und Dewey deutlich. Blumer (2013, S. 63 ff.) markiert den „methodologischen Standpunkt des symbolischen Interaktionismus" dahingehend, dass eine gesellschaftliche Analyse im Kern das Verstehen von signifikanten symbolischen Interaktionen ausmacht. „Die *teilnehmende Beobachtung* wird mehr noch als die qualitative Befragung zum Forschungsinstrument der symbolischen InteraktionistInnen." (Richter 1995, S. 72) Blumers Schüler, Anselm Strauss, erweiterte den Ansatz hin zu einer interaktionistischen Handlungstheorie, die dem strukturellen Aspekt der Gesellschaft mehr Raum einräumt. Dies zeigt sich auch im qualitativen Forschungsansatz von Strauss (1994), dessen Kern die Entdeckung von Sinnstrukturen durch die Interpretation von empirischem Material in der *Grounded Theory* darstellt. Mit Erving Goffman (als Schüler von Strauss) wird der Symbolische Interaktionismus dahingehend erweitert, dass Menschen Situationen in einer bestimmten Weise interpretieren, indem sie diese in Rahmen, als Erfahrungsschemata, einordnen. Diese Rahmen können natürlich auch absichtlich manipuliert werden, um bei anderen bestimmte Vorstellung zu erzeugen und diese zu einem erwünschten Handeln zu veranlassen. (Goffman 1996) Mit diesem Aspekt greift er auf den theoretischen Ansatz der Selbstdarstellung im Alltag als Verbindung zwischen Persönlichkeit, Interaktion und Gesellschaft (Goffman 1983) zurück.[28]

Als zweite zentrale Richtung des interpretativen Paradigmas basiert der *Sozialkonstruktivismus* auf den Vorarbeiten der phänomenologischen Soziologie, die insbesondere durch Alfred Schütz geprägt wurde. Schütz' Interesse galt von

---

[28] Zum Forschungsansatz Goffmans und seinem konkreten Vorgehen als Feldforscher sowie seinem Umgang mit ‚natürlichen Daten' vgl. Lenz (2008).

3.4 Theoretische Weiterentwicklung

Anfang an der philosophischen Grundlegung der Soziologie.[29] (Abels 2010) Er ging davon aus, dass Webers Wissenschaftstheorie „[...] zwar den Ansatzpunkt jeder echten Theorie der Sozialwissenschaft endgültig bestimmt hat [...]" (Schütz 1974, S. 9), es aber einer tiefergehenden philosophischen Fundierung des Weberschen Ansatzes bedurfte. Hierzu konzipiert er die soziale Welt als Lebenswelt, deren Erleben im intentionalen Bewusstsein zur Sinngebung führt. Schütz verbindet nun Webers Handlungsbegriff mit Husserls Auffassung zeitlicher Strukturiertheit[30] des Bewusstseins und kommt damit zur Unterscheidung teleologischer Handlungsmotive („um-zu") von kausalen („weil"). (Schütz 1974, S. 115 ff.) Wie Luckmann (1992) verdeutlicht, haben Handlungen (wie auch alles andere Erleben) jeweils neben dem *aktuellen* Sinn „einen *reflexiven* Sinn, dessen Konstitution die Beziehung zwischen der vollendeten Handlung und einem Deutungszusammenhang voraussetzt." (Luckmann 1992, S. 56) Mit dieser zeitlichen Strukturierung der Erklärung präzisiert Schütz (1974) die Webersche Erklärens-Vorstellung, die nach ursächlichen Erklärungen sucht. Weber (1980, S. 5) behandelt zwar Motive und thematisiert dabei auch das zweckrationale Handeln – also das um-zu-Motiv –, berücksichtigt dies aber nicht in der Verstehenskonzeption im Sinne eines teleologischen Erklärungsanteils, sondern fasst diese streng in eine kausale Erklärung, wodurch die Reflexivität von Handeln und Verstehen nicht hinreichend modelliert werden kann. Eine vollständige Erklärung bedarf also sowohl des Verstehens, um das Subjekt und seine Sinnkonstruktionen in die Soziologie einzubinden, als auch eines zweistufigen Verfahrens der Erklärung, welches kausale Handlungsgründe – wahrgenommene Umweltbedingungen, z. B. das Handeln anderer (weil) – von teleologischen Handlungszielen (um-zu) unterscheidet. Nur wenn beide Erklärungsanteile interpretativ erschlossen wurden ist eine sozialwissenschaftliche Erklärung menschlichen Handelns vollständig. Srubar (1988, S. 192) unterscheidet in diesem Zusammenhang vier Ebenen, auf denen Schütz argumentiert: „...

1. die Ebene der Analyse der sinnkonstituierenden Bewußtseinsakte;
2. die Ebene der pragmatischen Genese der sozialen Welt und der sozialen Person;
3. die Ebene der subjektiven Aneignung von Wissensvorräten;
4. die Ebene der subjektiven Anwendung von Wissensvorräten."

---

[29] Auch aus einer phänomenologischen Perspektive entwickelt Scheler (1957) seine Sozialphilosophie zu einer Soziologie des Wissens weiter.
[30] Heidegger nannte dies ‚zeitliche Geworfenheit' – vgl. hierzu Kap. 2.

Damit gelangt Schütz zu einer Theorie des Fremdverstehens und des sinnhaften Aufbaus der sozialen Welt. Diese arbeitet er später als Lebenswelt des Alltags aus, die er wissenssoziologisch erschloss. (Schütz/Luckmann 1991) Sowohl Scheler als auch Schütz (1974) überführen damit die phänomenologische Philosophie in eine verstehende Soziologie des Wissens. Wie Eberle (2000, S. 74) betont, bleiben solche Entwürfe aber solange unspezifiziert, bis das wissenschaftliche Relevanzsystem hinreichend formuliert ist, und dieses bestimmt sich erst in der Anwendung einer phänomenologischen Grundhaltung im Forschungsprozess.

Den Sozialkonstruktivismus begründeten, aufbauend hierauf, die Arbeiten von Peter Berger und Thomas Luckmann, insbesondere das Buch *„The Social Construction of Reality"*. (Berger/Luckmann 1997) Ausgehend von der protosoziologischen Phänomenologie von Schütz gehen die Autoren der Frage nach: „Wie ist es möglich, daß subjektiv gemeinter Sinn zu objektiver Faktizität wird?" (Berger/Luckmann 1997, S. 20) Ihr Ergebnis ist eine Wissenssoziologie, wobei sie Wissen als die Gewissheit definieren, „[...] daß Phänomene wirklich sind und bestimmte Eigenschaften haben." (Berger/Luckmann 1997, S. 1) Grundlage dieses Wissens ist die soziale Konstruktion der Wirklichkeit als Verbindung zwischen individueller und gesellschaftlicher Wirklichkeitskonstruktion. Neben Schütz stützen sich Berger/Luckmann insbesondere auf Mead und den Symbolischen Interaktionismus. Die Welt und ihre Konventionen werden in der Sprache objektiviert (vergegenständlicht) und somit zu handlungsleitendem Wissen. Dieses Wissen wird in der Sozialisation vermittelt. Dies geschieht insbesondere durch signifikante Andere (z. B. Eltern), die zu generalisierten Anderen (‚man'/'alle Erwachsenen') abstrahiert werden. Wichtig ist hierbei auch das Erlernen von Rollen im kindlichen Spiel, wodurch Reziprozität und erwartungskonformes Verhalten eingeübt werden. (Mead 1969, S. 263 ff.) Nach Berger/Luckmann (1997, S. 65 ff. sowie S. 139 ff.) bedingen sich die gesellschaftliche und die individuelle Konstruktion der Wirklichkeit gegenseitig. Dies ist als ständig ablaufender, interaktiver Prozess zu verstehen, wie ihn Abb. 3.6 darstellt.

Die Sinnwelt, die für den Einzelnen so entsteht und damit auch die gesellschaftliche Konvention über die Wirklichkeitsauffassung bedingt – hier ist der Rückgriff auf Schütz' Verständnis des Verstehens deutlich – wird durch Institutionen zur gesellschaftlichen Faktizität. Obwohl Berger/Luckmann phänomenologisch argumentieren, greifen sie auch auf die Erkenntnisse aus der Psychologie und hier insbesondere Piagets zurück. (Berger/Luckmann 1997, S. 63).

3.4 Theoretische Weiterentwicklung

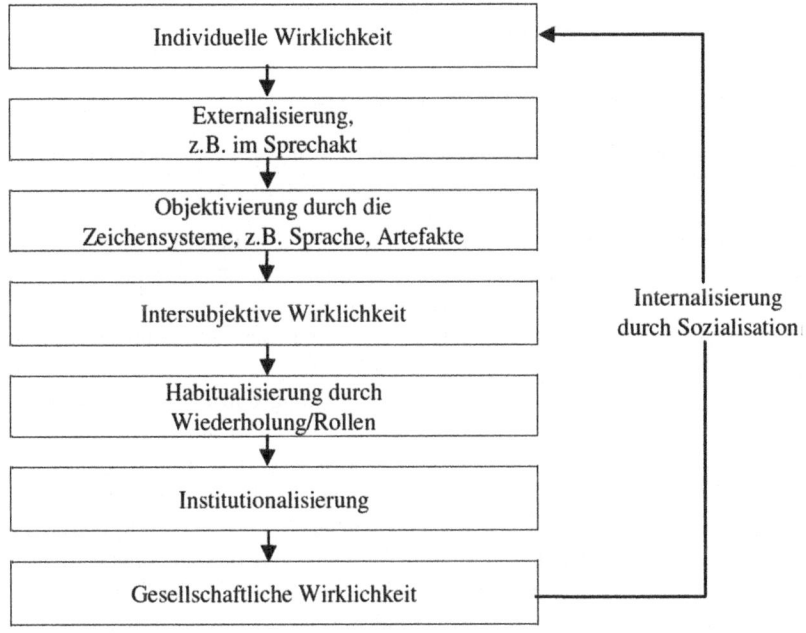

Abb. 3.6 Individuelle und Gesellschaftliche Wirklichkeit. (Eigene Darstellung)

Das Konzept der sozialen Wirklichkeitskonstruktion wurde zu einer der einflussreichsten Arbeiten in der Soziologie, (Eberle 2000, S. 228 f.) beeinflusst aber auch den philosophischen Diskurs des Konstruktivismus bis heute. Die Verstehenskonzeption des Ansatzes lehnt sich an die Auffassung von Schütz an, greift aber auch explizit auf Weber zurück:

> „Da gesellschaftliche Wirklichkeit immer aus sinnhaften Handlungen besteht, behält sie ihren Sinn auch, wenn er dem Individuum jeweils undurchsichtig ist. Der Hergang ist „rekonstruierbar", und zwar eben mit Hilfe dessen, was Weber ‚Verstehen' nennt." (Berger/Luckmann 1997, S. 64)

Einen spezifischen Zugang, um den Sinn des Alltagshandelns aufzudecken wählt die *Ethnomethodologie,* die ebenfalls auf die Arbeiten von Schütz und des Symbolischen Interaktionismus aufbaut. (Abels 2010, S. 115) Begründer der Ethnomethodologie ist Harold Garfinkel, der Schüler von Talcott Parsons und Alfred Schütz war. Garfinkel (2020) geht nicht von einer vorgefertigten theoretischen

Perspektive im Forschungsprozess aus, sondern davon, dass konstitutive Kriterien der Gesellschaft das Handeln im Alltag beeinflussen.

> „Der Sinn wird nicht, wie von Durkheim angenommen, nur durch konstitutive Praktiken oder, wie von Wittgenstein angenommen, durch den Gebrauch hergestellt, vielmehr können die konstitutiven Bedingungen und Ressourcen im Laufe des Gebrauchs spezifiziert werden." (Rawls 2020, S. 8)

Die Ethnomethodologie untersucht nun, wie soziale Wirklichkeit durch alltägliches Handeln hergestellt wird, es geht also nicht darum, welche objektiven Institutionen, Normen und Regeln das alltägliche Handeln leiten, sondern wie diese im Handlungsprozess interpretiert, angewandt und weiterentwickelt werden. Die sozialen Tatsachen werden sozusagen kooperativ im Handeln erzeugt. (Rawls 2020, S. 9) Ethnomethodologische Forschung findet im Alltag statt, da wo Menschen leben und arbeiten, wodurch sich im Rahmen der Forschung der Forschungsgegenstand selbst verändert und entwickelt. Die Ethnomethodologie wendet damit, wenn sie sich ernst nimmt, die eigenen Forschungsprinzipien auf sich selbst an. Forscherinnen und Forscher beobachten und beschreiben Alltagshandeln und die dabei deutlich werdenden Strukturen, sie bewerten und beurteilen diese aber nicht.[31] Die Ethnomethodologie erfüllt damit die Forderung Webers nach Wertfreiheit der Forschung in besonderem Maß. Abels (2010) weist darauf hin, dass die Ethnomethodologie davon ausgeht, dass die Menschen in ihrem Alltagshandeln davon ausgehen, dass sie verstanden werden und auch selbst verstehen. Die gemeinsame Sprache ist dabei ein wichtiger Aspekt und – verbunden damit – die Annahme, dass das, was gesagt wird, auch gemeint und vernünftig ist. Dem Verstehen wird damit ein grundsätzliches Rationalitätspostulat im Alltagshandeln hinterlegt. Dieses und den gemeinten Sinn aufzudecken ist die zentrale Forschungsaufgabe,

Garfinkel (2020, S. 127 ff.) beschreibt die dokumentarische Methode der Interpretation zur Ermittlung von Tatsachen des Alltagswissens über soziale Strukturen durch „Laien und professionelle Soziologen" als Forschungsmethode der Ethnomethodologie. Wie Abels (2010) deutlich macht, werden mit der dokumentarischen Methode sinnhafte Handlungstypen rekonstruiert, und zwar auf Grundlage einer Interpretation die für beide Seiten Sinn macht. Wichtig ist hierbei das Herstellen eines gemeinsamen Sinns zwischen den Handelnden im jeweiligen Forschungskontext, aber auch zwischen den diesen und den Forschenden.

---

[31] Mit diesem gesamten Vorgehen zeigt die Ethnomethodologie eine deutliche Verwandtschaft zur Aktionsforschung im Anschluss an Kurt Lewin (vgl. hierzu Kap. 4 sowie Elbe/Erhardt 2020).

3.4 Theoretische Weiterentwicklung 111

Damit rückt die Interpretation als rekonstruktives Verfahren ganz ins Zentrum des Verstehens in diesem Ansatz des interpretativen Paradigmas.

3.4.2 Bourdieu und das Verstehen der Praxis

Eine ähnliche Verflechtung zwischen Forschungshandeln und praktischem Handeln wie bei Garfinkel findet sich im „Entwurf einer Theorie der Praxis" von Pierre Bourdieu (1976), der die kabylische Gesellschaft auf ethnologischer Grundlage beschreibt und interpretiert. Der erste Teil des Buches ist drei Studien zur kabylische Gesellschaft gewidmet, der zweite Teil der Entwicklung einer Theorie der Praxis – und hier setzt sich Bourdieu sehr deutlich von den Annahmen und Postulaten einer phänomenologischen Soziologie nach Schütz oder der Ethnomethodologie nach Garfinkel ab. (Bourdieu 1976, S. 149 ff.) Zwar ist auch bei Bourdieu das Verstehen an eine gemeinsame Interpretationsbasis gebunden, doch neigen verschiedene Forschungsansätze dazu, diese Annahme zu überdehnen:

> „Kurz, noch die „verständigste" Deutung begibt sich, speist sie sich nur aus einem naiven Glauben an die Identität der Menschheit und verfügt sie über kein weiteres Hilfsmittel als die, einem Ausdruck Husserls zufolge, „intentionale Einfühlung in den Anderen", in die Gefahr, nur eine besonders musterhafte Form des Ethnozentrismus abzugeben." (Bourdieu 1976, S. 153)

Schroer (2008, S. 313) zeigt, dass für Bourdieu Verstehen und Erklären keine Gegensätze sind, sondern eine Einheit bilden, wobei nicht klar wird, ob er kausale und teleologische Anteile verschmelzen möchte oder ob sich diese ergänzen sollen. Bourdieu bezieht sich zwar sowohl auf subjektivistisch-verstehende Ansätze (z. B. Schütz, Garfinkel, Sartre) als auch auf objektivistisch-erklärende (Durkheim, Saussure, Levi-Strauss), folgt aber weder einem spezifischen Ansatz noch einer generellen methodologischen Richtung. Schroer (2008) sieht Bourdieus gesamtes Schaffen als einen Kampf gegen Dualismen und Antipoden, die soziologische Theorie und Empirie prägen. Spezifische Methoden werden von Bourdieu nicht vorgegeben, vielmehr plädiert er für Methodenpluralität, was sowohl Ansätze der Korrespondenzanalyse, der Diskursanalyse, statistische Analysen oder Tiefeninterviews umfassen kann, letztlich geht es ihm darum, kohärente Erklärungen zu produzieren. Allerdings ist hierfür das Verstehen unumgänglich, denn das bedeutet umfassend zu erklären. (Schroer 2008, S. 321) Von besonderer Bedeutung ist für Bourdieu (1987) der inkorporiert-praktische Sinn,[32] der die alltäglichen Handlungsgrundlagen einschließt, ohne sie zu reflektieren und der vom subjektiv-egologischem Sinn wie auch vom objektiv-kommunikativem Sinn (Bongaerts 2012) zu unterscheiden ist. Natürlich fließen alle drei im Handlungsprozess zusammen und doch ist methodologisch sinnvoll die drei Sinnbegriffe zu unterscheiden.

Natürlich bedient sich Bourdieu der gängigen Methoden, aber er erteilt jeder Dogmatik eine klare Absage, außer dem Verstehen selbst.[33] In seinem Beitrag zum Verstehen im Rahmen des Projekts „Das Elend der Welt" (Bourdieu et al. 2010) schreibt er:

> „Auch auf die Gefahr hin, sowohl strenge Methodologen als auch eingefleischte Hermeneuten zu schockieren, möchte ich frei heraus sagen, daß das Interview als eine Art *geistiger Übung* angesehen werden kann, die darauf abzielt, über die *Selbstvergessenheit* zu einer *wahren Konversion des Blickes* zu gelangen, den wir unter den gewöhnlichen Umständen des täglichen Lebens auf die anderen richten [...]. Diese Offenheit, die bewirkt, daß man die Probleme des Befragten zu seinen eigenen [...] macht, diese Fähigkeit, ihn zu nehmen und zu verstehen, wie er ist, mit seiner ganz besonderen Bedingtheit, ist eine Art *intellektueller Liebe*: ein Blick, der diese Bedingtheit anerkennt, ähnlich wie die „Liebe zu Gott", bzw. zur natürlichen Ordnung, die für Spinoza die höchste Form der Erkenntnis darstellte." (Bourdieu 2010, S. 400)

Das Interview ist nun zuerst einmal eine Gesprächssituation, wenn auch unter spezifischen Bedingungen (so wird z. B. das Interview üblicherweise elektronisch aufgenommen). Spätestens aber mit der Verschriftlichung der Interviewaufnahme – in noch viel größerem Maß, wenn die Mitschrift im Verlauf des Interviews angefertigt wird – beginnt die Interpretation im Sinne einer Gesprächsanalyse. Jede Verschriftlichung ist eine interpretative Übersetzung der ursprünglichen Gesprächssituation.

> „Transkribieren heißt als immer auch schreiben in Sinne von neu schreiben [...]: Gleich dem Übergang vom Geschriebenen zum Gesprochenen, der im Theater vollzogen wird, erzwingt auch der Übergang vom Gesprochenem zum Geschriebenen durch

---

[32] An Bourdieus Konzeption schließt auch Gugutzer (2006) mit seinem Konzept des leiblichen Verstehens und der sozialen Relevanz des Spürens an.

[33] Bühl (1972a, S. 15) formuliert diese Position: „Gerade wenn die Sinndeutung als heuristisches Prinzip verstanden werden soll, kann ein allgemeines Sinnkriterium [...] und ein allgemeines methodologisches Prinzip der Sinndeutung [...] nicht angegeben werden: solche Festsetzungen führen aus der Soziologie regelmäßig und mit großer Schnelligkeit wieder hinaus."

diesen Wechsel des Mediums Ungenauigkeiten, die zweifellos die Voraussetzung für wahre Genauigkeit sind." (Bourdieu 2010, S. 407)

Für Bourdieu wird in diesem Projekt das Verstehen selbst zum eigentlichen Zweck der Untersuchung; speziell Bourdieus eigene Interviews „sind äußerst suggestiv und widersprechen im Grunde allen Regeln der Interviewführung." (Schroer 2008, S. 232) Was aber Bourdieu damit erreicht, ist eine ernste Zuwendung an das Gegenüber, ein miteinander-Sprechen, statt einer Befragung, die im Interview durch spezifische Interviewtechniken gelenkt werden soll, die Situation dadurch aber immer weiter von alltäglichen und wirklich offenen Gesprächssituationen entfernt. Die Ordnung der Verstehbarkeit wird für Bourdieu (1987, S. 59) so zum „*Verstehen um des Verstehens willen*". Das Verstehen ist dann der Zweck der Soziologie, nicht das Mittel zum Zweck.

3.5 Interpretative Sozialforschung

Das Verstehen in den Sozialwissenschaften wird häufig mit qualitativer Sozialforschung als methodologischer Ausgestaltung einer wissenschaftstheoretischen Orientierung assoziiert – dass dies weder selbstverständlich geschweige denn zwingend ist, zeigt bereits Weber (1980, S. 6), der deutlich macht, dass Statistik sowohl sinnfremde wie auch sinnhafte Vorgänge erfassen kann, sich soziologische Statistik aber eben mit sinnhaften Vorgängen beschäftigt und im weiteren Umgang damit durchaus dem Verstehen zugänglich ist. Bourdieu (1976) sieht statistische Analysen ebenfalls als Teil seines (verstehenden) Methodenarsenals.

„Die interpretative Sozialforschung beruht auf der allen Ansätzen gemeinsamen Prämisse, dass die soziale Welt sinnhaft vorkonstituiert ist und daher interpretativ erforscht werden muss." (Eberle 1999, S. 79)

Diese Position wird auch im vorliegenden Band vertreten (vgl. insbesondere Kap. 5), allerdings wurden speziell in der qualitativen Sozialforschung konkrete interpretative Methoden entwickelt, die für die interpretative Sozialforschung prägend sind.[34] Während Weber sich kaum zu konkreten Methodenfragen äußerte, postulierte Bourdieu (2010) wohl den umfassendsten Methodenansatz und setzte damit das wissenschaftstheoretische Diktum des ‚Anything goes' (Feyerabend 1999, S. 32) in konkretes Forschungshandeln um.

---

[34] Vgl. hierzu den Serviceteil dieses Bandes.

Es wurden zahlreiche methodologische Ansätze ausgearbeitet, die sozialwissenschaftliche Theoriebildung und konkretes, empirisches Forschungshandeln so miteinander verbinden, dass ein dezidiertes Verstehenskonzept umgesetzt wird. Die dokumentarische Methode als Forschungsmethode der Ethnomethodologie (Garfinkel 2020) wurde bereits angesprochen, ebenso wie die teilnehmende Beobachtung als Forschungsinstrument des symbolischen Interaktionismus (Richter 1995) oder die Grounded Theory als qualitativer Forschungsansatz von Strauss (1994). Natürlich kann im Rahmen einer überblicksartigen Einführung in das Verstehen in den Sozial- und Geisteswissenschaften nicht tiefergehend auf einzelne Forschungsmethoden und deren konkretes Vorgehen eingegangen werden, aber es kann doch ein Überblick hinsichtlich der Verortung verschiedener Methoden vorgenommen werden.

Flick/Kardoff/Steinke (2015) geben einen systematischen Überblick über den Zusammenhang zwischen paradigmatischen Forschungsstilen spezifischer Personen (z. B. Strauss, Goffman, Geertz), Theorien qualitativer Forschung (z. B. Ethnomethodologie, Hermeneutik, Biographieforschung), grundlegenden Methodologie (z. B. Forschungsprozess, Schlussarten, Auswahlverfahren), Methoden in der Forschungspraxis (z. B. qualitative Interviews, Beobachtung, Diskursanalyse) und Anwendungsfeldern (z. B. Verwertung, ethische Fragen, Lehre). Das Buch ist ganz dem Zusammenhang zwischen Verstehen, Datenerhebung und Interpretation gewidmet und beschäftigt sich im Methodenteil mit über 20 sozialwissenschaftlichen Forschungszugängen zum sozialen Feld.

Erwähnenswert ist auch der Band „Sozialwissenschaftliche Hermeneutik" (Hitzler/Honer 1997), der deutlich macht, dass es zahlreiche kulturtheoretisch orientierte[35] oder biographieanalytisch applizierte sowie textstrukturell interessierte Verfahren qualitativer Sozialforschung gibt – und diese auch ausführlich darstellt –, diese aber zur Interpretation durch Einzelne oder Gruppen und speziell zur interobjektiven Nachvollziehbarkeit der Interpretation jeweils der Vertextung/Transkription bedürfen, was dazu führt, dass mit den so geschaffenen Texten grundlegende Probleme des Textverstehens auftreten, die einer systematischen Textinterpretation (Hermeneutik) bedürfen.

Vielfach werden die Gütekriterien qualitativer Forschung im Vergleich zu den Standards quantitativer Forschung kritisiert und angemahnt – speziell von Vertretern eines reduktionistischen Erklärenskonzepts im Sinne des deduktivnomologischen Paradigmas. Diesbezüglich schlagen Strübing et al. (2018, S. 83 ff.) vor, die Qualitätsmerkmale qualitativer Sozialforschung in Hinblick

---

[35] Grundlegend hierbei Hitzlers Abhandlung von 1988 über „Sinnwelten. Ein Beitrag zum Verstehen von Kultur".

auf die spezifischen Funktionsbedingungen interpretativer und rekonstruktiver Verfahren zu bestimmen. Sie geben fünf Kriterien werden vor:

- Gegenstandsangemessen (dies bedingt u. a. eine iterative Anpassung von Methoden und Fragestellungen an die fortlaufende Entwicklung im sozialen Feld – werde ich dem Problem im sozialen Feld gerecht?)
- Empirische Sättigung (Ausmaß der Sinnvermittlungsfähigkeit des Datenmaterials für das soziale Feld – wann ist dieses hinreichend abgebildet?)
- Theoretische Durchdringung (Ausmaß der Verankerung des Forschungsvorgehens in Theoriebezügen – inwiefern beeinflusst dies die Interpretation?)
- Textuelle Performanz (Güte der Vertextung der Daten als Medium der Sinnübertragung – wie gut verstehbar bleibt das ursprünglich Gemeinte?)
- Originalität (Neuigkeitsanspruch wissenschaftlichen Wissens – inwiefern wird hier ein originärer Beitrag geleistet?)

Für das Verstehen ist nicht die *Repräsentativität* von Daten ausschlaggebend, sondern die *Repräsentation* des Sinnkontextes für das soziale Feld, bzw. spezifische Typen in diesem Feld. Generell gilt, dass es bei aller empirischen Forschung – aus Verstehensperspektive – darum geht, das Soziale zu erheben, also Sinnkonstruktionen und Bedeutungszuschreibungen, die Handlungen, Symbolen, Artefakten und Strukturen beigegebene werden und diese bestimmen, gerecht zu werden und dies zur Grundlage von Erklärungen zu machen.

Literatur

Abels, H. (2010): Interaktion, Identität, Präsentation. Kleine Einführung in interpretative Theorien der Soziologie. 5. Aufl. Wiesbaden.
Abraham, M. (2008): Verstehen und Erklären bei James S. Coleman. In: Greshoff, R./Kneer, G./Schneider, W. (Hrsg.): Verstehen und Erklären: Sozial- und kulturwissenschaftliche Perspektiven. München, S. 391 – 411.
Albert, G./Bienfait, A./Sigmund, S./Wendt, C. (2003, Hrsg.): Das Weber-Paradigma. Studien zur Weiterentwicklung von Max Webers Forschungsprogramm. Tübingen.
Apel, K.-O. (1979): Die Erklären:Verstehen-Kontroverse in transzedentalpragmatischer Sicht. Frankfurt a. M.
Baumann, M./Bolz, T./Albers, V. (2021): Verstehende Diagnostik in der Pädagogik. Verstörenden Verhaltensweisen begegnen. Weinheim.
Bongaerts, G. (2012): Sinn. Bielefeld.
Bourdieu, P. (1976): Entwurf eine Theorie der Praxis auf der ethnologischen Grundlage der kabylischen Gesellschaft. Frankfurt a. M.

Bourdieu, P. (1982): Die feinen Unterschiede. Kritik der gesellschaftlichen Urteilskraft. Frankfurt a. M.
Bourdieu, P. (1987): Sozialer Sinn. Kritik der theoretischen Vernunft. Frankfurt a. M.
Bourdieu, P. (2010): Verstehen. In: Bourdieu, P. et al. (Hrsg.): Das Elend der Welt. Gekürzte Studienausgabe. 2. Aufl., Konstanz, S. 393 – 426.
Bourdieu, P. et al. (2010, Hrsg.): Das Elend der Welt. Gekürzte Studienausgabe. 2. Aufl., Konstanz.
Bühl, W. (1972a, Hrsg.): Einleitung: Die alte und die neue Verstehende Soziologie. In: Bühl, W. (Hrsg.): Verstehende Soziologie. Grundzüge und Entwicklungstendenzen. München, S. 7 – 76.
Bühl, W. (1972b, Hrsg.): Verstehende Soziologie. Grundzüge und Entwicklungstendenzen. München.
Coleman, J. (2000): Sozialtheorie, Sozialforschung und eine Handlungstheorie. In: Müller, H.-P./Sigmund, S. (Hrsg.): Zeitgenössische amerikanische Soziologie. Opladen, S. 55 – 83.
Danner, H. (1998): Methoden geisteswissenschaftlicher Pädagogik. Einführung in Hermeneutik, Phänomenologie und Dialektik. 4. Aufl. München.
Deters, J. (1990): Mensch und Betriebswirtschaftslehre: zur Entwicklung und Kritik der verhaltenstheoretischen Betriebswirtschaftslehre als individualistisches Wissenschaftskonzept. Stuttgart.
Dilthey, W. (1927): Gesammelte Schriften. VII. Band. Der Aufbau der geschichtlichen Welt in den Geisteswissenschaften. Leipzig.
Dilthey, W. (1961): Gesammelte Schriften. IX. Band. Pädagogik. Geschichte und Grundlinie des Systems. 3. Aufl. Stuttgart.
Dilthey, W. (1966): Gesammelte Schriften. I. Band. Einleitung in die Geisteswissenschaft. Versuch einer Grundlegung für das Studium der Gesellschaft und der Geschichte. 6. Aufl. Stuttgart.
Durkheim, E. (1995): Die Regeln der soziologischen Methode. 3. Auflage. Frankfurt a. M.
Eberle, T. (1999): Die methodologische Grundlegung der interpretativen Sozialforschung durch die phänomenologische Lebensweltanalyse von Alfred Schütz. In: Österreichische Zeitschrift für Soziologie 4/1999, S. 65 – 90.
Eberle, T. (2000): Lebensweltanalyse und Handlungstheorie. Beiträge zur Verstehenden Soziologie. Konstanz.
Elbe, M. (2002): Wissen und Methode: Grundlagen der verstehenden Organisationswissenschaft. Opladen.
Elbe, M. (2021): Zur wissenschafts- und sozialtheoretischen Grundlegung der empirischen Militärsoziologie. In: Elbe, M./Biehl, H./Steinbrecher, M. (Hrsg.): Empirische Sozialforschung in den Streitkräften. Positionen, Erfahrungen, Kontroversen. Berlin, S. 57 – 87.
Elbe, M./Erhardt, U. (2020): Konstruktive Organisationsentwicklung: Menschen verstehen · Organisationen gestalten · Lernkulturen entwickeln. Baltmannsweiler.
Elbe, M./Peters, S. (2016): Die temporäre Organisation: Grundlagen der Kooperation, Gestaltung und Beratung. Berlin.
Elbe, M./Saam, N. (2008): „Mönche aus Wien, bitte lüftets eure Geheimnisse." Über die Abweichung der Beratungspraxis von den Idealtypen der Organisationsberatung. In: Gruppendynamik und Organisationsberatung. Zeitschrift für angewandte Sozialpsychologie 3/2008, S. 326 – 350.

Esser, H. (1991): Alltagshandeln und Verstehen: zum Verhältnis von erklärender und verstehender Soziologie am Beispiel von Alfred Schütz und „rational choice". Tübingen.
Esser, H. (1993): Soziologie: Allgemeine Grundlagen. Frankfurt a. M.: Campus.
Etzrodt, C. (2003): Sozialwissenschaftliche Handlungstheorien. Eine Einführung. Konstanz: UVK.
Feyerabend, P. (1999): Wider den Methodenzwang. Frankfurt a. M.
Fischer-Winkelmann, W. (1982; Hrsg.): Diskussionsbeiträge für die Tagung der Kommission Wissenschaftstheorie im Verband der Hochschullehrer für Betriebswirtschaft e.V. „Paradigmenwechsel in der Betriebswirtschaftslehre?" Institut für Controlling. Fakultät für Wirtschafts- und Organisationswissenschaften. Hochschule der Bundeswehr München. München.
Flick, U./Kardoff, E.v./Steinke, U. (2015, Hrsg.): Qualitative Forschung. Ein Handbuch. 11. Aufl. Reinbek bei Hamburg.
Garfinkel, H. (2020): Studien zur Ethnomethodologie. Frankfurt a. M.
Gaus, D./Uhle, R. (2006, Hrsg.): Wie verstehen Pädagogen? Begriff und Methode des Verstehens in der Erziehungswissenschaft. Wiesbaden.
Gerhardt, U. (2001): Idealtypus. Zur methodischen Begründung der modernen Soziologie. Frankfurt a. M.
Giddens, A. (1995): Die Konstitution der Gesellschaft. Grundzüge einer Theorie der Strukturierung. 3. Aufl. Frankfurt a. M.
Goffman, E. (1983): Wir alle spielen Theater. Die Selbstdarstellung im Alltag. München.
Goffman, E. (1996): Rahmen-Analyse: ein Versuch über die Organisation von Alltagserfahrungen. 4. Aufl. Frankfurt a. M.
Goldschmidt, N./Keipke, Y./Lenger, A. (2020, Hrsg.): Ökonomische Bildung als gesellschaftliche Herausforderung. Wege zu einer reflexiven Wirtschaftsdidaktik. Tübingen.
Greshoff, R. (2008): Verstehen und Erklären bei Hartmut Esser. In: Greshoff, R./Kneer, G./Schneider, W. (Hrsg.): Verstehen und Erklären: Sozial- und kulturwissenschaftliche Perspektiven. München, S. 413 – 443.
Greshoff, R./Kneer, G./Schneider, W. (2008, Hrsg.): Verstehen und Erklären: Sozial- und kulturwissenschaftliche Perspektiven. München.
Greshoff, R./Schimank, U. (2006, Hrsg.): Integrative Sozialtheorie? Esser – Luhmann – Weber. Wiesbaden.
Greshoff, R./Schimank, U. (2013): Die integrative Sozialtheorie von Hartmut Esser – Erklärungs- und Verstehenspotenziale. In: Hansmann, W./Dirks, U./Baumbach, H. (Hrsg.): Pädagogisch-soziologische Diagnosekompetenz modellieren und analysieren. Eine formative Evaluation im Schnittfeld von Bildungs- und Professionsforschung. Marburg, S. 73 – 100.
Gudjons, H. (2001): Pädagogisches Grundwissen. 7. Aufl. Bad Heilbrunn.
Gugutzer, R. (2006): Leibliches Verstehen: zur sozialen Relevanz des Spürens. In: Rehberg, K.-S. (Hrsg.): Soziale Ungleichheit, kulturelle Unterschiede: Verhandlungen des 32. Kongresses der Deutschen Gesellschaft für Soziologie in München. Teilbd. 1 und 2 Frankfurt a. M., S. 4536 – 4546.
Helle, H. (1992): Verstehende Soziologie und Theorie der Symbolischen Interaktion. 2. Aufl. Stuttgart.
Helle, H. (1997): Einführung in die Soziologie. 2. Aufl. München.
Helle, H. (1999): Verstehende Soziologie: Lehrbuch. München.

Herrmann, Ulrich (1971): Die Pädagogik Wilhelm Diltheys. Ihr wissenschaftstheoretischer Ansatz in Diltheys Theorie der Geisteswissenschaften. Göttingen.

Hitzler, R. (1988): Sinnwelten. Ein Beitrag zum Verstehen von Kultur. Opladen.

Hitzler, R./Honer, A. (1997; Hrsg.): Sozialwissenschaftliche Hermeneutik: Eine Einführung. Opladen.

Hollstein, O. (2020): Die Geisteswissenschaftliche Pädagogik und das pädagogische Verstehen. Die Rekonstruktion eines komplexen Verhältnisses. In: Vierteljahrsschrift für wissenschaftliche Pädagogik, 2/2020, S. 231 – 246.

Holzkamp, K. (1993): Lernen. Subjektwissenschaftliche Grundlegung. Campus, Frankfurt a. M.

Holzkamp, K. (2003): Grundlegung der Psychologie. 2. Aufl. Frankfurt a. M.

Homann, K./Suchanek, A. (2000): Ökonomik: eine Einführung. Tübingen.

Hoppe, H.-H. (1996): Die Österreichische Schule und ihre Bedeutung für die moderne Wirtschaftswissenschaft. In: Mises, L.v.: Untersuchungen über den Sozialismus. Faksimile der Ausgabe 1922 nebst Kommentarband. Herausgegeben von K.-D. Grueske. Düsseldorf, S. 65 – 90.

Hundt, S. (1977): Zur Theoriegeschichte der Betriebswirtschaftslehre. Köln.

Janssen, H. (2000): Nationalökonomie und Nationalsozialismus. Die deutsche Volkswirtschaftslehre in den dreißiger Jahren. 2. Auflage. Marburg. [1998]

Keipke, Y./Lenger, A. (2018): Prinzipien ökonomischen Verstehens. In: Arndt, H. (Hrsg.): Intentionen und Kontexte ökonomischer Bildung, Schwalbach, S. 25 – 40.

Kelle, U./Kluge, S. (2010): Vom Einzelfall zum Typus. Fallvergleich und Fallkontrastierung in der qualitativen Sozialforschung. 2. Aufl. Wiesbaden.

Keller, R. (2012): Das Interpretative Paradigma: Eine Einführung. Wiesbaden.

Kron, T./ Laut, C. (2021): Soziologie verstehen. Eine problemorientierte Einführung. Stuttgart.

Krumbachner, J. (1991): Geschichte der Wirtschaftstheorie. München.

Lenz, K. (2008): Verstehen und Erklären bei Erving Goffman. In: Greshoff, R./Kneer, G./Schneider, W. (Hrsg.): Verstehen und Erklären: Sozial- und kulturwissenschaftliche Perspektiven. München, S. 239 – 259.

Löw, M. (2001): Gemeindestudien heute: Sozialforschung in der Tradition der Chicagoer Schule? In: ZBBS 1/2001, S. 111 – 131.

Luckmann, T. (1992): Theorie des sozialen Handelns. Berlin.

Machlup, F. (1971): Idealtypus, Wirklichkeit und Konstruktion. In: Jochimsen, R./Knobel, H. (Hrsg.): Gegenstand und Methoden der Nationalökonomie. Köln, S. 226 – 254.

Matthes, E. (2021): Geisteswissenschaftliche Pädagogik und höhere Lehrerausbildung (1915–1960). In: Casale, R./Windheuser, J./ Ferrari, M./Morandi, M. (Hrsg.): Kulturen der Lehrerbildung in der Sekundarstufe in Italien und Deutschland. Nationale Formate und ‚cross culture'. Bad Heilbrunn, S. 177 – 190.

Mayntz, R./Ziegler, R. (1977): Soziologie der Organisation. In: König, R. (Hrsg.): Handbuch der empirischen Sozialforschung. Band 9. Organisation, Militär. 2. Aufl. Stuttgart, S. 1 – 141.

Mead, G. (1969): Sozialpsychologie. Neuwied am Rhein.

Mead, G. (1973): Geist, Identität und Gesellschaft aus der Sicht des Sozialbehaviorismus. Frankfurt a. M.

Mechler, M. (1999): Der Verstehensprozeß in der Fallarbeit. In: Mechler, M./Müller, K./Schmidtberg, A. (1999): Das Bildungskonzept ‚Fallarbeit' entwickeln und gestalten. Konzeptionelle Überlegungen und empirische Befunde zur Fortbildung von Weiterbildnern zu Fallberatern. München, S. 298 – 313.

Müller, K./Mechler, M./Lipowsky, B. (1997, Hrsg.): Verstehen und Handeln im betrieblichen Ausbildungsalltag. „Fallorientierte berufspädagogische Fortbildung für betriebliches Ausbildungspersonal." Band 1: Ergebnisse. München.

Neck, R. (2019): Der Methodologische Individualismus. In: Franco, G. (Hrsg.): Handbuch Karl Popper. Wiesbaden: Springer, S. 447 – 462.

Nelson, R./Sampat, B. (2001): Making sense of institutions as a factor shaping economic performance. In: Journal of Economic Behavior & Organization. Vol. 44, S. 31 – 54.

Pagenstecher, U. (1987): Verstehen und Erklären in der Nationalökonomie. Methodenkontroverse 1930 – 1985. Nürnberg.

Parsons, T. (2003): Das System moderner Gesellschaften. 6. Aufl. Weinheim.

Prewo, R. (1979): Max Webers Wissenschaftsprogramm. Versuch einer methodischen Neuerschließung. Frankfurt a. M.

Rawls, A. (2020): Einleitung: Harold Garfinkels Studies in Ethnomethodology im Kontext der amerikanischen Soziologie. In: Garfinkel, H. (2020): Studien zur Ethnomethodologie. Frankfurt a. M., S. 7 – 17.

Richter, R. (1995): Grundlagen der verstehenden Soziologie: soziologische Theorien zur interpretativen Sozialforschung. Wien (AU).

Rosenthal, G. (2014): Interpretative Sozialforschung: Eine Einführung. 4. Aufl. Weinheim.

Schefold, B. (1994): Nationalökonomie und Kulturwissenschaften: Das Konzept des Wirtschaftsstils. In: Schefold, B./Nörr, K.W./Tenbruck, F. (Hrsg.): Deutsche Geisteswissenschaften zwischen Kaiserreich und Republik. Zur Entwicklung von Nationalökonomie, Rechtswissenschaft und Sozialwissenschaft im 20 Jahrhundert, Stuttgart, S. 215 – 242.

Scheler, M. (1957): Phänomenologie und Erkenntnistheorie. In: Scheler, Maria (Hrsg.): Max Scheler: Schriften aus dem Nachlass. Band I. Zur Ethik und Erkenntnislehre. 2. Aufl. Bern, S. 377 – 430.

Schluchter, W. (2003): Handlung, Ordnung und Kultur. Grundzüge eines weberianischen Forschungsprogramms. In: Albert, G./Bienfait, A./Sigmund, S./Wendt, C. (Hrsg.): Das Weber-Paradigma. Studien zur Weiterentwicklung von Max Webers Forschungsprogramm. Tübingen, S. 42 – 74.

Schneider, D. (1995): Betriebswirtschaftslehre. Bd. 1 Grundlagen. 2. Aufl. München.

Schroer, M. (2008): Verstehen und Erklären bei Pierre Bourdieu. In: Greshoff, R./Kneer, G./Schneider, W. (Hrsg.): Verstehen und Erklären: Sozial- und kulturwissenschaftliche Perspektiven. München, S. 311 – 332.

Schütz, A. (1974): Der sinnhafte Aufbau der sozialen Welt. Eine Einleitung in die verstehende Soziologie. Frankfurt a. M.

Schütz, A./Luckmann, T. (1991): Strukturen der Lebenswelt. Band 1. 4. Aufl. Frankfurt a. M.

Simmel, G. (1995): Soziologie: Untersuchungen über die Formen der Vergesellschaftung. In: Gesamtausgabe. Bd. 11. Soziologie: Untersuchungen über die Formen der Vergesellschaftung. 2. Aufl. Frankfurt a. M.

Simmel, G. (1998a): Einleitung: Zur Erkenntnistheorie der Socialwissenschaften. In: Gesamtausgabe. Bd. 2. Aufsätze 1887 bis 1890. Über sociale Differenzierung [u.a.]. Frankfurt a. M.
Simmel, G. (1998b): Die Probleme der Geschichtsphilosophie. Eine erkenntnistheoretische Studie. In: Gesamtausgabe. Bd. 2. Aufsätze 1887 bis 1890. Über sociale Differenzierung [u.a.]. Frankfurt a. M.
Simmel, G. (1999): Vom Wesen des historischen Verstehens. In: Gesamtausgabe. Bd. 16. Der Krieg und die geistigen Entscheidungen [u.a.]. Frankfurt a. M.
Simon, H. (1993): Homo rationalis: die Vernunft im menschlichen Leben. Frankfurt a. M.
Sombart, W. (1913): Der Bourgeois. Zur Geistesgeschichte des modernen Wirtschaftsmenschen. München.
Sombart, W. (1916): Der moderne Kapitalismus. Vier Bände. München.
Sombart, W. (1977): Das Verstehen. In: Deutsche Gesellschaft für Soziologie (Hrsg.): Verhandlungen des Sechsten Deutschen Soziologentages von 17. bis 19. September 1928 in Zürich. Vorträge und Diskussionen in der Hauptversammlung und in den Sitzungen der Untergruppen. Nachdruck der Ausgabe von 1929. Vaduz.
Sombart, W. (2003): Die drei Nationalökonomien. Geschichte und System der Lehre von der Wirtschaft. 3. Aufl. Berlin.
Srubar, I. (1988): Kosmion. Die Genese der pragmatischen Lebenswelt von Alfred Schütz und ihr anthropologischer Hintergrund. Frankfurt a. M.
Stichweh, R. (1995): Systemtheorie und Rational Choice Theorie. In: Zeitschrift für Soziologie. 6/1995, S. 395 – 406.
Strauss, A. (1994): Grundlagen qualitativer Sozialforschung. München.
Strübing, J./Hirschauer, S./Ayaß, R./Krähnke, U./Scheffer, T. (2018): Gütekriterien qualitativer Sozialforschung. Ein Diskussionsanstoß. In: Zeitschrift für Soziologie 2/2018, S. 83 – 100.
Tönnies, F. (1965): Einführung in die Soziologie. Nachdruck der ersten Auflage von 1931. Stuttgart.
Voß, G. (1995): Entwicklung und Eckpunkte des theoretischen Konzepts. In: Projektgruppe „Alltägliche Lebensführung" (Hrsg.): Alltägliche Lebensführung. Arrangements zwischen Traditionalität und Modernisierung. Opladen, S. 23 – 43.
Walter-Busch, E. (1998): Wandel oder Fortschritt der Erkenntnis? Beiträge der Hochschule St. Gallen zur Verwissenschaftlichung sozialer Betriebsführungskonzepte, 1898 – 1998. In: Geiser, T. et al. (Hrsg.): Arbeit in der Schweiz des 20. Jahrhunderts. Wirtschaftliche, rechtliche und soziale Perspektiven. Bern, S. 535 – 605.
Weber, M. (1980): Wirtschaft und Gesellschaft: Grundriß der verstehenden Soziologie. 5. Auflage. Tübingen.
Weber, M. (1985): Gesammelte Aufsätze zur Wissenschaftslehre. Tübingen.
Weber, M. (1992a): Über einige Kategorien der verstehenden Soziologie. In: Winckelmann, J. (Hrsg.): Max Weber: Soziologie – Universalgeschichtliche Analysen – Politik. Stuttgart, S. 97 – 150.
Weber, M. (1992b): Richtungen und Stufen religiöser Weltablehnung. In: Winckelmann, J. (Hrsg.): Max Weber: Soziologie – Universalgeschichtliche Analysen – Politik. Stuttgart, S. 441 – 483.

Weber, M. (1992c): Vorbemerkung zu den gesammelten Aufsätzen zur Religionssoziologie. In: Winckelmann, J. (Hrsg.): Max Weber: Soziologie – Universalgeschichtliche Analysen – Politik. Stuttgart, S. 340 – 356.

Weber, M. (1992d): Der Sinn der „Wertfreiheit" der Sozialwissenschaften. In: Winckelmann, J. (Hrsg.): Max Weber: Soziologie – Universalgeschichtliche Analysen – Politik. Stuttgart, S. 263 – 310.

Weber, M. (1992e): Die „Objektivität" sozialwissenschaftlicher Erkenntnis. In: Winckelmann, J. (Hrsg.): Max Weber: Soziologie – Universalgeschichtliche Analysen – Politik. Stuttgart, S. 186 – 262.

Weber, M. (1992f): Die drei reinenTypen der legitimen Herrschaft. In: Winckelmann, J. (Hrsg.): Max Weber: Soziologie – Universalgeschichtliche Analysen – Politik. Stuttgart, S. 151 – 166.

Weber, M. (1993): Die protestantische Ethik und der „Geist" des Kapitalismus. Bodenheim.

Weber, M. (1995): Wissenschaft als Beruf. Nachwort von Friedrich Tenbruck. Stuttgart.

Weber, W. (1984): Wissenssoziologische Aspekte des Strukturwandels der Geschichtswissenschaft. In: Blanke, H./Rüsen, J. (Hrsg.): Von der Aufklärung zum Historismus. Zum Strukturwandel des historischen Denkens. Paderborn, S. 73 – 90.

Weick, K. (1995): Sensemaking in Organisations. London.

Ziemann, A. (2008): Verstehen und Erklären bei Georg Simmel. In: Greshoff, R./Kneer, G./Schneider, W. (Hrsg.): Verstehen und Erklären: Sozial- und kulturwissenschaftliche Perspektiven. München, S. 27 – 49.

ature ein. Da sich die Psy-
Psychologisches Verstehen 4

> **Zusammenfassung**
>
> Dieses Kapitel führt in das psychologische Verstehen ein. Da sich die Psychologie mit dem Erleben und Verhalten von Menschen beschäftigt, ist sie auf Zugänge zum Verstehen angewiesen. Im vorliegenden Kapitel werden zuerst die Grundlagen einer verstehenden Psychologie vorgestellt und anschließend Ansätze des Verstehens in der Psychotherapie thematisiert. Es werden die unterschiedlichen wissenschaftstheoretischen Traditionen dargestellt und die Sozialpsychologie als reflexiv-verstehende Disziplin im Rahmen einer angewandten Psychologie verortet.

4.1 Verstehende Psychologie

4.1.1 Grundlagen und Überblick

In der Psychologie treffen, ebenso wie in anderen Geistes- und Sozialwissenschaften, die wissenschaftstheoretischen Traditionen der positivistisch-nomologischen Auffassung und eine verstehend-ideographische Sichtweise aufeinander. In der Psychologie ist die Trennung zwischen den beiden Perspektiven tiefergehend, als bei anderen geistes- und sozialwissenschaftlichen Disziplinen. Viele Psychologen sind heute der Meinung, dass die Psychologie generell als Naturwissenschaft anzusehen sei und die philosophisch-geisteswissenschaftliche Tradition der Disziplin in einer vor-wissenschaftlichen Periode zu verorten wäre. Speziell für die Psychologie sind die Übergänge zu anderen Disziplinen fließend, da sie sich manche Teildisziplinen mit ihren Nachbarfächern zu teilen hat. Dies gilt einerseits für die Geistes- und Sozialwissenschaften – so werden Vorstellungen von

Psyche und Seele in Psychologie und Philosophie[1] behandelt, gesellschaftliche Bezüge und die Sozialpsychologie sind in Psychologie und Soziologie angesiedelt, die Erkenntnisse zum Lernen und die pädagogische Psychologie werden in Psychologie und Pädagogik behandelt; die Sozialisationstheorie schließlich wird aus allen drei Disziplinen angesprochen. Andererseits gibt es mit den Naturwissenschaften speziell Überschneidungen hinsichtlich der biologischen Psychologie und der Neuropsychologie zwischen Biologie und Psychologie sowie hinsichtlich der klinischen Psychologie (z. B. Psychopathologie, Psychotherapie und Psychodiagnostik) zwischen Medizin und Psychologie.

Allein schon diese skizzenhaften Bemerkungen machen deutlich, dass eine eindeutige Verortung der Psychologie als wissenschaftlicher Disziplin zwischen den Natur-, Geistes- und Sozialwissenschaften kaum möglich ist, vielmehr muss sich die Psychologie als eigenständige Disziplin an der disziplinären Schnittstelle – man könnte sagen zu grundsätzlich allen Disziplinen – definieren, da alle Wissenschaft vom Menschen und seinen kognitiven Fähigkeiten ausgeht und anderseits mit den jeweiligen Erkenntnissen darauf zurück wirkt. Die Psychologie als Wissenschaft vom Erleben und Verhalten von Menschen ist dabei immer auch auf verstehende Elemente angewiesen und hat diese auch immer wieder thematisiert, systematisiert sowie für das jeweilige Erkenntnisinteresse angepasst und weiterentwickelt.

In der zweibändigen „Geschichte der Psychologie" (Balmer 1982a) sind mehrere Artikel verstehenden Ansätzen gewidmet. Einen umfassenden Überblick zum psychologischen Verstehen gibt Graumann (1982), der dabei psychologisches Verstehen primär als Motivverstehen konzipiert. Balmer (1982b) kontrastiert die Verstehende Psychologie mit einer naturwissenschaftlich orientierten, Objektiven Psychologie und sieht hier einerseits die Notwendigkeit, dass verstehende, einfühlende Zugänge, wie die Intuition auch ihre Berechtigung haben und Intuition und Quantifikation komplementär zu verwenden seien. „Intuition und Messung werden in der Psychologie, ebenso wie in der Medizin, nebeneinander bestehen müssen." (Balmer 1982b, S. 101) – dies gilt zumindest immer dann, wenn diagnostisches Verstehen notwendig ist. Generell kommt er zu dem Ergebnis, dass die beiden Richtungen jeweils ihre Berechtigung haben. (Balmer 1982b, S. 126) Aber auch Lexika der Psychologie beschäftigen sich mit dem Verstehen (z. B. das klassische Lexikon der Psychologie von Arnold/Eysenck/Meili 1996) oder

---

[1] Die Philosophie ist natürlich generell als Mutterdisziplin der Psychologie anzusehen. Bis ins späte 19. Jahrhundert wurden Vorlesungen in Psychologie von Philosophen gehalten, vgl. z. B. Kants Vorlesungen zu Philosophie (Kant 1964).

4.1 Verstehende Psychologie

das online-Lexikon von Spektrum Akademischer Verlag 2000). Letzteres wartet mit folgendem Zugang zum Verstehen auf:

> „*Verstehen,* Verständnis haben, den Sinn erfassen, das Verstehen zwischen Personen, die miteinander kommunizieren (Kommunikation). Damit ist zunächst nicht das Verstehen als "seelischer Vorgang" gemeint, auch nicht das Durchschauen von Wesenheiten, das Dreinblicken in die innere Unzulänglichkeit der Dinge, Personen und Prozesse und auch nicht die Vorhersage und das Erklären psychischer Hintergründigkeiten. Verstanden haben wir jemand, wenn es uns gelingt, mit ihm ins Verhältnis zu treten, sich zu jemandem absichtsvoll und zielgerichtet zu verhalten. Ein Beispiel: Zwei Männer sitzen im Eisenbahnabteil. ‚Oj', seufzt der eine. ‚Ojojojoj', seufzt der andere. Daraufhin der erste: ‚Herr, hören wir auf, über Politik zu reden' (Witz). Die beiden verstehen sich offensichtlich. Warum sie sich verstehen, ist unklar." (Spektrum Akademischer Verlag 2000: https://www.spektrum.de/lexikon/psychologie/verstehen/16346 *vom 10.01.2021)*

Hier wird deutlich, dass der grundlegende psychologische Verstehenszugang ein alltagsbezogener ist, das menschliche Verstehen als Teil seines Erlebens, als Wahrnehmung und kognitiver Prozess ist selbst Gegenstand jeder Psychologie. Auch die analytische Psychologie, wie sie heute die Universitätslehre dominiert, kommt nicht ohne Verstehenskonzepte, z. B. im Umgang mit der Sprache (vgl. Gerrig/Zimbardo 2008, S. 287 ff.) aus – dies ist aber in der wissenschaftstheoretischen und methodologischen Konzeption der psychologischen Wissenschaft mit abzubilden und Sinnentstehung, Sinnzuschreibung und Sinnverstehen ist entsprechende Aufmerksamkeit zu widmen. Dies zu reflektieren bleibt einer dezidiert Verstehenden Psychologie vorbehalten.

Die Verstehende Psychologie ist von der Entstehung her in die Zeit der Herauslösung der Psychologie aus der Philosophie im ausklingenden 19. Jahrhundert und Diltheys Unterscheidung zwischen Geistes- und Naturwissenschaften zu verorten. Hier war die Psychologie ursprünglich geisteswissenschaftlich als Erfahrungswissenschaft angelegt, wobei der Wahrnehmung insofern zentrale Bedeutung zukommt, als Dilthey (1997, 2005) das Erkennen als Erleben zum Kern des Verstehens macht und damit auch einen beschreibenden Aspekt des Verstehens in den Vordergrund stellt und nicht einen urteilenden. Dilthey gelangte zu diesem Ansatz in Auseinandersetzung mit der verstehend-phänomenologischen Psychologie Husserls (1968).[2] Husserl war davon ausgegangen, dass Selbst- und Gemeinschaftserfahrung des intentionalen Erlebens, im Sinne von Selbst- und Fremdverstehen, das eigentlich Psychische ausmacht und damit auch Gegenstand der Psychologie sei. Die echte innere Erfahrung sei ein abgeschlossenes Feld,

---

[2] Vgl. hierzu auch Kap. 2 in diesem Band sowie Elbe (2002).

das sich der Einzelne durch phänomenologische Reduktion verstehend erschließen kann und dies wird ihm dann zur Grundlage, auch andere zu verstehen, bis hin zum verbindenden Gemeinschaftserleben in der Lebenswelt. Demgegenüber tritt die eidetische Reduktion als abstrahierendes Element und macht die phänomenologische Psychologie zur eidetischen Wissenschaft. Durch freie Assoziation werden die möglichen Bedeutungen und Sinnverweise psychischen Erlebens offengelegt, wodurch der Nukleus des so Erschlossenen und damit der objektive Geltungsanspruch deutlich werden. Damit wird Husserls Vorstellung der prinzipiellen Funktion einer rein phänomenologischen Psychologie als exakte empirische Psychologie deutlich. (Husserl 1968)

Die Verflechtung zwischen naturwissenschaftlicher und geisteswissenschaftlicher Perspektive in der Psychologie wird bei Jean Piagets Grundlegung des Konstruktivismus deutlich.[3] Der Begriff des Konstruktivismus für die epistemologische Leistung des Menschen in der Auseinandersetzung mit der Umwelt leitet sich wohl aus dem französischen *construction* her, den Piaget 1975 im Titel seiner Abhandlung über die Entwicklung der Erkenntnis beim Kind anführt: „La construction du réel chez l'enfant".[4] Piagets Methode ist empirisch, er beobachtet und experimentiert mit seinen drei Kindern, wobei er zu dem Ergebnis kommt, dass sich das ‚Weltbild' des Kindes (seine Wirklichkeitskonstruktion) gleichzeitig aufgrund von Assimilation und Akkomodation herausbildet. (Piaget 1975, S. 337 ff.) Mit Assimilation wird der Aufbau eines sensomotorischen und damit vorsprachlichen Bezugsschemas bezeichnet, das sowohl die Umwelt als auch das eigene Selbst repräsentiert. In der Akkomodation setzt sich das Kind in Handlungen und Interaktionen mit der Umwelt in Beziehung, wobei die Ergebnisse dieses sich In-Beziehung-Setzens mit den Assimilationsschemata verglichen werden, was gegebenenfalls zu einer Differenzierung der Schemata führt. Im Übergang von sensomotorischen auf sprachliche Schemata beim Kind (ab dem zweiten Lebensjahr) findet eine Verschiebung derselben dahingehend statt, dass Objekte, wie auch soziale Bezüge in Raum, Zeit und Kausalität perspektivisch geordnet werden. (Piaget 1975, S. 343 ff.) Die Welt wird zur geistigen Repräsentation, die sich im (auch kommunikativen) Handeln objektiviert – sie ist konstruiert. Piagets wissenschaftstheoretische Auffassung bleibt dabei aber einer biologistisch-szientistischen Tradition verhaftet, er strebt nach einer biologischen Erklärung des Wissens. (Glasersfeld 1998, S. 101) Obwohl Aspekte des Verstehens für ihn durchaus von Bedeutung sind, vertritt er grundsätzlich

---

[3] Vgl. hierzu auch Kap. 2 in diesem Band sowie Elbe (2002).
[4] Vgl. hierzu auch Foerster 1997, S. 292.

4.1 Verstehende Psychologie

eine naturwissenschaftlich-kausalistische Auffassung, die Phänomenologie lehnt er ab. (Katzenbach 1992, S. 161)

> „Ein Problem bleibt so lange ein philosophisches, wie es allein auf spekulativer Basis betrachtet wird, und [...] wird [...] zu einem wissenschaftlichen, sobald es mit hinreichender Präzision definiert werden kann, so daß es mit Hilfe von Beweismethoden, seien es experimentelle, statistische oder algorithmische, eine Übereinstimmung der Meinungen hinsichtlich der Lösungen möglich ist, die dann kein bloßes Meinen oder Glauben mehr darstellen, sondern Ergebnisse einer präzisen technischen Forschung. Bei dieser Sachlage gerät natürlich eine parawissenschaftliche Philosophie wie die Phänomenologie in Gefahr, von dem jeweils gegebenen Stand der Wissenschaft, die sie zu kritisieren bemüht ist, abhängig zu bleiben." (Piaget 1973, S. 73)

Hier wird unter Inanspruchnahme eines analytischen Methodensets eine an den Naturwissenschaften orientierte Wissenschaftlichkeit postuliert, die selbst ihre Verflechtung mit dem Verstehen auf mehreren Ebenen ignoriert. Zum einen ist die Entwicklung der Verstehensgrundlage im Alltag Gegenstand der Theoriebildung, zum zweiten bedient sich Piaget selbst interpretativer Anteile im Übergang von experimenteller Beobachtung hin zur Formulierung der Theorie, und zum dritten sind interpretative Vorgänge dann wieder Gegenstand der so formulierten psychologischen Theorie der Wirklichkeitskonstruktion.

Demgegenüber entwickelte Eduard Spranger (1966) in seiner "Psychologie des Jugendalters" eine entwicklungspsychologische Perspektive, wobei er den Ansatz einer dezidiert Verstehenden Psychologie im Sinne Diltheys – dessen Schüler er war – wählte. Hierbei betonte er den Einfluss, den das kulturell spezifisch geprägte Umfeld auf die Psyche hat. Spranger führt aus, dass das Verstehen bei Spranger nicht nur ein nachvollziehendes, meinendes ist, sondern deutlich empathische Züge trägt, es hat den Charakter eines „erlebenden Mitvollzugs" (Graumann 1982, S. 150). In Verbindung mit dem Anspruch auf Objektivität, die durch den Zusammenhang von Erleben und Verhalten offenbar wird, erscheint das Verstehen als komplexer theoretischer Akt. Das Verstehen ist im Alltag widerständig – das gilt sowohl für das Selbst- wie für das Fremdverstehen – und „es bleibt ein für das Verstehen unausschöpfbarer seelischer Rest." (Graumann 1982, S. 153) Verhalten ist für Spranger normorientiert, weshalb dem Verstehen jeweils die Frage nach dem ‚Warum?' vorausgehen muss, wobei sich hier offensichtlich der kausale und der teleologische Erklärensanteil mit dem Verstehensprozess vermischen.

Großen Einfluss auf das Verstehen in der Psychologie hatte der Mediziner, Philosoph und Psychologe Karl Jaspers, der in der ersten Hälfte des 20. Jahrhunderts mit zahlreichen Wissenschaftlerinnen und Wissenschaftlern, die sich mit dem Verstehen als wissenschaftlichem Gegenstand und als wissenschaftlicher Methode beschäftigten, befreundet war oder mit diesen korrespondiert hat. Jaspers (1973, S. 296 ff.) formuliert Grundgesetze des psychologischen Verstehens und der Verstehbarkeit:

- Empirisches Verstehen heißt Deuten.
- Verstehen entfaltet sich als hermeneutischer Zirkel.
- Entgegengesetztes wird mitverstanden.
- Das Verstehen endet nicht.
- Auch die Deutbarkeit ist endlos.
- Verstehen ist erhellend und entlarvend.

Er schließt das Kapitel mit einem Exkurs über die Psychoanalyse. Jaspers (1973) diskutiert grundlegend psychologischen Fragen, aber auch philosophische und soziologische ebenso wie medizinische und wissenschaftstheoretische. Er schafft damit eine Grundlage der verstehenden Psychologie, analysiert den Zusammenhang zwischen Verstehen und Erklären, die Evidenz von Verstehen und Wirklichkeit (einschließlich der Deutung), rationales und einfühlendes Verstehen, Grenzen des Verstehens etc. und bezieht dies immer wieder auf grundlegende psychische Phänomene, wie z. B. Triebe oder Träume, um es dann auf die pathologischen Erscheinungen der Psyche (z. B. abnormer Reaktionen und Träume oder Hysterie) anzuwenden. Hier zeigt sich die Auseinandersetzung mit den Themen der Psychoanalyse Freuds, wie auch mit der Phänomenologie Husserls und die Nähe zu Husserls Schüler Heidegger.[5] Hiermit und mit „der »Psychologie der Weltanschauung« (1919) unternimmt es Jaspers, eine Disziplin der »verstehenden Psychologie« wenigstens in großen Zügen darzustellen." (Graumann 1982, S. 180).

Wenige Beiträge haben die Lehre von der Psyche mit ähnlicher Intensität geprägt, wie die Psychoanalyse des Mediziners Siegmund Freud, der mit der Markierung seiner Lehre von der Psyche als analytisch um 1900 deren naturwissenschaftliche Ausrichtung deutlich machen wollte. (Rattner/Danzer 2009, S. 7) Aber natürlich waren Freuds „Die Traumdeutung" (1900), „Der Witz und seine Beziehung zum Unbewußten" (1905), „Totem und Tabu" (1913), Massenpsychologie und Ich-Analyse" (1921), „Das Ich und das Es" (1923), „Das Unbehagen in der Kultur" (1930) bis hin zum „Abriss der Psychoanalyse" (1940) allesamt Schriften, die in höchstem Maß interpretativ argumentierten und eine solche Methode auch im wissenschaftlichen und therapeutischen Vorgehen postulieren

---

[5] Vgl. hierzu auch Kap. 2 in diesem Band sowie Elbe (2002).

4.1 Verstehende Psychologie

müssten. (Freud 2014) Der Weg zum Selbstverstehen der Patienten führte über das Fremdverstehen durch den Therapeuten. Allerdings blieb Freud selbst einer zutiefst mechanistischen Auffassung von Kausalität der Psyche verhaftet, sein grundlegendes Ziel war stets eine naturwissenschaftliche Psychologie zu schaffen, die psychische Vorgänge quantitativ darzustellen vermag. Das blieb ihm allerdings verwehrt – er hielt viel mehr einen ‚psychischen Roboter' wissenschaftlich am Laufen, oder wie Rattner/Danzer (2009, S. 26) formulieren: „Anstelle des Nerven-Roboters trat später der Trieb-Roboter, der relativ hilflos und unfrei von unbewussten Kräften und Mächten gesteuert wird." Trotzdem legte Freud mit seiner Lehre die Grundlage für die Tiefenpsychologie, die wohl die psychologische Perspektive mit der höchsten interpretativen Intensität darstellt. Dies machen auch Lorenzer (1977) mit seiner Darstellung der Psychoanalyse als kritisch-hermeneutischem Verfahren und Haubl/Mertens (1996) in ihrer Einführung in die psychoanalytische Erkenntnistheorie – mit der Vorstellung vom Psychoanalytiker als interpretierendem Detektiv – deutlich. Bezüglich der Stellung der Verstehenden Psychologie bemerkt Balmer (1982b, S. 118) dementsprechend, „daß das Verstehen als Methode psychologischer Erkenntnis heute einen gesicherten Rang einnimmt, übrigens schon seit Freud, worüber uns das Selbstmißverständnis der Psychoanalyse nicht hinwegtäuschen darf".

Das Verstehen hat in der Psychologie heute sowohl eine professionsbezogene als auch eine fachliche Dimension. Einzelne Teilbereiche der Psychologie bearbeiten Themenfelder, die sich dezidiert interpretativer Methoden und Verfahren bedienen, wie z. B. Personal- und Organisationsentwicklung in der Organisationspsychologie oder Mentales Training in der Sportpsychologie. Darüber hinaus gibt es grundlegende Theorieansätze innerhalb der Psychologie, die sich verstehender Ansätze bedienen. Balmer (1982b) sieht insbesondere die humanistische Psychologie als in verstehender Tradition stehend an, anführen lassen sich aber auch die positive Psychologie (Seligman 2002, Auhagen 2004) oder reflexive Psychologieansätze (z. B. Keupp 1994). Generell bedürfen psychologische Ansätze, die sich mit Sinnkonstruktionen und -zuschreibungen von Menschen beschäftigen oder die menschliche Subjektivität in den Vordergrund stellen, eines verstehenden Zugangs. Groeben (1986) geht davon aus, dass der Mensch als reflexives Subjekt dazu fähig ist, über sich selbst Auskunft zu geben. Aufgrund seiner Untersuchung kommt er zu einer Integration von hermeneutischer und empiristischer Tradition und zu einem Ansatz des dialogischen Verstehens in der Psychologie. Ähnlich begründen Straub/Weidemann (2015) eine „verstehend-erklärende Psychologie". Sie gehen davon aus, dass Menschen – aufgrund ihrer praktischen Erfahrungen – im Laufe ihres Lebens eigene, subjektive Theorien als Handlungsgrundlage herausbilden. Ihre Subjektive Theorie konzipiert handelnde Akteure damit als rationale Wesen, die zur Selbstexplikation fähig sind, wobei das Ziel der hier vertretenen verstehend-erklärenden Psychologie neben der Erforschung menschlichen Handelns auch die Förderung der Autonomiepotenziale der handelnden Subjekte selbst ist. Damit schließen die Autoren an Holzkamp (2003) an, der das handelnde Subjekt ganz ins Zentrum seiner Kritischen Psychologie stellte.[6] Das Verstehen wird dabei zu einem Aspekt einer Einheit aus Lernen und Handeln:

> „Die Lernhandlung wird als gegenüber der Alltagshandlung distanzierte Lernschleife verstanden. Sie wird dann vollzogen, wenn die eigene Handlungsfähigkeit (im weitesten Sinne als gelungene Situationsinterpretation verstanden) vom Lernenden eingeschränkt erlebt wird. Weil die individuell verfügbaren Bedeutungshorizonte für das Situationsverstehen nicht ausreichen, macht der Lernende im Vergleich zu den ihm verfügbaren Wissensbeständen eine Diskrepanzerfahrung. Der Lernende sieht sich zur Realisierung seiner Lebensinteressen gefordert, unter spezifischen Aspekten weiter in die gesellschaftlich verfügbaren Bedeutungshorizonte einzudringen, um über seine Lebensbedingungen besser verfügen und an der gesellschaftlichen Entwicklung teilhaben zu können". (Ludwig 2005, S. 329)

Eine generelle Plattform für verstehende Ansätze in der Psychologie stellt das *Journal für Psychologie,* das seit 1992 erscheint, dar. Die Zeitschrift möchte ein sozial-, kultur- und geisteswissenschaftliches Gegengewicht zu naturwissenschaftlich orientierten Ansätzen bieten und soll ein Forum für ein diskursives, kritisches und reflexives Wissenschaftsverständnis der Psychologie sein.[7] Methodenorientierte Schwerpunkthefte des Journals für Psychologie in den letzten Jahren beschäftigten sich z. B. mit Bildverstehen und Selbstverstehen in der Psychologie (Slunecko/Przyborski 2012) sowie mit Reflexivität in der Beratung (Seel/Sichler 2014) oder qualitativer Psychotherapieforschung (Slunecko/Przyborski/Frommer 2015a). Es finden sich zahlreiche spezifische Anwendungsfelder psychologischen Verstehens in der psychologischen Praxis und der sie reflektierenden Literatur. Die Zeitschrift *Psychodynamische Psychotherapie,*[8] die neben Therapieberichten und Diskussionen zur Entwicklung der tiefenpsychologisch fundierten Psychotherapie auch Fragen der Diagnostik und des Verstehens in Beratungskontexten thematisiert (z. B. Hutter 2005) ist ein Beispiel hierfür.

---

[6] Eine Detailanalyse der Verstehens-Erklärens-Konzeption der Kritischen Psychologie in Anschluss an Holzkamp liefert Tolman (1997).
[7] Vgl. den Internetauftritt der Zeitschrift unter https://journal-fuer-psychologie.de vom 12.01.2022.
[8] Vgl. den Internetauftritt der Zeitschrift unter https://www.klett-cotta.de/zeitschrift/PDP_-_Psychodynamische_Psychotherapie/91091 vom 31.03.2022.

Dies zeigt, dass es Anwendungsfelder der Psychologie gibt – und damit kommen wir zum professionsspezifischen Verstehensbedarf –, die ohne verstehende Anteile nicht auskommen, wie auch Elbe/Butros/Stenke (2015) für die Psychotherapie feststellen.[9] Hierbei wird regelmäßig das eigene professionelle interpretative Handeln einer verstehenden Reflexion unterzogen (z. B. eben in Beratung oder Coaching, aber natürlich auch in Diagnostik und Therapie). Dies soll im Folgenden anhand des Verstehens in der Psychotherapie deutlich gemacht werden.

4.1.2 Psychotherapeutisches Verstehen

Das Verstehen ist der Psychotherapie immanent, trotzdem wurden die Verstehenskonzepte unterschiedlicher Therapierichtungen der Psychotherapie bisher nicht direkt empirisch miteinander verglichen. Es gibt zwar Untersuchungen zur Wirkung der theoretischen Orientierung auf die praktische Tätigkeit der Psychotherapeuten (z. B. Ambühl/Orlinski 1997), diese stellen aber nicht auf den Verstehensprozess ab. Auch internationale Überblickswerke zur Psychotherapieforschung beschäftigen sich bisher kaum mit dem Verstehenszusammenhang (z. B. Lambert 2013, Lebow 2006, Orlinsky/Rønnestad 2005). Dabei ist es von zentraler Bedeutung für eine Vergleichbarkeit der unterschiedlichen Therapierichtungen, festzustellen, welche Sinnzuschreibungen Therapeuten hinsichtlich Aussagen ihrer Patienten vornehmen, wie sie diese Aussagen deuten und welches Bezugssystem der Relevanz sie in ihrem konkreten Verstehensprozess tatsächlich verwenden.

Idealtypisch ist davon auszugehen, dass sich Therapeuten primär auf *eine* spezifische Grundrichtung der Psychotherapie beziehen. Hier sind vier Grundrichtungen relevant: Tiefenpsychologische, Verhaltenstherapeutische, Humanistische und Systemische Psychotherapie (z. B. Boswell et al., 2011; Kriz 2007). Dementsprechend sollten sich die Psychotherapeuten z. B. entweder als Psychoanalytiker oder als Verhaltenstherapeut oder als Gesprächstherapeut oder als systemischer Therapeut bezeichnen und dies auch nach außen, durch den Internetauftritt, das Praxisschild, den Briefkopf oder die Visitenkarte kommunizieren, also Zeichen der Selbstinszenierung setzen (vgl. Goffman 2011). Damit ordnen sie sich einer der oben angeführten Grundrichtungen zu, die hier als Idealtypen konzipiert werden. Diese Ansätze, denen sich die Therapeuten zuordnen, weisen

---

[9] Breuer/Mruck/Ratner (2000) geben in Heft 2/2000 des Forums Qualitative Sozialforschung einen Überblick zur disziplinäre Orientierungen hinsichtlich einer „Qualitative Psychologie".

den Aussagen, Erzählungen, Fragen, Wünschen oder Vorstellungen, die Patienten äußern, ebenso wie ihren Verhaltensweisen jeweils spezifische Interpretationskontexte zu, vor deren Hintergrund diese zu entschlüsseln und zu deuten sind. Während aber der Patient aus seiner alltagsweltlichen, von Leidensdruck und Krankheitserfahrung geprägten Position agiert, versteht und kommuniziert, ist das kommunikative Handeln des Therapeuten durch eine professionelle Perspektive (eben tiefenpsychologisch, verhaltensbezogen, reflektierend oder systemisch) gebunden.

Grundlage des psychotherapeutischen Settings ist die Annahme, dass es keinerlei Evidenz dafür gibt, dass Selbstverstehen vor Fremdverstehen ginge (Elbe 2002; Köhler, 2004). Eben hier setzt die Psychotherapie als helfende Beziehung, als Hilfe zum Selbstverstehen durch Fremdverstehen, ein[10] und dies ist Gegenstand der vorliegenden Analyse der psychotherapeutischen Konzepte und ihrer Abweichungen in der Praxis. Während das alltägliche Selbst- und Fremdverstehen (Alltagsverstehen = Verstehen 1. Ordnung) in der therapeutischen Interaktion zum Gegenstand eines Verstehensprozesses im Rahmen einer professionell-helfenden Beziehung wird (therapeutisches Verstehen = Verstehen 2. Ordnung), ist das Verstehen der therapeutischen Interaktion im Rahmen eines professionell-forschenden Verstehens (wissenschaftliches Verstehen = Verstehen 3. Ordnung) als Reflexion der Reflexion zu systematisieren. Hierbei ist zu beachten, dass die Lebensführung des Patienten sowohl in der Therapie, als auch in der wissenschaftlichen Reflexion nur in Teilen Gegenstand des Verstehensprozesses ist, wohingegen die therapeutische Interaktion in ihrer Gesamtheit im wissenschaftlichen Verstehensprozess eingebunden wird. Abb. 4.1 gibt den Zusammenhang, so wie er erstmalig bei (Elbe/Butros/Stenke (2015) dargestellt wurde, wieder.

Im Rahmen des wissenschaftlichen Verstehensprozesses lassen sich hinsichtlich des therapeutischen Settings folgende Fragen stellen: In welchem Maß folgen Therapeuten den von ihnen gesetzten Labels tatsächlich? Gibt es in den therapeutischen Sitzungen Abweichungen von den Labels, vielleicht sogar systematisch? Dies wurde im Rahmen eines Forschungsprojekts an der Hochschule für Gesundheit und Sport, Technik und Kunst zur vergleichenden Psychotherapieforschung anhand von qualitativen Interviews mit 12 Psychotherapeuten und Psychotherapeutinnen unterschiedlicher Ausrichtung in den Jahren 2013/2014

---

[10] Überlegungen hierzu finden sich z. B. bei Hartmann (1972), Gottschalch (1988), Frommer, Hempfling/Tress (1992), Becker & Sachse (1998), Lorenzer (2005), Lütjen (2007), Rattner/Danzer (2009).

4.1 Verstehende Psychologie

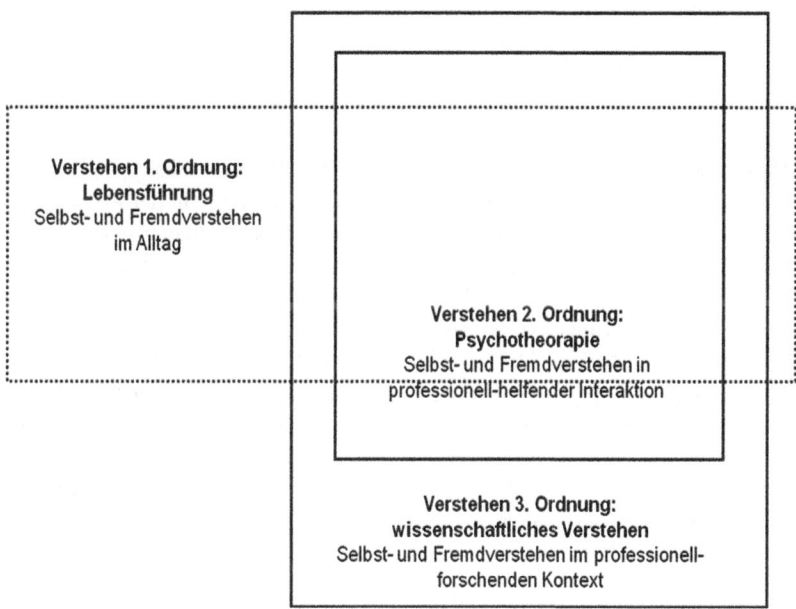

Abb. 4.1 Verstehensordnung in der Psychotherapie. (Eigene Darstellung)

untersucht. (Elbe/Butros/Stenke 2015) Hierzu wird – wie bereits von Frommer/Hempfling/Tress (1992) gefordert – das Idealtyp-Konzept nach Max Weber (1980) zugrunde gelegt.[11]

Die Grundrichtungen der Psychotherapie sind als Idealtypen zu werten, von denen der Einzelfall (der jeweilige Therapeut) abweichen wird. Diese Abweichung ist nur wissenschaftlich zu verstehen, wenn man den Idealtyp ausformuliert hat und die Selbstbeschreibung des therapeutischen Handelns des jeweiligen Therapeuten (aufgrund eines Interviews) damit kontrastiert. Das Forschungsvorgehen lehnt sich an das Vorgehen von Elbe/Saam (2008) an:

1. Formulieren des methodologisch-theoretischen Hintergrunds
2. Formulieren der inhaltlichen Idealtypen
3. Erstellen eines Interviewleitfadens
4. Auswahl von Interviewpartner, die sich jeweils einem der Idealtypen zuordnen

---

[11] Zur generellen Diskussion um das Forschen mit Idealtypen vgl. Bohnsack (2014), Elbe & Saam (2008), Lehnert (2007), Elbe (2002), Gerhardt (2001).

5. Durchführen der Interviews (Tonaufzeichnung)
6. Transkribieren der Interviews
7. Auswerten der Interviews (Methode des Idealtypvergleichs)
8. Erstellen des Forschungsberichts, bzw. der Publikation

Für die Formulierung der inhaltlichen Idealtypen gilt, dass Idealtypen „[…] in dieser absolut idealen reinen Form vielleicht ebenso wenig je in der Realität auftreten, wie eine physikalische Reaktion, die unter Voraussetzung eines absolut leeren Raums errechnet ist. […] Je schärfer und eindeutiger konstruiert die Idealtypen sind: je welt*fremder* sie also, in diesem Sinne, sind, desto besser leisten sie ihren Dienst, terminologisch und klassifikatorisch sowohl wie heuristisch." (Weber 1980, S. 10) Die Idealtypen der Psychotherapie nach Therapieschulen sollen dazu dienen, qualitativ heterogenes soziales Handeln systematisch verstehen zu können, da diese Unterschiedlichkeit (zumindest in der Signalsetzung der Therapeuten nach außen) erzeugen. Um die Idealtypen der Psychotherapie nun fassen zu können, wird im ersten Schritt das Wesentliche jeder therapeutischen Richtung expliziert, also die jeweilige Richtung in extremer Form und in möglichst deutlicher Abgrenzung zu anderen Formen der Therapie formuliert. Im zweiten Schritt wird dann überlegt, wie diese Aspekte zur reinen Idee übersteigert werden können. Das bedeutet, dass ein Gedankenexperiment dahingehend vorgenommen wird, wie die radikalst denkbare Übersteigerung einer spezifischen Therapierichtung sich vorstellen lässt. Dies soll die reine Rationalität nach der jeweiligen grundlegenden Idee erzeugen. In Anlehnung an Elbe/Saam (2008) werden nun die Idealtypen der Psychotherapie anhand eines erweiterten Modells therapeutischer Settings in Kategorien und Unterkategorien gebildet:

- Startphase: Kontaktaufnahme;
- Diagnose: Erkenntnisanspruch der Problemdiagnose, Bekanntgabe der Diagnose, Ansatzpunkte für den Therapeuten, Problembewertung durch den Therapeuten, theoretische Grundlagen der Diagnose, Methodik;
- Therapieplanung: Erstellen des Therapieplans, Beitrag des Therapeuten zur Problemlösung, Beitrag des Patienten zur Problemlösung;
- Durchführung: relevante Interaktionsformen, Beteiligung des Patienten, Umgang mit Widerstand, Relevanz Dritter, Einsatz von Medikamenten;
- Abschluss: Kriterium für den Abschluss des Therapievertrages;
- Verhältnis des Therapeuten zum Patienten und zum Umfeld des Patienten: Selbstverständnis des Therapeuten und Patientenverständnis, Neutralitätsverständnis, Umfeldauffassung, Rolle der Menschen im Patientenumfeld;

4.1 Verstehende Psychologie

- Kriterien einer erfolgreichen Therapiebeziehung: Erfolgskriterien, Effizienzkriterien, Zurechnung des Therapieerfolgs;
- Professionsverständnis: Therapie als Tätigkeit, Ansatzpunkt der Therapie, Vertragsbedeutung;
- Theoretischer Bezug: Therapieschule, erkenntnistheoretische Position.

Während die ersten fünf Aspekte einer Phasenabfolge entsprechen, beziehen sich die weiteren vier Aspekte auf das therapeutische Selbstverständnis. Die anhand dieser Kriterien generierten vier Idealtypen der Psychotherapie dienen einerseits der Kontrastierung mit den in Interviews erhobenen Einzelfällen und andererseits der Interviewführung, anhand eines Interviewleitfadens, der denselben Kategorien folgt, wie die Strukturierung der Idealtypen. Eine dezidierte Ausführung der Idealtypen nach den vier Grundrichtungen ist an dieser Stelle nicht nötig, hier sei auf die ausführliche Überblicksliteratur (z. B. Boswell 2011 oder Kriz 2007) verwiesen. Zur Verdeutlichung der Konkretisierung zeigt Abb. 4.2 – beispielhaft für den Idealtyp der Tiefenpsychologisch fundierten Psychotherapie – einen Ausschnitt des Idealtyps mit der Zuordnung der drei entsprechenden Interviews (A1, A2, A3) hinsichtlich der Erfüllung der jeweiligen idealtypischen Ausprägung. (Elbe/Butros/Stenke 2015)

Für die Auswahl von Interviewpartnern kommt es darauf an, dass diese von sich einen *spezifischen Ausweis expliziter Professionalität* einer bestimmten Richtung geben, sich also nach außen hin so inszenieren, dass andere aufgrund dieser

Hauptkategorie	Unterkategorie	Idealtyp der Tiefenpsychologisch fundierten Psychotherapie	A1	A2	A3
Starphase	Kontaktaufnahme	ambulant: geht vom Patienten aus, stationär: Therapeut wird Patienten zugewiesen	x	x	x
Diagnose	Erkenntnisanspruch der Problemdiagnose	probatorische Stunden (mehrere Sitzungen), aktueller Konflikt wird Thema	x	x	x
	Bekanntgabe der Diagnose	ja		x	x
	Ansatzpunkte für Therapeuten	individueller, professioneller Kommunikationsprozess, Gefühle, Gedanken, Handeln	x	x	x
	Problembewertung durch den Therapeuten	negativ, weil sozial ineffizient, Therapeut ist neutral	x	x	x
	Theoretische Grundlagen der Diagnose	*Psychodynamik, zielorientiert*			x
	Methodik	Einordnung in ICD-10/DSM IV, psychopathologischer Befund, Anamnese, eventuell psychische Testverfahren, Fragebögen			x
Therapieplanung	Erstellen des Therapieplans	gemeinsames Erarbeiten, klare Verhältnisse werden geschaffen und Therapieziele und Schwerpunkte werden formuliert und auch während der Behandlung besprochen			

Abb. 4.2 Auszug Idealtypentsprechung Tiefenpsychologischer Therapeuten. (Eigene Darstellung)

Kennzeichnung (z. B. als Verhaltenstherapeut) eine bestimmte Erwartungshaltung aufbauen. Was zählt ist also zuerst einmal das gegebene Zeichen als Teil der Selbstinszenierung, als einer vermittelten Identität (hier: des Therapeuten), hierauf baut eine mögliche Interaktion zwischen Patient und Therapeut auf. Dass diese dann nicht rein ist (im Sinne eines Idealtyps), ist für die Zeichensetzung und den Beginn der Interaktion irrelevant, da die Auswahl des Therapeuten durch den Patienten aufgrund einer am Idealtyp orientierten Assoziation erfolgt. Genau dies wird durch den Aufbau spezifischer Therapeutenportale im Internet so kommuniziert. Hier wird eine Suche nach Therapierichtungen ermöglicht und das ist genau so eine Selbstinszenierung nach einem standardisierten Signal (z. B. ‚Ich bin Psychoanalytiker!'), die spezifische Assoziationen bei den potenziellen Patienten auslöst. Es kommt also nicht auf den reinen Ausweis des Signals an, sondern darauf, dass ein bestimmtes Signal gegeben wird. So können auch durchaus unterschiedliche therapeutische Verfahren angegeben werden. Wichtig für den Aufbau einer am Idealtyp orientierten Erwartung ist, dass das gewünschte Signal *auch* gegeben wird, also die gewünschte Therapierichtung mit genannt wird. Für das vorliegende Projekt wurden nun in der zweiten Jahreshälfte 2013 drei Therapeuten je Richtung (Tiefenpsychologische, Verhaltenstherapeutische, Humanistische und Systemische Psychotherapie) im Großraum Berlin über eine Internet-Plattform (www.therapeuten.de) als Interviewpartner ausgewählt. Hier ist eine Suche der Therapeuten nach Therapierichtungen möglich, die auch ausführlich beschrieben werden, sodass diese Zeichensetzung eine hohe Verbindlichkeit erlangt. Die Therapeuten ordnen sich den grundlegenden Therapierichtungen zu und geben damit klare Signale ihrer Verortung. Für die Auswahl der Therapeuten als Interviewpartner war es wichtig, dass sie sich in der Selbstbeschreibung auf der Homepage nicht zugleich einer der anderen *Haupt*richtungen mit zuordnen.

Insgesamt wurden zwölf Therapeuten und Therapeutinnen interviewt, wobei der Interviewleitfaden der beschriebenen Kategorienbildung der Idealtypen folgte. Interviewprozess und Auswertung lehnen sich an die zusammenfassende Inhaltsanalyse (Mayring 2012) an, wobei diese Grundtechnik zum zusammenfassenden Idealtypvergleich (Elbe/Saam 2008) erweitert wurde. Wir gehen in Anlehnung an die strukturiert-qualitative Inhaltsanalyse vorab von einem Kategoriensystem (eben dem Idealtypenschema) aus. Das empirische Material aus den Interviews wird in der Auswertung dann spezifischen Kategorien (hier dem erweiterten Phasenschema der therapeutischen Beziehung) zugeordnet und hinsichtlich der Übereinstimmung, respektive Abweichung vom jeweiligen Idealtyp analysiert. Diese Interpretationen werden anschließend zu einem Profil des Interviewten (hier also des Therapeuten oder der Therapeutin) zusammengefasst, das dann idealtypenkonformes Handeln sowie abweichende Handlungen und Ansichten aufweist

4.1 Verstehende Psychologie

und damit die Grundlage dafür liefert, kausal und teleologisch zu verstehen, wie es zu Abweichungen kommt. Abb. 4.2 zeigt dies anhand eines Ausschnittes (Elbe/Butros/Stenke 2015):

Es lässt sich also feststellen, inwiefern Therapeuten in der Therapie Interaktionen, die nicht dem Idealtyp ihrer therapeutischen Richtung entsprechen, einsetzen und warum sie dies tun.[12]

Tiefenpsychologische Psychotherapie
Tiefenpsychologen verstehen sich als Entdecker des Unbewussten, die in der Vergangenheit des Patienten nach den Ursprüngen aktueller Konflikte forschen. Es ist festzustellen, dass die Therapeuten in der Praxis dabei ein breites Spektrum an Therapiemöglichkeiten anbieten und verschiedenen Therapierichtungen positive Wirkungen zusprechen. Genannt werden insbesondere die Gestalttherapie, die ihre Zugehörigkeit in der Humanistischen Therapie findet, und die Psychosynthese, die eine Form der transpersonalen Psychotherapie ist.

In der tiefenpsychologisch fundierten Psychotherapie sind bei der Kontaktaufnahme keine Abweichungen festzustellen. Alle Therapeuten arbeiten ambulant und werden von ihren Patienten kontaktiert. Ein Therapeut arbeitet zusätzlich im Betreuten Einzel-Wohnen (BEW) für psychisch kranke Erwachsene, sodass sich hier auch eine stationäre Kontaktaufnahme ergibt. Grundsätzlich führen die Therapeuten probatorische Stunden, in denen der aktuelle Konflikt thematisiert wird, durch. Erste Abweichungen vom Idealtyp zeigen sich bei der Bekanntgabe der Diagnose: „*...also insofern stellen wir nicht sofort eine Diagnose, sondern die Diagnose entwickelt sich im Prozess der gemeinsamen Arbeit...*" (A1: 6). Dieser Therapeut nutzt intensiv humanistische Ansätze, speziell die Gestalttherapie. Er schildert: „*...Kontaktunterbrechungen spielen für uns eine große Rolle und zu gucken, wie unterbricht der Klient den Kontakt, also neigt er dazu zu projizieren oder neigt er dazu sehr viel zurückzuhalten, zu retroflektieren, neigt er dazu starke Konfluenzen einzugehen und unterbricht er damit den Kontakt. Das ist für mich ausschlaggebend.*" (A1: 6 f.) Der ‚Kontakt' in und mit der Umwelt des Patienten ist ein zentraler Begriff der Gestalttherapie. Für Tiefenpsychologen sollte er keine Rolle spielen, da sie sich nicht vorwiegend mit der Umwelt, sondern mit den inneren Vorgängen beschäftigen. Auf die Frage, nach welcher Methode die Diagnosestellung erfolgt und ob es ein bestimmtes Vorgehen gibt, antwortet ein

---

[12] Die interviewten Therapeuten werden im Folgenden durch A1 bis A3 für die tiefenpsychologischen Psychotherapeuten, B1 bis B3 für die Verhaltenstherapeuten, C1 bis C3 für humanistische Psychotherapeuten und D1 bis D3 für systemische Psychotherapeuten. Die entsprechenden Stellen in den transkribierten Interviews werden als Zeilennummern angegeben.

Therapeut: *"Nein das mache ich gar nicht. Ich bin kein großer Freund überhaupt von Diagnosestellung."* (A2: 19 f.) Diagnosen dienten lediglich zur Kommunikation mit anderen Experten. (A2: 21) Dieser Therapeut arbeitet intensiv mit der Psychosynthese, die auf schnelle, lösungsorientierte Erfolge abzielt und damit vom Idealtyp deutlich abweicht. Eine Therapieplanung, in der wichtige Ziele vereinbart werden, erfolgt bei den interviewten Therapeuten nicht. Die Therapie wird als Prozess gesehen, der sich entwickelt. (A1: 18) und wird vorwiegend als Einzeltherapie durchgeführt.

Bei der Durchführung der Therapie weichen die Interaktionsformen vielfach vom Idealtyp ab. Alle Therapeuten führen dialogische Gespräche, gleichwohl nutzen sie auch untypische Interaktionsformen wie bspw. Visualisierung, Meditation oder Körperbehandlung. (A1: 27 ff.; A2: 53 ff. und 113 ff.) Widerstände müssten von den Tiefenpsychologen gemeinsam mit dem Patienten thematisiert werden, was von den drei Befragten nur einer tatsächlich praktiziert (A3). Die beiden anderen Therapeuten behandeln die Widerstände aus gestalttherapeutischer und transpersonaler Sicht. Die Aussage *"Ich durchbreche keine Widerstände... Widerstände haben ihren Sinn, und ich bin ein absoluter Gegner davon sie zu durchbrechen"* (A2: 100 ff.) zeigt deutlich, dass Widerstände nicht weiter thematisiert werden und die Behandlung an dieser Stelle umgangen wird. Obwohl die Relevanz Dritter in der Tiefenpsychologischen Psychotherapie nur marginal Thema sein sollte, beziehen zwei Interviewte gelegentlich dritte Personen direkt in die Therapie ein. (A1: 46, A2: 78) Die befragten Therapeuten setzen selbst zwar keine Medikamente ein (A1: 57 ff., A2: 91 ff., A3: 131 f.), behandeln aber Patienten, die bereits Medikamente einnehmen, und klären diese über Wirksamkeit und Nebenwirkungen der Präparate auf. Die Therapeuten sehen sich als Helfer und Begleiter der Patienten hinsichtlich eines bestimmten Konflikts. Wesentlich ist das Neutralitätsverständnis des Therapeuten. In der *"... Tiefenpsychologie gilt auch die Abstinenzregel. Also Abstinenz heißt, dass man versucht, seine eigene Persönlichkeit nicht so auf den Tisch zu legen oder auch möglichst gar nicht über sich zu reden..."* (A3: 70 f.) Dieser Therapeut folgt in hohem Maß der Anforderung nach professioneller Distanz. Ein anderer sieht das nicht so eng: *"... wir geben auch persönliche Antworten."* (A1: 79), erweitert in seinem Vorgehen den Therapieansatz in Richtung Gestalttherapie und bezieht sich explizit auf ein humanistisches Menschenbild (A1: 96). Ein Therapeut zeigt spirituelle Ansätze, die originär in der Psychosynthese vorkommen. (A2: 54 ff.; 162) Bei ihm finden auch körperliche Annäherungen statt, wie Umarmungen zur Begrüßung, zum Abschied, gar während des dialogischen Prozesses: *"... und ich frage vorher, also wenn ich an einer bestimmten Stelle das Gefühl habe, jetzt ist das Verhältnis gut und der Klient würde auch gerne mal in den Arm genommen werden, dann frage ich an einer Stelle*

4.1 Verstehende Psychologie

am Ende ‚Darf ich Sie in den Arm nehmen?' und dann kommt entweder ein ‚Ja' oder ein ‚Nein'." (A2: 123).

Ein Therapeut ist dem Idealtyp sehr nahe. Er behandelt nahezu durchgängig tiefenpsychologisch fundiert und sieht sich „*... als Unterstützer – ich kann keinen anleiten, ich kann keine Vorgaben machen, ich kann nur dabei unterstützen, sich selber besser zu verstehen, ...*" (A3: 160 f.) und arbeitet „*... immer diesen freudianischen Prozess auch mit dem Modernen [Lehrmeinungen] auf.*" (A3:170) Die beiden anderen Therapeuten (A1, A2) greifen auf ein breites Set an methodischen Ansätzen (insbesondere Gestalttherapie, Körpertherapie, Systemische Therapie; A1: 117 f., A2: 152 f.) zurück, sie weichen dabei deutlich vom Idealtyp ab, den sie zwar im Internet als Kennzeichen nach außen nutzen, in der therapeutischen Arbeit aber eklektisch erweitern. Diese Perspektive bestimmt für zwei der drei Befragten auch die Verstehensauffassung: Für sie ist es wichtig, den Klienten ganzheitlich und nicht nur rational zu verstehen: „*... ich versuche mitzuschwingen ...*" (A2: 42).

Verhaltenstherapie
Bei den Verhaltenstherapeuten zeigen sich teilweise gravierende Abweichungen vom Idealtyp. Die Kontaktaufnahme der Klienten erfolgt über unterschiedliche Kanäle, wobei ein Therapeut die Bedeutung des Internets für die Kontaktaufnahme betont: „*...das Verhältnis ist sagen wir mal 70 zu 30 also Website über Zuweisung.*" (B1: 2) Für zwei der Verhaltenstherapeuten ist die Diagnose ein wichtiger Schritt im Therapieprozess (B1, B3), diese folgt formalen Kriterien (ICD-10; B2: 24) und dient der Beantragung der Kostenübernahme (B1: 16 ff.). Für einen Therapeuten hat die klassische Diagnose dagegen nur eine geringe Bedeutung (B2: 84), wichtig ist ihm, dass die tatsächlichen Probleme erst im Laufe der Therapiegespräche erkannt werden: „*Also interessanterweise ist es bei einem Großteil der Patienten so, dass sie mit einem bestimmten Problem ankommen und das aber gar nicht das wirkliche Problem ist.*" (B2: 39).

In der Therapieplanung behalten zwei der Befragten das Festlegen von Zielen in Form von Verhaltensänderung und Kontrolle durch Evaluation bei (B1: 33, 63; B2: 89 f., 218 ff.). Ein Therapeut arbeitet stark prozessorientiert und entwickelt keinen festen Therapieplan. (B3: 26, 28) Im therapeutischen Arbeiten zeigt sich ein eklektisches Vorgehen, so werden neben verhaltenstherapeutischen Methoden auch tiefenpsychologische und gesprächstherapeutische Ansätze genutzt (B2: 96 ff., B3: 58), es wird Unbewusstes aufgedeckt (B1: 28) oder gestalttherapeutisch gearbeitet: „*... dass ich jemanden sage, das Gefühl oder den Teil setzen wir auf den Stuhl, das andere auf den Stuhl und lassen die mal miteinander reden oder versuchen die mal miteinander in Kontakt zu bringen.*". (B3: 59) Die Therapie erscheint dabei vielfach als „*... eine Lebensbegleitung oder aber auch eine Orientierung über die Zeit weiter zu leben ...*" (B1: 72; dieses Bild nutzt auch B3: 171).

Das Verstehen ist bei den Verhaltenstherapeuten auf die Hilfe zur Selbsthilfe gerichtet und entspricht damit dem Idealtyp in hohem Maß. Das Fremdverstehen durch den Therapeuten dient der Aufklärung und dies ermöglicht das Selbstverstehen des Klienten: „*... dass jemand anfangen kann, sich selber zu verstehen und das so zu verinnerlichen, dass er das auch selber analysieren kann.*" (B3: 172) Ähnlich auch: „*... ich verstehe es schon therapeutisch aber es ist keine Behandlung, sondern es ist ein gemeinsames Überlegen über eigene Verfahrensprozesse oder sonstige Ideen und Weisen und das zu verdeutlichen.*" (B1: 106). Dies beschreibt ein zielgerichtetes Verstehen, es erzeugt: „*Hilfe zur Selbsthilfe, ich bin dann auch mal der Kummerkasten, Entspannungsstation und vielleicht auch mal ein guter Ratgeber, so eine Mischung*" (B2: 242).

Es lassen sich bei allen befragten Verhaltenstherapeuten deutliche Abweichungen vom Idealtyp feststellen. Das zeigt sich insbesondere in den gewählten Theoriebezügen. Ein Therapeut gibt an, er arbeite auf verhaltenstherapeutischer und tiefenpsychologischer Grundlage, nutze aber auch anthroposophische Konzepte und Ansätze der Gestalttherapie und lehne den systemischen Ansatz deutlich ab (B3: 177, 185). Demgegenüber zeigt sich ein anderer Verhaltenstherapeut hinsichtlich der systemischen Richtung offen: „*Ich mische es zum Teil.*" (B2: 77 f., 251) Generell kann gesagt werden, dass es den Therapeuten nicht auf Theorietreue ankommt („*Ich nehme alles.*" B1: 150), sondern auf ein adäquates Behandlungskonzept: „*... es muss irgendwie schon ein einigermaßen konsistentes Therapiekonzept an sich geben*" (B1: 164).

Humanistische Psychotherapie
Auch die Analyse der Interviews mit humanistischen Psychotherapeuten machen Abweichungen vom Idealtyp deutlich. Die Kontaktaufnahme durch die Klienten erfolgt aufgrund der Selbstdarstellung im Internet (C1, C2, C3) und auch über Empfehlungen (C2, C3). Alle drei Therapeuten wählen die Klienten, mit denen sie arbeiten, aus. Die Selektionskriterien unterscheiden sich dabei aber deutlich. Für alle drei Therapeuten kommt der persönlichen Passung und Zusammenarbeit eine besondere Bedeutung zu (z. B. „*... die Chemie muss stimmen ...*"; C2: 33). Darüber hinaus nennen die zwei Therapeuten spezifische Störungsbilder, die sie nicht behandeln (Pädophilie bei C1: 26, bzw. Psychose bei C3: 33). Zwei der Therapeuten arbeiten mit klaren Diagnosen (C2, C3) und nutzen dabei den ICD-10, der dritte Therapeut zieht es vor, eher Hypothesen zu nutzen („*... ich habe*

4.1 Verstehende Psychologie

sozusagen so eine Idee im Hinterkopf aber ich arbeite nicht wie in der Tiefenpsychologie gezielt mit einer Diagnose ..."; C1: 64 f.), für Patienten, die mit einer Kasse abrechnen, muss er aber dann doch Diagnosen erstellen.

In der therapeutischen Arbeit wird mit Bedacht auch das Unbewusste therapiert: „*... dass dann Erinnerungen kamen, die vollkommen unbewusst waren, weil das Körpergedächtnis aktiviert worden ist ...*" (C2: 277 f.). Hier kommen Körpertherapie, die Aktivierung des Unbewussten und Biographiearbeit zusammen, die genutzt werden, um zum Beispiel ein Bild vom Patienten, seiner Situation und vor allem seinen Bewältigungsstrategien zu bekommen. (C2: 79) Genutzt wird hier auch als spezielle Form des Unbewussten das „innere Kind" als Aspekt psychodynamischer Ansätze auf. (C1: 132 ff.) Auch das Verständnis der Symptomatik basiert damit auf der Annahme, dass Symptome biografische und kindliche Ursachen anzeigen. (C2: 206) Zwei der drei Humanistischen Psychotherapeuten verwenden Instrumente aus der Gestalttherapie und der systemischen Therapie (z. B. Familiendiagramm; C2: 387 ff.). Ebenso: „*... und dann habe ich halt auch so diese Kissen- oder Stuhltechnik aus der Gestalttherapie, die benutze ich auch. Also um verschiedene, also die ist auch zum Teil systemisch eben ja. Also dass verschiedene Familienmitglieder oder verschiedene innere Stimmen zu Wort kommen können ...*"(C1: 173 ff.).

Alle interviewten Humanistischen Psychotherapeuten verstehen die menschliche Psyche nach dem Freudschen Instanzenmodell. Oberster Grundsatz des Verstehens in der Humanistischen Psychotherapie ist die Hilfe zum Selbstverstehen: „*... in der Regel gehe ich [da]von aus, dass er seinen eignen Weg finden soll. Also seine eigene innerste Quelle findet und entwickelt und dabei will ich ihn unterstützen ...*" (C3: 282 ff.). Dem ordnen sich sonstige Verstehensaspekte nach, das Fremdverstehen durch den Therapeuten wird damit zweitrangig. Ein Therapeut zeigt einen klar defizitorientierten Verstehensansatz: „*... das Verstehen des Patienten ist dann so, dass ich davon ausgehe, dass jeder Mensch aber, also vor allem eben die, die dann in Therapie kommen, irgendwo im Leben was zu wenig gekriegt hat oder was, was er oder sie nicht brauchte ...*" (C1: 155 ff.), aktualisiert dies aber permanent: „*Ich gucke jedes Mal neu hin, was ist jetzt und dann auch den roten Faden [...], also was zieht sich durch die ganze Therapie als roter Faden und was ist jetzt im Moment.*" (C1: 102 f.) Doch auch hier gilt, dass das Verstehen für die Humanistische Psychotherapie ein wichtiger Ansatz, aber kein Selbstzweck ist: „*... Verstehen ist immer der Kern, also die Basis, aber es ist noch nicht die ganze Therapie ...*" (C2: 427)

Speziell bei der Humanistischen Psychotherapie erscheinen Abweichungen vom Idealtyp einerseits als Regelfall: Alle drei befragten Therapeuten beziehen körpertherapeutische (und damit tiefenpsychologische) Konzepte mit ein. Ein

Therapeut (C1: 174 f.) bezieht sich darüber hinaus auch auf gestalttherapeutische und systemische Ansätze. „*... keine reine, sagen wir mal gleichberechtigte Beziehung, also es hat schon eine asymmetrische Ebene, aber die Begegnungsebene sag ich mal, das Humanistische, die Stuhlebene, dass sich zwei Menschen begegnen ...*" (C2: 182 ff.) Andererseits zeigen die Humanistischen Psychotherapeuten eine intensive Bezugnahme auf den Idealtyp, wobei das humanistische Grundverständnis auch über den professionellen Kontext hinausreicht. (C1: 483 ff.) C3 zeigt die höchste Übereinstimmung mit dem Idealtyp.

Systemische Therapie
Die drei interviewten Therapeuten nutzen die Kennzeichnung „Systemische Psychotherapie" im Internet und nehmen auch in den Interviews Bezug auf diese Therapieschule. Die Kontaktaufnahme geht von den Patienten aus und erfolgt in der Regel telefonisch, wobei der Internetpräsenz eine besondere Rolle zukommt (D1, D3). Diagnosen haben für alle drei systemischen Therapeuten keine oder eine nachgeordnete Bedeutung, für sie steht das Verstehen, nicht das Kategorisieren im Vordergrund: „*... für mich ist eher wichtig, dass ich merke, okay worum geht es jetzt hier. Da ist für mich die Diagnose oder der Name der Diagnose nicht interessant.*" (D3: 71 ff.) Dies entspricht dem Idealtyp der Systemischen Psychotherapie, generell weichen die interviewten systemischen Psychotherapeuten aber vielfach vom theoretischen Idealtyp ab. Am deutlichsten sind hierbei Übernahmen aus der humanistischen Therapietradition (sowohl D2 als auch D3 beziehen sich auf die Gesprächstherapie nach Rogers). Alle drei systemischen Therapeuten integrieren den Körper mit seinen Empfindungen in ihre Arbeit, Denkweise und Hypothesen. Es wird durch die Arbeit mit dem Körper die Psyche beeinflusst. So gibt z. B. ein Therapeut an, dass ein schwach ausgeprägtes Selbstgespür durch Arbeiten mit dem Körper zur Stärkung der Selbstwahrnehmung führt (D3: 131), für einen anderen ist der Körper in der Aufstellungsarbeit ein wichtiger Ansatzpunkt im Fremd- und Selbstverstehen (D1: 391 ff.).

Generell verstehen alle drei Systemischen Therapeuten den Klienten zuerst einmal als individuellen Menschen, der lernt, die eigenen Ressourcen zu nutzen und nicht als psychisches System im Kontext sozialer Systeme, z. B. der Familie. Die interviewten Therapeuten gehen davon aus, dass durch ihre Arbeit mit dem Klienten dieser darin unterstützt wird, dass er selbstständig eine für ihn annehmbare Lösung der Problematik erarbeitet. Das Erschaffen eines Zustandes, in dem der Klient einen Entfaltungsraum erhält, ist aber wiederum der humanistischen Psychotherapie zu zuschreiben, wohingegen das Implizieren von Autonomie des Klienten ein Ziel der systemischen Psychotherapie ist. Auch ist die Verwendung

4.1 Verstehende Psychologie

von gestalttherapeutischen Elementen als Abweichung der Systemiker zu markieren (D2, D3). So z. B. die Verwendung eines leeren Stuhls als Projektionsfläche des Klienten, um diesem einen aktiven Perspektivenwechsel zu ermöglichen (D3: 435). Bei allen drei Systemischen Therapeuten ist eine deutliche methodische Offenheit festzustellen: *„Ich mache auch gerne Gespräch, dann sieht man ja alles Mögliche, Gestalttherapeutische: Malen, Viecher, Figuren und so."* (D2: 149 f.)

Von den drei interviewten Therapeuten, die sich in ihrer Außendarstellung der Systemischen Psychotherapie zuordnen, versteht sich im Interview nur D1 explizit als systemischer Psychotherapeut (genauer: als *„Familienaufsteller"*, D1: 689), doch auch hier sind Abweichungen feststellbar. D2 und D3 nutzen zwar systemische Methoden (insbesondere Aufstellungstechniken) ebenso aber andere Ansätze, um einem ganzheitlichen Arbeiten mit dem Klienten gerecht zu werden (D2: 577 ff.). Dabei steht das Individuum im Vordergrund und nicht ein soziales Bezugssystem, das zwar (z. B. über Aufstellungsarbeit) mit integriert wird, der Ansatzpunkt ist aber bei allen drei Therapeuten das Individuum. Der systemische Ansatz erscheint dabei als eine mögliche Perspektive (auch auf sich selbst): *„Also insofern bin ich da vielleicht auch ein bisschen systemisch-konstruktivistisch, weil das, was gestern noch gültig gewesen sein kann, das habe ich nächste Woche schon dekonstruiert."* (D2: 541 ff.)

Die Systemischen Therapeuten konzipieren den Verstehensprozess von der emotionalen, empathischen Seite (D1: 386 ff., D2: 313 ff. D3: 360 ff.), legen dabei aber Wert auf die Wahrung professioneller Distanz. Zwei Therapeuten beantworten die Frage danach, wie sie denn den Patienten verstünden, spontan mit *„als Mensch"* (D2: 312, D3: 347) – hier steht die spezifische therapeutische Beziehung zum Subjekt im Zentrum. Ein Therapeut betont demgegenüber Muster und Strukturen, wobei er intensiv das Bild des *„Sumpfes"* (D1: 456 ff.) nutzt, der den Einzelnen gefangen hält. Während D2 und D3 somit einen individuell-empathischen Verstehensansatz vertreten, zeigt D1 einen funktional-empathischen Verstehenszugang und entspricht damit dem Idealtyp in hohem Maß. Zusammenfassend lässt sich feststellen, dass zwei der drei interviewten Systemischen Psychotherapeuten deutlich vom Idealtyp abweichen und integrative, humanistische, verhaltenstherapeutische und auch Tiefenpsychologische Therapieansätze mit nutzen (D2: 485). Die systemische Kennzeichnung ist somit eine Zeichensetzung nach außen, die nicht als exklusives Therapieangebot zu verstehen ist, sondern als eine Option im großen *„Methodenkoffer"* (D2: 148).

Unter den interviewten Psychotherapeuten waren sowohl psychologische Psychotherapeuten als auch Mediziner und Heilpraktiker. Teilweise rechnen die Therapeuten die erbrachten Leistungen mit gesetzlichen Kassen und mit Privatkassen ab, teilweise nehmen sie nur Selbstzahler als Klienten an. Die Möglichkeit, mit gesetzlichen Krankenkassen und Ersatzkassen abzurechnen, ist an spezifische Bildungsvoraussetzungen der Therapeuten gebunden und auf spezifische Therapieverfahren beschränkt. Genehmigt werden können für gesetzlich Krankenversicherte Tiefenpsychologisch Fundierte Psychotherapie (einschließlich der Psychoanalytischen Verfahren) sowie Verhaltenswissenschaftliche Psychotherapie. Nur zwei der vier Idealtypen kommen für den Großteil der Betroffenen aus wirtschaftlichen Gründen infrage, die anderen beiden Idealtypen der Psychotherapie sind in der ambulanten Behandlung nicht erstattungsfähig. Nach § 16 der Psychotherapie-Richtlinien des Gemeinsamen Bundesausschusses (2009) ist darüber hinaus eine Vermischung unterschiedlicher Therapieverfahren (z. B. psychodynamischer und verhaltenstherapeutischer Verfahren) nicht zulässig. (Elbe/Butros/Stenke 2015)

Die Zeichensetzung nach außen ist also nicht nur eine Selbstinszenierung der Psychotherapeuten, sondern auch Kennzeichen einer wirtschaftlich relevanten Position von Therapeuten im Psychotherapiemarkt, der durch die Richtlinienverfahren zu einem hoch geregelten und segmentierten wirtschaftlichen Handlungsfeld wird. Hierbei wird doppelte Trennschärfe suggeriert: Es werden erstattungsfähige von nicht erstattungsfähigen Therapieformen abgegrenzt, Mischformen (auch erstattungsfähiger Therapieformen) sind verboten. Die Schärfung der psychotherapeutischen Idealtypen ist also nicht auf wissenschaftliche Zwecke beschränkt, sondern findet sich auch als Praxiskennzeichnung wieder, die wirtschaftliche Chancen begründet.

Diese Zeichensetzung korrespondiert aber offensichtlich nur auf der Ebene der Kontaktaufnahme und der Abrechnungspraxis mit der tatsächlichen therapeutischen Interaktion. Im therapeutischen Handeln gibt es die Tendenz der Therapeuten, sich nicht auf ein spezifisches Verfahren oder auch einen Idealtyp festzulegen, sondern unterschiedliche Ansätze zu nutzen. Für die Therapeuten zählt der erfahrungsorientierte Therapieerfolg, nicht der in Evaluationsstudien als effizient eingestufte. Generell ist aber festzustellen, dass alle interviewten Therapeuten in Ihren Verstehenskonzepten von den jeweiligen Idealtypen abweichen. Es zeigen sich unter anderem Ausschläge, die bis ins Spirituelle reichen und Vorgehensweisen, die nach eigenen Vorstellungen modifiziert wurde.

Ein befragter Therapeut der tiefenpsychologischen Richtung entspricht dem Idealtyp in hohem Maße, wobei selbst er die fundamentalen Vorstellungen der Psychodynamik dem eigenen Behandlungsstil anpasst. Ein anderer Therapeut aus der Tiefenpsychologie praktiziert überwiegend nach Ansätzen der Gestalttherapie und der Systemischen Therapie. Der dritte tiefenpsychologisch fundierte Psychotherapeut äußert im Interview, er sei Sigmund Freud nicht zugewandt, durchbreche und thematisiere Widerstände nicht, nehme diese nur zur Kenntnis und entwickle eine neue Form bzw. Richtung der Therapie. Er vertritt die Meinung, es existiere noch eine höhere, göttliche Ebene des Bewusstseins und ordnet sich explizit der transpersonalen Psychologie zu. Hier werden psychodynamische und verhaltenstherapeutische Verfahren kombiniert, was zu einem verfremdeten Vorgehen im Therapieprozess führt und die Forderung des Idealtyps nach methodenbezogener Eigengesetzlichkeit verfehlt. Damit weichen zwei der drei befragten tiefenpsychologisch fundierten Psychotherapeuten vom Idealtyp deutlich ab.

Bei den Interviewpartnern aus der Verhaltenstherapie zeigt zwar einer der Befragten eine hohe Übereinstimmung mit dem Idealtyp. Aus den Ergebnissen ist aber zu entnehmen, dass sich alle Verhaltenstherapeuten an mehreren psychotherapeutischen Richtungen orientieren und damit deutlich über den Idealtyp hinausgehen. Keiner gibt an, ausschließlich die Verstärkungsgeschichte des Klienten und nur das gegenwärtige Verhalten zu untersuchen. Einer der Interviewten präsentiert sich der Öffentlichkeit als Verhaltenstherapeut, versteht sich aber vorzugsweise als Therapeut mit tiefenpsychologischen und anthroposophischen Ansätzen. Die Verhaltenstherapeuten gehen in ihrem therapeutischen Handeln nicht davon aus, dass das Symptom das Problem ist, sondern davon, dass die Störung auf die inneren Strukturen des Patienten zurückzuführen ist. Die lerntheoretischen Ansätze der Verhaltenstherapie werden teilweise ignoriert, es wird versucht, Aufschlüsse durch Klärung des Unbewussten zu erlangen, was eine Verhaltensänderung durch psychodynamische Prozesse erzielen soll. Abweichungen von Idealtyp ergeben sich insbesondere aus einer hohen Eklektik im therapeutischen Arbeiten: *„Ich nehme alles."* (B1: 150)

Auch für die Humanistischen und Systemischen Psychotherapeuten gilt: Keiner der Therapeuten entspricht dem Idealtyp in Reinform, aber es gibt in beiden Richtungen jeweils einen Befragten, der in hohem Maß Übereinstimmung zeigt. Die Abweichung vom jeweiligen Idealtyp ist also nicht auf den Bereich der Richtlinienverfahren begrenzt, sondern prägt das Handeln aller befragten Psychotherapeuten – wenn auch in unterschiedlichem Ausmaß. Für Therapeuten, die nicht auf die Beschränkungen (und Bevorzugung) aufgrund einer Kassenzulassung Rücksicht nehmen müssen, ergeben sich nun wieder andere Möglichkeiten des Umgangs mit den gesetzten Zeichen, mit denen sie sich selbst als Therapeuten inszenieren. So führt ein Therapeut, welcher als systemischer Psychotherapeut im Internet gefunden wurde, auf seinem Praxisschild die Bezeichnung eines interpersonellen Psychotherapeuten und vertritt diesen Ansatz auch im Interview, wobei aber systemische Elemente mit in das therapeutische Handeln integriert werden. Die Humanistischen und Systemischen Psychotherapeuten zeigen in ihren

Interviewantworten, dass sie sich nicht nur an einer Therapierichtung orientieren, sondern verschiedene Ansätze in ihr professionelles Handeln integrieren. Bis auf eine Ausnahme haben alle Systemischen und Humanistischen Therapeuten in ihrer Ausbildung nicht nur reine systemische bzw. humanistische Konzepte erlernt, sondern auch Erfahrungen mit anderen Therapierichtungen gesammelt. Es zeigt sich: Je weniger geradlinig der Ausbildungsweg eines Therapeuten verlaufen ist, umso multiperspektivistischer wird sein Denken, Handeln und Verstehen des Behandelten.

Insgesamt ist festzustellen, dass die Psychotherapeuten aller vier Grundrichtungen der Psychotherapie von dem jeweiligen Idealtyp mehr oder minder abweichen. Diese Abweichungen haben (neben individuellen Einflüssen bei den jeweiligen Therapeuten) eine zentrale Begründung: Die Therapeuten wollen ihre Klienten umfänglich, systematisch und empathisch verstehen, um deren Befindlichkeiten und Leiden, ihre Erlebnisse und Ziele, kurz: um sie in ihrer ganzheitlichen Individualität in den Therapieprozess einbinden zu können. Psychotherapie als spezifische Interaktionsordnung zwischen zwei Menschen (Therapeut und Klient) wird in besonderem Maß vom Wechselspiel zwischen Selbst- und Fremdverstehen geprägt – es ist diese Notwendigkeit des Verstehens, die eine Abweichung von jedem Idealtyp notwendig macht und worin sie sich letztendlich begründet. Wie gezeigt wurde, ist das therapeutische Verstehen die Grundlage der Therapeuten-Klienten-Beziehung. Nur was in einem Verstehensprozess zweiter Ordnung als professionelles Fremdverstehen durch den Therapeuten als für den Therapieprozess relevant wahrgenommen wurde, kann in der Therapie systematisch bearbeitet werden. Die unterschiedlichen Therapieschulen und -verfahren kanalisieren den Verstehens- und Therapieprozess und lassen dadurch spezifische Muster des Erlebens und Verhaltens des Klienten als besonders relevant für die Therapie erscheinen. Diese Fokussierung des Verstehens stellt zugleich eine Begrenzung dar: Hierdurch werden zwangsläufig Teile dieses Erlebens und Verhaltens als weniger relevant eingestuft (z. B. frühkindliche Erfahrungen, aktuelles Problemempfinden, das soziale Umfeld, Bedürfnis nach Nähe) und aus dem Verstehensprozess ausgeblendet.

Diese theoretische Gebundenheit psychotherapeutischen Arbeitens haben wir hier als vier Idealtypen interpretiert: Tiefenpsychologische, Verhaltenstherapeutische, Humanistische und Systemische Psychotherapie. Idealtypen sind Gedankenexperimente, die in dieser Radikalität in der Realität nicht vorkommen, aber eben dadurch Abweichungen von der grundlegenden Logik eines nach außen kommunizierten Signals (z. B. „Ich bin Verhaltenstherapeut!") verständlich und so für das wissenschaftliche Verstehen, das Verstehen dritter Ordnung, zugänglich machen. Die *Intensität* der geforderten Orientierung am Idealtyp in der Praxis

4.1 Verstehende Psychologie

wird im Falle der Psychotherapie durch die Kassenzulassung und die Richtlinienverfahren im Vergleich zu anderen helfenden Beziehungen deutlich gesteigert. Dies gilt grundsätzlich, auch wenn bestimmte Krankheitsbilder (z. B. bei onkologische Patienten, bzw. Schmerzpatienten) ein spezielles Herangehen in der Psychotherapie bedingen, was die übliche Enge der Richtlinienverfahren sprengt und erweiterte Therapieansätze zulässt. Auch die Weiterentwicklung der zugelassenen Therapieansätze nach den Richtlinienverfahren (z. B. Verhaltenstherapie, Neuropsychologie) führt zu einer Erweiterung des praktischen therapeutischen Arbeitens – nicht aber der Idealtypen. Die grundsätzliche Logik und die damit assoziierten Erwartungen bleiben erhalten.

In der Analyse zeigte sich, dass bei allen vier Idealtypen der Psychotherapie deutliche Abweichungen von den jeweiligen Grundprinzipien festzustellen waren, wobei das individuelle Ausmaß der Abweichung der befragten Therapeuten variiert. Dies streut über alle vier Idealtypen. Einer der drei je Idealtyp befragten Therapeuten zeigte jeweils eine deutlich höhere Orientierung am Idealtyp, als die anderen beiden. Alle Therapeuten machten aber explizite Anleihen an Therapieschulen, die nicht dem eigenen Idealtyp zugehörig waren. Auch bei den Befragten, die sich in der Praxis an den Richtlinienverfahren orientieren, war eine Vermischung unterschiedlicher Therapieverfahren festzustellen. Dies lässt sich nicht aus der individuellen Neigung oder Entwicklung der Therapeuten erklären (wie z. B. bei Orlinsky/Rønnestad 2005), vielmehr ist hier eine *Konvergenzthese* (Elbe/Saam 2008) formulierbar: Im therapeutischen Handeln nähern sich die Psychotherapeuten der unterschiedlichen Richtungen an, da sie darauf angewiesen sind, den Klienten als Individuum umfänglich, systematisch und empathisch zu verstehen, um ihm helfen zu können. Trotzdem sind die Therapeuten aus Gründen der Marktsegmentierung (Richtlinienverfahren) und der Marktpositionierung (Selbstdarstellung) dazu gezwungen, Zeichen zu setzen und sich – nach außen – bestimmten Therapieverfahren zuzuordnen. In der Selbstbeschreibung der Therapeuten ist dieser Spagat unproblematisch, da sie die Idealtypen eben als solche begreifen: Es sind Therapieschulen, die für die Ausbildung und Theorie wichtig sind, für die Praxis aber keine Exklusivität beanspruchen können. (Elbe/Butros/Stenke 2015)

Mit diesen Überlegungen schließt sich der Verstehenszyklus (Elbe 2002), wie er in Abb. 4.1 über drei Ebenen dargestellt wurde: In der Alltagsebene fallen für den Klienten Selbst- und Fremdverstehen zunehmend auseinander, insbesondere das Selbstverstehen scheint prekär und verursacht Leidensdruck. Durch die systematische Konfrontation zwischen Selbst- und Fremdverstehen im Therapieprozess wird dann versucht, dies dahingehend zu beeinflussen, dass der Alltag wieder verstehbar und bewältigbar erscheint. Auf der dritten Ebene des wissenschaftlichen Verstehens schließlich wird über diesen therapeutischen Prozess reflektiert – hier befinden wir uns auf der Ebene der Psychotherapieforschung (Caspar/Jacobi 2007). Das *Verstehen* nimmt für die Psychotherapie eine zentrale Position ein (was für die Psychoanalyse ja bereits Rattner/Danzer 2009 festgestellt hatten), wodurch einerseits das tatsächliche therapeutische Setting bestimmt wird und andererseits eine Vermittlung zwischen Idealtyp (Zeichensetzung) und dem therapeutischen Handeln stattfindet. Der vorliegende Text hat damit insbesondere den Prozess-Therapeuten-Zusammenhang in den Blick genommen, ein Untersuchungsfeld, das bisher (anders als z. B. der Prozess-Outcome-Zusammenhang) noch kaum empirisch erforscht ist.

Ausgangspunkt des hier wiedergegebenen Textes von Elbe/Butros/Stenke (2015) war, dass das Verstehen der Psychotherapie immanent ist, trotzdem aber die Verstehenskonzepte unterschiedlicher Therapierichtung der Psychotherapie bisher kaum direkt empirisch miteinander verglichen wurden. Dabei ist es von zentraler Bedeutung für eine Vergleichbarkeit der unterschiedlichen Therapierichtungen, festzustellen, welche Sinnzuschreibungen Therapeuten hinsichtlich Aussagen ihrer Patienten vornehmen, wie sie diese Aussagen deuten und welches Bezugssystem der Relevanz sie in ihrem konkreten Verstehensprozess tatsächlich verwenden. Es wurden zwölf Psychotherapeuten und Psychotherapeutinnen interviewt, welche die vier Grundrichtungen der Psychotherapie (Tiefenpsychologische, Verhaltenstherapeutische, Humanistische und Systemische Psychotherapie) repräsentieren. Die Grundrichtungen wurden dabei als Idealtypen gewertet. Der Text hat gezeigt, wie sehr die Therapeuten und Therapeutinnen in der Praxis von den Idealtypen abweichen und dass die verschiedenen Richtungen sich im Therapieprozess annähern. Auch bei Slunecko/Przyborski/Frommer (2015) gerät der Prozess der Therapie in den Blick, nicht aber das Therapieergebnis, wobei sich der methodologische Schwerpunkt der Arbeiten in dem Schwerpunktheft in der linguistischen Perspektive bzw. in konversationsanalytischen Ansätzen findet.

4.2 Sozialpsychologisches Verstehen

4.2.1 Perspektiven der Sozialpsychologie

Die Sozialpsychologie als Wissenschaft steht vor der Herausforderung, einen begründeten wissenschaftlichen Zugang zu ihrem Gegenstand (dem Menschen in seiner sozialen Umwelt) zu finden. Unstritig ist, dass es um das Erleben

4.2 Sozialpsychologisches Verstehen

und Verhalten von Menschen in sozialen Kontexten geht, doch über diesen Konsens hinaus eröffnen sich unterschiedliche Zugänge zur Sozialpsychologie der Organisation, die über die rein psychologische Perspektive hinausgehen. Der Sozialphilosoph Martin Hollis (1991, 1995) hat dies u. a. unter Rückgriff auf die Philosophie Ludwig Wittgensteins (Elbe 2002) in ein doppeltes Spannungsfeld gestellt. „Auf der einen Seite wird entweder das Individuum als Ausgangspunkt der Betrachtung genommen oder ein Kollektiv – das eröffnet das Spannungsfeld individualistischer vs. holistischer Zugänge – und auf der anderen Seite steht die Modellierung sozialen Handelns dem Nachvollziehen von Sinnkonstrukten im sozialen Feld gegenüber – das beschreibt das Spannungsfeld Erklären vs. Verstehen (Hollis 1991, 1995)."

Ein *holistisch-erklärender* Zugang versucht ganzheitliche Modellierung im sozialen Feld vorzunehmen – dies eröffnet die Systemperspektive, bei der Elemente und ihre Beziehungen zueinander hinsichtlich ihrer Funktionalität für einen bestimmten Ausschnitt des sozialen Feldes betrachtet werden. Aus dieser Perspektive sind Organisationen soziale Systeme; diese Position wird insbesondere von Parsons (1951) oder Luhmann (1964, 2000) vertreten. Aus einer *ganzheitlich-verstehenden* Sicht ist das soziale Feld durch Spiele strukturiert, also Sinnzusammenhänge, die Regeln begründen, an denen sich die Einzelnen als Spieler orientieren; Vertreter dieser Position sind Wittgenstein (1997) mit seiner Sprachspiel-Theorie oder Berne (1970, 1979) mit der Transaktionsanalyse und deren organisationsbezogener Anwendung. Die *individualistisch-erklärende* Perspektive wird in der ökonomisch-soziologischen Handlungstheorie vertreten: Individuen und Kollektive handeln rational und versuchen ihre Interessen durchzusetzen und ihre Bedürfnisse zu befriedigen (z. B. Simon 1993 und Coleman 1995). Mit dem *individualistisch-verstehenden* Zugang schließlich wird der Einzelne in der Ausgestaltung der verschiedenen Anforderungen im sozialen Feld (und damit auch in unterschiedlichen Organisationen) als Rollenspieler konzipiert; wichtige Vertreter sind hier Mead (1968, 1969) und Goffman (1996).

All diese Perspektiven haben wichtige Beiträge zur Sozialpsychologie geleistet und damit auch für die Sozialwissenschaft wichtige Impulse gegeben. Trotzdem hat speziell die individualistisch-erklärende Perspektive eine dominierende Stellung erhalten. Wie Lauken (1998) betont, ist die gängige Auffassung in sozialpsychologischen Lehrbüchern, dass diese das individuelle Verhalten als eine Funktion sozialer Stimuli konzipieren. Dies ist aber eine Engführung der möglichen Perspektiven der Sozialpsychologie, die Lauken (1998) folgendermaßen skizziert:

- Die Strukturale Sozialpsychologie untersucht die Vergesellschaftung des Individuums, insbesondere die strukturellen Einflüsse von Gruppen oder der Gesamtgesellschaft – dies entspricht der erklärend-holistischen Systemperspektive.
- Die Symbolisch-interaktive Sozialpsychologie analysiert zwischenmenschliche Beziehungen, als sprachlich und symbolisch vermittelnde Kommunikation, die spezifische Rollen interpretieren – hier finden sich verstehend-individualistische Ansätze.
- Die Individualistische Sozialpsychologie konzipiert das Verhältnis des einzelnen Menschen zu seiner mitmenschlichen Umwelt und betont dabei die Kausalzusammenhänge.
- Die Gruppenpsychologische Sozialpsychologie schließlich erforscht die Gruppendynamik als Beziehungsgeflecht zwischen Gruppenmitgliedern.

Hiermit wird eine Reichhaltigkeit sozialpsychologischer Theoriearbeit dargestellt, die in den meisten Lehrbüchern (z. B. Aronson, Wilson/Akert 2014, Fischer/Wiswede 2009, Jonas, Stroebe/Hewstone 2014, Werth/Mayer 2008) nicht zu finden ist.

4.2.2 Experimentelle und Reflexive Sozialpsychologie

Vielfach wird Sozialpsychologie als experimentell arbeitende Disziplin dargestellt, die einer individualistisch-erklärenden Perspektive in Anlehnung an den kritischen Rationalismus folgt. In diesem Sinn betont auch die Fachgruppe Sozialpsychologie der Deutschen Gesellschaft für Psychologie, dass diese „[…] die allgemeinen Gesetzmäßigkeiten menschlichen Verhaltens im sozialen Kontext" (FGSP, o. J.) erforsche. Dieser ‚Experimentellen Sozialpsychologie' stellt Keupp (1994, 1995) kontrastierend die ‚Reflexive Sozialpsychologie' gegenüber. Die *Experimentelle Sozialpsychologie* konzipiert den Menschen letztlich als Naturwesen, das als solches auch naturwissenschaftlicher Betrachtung zugänglich und eben Objekt der Wissenschaft ist. Damit werden Universalität und Eindeutigkeit des Wissens über das Erleben und Verhalten der Menschen zur Maxime der Sozialpsychologie. Gegenstand der sozialpsychologischen Forschung sind die allgemeingültigen Gesetzmäßigkeiten der untersuchten psychischen Prozesse. Im Zentrum der Forschung stehen Experimente, die menschliches Verhalten in Testsituationen simulieren. Dies ist die dominante Kultur der Sozialpsychologie, wie sie auch in den gängigen Lehrbüchern zu finden ist. In der *Reflexiven Sozialpsychologie* hingegen werden Menschen als Kulturwesen gesehen, die in spezifischen

4.2 Sozialpsychologisches Verstehen

Sozialpsycho-logische Kultur Merkmale	Experimentelle Sozialpsychologie	Reflexive Sozialpsychologie
Grundannahme	Mensch = Naturwesen => legitimer Gegenstand naturwissenschaftlicher Betrachtung	Mensch = Kulturwesen => kulturell-historische Bedingungen sind mit einzubeziehen
Leitwert	Kultivierung von Universalität und Eindeutigkeit	Kultivierung von Singularität und Komplexität
Gegenstand	ahistorisch gedachte und nomothetisch untersuchte psychische Prozesse	konkrete psychische Inhalte, die kulturspezifisch sind und ideographisch-hermeneutisch verstanden werden sollen
Vorgehen	nomothetisch-experimentell	einzelfallbezogene Feldforschung

Abb. 4.3 Kulturen der Sozialpsychologie. (Eigene Darstellung)

kulturell-historischen Bedingungen aufwachsen und leben. Das bedeutet, dass die menschliche und situative Singularität angemessen zu berücksichtigen ist und damit die Komplexität sozialpsychologischer Analysen. Gegenstand der Betrachtung sind aus dieser Perspektive konkrete psychische Inhalte (Erleben und Verhalten), die im Einzelfall verstanden und interpretiert werden müssen. Die Forschung findet damit nicht als Simulation im Labor statt, sondern im konkreten sozialen Feld.

Abb. 4.3 fasst die zentralen Aspekte der beiden sozialpsychologischen Kulturen (im Anschluss an Keupp 1994, 1995, 2005[13]) zusammen und stellt sie einander gegenüber.

Mit der Positionierung zu Beginn dieses Kapitels scheint eine Verortung der *Verstehenden Sozialpsychologie* gut vornehmbar und diese wäre im Sinne der Reflexiven Sozialpsychologie zu fällen. Folgen wir der Begrifflichkeit Wilsons (1973) so kann zwischen normativem und interpretativem Wissenschaftsparadigma unterschieden werden. Dem entsprechen auch die beiden Kulturen der Sozialpsychologie. Während sich die Experimentelle Sozialpsychologie am normativen Paradigma orientiert, lässt sich die Reflexive Sozialpsychologie dem interpretativen Paradigma zuordnen.

---

[13] Sehenswert und als Einführung sehr gut geeignet sind hierzu die Vorlesungsmitschnitte der Einführungsvorlesung zur Reflexiven Sozialpsychologie, die Heiner Keupp an der LMU im Wintersemester 2005 gehalten hat (Keupp 2005).

4.2.3 Lewin: Kein entweder-oder

Lewin (1982) hat deutlich gemacht, dass die Sozialpsychologie keiner Entweder-oder-Entscheidung bedarf, sondern dass Feldtheorie vielmehr bedeutet, die experimentell und die situationsbezogene Forschung so zu integrieren, dass diese sowohl sinnvoll für die Erkenntnisgewinnung als auch hilfreich für die Entwicklung im sozialen Feld ist. Die Sozialpsychologie der Organisation erfordert in diesem Sinn sowohl Theorie- als auch Methodentriangulation (Flick 2008) und folgt – in Anschluss an Kurt Lewin – einem dritten Weg zwischen den beiden reinen und damit als idealtypisch zu verstehenden Ausprägungen der Psychologie.

„Es gilt zur Einsicht zu bringen, dass Allgemeingültigkeit des Gesetzes und Konkretheit des individuellen Falles keine Gegensätze sind, und dass an Stelle der Bezugnahme auf einen historisch möglichst ausgedehnten Bereich häufiger Wiederholungen die Bezugnahme auf die Totalität einer konkreten Gesamtsituation treten muss." (Lewin 1981, S. 270)

Dies betrifft die Sozialpsychologie der Organisation in besonderem Maß, da Organisationen eine besondere Form differenzierender Vergemeinschaftung darstellen. Arbeitsteilung und Kooperation scheinen grundlegende menschliche Verhaltenstendenzen zu sein. Organisation ist aber ein spezifischer Typ der Koordination von Kooperation und damit als jeweils zeitlich gebundene Erscheinung zu untersuchen (vgl. die Überlegungen zur Temporären Organisation von Elbe/Peters 2016). Trotz dieser kulturell-historischen Bedingtheit geht es aber um das Erleben und Verhalten von Menschen in einer Form von Institution, die auf eine grundlegende Idee, eine Universalie verweist (Elbe 2002). Die Sozialpsychologie der Organisation muss also beide oben genannte Wissenschaftskulturen angemessen berücksichtigen. Lewin (1968, 1982) kennzeichnet diesen dritten Weg der Sozialpsychologie mit seinen Ansätzen der Feldtheorie und der Aktionsforschung, wobei experimentelles Vorgehen für ihn (und für die Erforschung von Kooperation und Koordination in organisationalen Settings) besondere Bedeutung hatte.
Dies soll an einem berühmten Beispiel aus der Führungsforschung verdeutlicht werden:

Drei Führungsstile?

Einer der wichtigsten Texte der Führungsforschung wurde von Lewin, Lippitt und White (1971) bereits 1939 veröffentlicht und berichtet von einer Reihe von Experimenten, in denen die Wirkung von autoritärer oder demokratischer

Führung auf Gruppen zehnjähriger Jungen untersucht wurde. Darüber hinaus wurde untersucht, was passiert, wenn keine Führungsleistung erbracht wird (laissez-faire) – dies ist aber kein Führungsstil im Sinne der Autoren, sondern ein Gruppen-Setting, in dem Führung fehlt. In einem eklatanten Missverstehen (oder in Ignoranz) des Originaltextes wird in der Führungsliteratur seitdem regelmäßig über drei Führungsstile geschrieben. ◄

Über diese grundlegenden experimentell gestützten Erkenntnisse hinaus erkennt Lewin:

„Wir beginnen zu sehen, dass es hoffnungslos ist, eine dieser Seiten der Intergruppenbeziehungen ohne Berücksichtigung der anderen in Angriff zu nehmen. Das gilt gleichermaßen für die praktischen wie für die wissenschaftlichen Seiten der Frage." (Lewin 1968, S. 281)

In diesem Sinn plädiert Lewin nicht nur für eine Annäherung der wissenschaftlichen Kulturen, sondern auch der wissenschaftlichen Disziplinen, insbesondere von Psychologie und Soziologie. Er wird damit einer der Begründer einer Sozialpsychologie, die eben einen solchen dritten Weg beschreitet (Lewin 1982) – eine Position, die auch Georg Simmel diskutiert:

„Diese Erörterung der Erfolge, die aus dem Zusammenschluss bestimmter Gruppenmitglieder zu führenden Organen hervorgehen, ist so wesentlich psychologischer Art, dass hier in besonderem Maße Soziologie nur zu einem anderen Namen für Sozialpsychologie zu werden scheint." (Simmel 1995, S. 625, ohne Hervorhebungen)[14]

Hinsichtlich der „Forschungsprobleme der Sozialpsychologie" diskutiert Lewin (2012, S. 192 ff.) zwar „,Social Perception' und Interpretation" als Aspekte, bezieht aber zuerst einmal nicht eindeutig Stellung. Er strebt nach einem möglichst ordnenden, kategorisierenden Forschungsschema und fordert: „Objektive soziale Beobachtungen müssen deshalb möglich sein" (Lewin 2012, S. 193). Allerdings hängt die Bedeutung des Beobachteten von der sozialen Situation, in der etwas gesagt oder getan wird, ab und hat dementsprechend unterschiedliche Bedeutungen, so ist „eine scherzhafte Bemerkung oder eine Balgerei während der Zeremonie des Fahnenhissens etwas anderes [...] als dieselbe Balgerei in einer Lehrstunde" (Lewin 2012, S. 196) und hier ist der Forscher oder die Forscherin

---

[14] Mit der Organ-Perspektive führt Simmel die Gruppenbeziehungen auf die Ebene sozialer Ordnung und meint damit, was wir heute als Organisation bezeichnen, will aber letztlich doch Soziologie und Psychologie trennen.

darauf angewiesen, die Situation korrekt zu rahmen (oder rahmen zu lassen) – die Forschung ist also auf Interpretation angewiesen. Für Lewin tritt die Einheit zwischen Datenerhebung als Forschung im sozialen Feld und Wirkung der Forschung als ethische Verpflichtung (und pädagogische Chance) immer mehr in den Vordergrund seiner Forschungspraxis – er kommt zu dem folgenreichen Ansatz der Aktionsforschung.

„Die für die soziale Praxis erforderliche Forschung läßt sich am besten als eine Forschung im Dienste sozialer Unternehmungen oder sozialer Technik kennzeichnen. Sie ist eine Art Tat-Forschung (‚action research'), eine vergleichende Erforschung der Bedingungen und Wirkungen verschiedener Formen sozialen Handelns und eine zu sozialem Handeln führende Forschung. Eine Forschung, die nichts anderes als Bücher hervorbringt, genügt nicht." (Lewin 1968, S. 220) Er kommt zu dem Schluss: „Diese und ähnliche Erfahrungen haben mich überzeugt, daß wir Handeln, Forschung und Erziehung als ein Dreieck betrachten sollten, das um jeder seiner Ecken willen zusammen zu halten ist." (Lewin 1968, S. 291)

Dies stellt keine Absage an Experimente dar, wohl aber die Verpflichtung, deren Bedeutung und die Interpretation der Ergebnisse reflexiv mit den Beforschten im Forschungsprozess zu bearbeiten, die Betroffenen also an der Interpretation zu beteiligen.

Besondere Bedeutung erlangte die Aktionsforschung hinsichtlich gruppendynamisch orientierter Sozialforschungsprozesse in Organisationen, bis hin zu einem eigenständigen, verstehenden Ansatz der Veränderung von Organisationen, der Organisationsentwicklung. (Elbe/Erhardt 2020) Sowohl im Rahmen der Aktionsforschung als auch der Organisationsentwicklung ist es von zentraler Bedeutung, dass Forscherinnen und Forscher ein breites Set an methodischen Ansätzen zur Verfügung haben, welches entsprechend trianguliert werden kann. Das bedeutet nicht, dass das gesamte Methodenset im jeweiligen verstehenden Zirkel des Forschungsprozesses zur Anwendung kommen muss, manche Methoden schließen einander auch aus. SozialpsychologInnen müssen aber fähig sein, adäquate Methoden einzusetzen, die der Problemstellung und dem zeitlichen Rahmen entsprechen, also eine Offenlegung der relevanten Sinnstrukturen und Wirklichkeitskonstruktionen versprechen. Hierbei sind sie noch nicht einmal auf die Methoden empirischer Sozialforschung allein zurückgeworfen. Alle dem Verstehen nahestehende Ansätze der Sozialpsychologie können bei der Methodenauswahl – sowohl bei qualitativer als auch bei quantitativer Datenerhebung – berücksichtigt werden.

4.2 Sozialpsychologisches Verstehen

Obwohl es sich bei der *Aktionsforschung* um einen sozialpsychologischen Ansatz handelt und dieser eher der Methodologie zuzuordnen ist,[15] als dass er eine konkrete Methode der Datenerhebung beschreibt, zeigt er doch in seinen Grundannahmen Verträglichkeit zum verstehenden Ansatz und hat für die Organisationsforschung erhebliche Bedeutung gewonnen. In der Aktionsforschung überwiegen zwar die qualitativen Methoden, grundsätzlich ist jedoch auch die Anwendung quantitativer Methoden möglich. (Mayring 2002) Die Praxisnähe dieses Ansatzes zeigt sich daran, dass Aktionsforschungsprojekte nicht als Labor- oder Gedankenexperimente möglich sind. Sie finden immer in lebensweltlicher Umgebung statt, also im organisationalen Rahmen, entlang organisationaler Sprachspiele.[16] Das Vorgehen der Aktionsforschung ist durch folgende Maxime bestimmt:[17]

1. Aktionsforschung ist immer Feldforschung, es wird Handeln im sozialen Feld erforscht;
2. die Betroffenen werden im Forschungsprozess als gleichberechtigte Partner behandelt – dadurch haben sie Einfluss auf den Ablauf des Projekts;
3. durch die Forschung (und insbesondere die Beteiligung der Betroffenen) werden die sozialen Tatsachen und somit der Forschungsgegenstand verändert;
4. gleichzeitig werden wissenschaftliche Erkenntnisse gewonnen;
5. Aktionsforschung ist durch zyklisches Vorgehen geprägt: Forscher und Betroffene legen gemeinsam Ziele fest, führen die Datenerhebung und -interpretation durch, bewerten dann die Ziele erneut und führen bei Bedarf den nächsten Zyklus dieser Art durch;
6. Ziel von ‚action research' ist die ‚action', also die gemeinsame Veränderung sozialen Handelns; mit dem Willen zur Veränderung ist Aktionsforschung immer auch bewusst-teleologisches Gestalten.

Ein Problem liegt in der bewussten Wertung, die der Aktionsforschung immanent ist. Die vielfältigen Erfahrungen aber, die im Rahmen der Aktionsforschung mit dem Einsatz und der Kombination unterschiedlicher Methoden gewonnen wurden, können eine Hilfestellung bei der Prozessstrukturierung und Methodenauswahl verstehender Sozialforschung liefern.

---

[15] Mayring (2002) betrachtet Aktionsforschung (Handlungsforschung) als qualitatives Design oder auch Untersuchungsplan.

[16] Vgl. zu Sprachspielen in Organisationen Elbe 2002, zu Sprachspielen in der Psychoanalyse Lorenzer 1977.

[17] Vgl. hierzu Lewin (1968), Groeben (1986), Elbe (2002), Mayring (2002).

4.2.4 Analytische Sozialpsychologie

Die Verflechtung der soziologischen und der psychologischen Perspektiven wurde durch die *Analytische Sozialpsychologie* weiter vorangetrieben (Dahmer 1980) – in deren Tradition die Reflexive Sozialpsychologie steht. Erich Fromm definierte als Aufgabe der Analytischen Sozialpsychologie 1932: „[...] die Triebstruktur, die libidinöse, zum großen Teil unbewusste Haltung einer Gruppe aus ihrer sozialökonomischen Struktur heraus zu verstehen." (Fromm 1982, S. 16 f., ohne Hervorhebungen) Er schließt die Sozialpsychologie damit an die Psychoanalyse und eine marxistisch-materialistische Grundorientierung an, wodurch einerseits die naturwissenschaftliche Grundlegung der Psychoanalyse angenommen wird, andererseits aber das Verstehen als explizite Erkenntnisform bereits in der Definition festgeschrieben wird. Die Analytische Sozialpsychologie führt die Massenpsychologie Freuds (2014) und Le Bons (2012) fort, wobei beide Gruppen oder größeren Menschenmassen eine Kollektivseele zubilligen (was Simmel, 1995, vehement ablehnte). Triebhaftigkeit und das Unbewusste sind die zentralen psychologischen Mechanismen der Masse (Wählermasse ebenso wie Parlament oder die Geschworenen bei Gericht) und das macht sie verführbar. Während Freud (2014) sich auf sein psychoanalytisches Instrumentarium beschränkte, erweiterte Fromm (1982) dies um die sozioökonomische, marxistisch fundierte Perspektive, wobei er der Familie eine besondere Rolle zuweist: „[...] die Familie ist die psychologische Agentur der Gesellschaft." (Fromm 1982, S. 17, ohne Hervorhebungen) Doch hängt sie in ihrem Agieren und den durch sie geschaffenen Sozialisationsbedingungen von den ökonomischen Bedingungen der Gesellschaft ab. Aus der sozialen Lage und deren Schichtung leitet sich der Sozialcharakter der Individuen als gesellschaftlich geprägte und libidinös vermittelte Handlungsneigung und psychische Befindlichkeit ab. Dieser Sozialcharakter prägt aber nicht nur Einzelne sondern aufgrund der gesellschaftlichen Struktur und ihrer Antagonismen die Gesellschaft an sich. Fromm (1982) beschränkt sich aber nicht auf die Verbindung zwischen Freudscher Psychoanalyse und Marxschem Materialismus, er berücksichtigt auch die bürgerliche Soziologie seiner Zeit (insbesondere Sombarts Analyse des Bourgeois von 1920 und Webers religionssoziologische Fundierung des ‚Geist des Kapitalismus', hier: Weber 1993).

Mit der Rückkehr Adornos und Horkheimers aus dem amerikanischen Exil nach dem Ende der Nazidiktatur fand die analytische Sozialpsychologie an der Frankfurter J. W. Goethe-Universität eine akademische Heimstatt, die bis heute produktiv ist (vgl. zur Geschichte der Analytischen Sozialpsychologie Brunner et al. 2012). In diese Tradition ist auch der Ansatz der kritischen Psychologie

4.2 Sozialpsychologisches Verstehen

nach Holzkamp (2003) einzuordnen, ebenso wie die Reflexive Sozialpsychologie, die starke Anleihen bei der analytischen Sozialpsychologie macht. Neben der Betonung des kritischen Potenzials und der Berücksichtigung des Unbewussten ergänzen weitere soziologische Bezugspunkte und die Beschäftigung mit Sinn und Zeitlichkeit hin zu einem ‚Sinn-Paradigma' (Clemenz 1998) die analytische Sozialpsychologie. Damit wird das Verstehen als Methodologie psychoanalytischen Arbeitens von Fromm (1982) über Lorenzer (2005) bis hin zu Clemenz (1998) konstant in der analytischen Sozialpsychologie zugrunde gelegt.

Ein wichtiger inhaltlicher Anknüpfungspunkt zwischen Analytischer Sozialpsychologie und anderen sozialwissenschaftlichen Disziplinen findet sich in der Sozialisationstheorie. Speziell Parsons (1980) beschrieb den Beitrag Freuds zur Integration von Psychologie und Soziologie, womit er einen der Grundsteine für die Sozialisationstheorie als Kernperspektive einer integrativen Sozialpsychologie legte. Lorenzer (1972) führte dies in seiner ‚Materialistischen Sozialisationstheorie' fort, und auch Habermas (1980) griff darauf in seinen Überlegungen zu ‚Sozialisation und Gesellschaftsstruktur' zurück.[18]

Einen wichtigen Beitrag zur Integration von Soziologie und Psychologie liefert die in den USA auf der Basis des Pragmatismus entstandene Theorie des *Symbolischen Interaktionismus*.[19] Zwischen der philosophischen Fundierung und der Ausdifferenzierung dieser sozialpsychologischen Theorierichtung steht die Arbeit George Herbert Meads als zentraler Bezugspunkt. Methodologisch steht Mead (1968, 1969) Lewin nahe: Auch er vertritt eine Verbindung von experimentellem Vorgehen mit der symbolischen Vermittlung des Verhaltens und Kommunizierens und der daraus erwachsenden Notwendigkeit des Sinnverstehens. Was bei Mead angelegt ist, wird im Rahmen der Herausbildung des Symbolischen Interaktionismus, als einer eigenständigen Schule der Sozialpsychologie, noch intensiviert. Dies interpretierte Helle (1992) dahingehend, dass der Symbolische Interaktionismus die Verstehende Soziologie unserer Zeit sei. Während die Vertreter der kritischen Theorie sich anfänglich noch gegen den amerikanischen Pragmatismus (als philosophischer Grundlage des Symbolischen Interaktionismus) abzugrenzen suchten (Dahms 1994), betont Clemenz (1998) die inhaltlichen und methodologischen Ansatzpunkte des Symbolischen Interaktionismus in der Nachfolge Meads zu einem Teil des theoretischen Bezugsrahmens der analytischen Sozialpsychologie. Inhaltlich dominieren im Symbolischen Interaktionismus Überlegungen zur

---

[18] Die spezifischen Beiträge der psychoanalytischen Sozialpsychologie zu einer Sozialpsychologie der Organisation zeigen Beumer (2014) oder Eisenbach-Stangl und Ertl (1997): das Unbewusste für und in Organisationen bewusst zu machen.

[19] Vgl. hierzu Kap. 3 dieses Bandes.

Identität, Sozialisation und Rolle. In dieser Tradition hat sich in den USA eine eigenständige Sozialpsychologie der Organisation (z. B. Katz/Kahn 1966, Weick 1995) herausgebildet, die Leithäuser, Meyerhuber und Schottmayer (2009) sowie Elbe (2016) weiterentwickelt haben.

Wie Wilson (1973) deutlich macht, ist soziale Interaktion immer ein interpretativer Prozess. Das bedeutet aber, dass, auch wenn dem Verstehen sinnbehafteter Verhaltensanteile (also Handeln) eine besondere Bedeutung für die *Sozialpsychologie* zukommt, wir uns nicht auf die Interpretation von Handlungen beschränken können. Es müssen alle sozialpsychologisch relevanten Aspekte des Erlebens und Verhaltens von Menschen im organisationalen Kontext Gegenstand der Betrachtung sein, und damit kommen auch nicht sinnbehaftete, nicht intentionale, sondern anders motivierte Verhaltensweisen und Erleben in den Fokus. Wie schon bei Lewin (1982) soll dementsprechend hier weder einem interpretativen noch einem normativen Paradigma in Reinform gefolgt werden; vielmehr wird – wie bereits angemerkt – ein dritter Weg verfolgt, für den das verstehende Erklären als Leitgedanke hilfreich ist. Dies soll im Folgenden diskutiert werden.

4.3 Systematisierung sozialpsychologischen Verstehens

4.3.1 Systematik des Verstehens

Für die Sozialpsychologie kann die verstehende Sozialwissenschaft (Elbe 2002, Elbe/Peters 2016) als wissenschaftstheoretischer Bezugsrahmen dienen.[20] Das Verstehen ist ein sozialpsychologischer Prozess, der prinzipiell alle Bereiche des Lebens umfasst und es Menschen ermöglicht, sich selbst und ihre Umwelt als relevant, sinnbehaftet und nachvollziehbar in ihrem Da-Sein und ihren Da-Seins-Äußerungen (Verhalten) zu erleben. Aufgrund dieses Verstehens des Selbst, von Anderen und der Umwelt ist es dem Einzelnen möglich, sich sinnvoll, gerichtet und zielstrebig zu verhalten. Hierbei lassen sich Verstehensform, Verstehensziel, Verstehenszeit und Verstehensprozess unterscheiden. Abb. 4.4 systematisiert die sozialpsychologisch relevanten Aspekte des Verstehens.

Hinsichtlich der Verstehensziele sind menschliche Schöpfungen (Artefakte) in unterschiedlicher Weise dem Verstehen zugänglich: Texte unterliegen der Hermeneutik, Filme gehen über die Hermeneutik hinaus, da hier mehrere Sinne im Verstehensprozess angesprochen werden, Gebilde umfassen alle Artefakte

---

[20] Ansätze hierzu finden sich aber auch im Sozialpsychologischen Organisationsverstehen. (Leithäuser, Meyerhuber/Schottmayer 2009).

4.3 Systematisierung sozialpsychologischen Verstehens

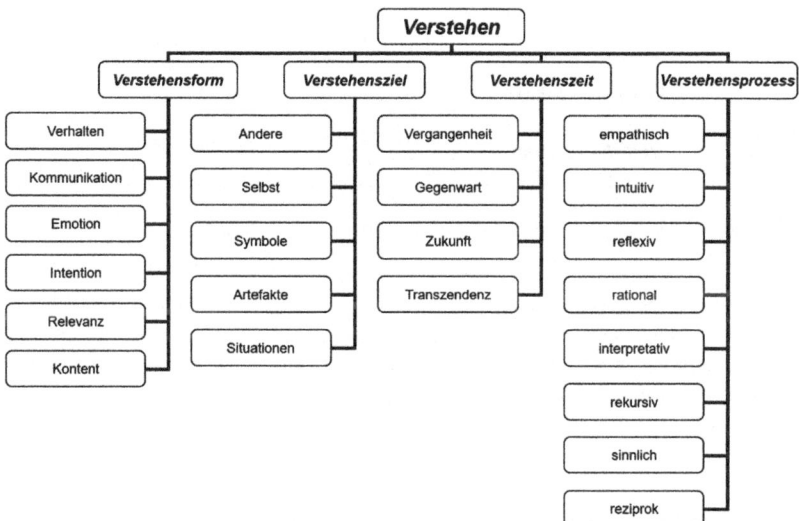

Abb. 4.4 Systematik des Verstehens. (Eigene Darstellung)

der bildenden Schöpfung (Bauten, räumliche Gestalten, Bilder) und Musik als Artefakt unterliegt eigenen Prinzipien des Verstehens. Auch Situationen als Verstehensziele sind weiter erläuterungsbedürftig: Hierzu zählen alle Erlebens- und Verhaltenszusammenhänge, die einen Kontext bilden – ad hoc-Situationen, die spontan erscheinen; wiederkehrende Situationen; Institutionen, die Situationen rahmen; Situationen, die durch Fremdheit geprägt sind. Während Menschen in traditionellen Gesellschaften einander unmittelbar verstehen oder nicht verstehen, ist im Zuge der Differenzierung gesellschaftlicher Teilbereiche und mit der zunehmenden Individualisierung in der Moderne dem Verstehen die Selbstverständlichkeit verloren gegangen. Die sozialen Bezüge, aber auch wir selbst, unsere Identität, erscheinen nur in Ausschnitten verständlich und folgen in ihrer Segmentierung jeweils eigenen Logiken. Sowohl in den gesellschaftlich relevanten Organisationen als auch hinsichtlich unserer Persönlichkeitsentwicklung sehen wir uns mit zunehmender Ungewissheit konfrontiert. Die Selbstverständlichkeit des Wissens, des Glaubens und des Handelns müssen heute erfragt werden, um im alltäglichen Leben die Menschen in ihrem beruflichen, familien- oder freundschaftsbezogenen Handeln, aber auch in ihrem Umgang mit dem Fremden verstehen zu können. Das umfasst sowohl das Verstehen anderer

	Empathie	Kommunikation
Selbstverstehen	Identität	Reflexivität
Fremdverstehen	Reziprozität der Perspektiven	Decodierung

Abb. 4.5 Dimensionen des Alltagsverstehens. (Eigene Darstellung)

als auch das Selbstverstehen. Verstehen ist damit zuerst einmal ein Phänomen des Alltags, betrifft aber auch die Wissenschaft als Reflexionsinstanz und daraus abgeleitete Empfehlungen. Hier gilt generell: ‚Keine Therapie ohne Diagnose' oder anders formuliert: Verstehen ist die Grundlage von Erklären und Verändern.[21]

4.3.2 Alltagsverstehen und wissenschaftliches Verstehen

Im Alltag ist das Verstehen eigentlich unproblematisch – solang wir uns verstehen und davon gehen wir grundsätzlich aus. (Köhler 2004) Damit sind einerseits das Selbstverstehen, als Wissen um unsere Einstellungen, Wünsche, Werte, unsere Gefühle und Motive und andererseits das Fremdverstehen, als Vorstellung davon, was Andere meinen oder empfinden, angesprochen. Grundsätzlich sind wir in der Lage, uns in andere hineinzuversetzen und auf dieser Grundlage den Anderen in seinen Empfindungen und seinem Handeln zu verstehen. Dieses empathische Verstehen ist weitreichend und kann auch große räumliche oder zeitliche Distanzen überwinden. Hier sei nochmal auf das bereits angeführte Beispiel verwiesen, dass man nicht Caesar sein müsse, um Caesar zu verstehen. (Weber 1985, S. 428) Das Problem ist allerdings, dass hieraus keine Interaktion entsteht, denn Caesar kann *uns* nicht (mehr) verstehen. Das Verstehen im Alltag hat damit zwei grundsätzliche Dimensionen: Selbst- vs. Fremdverstehen und Empathie vs. Kommunikation (Abb. 4.5).

Empathie ist die unmittelbarste Form des Verstehens: Als In-Eins-Setzen mit sich selbst (speziell im zeitlichen Verlauf) ist hier das Selbstverstehen als Identitätsempfindung ein unbewusster und (im nicht pathologischen Fall) unhinterfragter Verstehensvorgang. Das empathische Fremdverstehen beruht auf der

---

[21] Dies zu befördern ist das Anliegen der Initiative Verstehende Organisations- und Persönlichkeitsentwicklung: www.invop.de.

4.3 Systematisierung sozialpsychologischen Verstehens

Reziprozität der Perspektiven (vertiefend Elbe 2002), der Fähigkeit, sich in den Anderen hineinzuversetzen und mit Anderen Mitgefühl (in der ganzen Breite der Emotionalität) zu empfinden. Diese Reziprozität der Perspektiven ist eine Quelle für prosoziales Verhalten, kann aber ebenso die Grundlage für antisoziales Verhalten sein, wenn der Schaden Anderer nicht nur in Kauf genommen, sondern bewusst herbeigeführt wird. Wer einer anderen Person schaden oder sie quälen will, muss wissen, was diese Person als Schaden oder als Qual empfindet. Im Positiven wie im Negativen genügt hierfür häufig die grundlegende Reziprozität der Perspektiven als Fähigkeit, den anderen zu verstehen, weil dieser auch Mensch ist.[22] Empathisches Verstehen ist damit zuerst einmal unbewusst.

Erst dadurch, dass ich mir einen Verstehensvorgang bewusstmache, Unbewusstes durch Aussprechen, Aufschreiben, bewusst Denken oder sonst wie in einen Bewusstseinsakt überführe, wird eine höhere Ebene des Verstehens erreicht. Nun werden diese Bewusstseinsinhalte im Rahmen des Selbstverstehens Gegenstand der Selbstvergewisserung, der Reflexion und damit auch aktiven Umbewertens. Im Rahmen des Fremdverstehens entspricht dem die Dekodierung kommunikativen Handelns Anderer. Von besonderem Interesse aus sozialpsychologischer Sicht ist das zwischenmenschliche Verstehen dann, wenn hieraus eine Interaktion entsteht oder anders formuliert, wenn Menschen miteinander kommunizieren. „Erfahrung ist durch die Interaktion beider vermittelt – Verstehen ist kommunikative Erfahrung." (Habermas 1994, S. 227) Auch im Alltag ist Verstehen damit die Rekonstruktion des Gemeinten. Das Verstehen im Rahmen von Kommunikationsprozessen zeigt Abb. 4.6 (in Anlehnung an Elbe 2015).

---

[22] Empathie lässt sich auch gegenüber Tieren oder Dingen empfinden, doch ist das nicht Gegenstand einer Sozialpsychologie der Organisation.

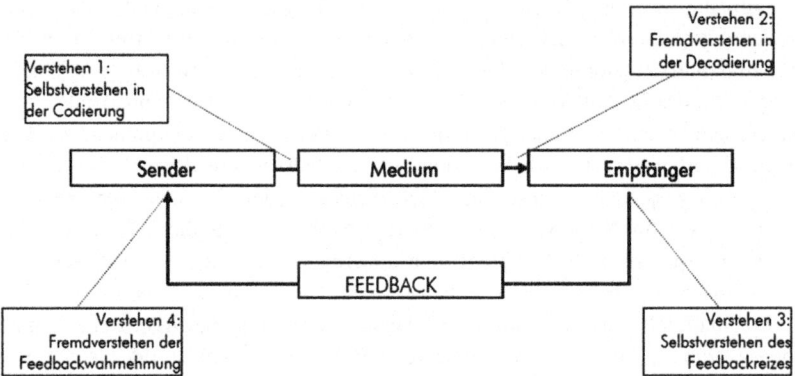

Abb. 4.6 Verstehen im Kommunikationsprozess. (Eigene Darstellung)

Hier zeigt sich, dass an den Kommunikationsprozess unterschiedliche Verstehens-Vorgänge geknüpft sind, die zwischen Selbst- und Fremdverstehen alternieren. In Ergänzung des bekannten Sender-Empfänger-Modells von Shannon und Weaver (Röhner/Schütz 2012) werden die Stellen der Codierung und Decodierung als Ansatzpunkte für das Selbst- und Fremdverstehen eingeführt. Da es keinerlei Evidenz dafür gibt, dass Selbstverstehen vor Fremdverstehen ginge,[23] können Störungen im Verstehensprozess an allen vier Stellen verursacht werden. Die grundlegende Annahme, dass sich das Individuum selbst versteht, wird mit dem Fortschreiten der Moderne immer prekärer, da die Entfremdung im Alltag, die alltägliche Ungewissheit zunimmt. Je weniger Selbstverständlichkeit unhinterfragt unseren Alltag, unsere gesellschaftliche Position und unsere Identität bestimmen, desto größer wird das Bedürfnis der Einzelnen und auch von Organisationen, Hilfestellung bei der Interpretation von alltäglicher Kommunikation zu erhalten.[24]

In der Philosophie reicht die Diskussion um die Möglichkeit des Verstehens bis in die Antike zurück. Im Zuge der Ausdifferenzierung der Wissenschaften wurden insbesondere in den Geistes- und Gesellschaftswissenschaften (z. B.

---

[23] Dies wurde seit Kleists (1805) scharfsinniger Analyse „Über die allmähliche Verfertigung der Gedanken beim Reden" in unterschiedlichen Varianten vielfach analysiert, bis hin zum Bonmot ‚Woher soll ich wissen, was ich denke, bevor ich gehört habe, was ich sage?' Wir hatten dies als reflexives Selbstverstehen eingeführt.

[24] Dem Verstehen im organisationalen Kontext widmen sich insbesondere Elbe (2002) sowie Leithäuser/Meyerhuber/Schottmayer (2009).

4.3 Systematisierung sozialpsychologischen Verstehens

Soziologie und Pädagogik), aber auch in Psychologie und Medizin Ansätze des Verstehens entwickelt. Es gibt hierzu zahlreiche Einführungs- und Überblickswerke.[25] Elbe (2002) skizziert die Entwicklungsgeschichte des Verstehens und formuliert 15 Sätze, die als Anforderung an eine verstehende Epistemologie zu sehen sind: „...

1. Im Transzendenten sind Wesen und Idee ein und dasselbe.
2. Wesen und Idee begrenzen die Möglichkeit des Seins (Form) in der Wirklichkeit (Inhalt).
3. Der Einzelne konstruiert seine Wirklichkeit auf der Basis der transzendentalen Möglichkeit – und diese ist sozial gegeben.
4. Soziale Tatsachen können wir verstehen, deren teleologische Grundlage, die Idee, hingegen nur begreifen.
5. Das Transzendente zeigt sich im Bewusstsein und ist historisch bedingt.
6. Das Verstehen wird symbolisch vermittelt, orientiert an der transzendenten Idee.
7. Erfolg ist ein teleologisch-handlungsorientiertes Kriterium für intersubjektive Wirklichkeitskonstruktionen.
8. Die Handlung ist der Erfolgstest einer vermuteten intersubjektiven Wirklichkeitskonstruktion. Missverstehen als Absurdität heißt die Ent-Täuschung dieser Vermutung.
9. Die Erkenntnis des Phänomens als reiner Bewusstseinsakt ist lebensweltlich gebunden.
10. Der Verstehensakt hat zirkulären Charakter, Vorwissen und Erkenntnis bedingen einander in jedem Schritt des Verstehens aufs Neue.
11. Im Verstehen fallen Handlung und Sprache, Institution und Sprachspiel zusammen. Diese verstehen heißt aber, ihre Bedeutung, ihr Wesen aus sich heraus zu begreifen.
12. Im verstehenden Zirkel erwirbt der Mensch empathisch die Reziprozität der Perspektiven, welche ihm die Teilnahme am Sprachspiel, an der Institution ermöglicht.
13. Das Sprachspiel der Textinterpretation heißt Hermeneutik, ihr entzieht sich die Empathie.

---

[25] Beispiel hierfür sind aus der *Philosophie* z. B. Apel, Manninen/Tuomela 1978, Figal 1996, Jauß 1994, Simon 1995, Wright 1991; aus der *Psychologie* z. B. Graumann 1982, Gröben 1986, Jaspers 1973, Katzenbach 1992, Köhler 2004, Lorenzer 2005, Rattner/Danzer 2009; aus der *Soziologie* z. B. Bühl 1972, Elbe 2002, Greshoff, Kneer/Schneider 2008, Helle 1999, Richter 1995, Schütz 1974, Weber 1980 – diese Liste ist eine Auswahl, in der nicht nur einzelne wichtige Autoren fehlen, sondern sogar ganze Disziplinen.

14. Verstehen heißt die Regeln des Sprachspiels anzunehmen, Erklären heißt diese Regeln zu explizieren (auszusprechen).
15. Hermeneutik ist die Methode, lebensweltliches Verstehen in wissenschaftliches Erklären zu überführen." (Elbe 2002, S. 191 f.)

Diese Sätze beschreiben die weiteste Form wissenschaftlichen Verstehens und können genutzt werden, um Verstehensprozesse oder wissenschaftliche Ansätze verstehenden Erklärens auf ihre Geschlossenheit hin zu untersuchen. Sie stellen (sozusagen) den Idealtyp wissenschaftlichen Verstehens dar und haben in der Einordnung verstehender Ansätze der Organisationsforschung (Elbe 2002) sowie zur Umgrenzung einer Philosophie des Militärs (Elbe 2022) Verwendung gefunden. In beiden Fällen gibt es in der Praxis Abweichungen vom Idealtyp und nun lässt sich systematisch fragen: warum und wozu?

Der Kern einer verstehenden Methodologie findet sich in der Konstruktion systematischer Verstehensgrundlagen, insbesondere in Typenbildungen im Sinne Max Webers (1980), die eine Interpretation von menschlichem Handeln in Organisationen ermöglicht (Elbe 2002). Demnach ist Interpretation in drei Formen möglich, einmal in der Erfassung des im Einzelfall Gemeinten, zum anderen in der Erarbeitung des näherungsweise (durchschnittlich) Gemeinten und zum dritten in der Konstruktion von Idealtypen. Sehen wir uns den Zweck der Konstruktion von Idealtypen genauer an: Als reiner Begriff kann der Idealtyp in der Diagnose zur Kategorisierung dienen, er hilft Sinnzusammenhänge zu erfassen. Dabei ist zu beachten, dass Weber (1980) mit Idealtyp nicht etwas Sein-Sollendes meint, sondern die radikalst vorstellbare Ausprägung. Wenn es gelingt, die gedanklich-idealtypische Form bloß zu legen, kann darauf bezogen nach den typischen Sinnzusammenhängen des Mitarbeiter- oder Führungshandelns in Organisationen gefragt werden, und es wird möglich, hiervon abweichendes Verhalten in der Realität in seiner kausalen und teleologischen Verursachung zu interpretieren, also zu verstehen. Letztlich handelt es sich bei Idealtypen um Vorstellungen, die als Hypothesen im Verstehensprozess wirken, also um Gedankenexperimente, die in der Organisationsdiagnose jeweils Startpunkte im diagnostischen Zirkel markieren. Die erkenntnistheoretische Position des Verstehens lässt durchaus sowohl quantitative als auch qualitative Verfahren zu, was vom Einsatz von Fragebögen (z. B. im Rahmen von Mitarbeiterbefragungen) bis zur Führung von Interviews (z. B. auf der Führungsebene) und zur Beobachtung (z. B. kommunikativer Prozesse) reicht. (Elbe 2015).

Damit führt das Verstehen zum Erklären als Ziel sozialpsychologischen Forschens: Es gilt, soziale Tatsachen

1. zu beschreiben und damit der Wissenschaft zugänglich zu machen,
2. in dem so Explizierten das Erleben und Verhalten der Beteiligten zu verstehen sowie
3. hieraus kausale und teleologische Erklärungen abzuleiten.

Hierbei lassen sich sowohl anthropologisch-konstante Phänomene finden wie auch kulturell und zeitlich spezifische, was bedeutet, dass experimentelle Forschung und Feldforschung einander ergänzen sollten, um belastbare Ergebnisse zu bekommen – oder, wie Lewin (1968, S. 127) formulierte: „Ich bin überzeugt, dass die wissenschaftliche Soziologie und Sozialpsychologie auf der Grundlage einer intimen Verbindung von Experimenten mit empirischer Theorie so viel oder mehr für die menschliche Verbesserung leisten können, wie es die Naturwissenschaften getan haben." Das Verstehen wird damit zur Grundlage des ‚Dritten Wegs' der Sozialpsychologie, die beide Kulturen (einer Experimentellen und einer Reflexiven Sozialpsychologie) vereinigt.

Literatur

Ambühl, H./Orlinsky, D. (1997): Zum Einfluß der theoretischen Orientierung auf die psychotherapeutische Praxis. Psychotherapeut 01/1997, S. 290–298.
Apel, K.-O., Manninen, J./Tuomela, R. (1978, Hrsg.): Neue Versuche über Erklären und Verstehen. Frankfurt a. M.
Arnold, W./Eysenk, H./Meili, R. (1996): Lexikon der Psychologie. In 3 Bänden. Freiburg.
Aronson, E., Wilson, T./Akert, R. (2014): Sozialpsychologie. 8. Aufl. München.
Auhagen, A. (2004, Hrsg.): Positive Psychologie. Anleitung zum „besseren" Leben. Weinheim.
Balmer, H. (1982a, Hrsg.): Geschichte der Psychologie. 2 Bände. Weinheim.
Balmer, H. (1982b): Objektive Psychologie – Verstehende Psychologie. Perspektiven einer Kontroverse. In: Balmer, H. (Hrsg.): Geschichte der Psychologie. Band 1: Geistesgeschichtliche Grundlagen. Weinheim, S. 93 – 131.
Becker, K./Sachse, R. (1998): Therapeutisches Verstehen. Effektive Strategien der Informationsverarbeitung bei Therapeuten. Göttingen.
Berne, E. (1970): Spiele der Erwachsenen. Psychologie der menschlichen Beziehung. Reinbek bei Hamburg.
Berne, E. (1979): Struktur und Dynamik von Organisationen und Gruppen. München.
Beumer, U. (2014, Hrsg.): Freie Assoziation. Zeitschrift für das Unbewusste in Organisation und Kultur. 1+2/2014. Gießen.
Bohnsack, R. (2014): Rekonstruktive Sozialforschung: Einführung in qualitative Methoden. 9. Aufl. Opladen.
Boswell, J./Sharpless, B./Greenberg, L./Heatherington, L./Huppert, J./Barber, J./Goldfried, M./Castonguay, L. (2011): Schools of Psychotherapy and the Beginnings of a Scientific

Approach. In: Barlo, D./Nathan, P. (Hrsg.): The Oxford Handbook of Clinical Psychology. New York, S. 98 – 127.

Breuer, F./Mruck, K./Ratner, C. (2000): Bd. 1 Nr. 2 (2000): Disziplinäre Orientierungen I: Qualitative Psychologie. Forum Qualitative Sozialforschung 2/2000. URL: https://www.qualitative-research.net/index.php/fqs/issue/view/28 vom 18.01.2022.

Brunner, M./Burgermeister, N./Lohl, J./Schwietring M./Winter, S. (2012): Psychoanalytische Sozialpsychologie im deutschsprachigen Raum. Geschichte, Themen, Perspektiven. In: Freie Assoziation. Zeitschrift für das Unbewusste in Organisation und Kultur. 3+4/2012, S. 15 – 78.

Bühl, W. (1972): Verstehende Soziologie: Grundzüge und Entwicklungstendenzen. München.

Caspar, F./Jacobi, F. (2007): Psychotherapieforschung. In: Hiller, W./Leibing, E./Leichsenring, F./Sulz, S. (Hrsg.): Lehrbuch der Psychotherapie. Band 1: Wissenschaftliche Grundlagen der Psychotherapie. 4. Aufl. CIP-Medien, S. 395 – 410.

Clemenz, M. (1998): Psychoanalytische Sozialpsychologie. Grundlagen und Probleme. Gießen.

Coleman, J. (1995): Grundlagen der Sozialtheorie. Band 1–3. Studienausgabe. München.

Dahmer, H. (1980, Hrsg.): Analytische Sozialpsychologie. 2 Bände. Frankfurt a. M.

Dahms, H.-J. (1994): Positivismusstreit. Die Auseinandersetzung der Frankfurter Schule mit dem logischen Positivismus, dem amerikanischen Pragmatismus und dem kritischen Rationalismus. Frankfurt a. M.

Dilthey, W. (1997): Psychologie als Erfahrungswissenschaft, Erster Teil: Vorlesungen zur Psychologie und Anthropologie (ca. 1875–1894), Band 21 der Gesammelten Schriften in 26 Bänden. Göttingen.

Dilthey, W. (2005): Psychologie als Erfahrungswissenschaft, Zweiter Teil: Manuskripte zur Genese der deskriptiven Psychologie (ca. 1860–1895), Band 22 der Gesammelten Schriften in 26 Bänden. Göttingen.

Eisenbach-Stangl, I./Ertl, M. (1997): Unbewußtes in Organisationen. Zur Psychoanalyse von sozialen Systemen. Wien.

Elbe, M. (2002): Wissen und Methode: Grundlagen der verstehenden Organisationswissenschaft. Opladen.

Elbe, M. (2015): Organisationsdiagnose: Methoden · Fallstudien · Reflexionen. Baltmannsweiler.

Elbe, M. (2016): Sozialpsychologie der Organisation: Verhalten und Intervention in sozialen Systemen. Berlin.

Elbe, M. (2022): Philosophie des Militärs: Probleme und Konzepte. In: ders. (Hrsg.): Philosophie des Militärs. Band 54 Militär und Sozialwissenschaften. Wiesbaden, S. 3 – 34.

Elbe, M./Butros, G./Stenke, M.-I. (2015): „Ich nehme alles!" Idealtypen der Psychotherapie und das therapeutische Verstehen in der Praxis. In: Zeitschrift für Gesundheit und Sport 1/2015, S. 7 – 23.

Elbe, M./Peters, S. (2016): Die Temporäre Organisation. Kooperation, Gestaltung und Beratung. Berlin.

Elbe, M./Saam, N. (2008): „Mönche aus Wien, bitte lüftets eure Geheimnisse." Über die Abweichungen der Beratungspraxis von den Idealtypen der Organisationsberatung, in: Gruppendynamik und Organisationsberatung. Zeitschrift für angewandte Sozialpsychologie 3/2008, S. 326–350.

FGSP – Fachgruppe Sozialpsychologie in der Deutschen Gesellschaft für Psychologie (o. J.): Was ist Sozialpsychologie. URL: http://www.sozialpsychologie.de/index.php?option=com_content&view=section&layout=blog&id=5&Itemid=54 vom 15.02.2016.

Figal, G. (1996): Der Sinn des Verstehens. Beiträge zur hermeneutischen Philosophie. Stuttgart.

Fischer, L./Wiswede, G. (2009): Grundlagen der Sozialpsychologie. 3. Aufl. München.

Flick, U. (2008): Triangulation: Eine Einführung. 2. Aufl. Wiesbaden.

Foerster, H.v. (1997): Wissen und Gewissen. Versuch einer Brücke. 4. Aufl. Frankfurt a. M.

Freud, S. (2014): Gesammelte Werke. Köln.

Fromm, E. (1982): Analytische Sozialpsychologie und Gesellschaftstheorie. 7. Aufl. Frankfurt a. M.

Frommer, J./Hempfling, F./Tress, W. (1992): Qualitative Ansätze als Chance für die Psychotherapieforschung. Ein Beitrag zur Kontroverse um H. Legewies „Argumente für eine Erneuerung der Psychologie". In: Journal für Psychologie 1/1992, S. 43–47.

Gemeinsamer Bundesausschuss (2009): Richtlinie: des gemeinsamen Bundesausschusses über die Durchführung der Psychotherapie (Psychotherapie-Richtlinien). Bundesanzeiger, Nr. 58, S. 1399.

Gerrig, R./Zimbardo, P. (2008): Psychologie. 18. Aufl. München.

Glasersfeld, E.v. (1998): Radikaler Konstruktivismus: Ideen, Ergebnisse, Probleme. 2. Aufl. Frankfurt a. M.

Goffman, E. (1996). Wir alle spielen Theater. Die Selbstdarstellung im Alltag. 5. Aufl. München.

Gottschalch, W. (1988): Wahrnehmen, Verstehen, Helfen. Grundlagen psychosozialen Handelns. Heidelberg.

Graumann, H. (1982): Das Verstehen. Versuch einer historisch-kritischen Einleitung in die Phänomenologie des Verstehens. In: Balmer, H. (Hrsg.): Geschichte der Psychologie. Band 1: Geistesgeschichtliche Grundlagen. Weinheim, S. 135 – 247.

Greshoff, R., Kneer, G./Schneider, W. (2008) (Hrsg.): Verstehen und Erklären. Sozial- und kulturwissenschaftliche Perspektiven. München.

Groeben, N. (1986): Handeln, Tun und Verhalten als Einheit einer verstehend-erklärenden Psychologie. Tübingen.

Habermas, J. (1980): Sozialisation und Gesellschaftsstruktur. In: Dahmer, H. (Hrsg.): Analytische Sozialpsychologie 2. Band. Frankfurt a. M., S. 471 – 480.

Habermas, J. (1994): Erkenntnis und Interesse. 11. Aufl. Frankfurt a. M.

Hartmann, H. (1972): Ich-Psychologie. Stuttgart.

Haubl, R./Mertens, W. (1996): Der Psychoanalytiker als Detektiv: eine Einführung in die psychoanalytische Erkenntnistheorie. Stuttgart.

Helle, H. (1992): Verstehende Soziologie und Theorie der Symbolischen Interaktion. 2. Aufl. Stuttgart.

Helle, H. (1999): Verstehende Soziologie. München.

Hollis, M. (1991): Rationalität und soziales Verstehen. Frankfurt am Main.

Hollis, M. (1995): Soziales Handeln: eine Einführung in die Philosophie der Sozialwissenschaften. Berlin.

Holzkamp, K. (2003): Grundlegung der Psychologie. 2. Aufl. Frankfurt a. M.

Husserl, E. (1968): Phänomenologische Psychologie. Vorlesungen Sommersemester 1925. Band IX der Husserliana. Dordrecht.

Hutter, C. (2005): Szenisches Verstehen in der Ehe-, Familien-, Lebens- und Erziehungsberatung. Eine diagnostische Landkarte für ein überkomplexes Feld. In: PdP – Psychodynamische Psychotherapie 4/2005, S. 206 – 216.
Jaspers, K. (1973): Allgemeine Psychopathologie. 9. Aufl. Berlin.
Jauß, H. (1994): Wege des Verstehens. München.
Jonas, K./Stroebe, W./Hewstone, M. (2014): Sozialpsychologie. 6. Aufl. Heidelberg.
Kant, I. (1964): Vorlesungen über Psychologie. Pforzheim.
Katz, D./Kahn, R. (1966): The Social Psychology of Organizations. New York.
Katzenbach, D. (1992): Die soziale Konstitution der Vernunft. Erklären, Verstehen und Verständigung bei Piaget, Freud und Habermas. Heidelberg.
Keupp, H. (1994) (Hrsg.): Zugänge zum Subjekt. Perspektiven einer reflexiven Sozialpsychologie. Frankfurt a. M.
Keupp, H. (1995) (Hrsg.): Die Lust an der Erkenntnis: Der Mensch als soziales Wesen. Sozialpsychologisches Denken im 20. Jahrhundert. München.
Keupp, H. (2005): Einführung in die Grundfragen der Reflexiven Sozialpsychologie. Vorlesung am 27.10.2005 an der LMU München. URL: https://videoonline.edu.lmu.de/de/node/1291/590784 vom 17.02.2016.
Köhler, W. (2004): Personenverstehen. Zur Hermeneutik der Individualität. Frankfurt a. M.
Kriz, J. (2007): Grundkonzepte der Psychotherapie. 6. Aufl. mit CD-ROM. Weinheim.
Lambert, M. (2013) (Hrsg.): Bergin and Garfield's Handbook of Psychotherapy and Behavior Change. 6. Aufl. New York.
Lauken, U. (1998): Sozialpsychologie: Geschichte · Hauptströmungen · Tendenzen. Oldenburg.
Le Bon, G. (2012): Psychologie der Massen. 7. Aufl. Hamburg.
Lebow, J. (2006): Research for the Psychotherapist: From Science to Practice. New York.
Lehnert, M. (2007): Sinn und Unsinn von Typologien. In: Geschwend, Thomas & Schimmelfennig, F. (Hrsg.): Forschungsdesign in der Politikwissenschaft: Probleme – Strategien – Anwendungen. Frankfurt a. M., S. 91–120.
Leithäuser, T./Meyerhuber, S./Schottmayer, M. (2009) (Hrsg.): Sozialpsychologisches Organisationsverstehen. Birgit Volmerg zum 60. Geburtstag. Wiesbaden.
Lewin, K. (1968): Die Lösung sozialer Konflikte: Ausgewählte Abhandlungen über Gruppendynamik. 3. Aufl. Bad Nauheim.
Lewin, K. (1981): Wissenschaftstheorie I. Band 1 der Kurt-Lewin-Werkausgabe. Bern.
Lewin, K. (1982): Feldtheorie. Band 4 der Kurt-Lewin-Werkausgabe. Bern.
Lewin, K./Lippitt, R./White, R. (1971): Patterns of aggressive behavior in experimentally created 'social climates'. In: Pugh, D. (Hrsg.): Organization Theory. Selected Readings. Harmondsworth, S. 230 – 260.
Lewin, K. (2012): Feldtheorie in den Sozialwissenschaften. Ausgewählte theoretische Schriften. Bern.
Lorenzer, A. (1972): Zur Begründung einer materialistischen Sozialisationstheorie. Frankfurt a. M.
Lorenzer, A. (1977): Sprachspiel und Interaktionsformen. Vorträge und Aufsätze zu Psychoanalyse, Sprache und Praxis. Frankfurt a. M.
Lorenzer, A. (2005): Szenisches Verstehen. Zur Erkenntnis des Unbewussten. Marburg.
Ludwig, J. (2005): Bildung und expansives Lernen. In: Hessische Blätter für Volksbildung. Zeitschrift für Erwachsenenbildung in Deutschland 4/2005, S. 328 – 336.

Luhmann, N. (1964): Funktion und Folgen formaler Organisationen. Berlin.
Luhmann, N. (2000): Organisation und Entscheidung. Opladen.
Lütjen, R. (2007): Psychosen verstehen. Modelle der Subjektorientierung und ihre Bedeutung für die Praxis. Bonn.
Mayring, P. (2002): Einführung in die qualitative Sozialforschung: Eine Anleitung zu qualitativem Denken. 5. Aufl. Weinheim.
Mead, G. H. (1968): Geist, Identität und Gesellschaft. Frankfurt a. M.
Mead, G. H. (1969): Sozialpsychologie. Neuwied.
Orlinsky, D./Rønnestad, H. (2005): How psychotherapists develop: A study of therapeutic work and professional growth. Washington D.C.
Parsons, T. (1951): The social System. New York.
Parsons, T. (1980). Sozialstruktur und Persönlichkeitsentwicklung: Freuds Beitrag zur Integration von Psychologie und Soziologie. In: Dahmer, H. (Hrsg.): Analytische Sozialpsychologie 2. Band. Frankfurt a. M., S. 365 – 400.
Piaget, J. (1973): Erkenntnistheorie der Wissenschaft vom Menschen. Hauptströmungen der sozialwissenschaftlichen Forschung. Herausgegeben von der Unesco. Frankfurt a. M.
Piaget, J. (1975): Der Aufbau der Wirklichkeit beim Kinde. Gesammelte Werke Band 2. Stuttgart.
Rattner, J./Danzer, G. (2009): Hermeneutik und Psychoanalyse. Das Verstehen als Lebensaufgabe, Wissenschaftsmethode und Fundamentalethos. Würzburg.
Richter, R. (1995): Grundlagen der Verstehenden Soziologie. Soziologische Theorien zur interpretativen Sozialforschung. Wien.
Schütz, A. (1974): Der sinnhafte Aufbau der sozialen Welt. Eine Einleitung in die verstehende Soziologie. Frankfurt a. M.
Seel, H.-J./Sichler, R. (2014): Reflexivität in der Beratung. Schwerpunktheft. Journal für Psychologie 2/2014.
Seligman, M. (2002): Der Glücks-Faktor. Warum Optimisten länger leben. Bergisch Gladbach.
Simmel, G. (1995): Soziologie. Untersuchungen über die Formen der Vergesellschaftung. Gesamtausgabe Band II. 2. Aufl. Frankfurt a. M.
Simon, H. (1993): Homo rationalis: die Vernunft im menschlichen Leben. Frankfurt a. M.
Simon, J. (1995) (Hrsg.): Distanz im Verstehen. Zeichen und Interpretation II. Frankfurt a. M.
Slunecko, T./Przyborski, A. (2012): Bilder verstehen – uns selbst verstehen. Zum Stellenwert des Bildes in der gegenwärtigen Psychologie. Schwerpunktheft. Journal für Psychologie 3/2012.
Slunecko, T./Przyborski, A./Frommer, J. (2015): Qualitative Psychotherapieforschung – Eine Standortbestimmung. Schwerpunktheft. Journal für Psychologie 2/2015.
Sombart, W. (1920): Der Bourgeois. Zur Geistesgeschichte des modernen Wirtschaftsmenschen. 5. und 6. Tausend. München.
Spektrum Akademischer Verlag (2000): Verstehen. In: Lexikon der Psychologie. URL: https://www.spektrum.de/lexikon/psychologie/verstehen/16346 vom 10.01.2021
Spranger, E. (1966): Psychologie des Jugendalters. 28. Aufl. Heidelberg.
Straub, J./Weidemann, D. (2015): Handelnde Subjekte: »Subjektive Theorien« als Gegenstand der verstehend-erklärenden Psychologie. Gießen.

Tolman, C. (1997): Erklären, Verstehen und die Kritische Psychologie. In: Forum Kritische Psychologie (38) 1997, S. 146 – 156.
Weber, M. (1980): Wirtschaft und Gesellschaft: Grundriß der verstehenden Soziologie. 5. Aufl. Tübingen.
Weber, M. (1985): Gesammelte Aufsätze zur Wissenschaftslehre. Tübingen.
Weber, M. (1993): Die protestantische Ethik und der »Geist« des Kapitalismus. Bodenheim.
Weick, K. (1995): Der Prozess des Organisierens. Frankfurt a. M.
Werth, L./Mayer, J. (2008): Sozialpsychologie. Berlin.
Wilson, T. (1973): Theorien der Interaktion und Modelle soziologischer Erklärung. In: Arbeitsgruppe Bielefelder Soziologen (Hrsg.): Alltagswissen, Interaktion und gesellschaftliche Wirklichkeit. Reinbek b. Hamburg, S. 54 – 79.
Wittgenstein, L. (1997): Werkausgabe. Band 1. 11. Aufl. Frankfurt a. M.
Wright, G. H. v. (1991): Erklären und Verstehen. 3. Aufl. Frankfurt a. M.

Anwendung I: Forschen mit Idealtypen 5

> **Zusammenfassung**
>
> Ein zentrales Problem der interpretativen Forschungspraxis ist die systematische Offenlegung des Vorwissens als Verstehensgrundlage. Eine Methode, um dies zu gewährleisten, stellt die Forschung mit Idealtypen in Anlehnung an Weber dar. Dies soll anhand eines Idealtyps des Verstehenden Menschen (homo intelligere) im Folgenden demonstriert werden, der dann auch zur Grundlage für die Entwicklung eines quantitativen Verstehensfragebogens gemacht wird. Es wird anschließend ein weiterer Fragebogen mit Verstehensschwerpunkt, der Kohärenzfragebogen (nach Antonovsky), vorgestellt und schließlich das Forschen mit Idealtypen anhand von Beispielen dargestellt.

5.1 Der Homo Intelligere

Der Rahmen für die Erhebung von Verstehensprozessen war aus sozialpsychologischer Sicht als das Sich-in-Beziehung-setzen von Menschen mit ihrer (sozialen) Umwelt in ihrem Alltag gekennzeichnet worden. Konkret: Wie verstehen Menschen ihre Umwelt (Mitmenschen, Gegebenheiten, Symbole etc.) und welche Konsequenz hat dies für ihr Handeln? In Anlehnung an das Rubikon-Modell (Heckhausen/Heckhausen 2010) hat das Verstehen hohe Bedeutung für den prädezisionalen Kognitionsprozess (aus dem Entscheidung und schließlich Volition und Handlungsvollzug erfolgen). Abb. 5.1 stellt dies dar.

Unter Berücksichtigung des Zusammenhangs zwischen Selbst- und Fremdverstehen und des Verstehenszyklus' im Kommunikationsprozess (Abb. 4.6 im vorherigen Kapitel) wird allerdings deutlich, dass sich das Verstehen nicht auf die prädezisionale Phase beschränkt, sondern, dass Selbstverstehen vielfach

Abb. 5.1 Verstehen und Handeln. (Eigene Darstellung)

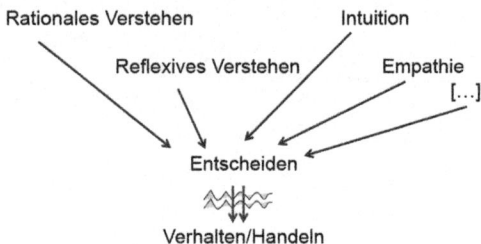

im Moment des Handlungsvollzuges erfolgt. Verstehen rahmt in diesem Sinne den kognitiven Komplex des Motivations-Volitions-Zusammenhangs, also den Übergang von Entscheiden zu Verhalten.[1]

Für den Forschungsprozess ist hieraus abzuleiten, dass in Anlehnung an Weber (1980) bereits vor der Entwicklung eines Erhebungsinstruments (z. B. eines Fragebogens) ein *Idealtyp des verstehenden Menschen* zu erarbeiten ist, der dessen Eigenschaften konsequent ausformuliert und dann, gemäß der diesem Idealtyp eigenen Logik, übersteigert. Der Idealtyp entfernt sich somit zwar von der Realität menschlicher Existenz, eben dadurch ermöglicht er es aber, Abweichungen von diesem Idealtyp in ihren – kausalen und teleologischen – Gründen zu erkennen. Es sind sowohl die Umstände, als auch das menschliches Wollen, die sinnhafte Begründungen dafür liefern können, dass ein Verstehen in spezifischen Kontexten oder auch generell nicht zustande kommt. Diese Sinnzuschreibungen kann ein Fragebogen nicht erschließen, dafür sind weder das Instrument, noch die möglichen Auswerteverfahren geeignet, der Vergleich von Einzelfällen oder auch von Realtypen (mit Hilfe statistischer Verfahren) mit dem Idealtyp liefert uns im Aufscheinen der Differenz aber Hinweise auf die Gründe. Eben dafür brauchen wir einen Idealtyp des Verstehenden Menschen – nennen wir ihn ‚homo intelligere'.

Wir bilden mit Hilfe der phänomenologischen Reduktion (in Anlehnung an Husserls Beschreibungen eidetischer und transzedentaler Reduktion, vgl. Elbe 2002) folgenden Idealtypen des Verstehenden Menschen. Hierfür wurde die in Abb. 5.2 eingeführte Systematik des Verstehens in ihren Einzelaspekten jeweils absolut gesetzt und zu einem Typus vollständigen Verstehens aggregiert – eben das ist der Realtyp, den es so in der Realität nicht gibt, nicht geben kann und auch nicht geben soll. Mit der letzten Aussage soll noch einmal betont werden, dass

---

[1] In Abb. 5.1 deuten die stilisierten Wellen den Rubikon an, den (alea jacta est!) zu überschreiten Caesar sich entscheidet, und dann gibt es kein zurück hinter die Handlungsumsetzung mehr.

5.1 Der Homo Intelligere

homo intelligere

An sich müssten wir so beschaffen sein, dass wir uns selbst, unsere Mitmenschen und unsere Umwelt voll umfänglich[1] verstehen. Dies wäre der homo intelligere – der verstehende, vorstellende Mensch. Eben weil er nicht nur seine Mitmenschen, sondern auch sich selbst und die Umweltbedingungen in allen zeitlichen Dimensionen[2] versteht, kann er neben eigenen Präferenzen und Empfindungen auch diejenigen Anderer berücksichtigen, seien diese nun individuell oder kulturell (auch sprachlich) begründet. Er ist zu Logik, Intuition und Empathie befähigt und kann diese so abstimmen, dass ein adäquates Verhaltensergebnis erzeugt wird. Die Adäquanz ist wertungsabhängig – und auch das weiß der homo intelligere.[3]

Anmerkungen:
1 ‚Voll umfänglich' bedeutet ‚den Verstehensanforderungen nach angemessen'; es kann gar nicht bedeuten ‚ein-eindeutig'.
2 Zeitliche Dimensionen sind Vergangenheit, Gegenwart, Zukunft und Transzendenz.
3 Dies ist unrealistisch und das ist gewollt – denn nur so können Gründe der Abweichung vom Idealtyp in der Realität gefunden werden.

Abb. 5.2 Idealtyp des Verstehenden Menschen. (Eigene Darstellung)

Idealtyp nicht ein anzustrebendes Ideal, sondern einen abstrakten Sinnverweis darstellt, die Reinform einer Idee.

Grundlage des homo intelligere ist die Notwendigkeit des Menschen, sich seiner Kognition reflexiv bewusst zu sein oder – anders formuliert – sich ein Bild von sich selbst und seiner Umwelt zu machen. Er muss also spätestens ex post sein Handeln als sinnhaft erklären (auch wenn handlungsauslösende Momente intuitiv gewesen sein mögen) und sich darin ein Bild von sich selbst, in seiner Wirkungsmächtigkeit gegenüber der Umwelt, machen. Aristoteles formuliert dies in „De Anima": „nihil potest homo intelligere sine phantasmate" (Neumeister 2004, S. 22). Der Mensch versteht nicht ohne Bilder. Das, was wir verstehen wollen, davon müssen wir uns ein Bild machen. Dies könnte nun sprachwissenschaftlich oder religionssoziologisch weiter diskutiert werden (z. B. hinsichtlich des Bilderverbots in den Abrahamitischen Religionen) und wir könnten uns sprichwörtlich ‚ein Bild davon machen' – all dies sind letztlich Beschreibungen für einen spezifischen Erkenntnisvorgang dahingehend, dass das Individuum sich selbst in seiner Umwelt sinnhaft aufgehoben fühlt und mithin versteht.[2] Mit

---

[2] In diesem Sinn erscheint aus religionssoziologischer Sicht das Bilderverbot der Abrahamitischen Religionen Fortführung des Erkenntnisverbotes, das den paradiesischen Zustand geprägt hatte. In der grundlegendsten Form bedeutet dies, dass man sich kein Bild von Gott

dem Idealtyp (man könnte auch von Idealbild sprechen) des homo intelligere wird nun die Vorstellung vom vollständig, immer, alles verstehenden Menschen eingeführt. Dies ist absichtlich unrealistisch, hierzu ist der Mensch aufgrund seiner begrenzten Verarbeitungskapazität, eben als auch begrenzt rationaler Akteur (Simon 1993) nicht fähig. Aber der Idealtyp als Übersteigerung eines spezifischen Aspekts menschlicher Kognition, des Verstehens, hilft uns wissenschaftlich, systematisch Prozesse des Nicht-Verstehens erfassen und in Abweichung vom Idealtyp erklären zu können, mithin also: zu verstehen.

Mit dem Idealtyp des homo intelligere können wir nun empirisch erhobene Einzelfälle vergleichen – z. B. aufgrund von qualitativ erhobenen Interviews, deren Transkripte einem Idealtypenvergleich aufgrund qualitativer Inhaltsanalyse unterzogen wurden (Elbe/Saam 2008). Ein Vergleich aufgrund quantitativer Erhebung, mit Hilfe eines Fragebogens und damit die Auswertung umfangreichen, statistischen Datenmaterials, war bisher aber nicht möglich, da es kein entsprechendes Instrument gab. Das soll nun durch den Elbe Beyer Verstehensfragebogens (EBVFB) ermöglicht werden. Der Fragebogen stellt ein neuartiges, umfassendes Instrument zur Erhebung von Verstehenspotenzialen bei Individuen dar. Der Potenzialbegriff wird hier eingeführt, da generelle Einstellungen und Handlungstendenzen im Fragebogen erhoben werden, nicht aber faktische Handlungsvollzüge oder generelle Meinungen. Daraus lassen sich individuelle Profile oder statistische Beschreibungen, Typologien und auch Zusammenhänge erarbeiten, die eben nicht nur einen einzelnen Verstehensaspekt (wie z. B. Intuition oder Empathie) erhebt, sondern ein umfassendes Verstehensprofil.

5.2 Begründung und Entwicklung eines Verstehens-Fragebogens

5.2.1 Entwicklung des EBVFB

Das Verstehen als sozialpsychologisches Phänomen hat also sowohl in quantitativen, als auch in qualitativen Forschungsprozessen große Bedeutung, und es finden sich auch Instrumente, die einzelne Aspekte des Verstehens berücksichtigen (z. B. Betsch 2004) oder Verstehen als wichtigen Teilaspekt eines umfassenderen Konstrukts annehmen (insbesondere Antonovsky 1997), es gibt bisher aber kein

---

machen darf – Gott kann man nicht verstehen (,der Mensch denkt, Gott lenkt'). Je weiter dieses Bildnisverbot in den Alltag ausgedehnt wird, je weniger man sich ein Bild von seiner Umwelt (z. B. Tieren) und von Menschen machen darf umso mehr wird das Verstehen prinzipiell eingeschränkt und von Dogmen als Sinnvorgaben ersetzt.

5.2 Begründung und Entwicklung eines Verstehens-Fragebogens

umfassendes Instrument zur Erhebung individueller Verstehensprofile. Eben dies ist das Ziel der Entwicklung des Elbe Beyer Verstehensfragebogens. Die Entwicklung des Fragebogens erfolgte in mehreren Zyklen. In einer ersten Schleife wurde im Sommersemester 2016 vom Autor an der Hochschule für Medien, Kommunikation und Wirtschaft (HMKW) im Studiengang ‚Medien- und Wirtschaftspsychologie' ein vierstündiges Praxisseminar mit über 30 Teilnehmern im letzten Studiensemester des Bachelor-Studiums abgehalten. Diese wurden in die theoretischen Grundlagen der Sozialpsychologie des Verstehens eingeführt und bei der Fragenentwicklung und ersten Reliabilitätstestung anhand einer Online-Befragung im Juni 2016 beteiligt. Anhand von 64 Befragten konnte eine Reliabilitätsprüfung der Skalen vorgenommen werden, die Fragen/Items, die nicht zu einer Erhöhung der Skalenreliabilität beitrugen, wurden eliminiert. Neben der statistischen Überprüfung fand eine inhaltliche Kritik durch zehn Probanden (darunter fünf erfahrene WissenschaftlerInnen) statt, die bei der Weiterentwicklung des Fragebogens mitberücksichtigt wurde. Die Studierenden hatten in Gruppen erste Vorschläge zu Fragen der einzelnen Skalen formuliert, diese im Plenum zur Diskussion gestellt und nach der ersten Überarbeitung (statistische Reliabilitäts- und qualitative Plausibilitätsüberprüfung) den Entwicklungsprozess und das Ergebnis der einzelnen Skalenentwicklungen dokumentiert.[3] Im Rahmen der Reliabilitätsprüfung wurde der Fragebogen um mehr als 50 % der ursprünglich erarbeiteten Items reduziert, die Anzahl der Skalen blieb erhalten. Dadurch konnte eine hohe Gesamtreliabilität des EBVFB in der zweiten Version erreicht werden. Über die Items der verstehensbezogenen Fragebogenteile zwei und drei ist die Gesamtreliabilität mit Cronbachs Alpha von ‚93 sehr hoch, was für ein homogenes Konstrukt spricht.

5.2.2 Soziodemographische Daten

Im *ersten Teil* werden die soziodemographischen Daten sowie weitere übergreifende Aspekte erfasst. Neben den Grunddaten, wie Alter, Geschlecht und Familienstand haben für das Verstehen folgende Aspekte eine herausgehobene Bedeutung:

- der sprachliche und kulturelle Hintergrund (Fragen nach Ländern und Sprachen) sowie
- der soziale Status (Fragen nach eigenem Bildungsstand, dem der Eltern sowie nach Einkommen).

---

[3] Vgl. hierzu die Quellenangaben bei den einzelnen Skalen.

Darüber hinaus werden weitere Aspekte erfasst:

- Konservativismus und Geschwisterstatus und
- drei Generalfragen zum Kohärenzsinn (letzte drei Fragen dieses Blocks, in Anlehnung an Antonovsky 1997).

Mithilfe der Aspekte ‚sozialer Status' und Konservativismus soll eine Aussage über die sozialstrukturelle Verortung der Befragten ermöglicht werden. Neben den üblichen Differenzierungen, z. B. nach Alter oder Geschlecht, können dem aktuellen Milieu sowie dem Herkunfts-Milieu im jeweiligen kulturellen Kontext, dem Status in der Familie (Geschwisterstatus) und der interkulturellen Erfahrung (zum Diversity-Aspekt des Fremdverstehens vgl. Bredendiek 2015) eine besondere Aufmerksamkeit zugewandt werden, wobei die jeweiligen Konstrukte nicht unkritisch verwendet werden können, da es sich eben um Konstrukte handelt und nicht um objektiv gegebene, stabile Faktoren (z. B. Geschwisterstatus). Die drei Generalfragen zum Kohärenzsinn (in Anlehnung an Antonovsky 1997 sowie Keupp 2002) dienen zum Vergleich mit dem sozialwissenschaftlichen Instrument, das bisher das Verstehen am umfassendsten thematisierte, wobei auch im SOCQ das Verstehen nur einen von drei Faktoren des Kohärenzsinns erfasste.

5.2.3 Verstehensformen

Im *zweiten Teil* des Fragebogens werden die Verstehensformen mit Hilfe von 6 Skalen erhoben. Hierbei werden immer die beiden Perspektiven des Selbstverstehens und des Fremdverstehens wirksam. Da jede Skala mit mindestens vier grundsätzlichen Fragen erhoben werden soll, ergeben sich je Skala jeweils mindestens acht Fragen (vier für das Selbstverstehen und vier für das Fremdverstehen). Zur Entwicklung und Begründung der *Skala 1 ‚Verhalten'* vgl. insbesondere Kerschbaumer/Zschoch (2016). In der Verhaltensskala werden immer zwei Fragen zum gleichen Phänomen gestellt. Es geht zum einen um das Selbstverstehen und zum anderen um das Fremdverstehen. Gegenstand des Verstehens ist dabei das eigene Verhalten, bzw. das Verhalten anderer. Cronbachs Alpha beträgt ,718.

- Hierbei gilt es, Autorität als wichtigen Reiz für das Verhalten zu erkennen und in seiner Wirkung zu verstehen (Item 1.1 und 1.2).
- Die nächsten beiden Fragen thematisieren die Zurechtweisung aufgrund von unangemessenem Verhalten (Item 1.3 uns 1.4), das Verhalten an soziale Erwartung und damit verbundene Konsequenzen bindet, was einen Verstehensakt in Bezug auf Wahrnehmungen und Gedanken anderer bedingt (Förstl 2012).

5.2 Begründung und Entwicklung eines Verstehens-Fragebogens

- Item 1.5 und 1.6 erhebt die erlebte (eigene und fremde) Adaptionsfähigkeit, die an das Verstehen der Situation gebunden ist. Hier zeigt sich das Verstehen im Handlungs-, bzw. Anpassungserfolg.
- Auch das Annehmen (Akzeptieren und für das eigene Verhalten wirksam werden lassen) von autoritär getroffenen Entscheidungen setzt Verstehen voraus (Item 1.7 und 1.8). Hierin drückt sich das Verstehen gesellschaftlicher Hierarchie aus.

Zur Entwicklung und Begründung der *Skala 2 ‚Emotion'* vgl. insbesondere Kerschbaumer/Zschoch (2016). Es liegen Instrumente von Rindermann (2009) sowie Tausch (2006) vor. In der Emotionsskala werden immer zwei Fragen zum gleichen Phänomen gestellt. Es geht zum einen um das Selbstverstehen und zum anderen um das Fremdverstehen. Gegenstand des Verstehens ist dabei die eigene Emotionalität, bzw. die Emotionalität anderer. Cronbachs Alpha beträgt ‚743.

- Item 2.1 und 2.2 zielen auf die emotionale Steuerung des Verhaltens. Diese zeigt sich in der Bewertung von Kongruenz zwischen Emotion und Verhalten bei sich selbst und bei anderen (Selbstwahrnehmung).
- Mit dem Items 2.3 und 2.4 wird die Impulsivität als Aspekt emotionaler Steuerung, die das Verstehen der Emotion als zielgerichtet voraussetzt, thematisiert. Dies ist von der Gerechtigkeitsdiskussion zu trennen, da nachteilige Entscheidungen ja durchaus als gerecht angesehen werden können, sie bleiben trotzdem zuerst einmal emotional belastend. Löst dies unmittelbare Reaktionen aus, dann zeugt das von einem niedrigen Verstehensniveau in diesem Bereich.
- Die Items 2.5 und 2.6 sprechen konkret die Selbstregulation als verstehensabhängigen kognitiven Prozess an. Die Emotionsregulation kann dabei im Sinne von John und Gross (2004) als Stufenprozess analysiert werden, was den Verstehensprozess im Selbst- und Fremdverstehen systematisiert.
- Mit den Items 2.7 und 2.8 wird die Fähigkeit zur emotionalen Selbstregulation an das persönliche Wertesystem in Auseinandersetzung mit dem sozialen Kontext geknüpft. Eine Person, welche aus einem gesellschaftlichen Druck zu Entscheidungen entgegengesetzt seiner persönlichen Werte gezwungen wird, durchlebt eine kognitive Dissonanz, welche sich vielfach in den Emotionen Wut oder Verzweiflung ausdrückt.

Zur Entwicklung und Begründung der *Skala 3 ‚Kommunikation'* vgl. insbesondere Bien/Wiglinzki (2016). Auch hier werden immer zwei Fragen zum gleichen Phänomen gestellt. Es geht zum einen um das Selbstverstehen und zum anderen um das Fremdverstehen. Gegenstand des Verstehens ist dabei das

Erleben erfolgreicher Kommunikation mit anderen, wobei jeweils Sender- und Empfängerperspektive angesprochen werden. Zugrunde gelegt wird dabei das Verstehende Kommunikationsmodell nach Elbe (2015), wie es im Eingangstext erläutert wurde. Cronbachs Alpha beträgt ,788.

- Item 3.1 und 3.2 thematisierten die Fähigkeit des Selbstverstehens im Kommunikationsprozess, sowohl in der Selbst- als auch in der Fremdwahrnehmung.
- Die Items 3.3 und 3.4 sprechen in der Selbst- als auch in der Fremdwahrnehmung Verhaltensanteile im Kommunikationsprozess an, die auch über das rein Verbale hinaus gehen. Wie gut werden diese verstanden?
- Mit den Items 3.5 und 3.6 wird die Decodierung im Kommunikationsprozess modelliert. Dies muss nicht an intentional formuliertes Feedback gebunden sein, sondern kann sich auch in para- oder nonverbalen Kommunikationsanteilen ausdrücken.
- Die Items 3.7 und 3.8 sprechen konkret die Feedbackformulierung als entäußerte Verstehensleistung an.

Zur Entwicklung und Begründung der *4. Skala (Intention)* vgl. insbesondere Bien/Wiglinzki (2016). Auch hier werden immer zwei Fragen zum gleichen Phänomen gestellt. Es geht dabei um das nicht-pathologische Selbst- und Fremdverstehen. Gegenstand des Verstehens ist dabei der Zusammenhang zwischen Zielen und der dazugehörigen Handlungsverfolgung. Zugrunde gelegt wird dabei das Intentionsmodell nach Gingritzer/Bayer/Lengfelder (1999), das das Rubikonmodell der Handlungsmotivation fortführt. Dementsprechend kann zwischen Ziel- und Durchführungsintention unterschieden werden. Cronbachs Alpha beträgt ,786.

- Die Items 4.1 und 4.2 thematisieren Selbstverstehen und Fremdverstehen der Abweichung des Handlungsvollzuges von der handlungsauslösenden Zielvorstellung (Intention).
- Die Fragen 4.3 und 4.4 sprechen das Verstehen als Analyse der Ziele selbst an.
- In den Items 4.5 und 4.6 wird davon ausgegangen, dass die Situationsdefinition „schwierig" einen Verstehensprozess hinsichtlich der Realisierungschancen einer Zielvorstellung in Abhängigkeit von Umweltbedingungen bedingt.
- Die Fragen 4.7 und 4.8 haben das Verstehen von Inkonsistenzen bezüglich gezeigtem Handlungsvollzug und der dahinter liegenden Zielverfolgung zum Inhalt.

5.2 Begründung und Entwicklung eines Verstehens-Fragebogens

Zur Entwicklung und Begründung der *Skala 5 ‚Kontent'* vgl. insbesondere Demir und Michael (2016). Das Inhaltsverstehen (Kontent) bezieht sich überwiegend auf das Text- und Sprachverstehen und damit auf die Hermeneutik (Elbe 2002, Hitzler/Honer 1997). Dazu gehören die Komplexität, der Inhalt, aber auch die Ausdrucksweise (Form, Beziehung) und der historisch-kulturelle Kontext. Anhand dieser Faktoren wird der Inhalt einer Botschaft aufgenommen und verarbeitet. Von besonderer Bedeutung für nachhaltiges Verstehen sind hierbei die Verarbeitungszeit und die Behaltensleistung. Zugrunde gelegt wird insbesondere der Ansatz von Kintsch und Vipond (1979). Es werden immer zwei Fragen zum gleichen Phänomen gestellt: Selbstverstehen vs. Fremdverstehen. Cronbachs Alpha beträgt ‚836.

- Die Items 5.1 und 5.2 beziehen sich auf das Selbst- und Fremdverstehen auditiver Informationen, anhand der Inhalte eines Radioprogramms in ihrer Gesamtheit.
- Die Items 5.3 und 5.4 binden das Inhaltsverstehen an die Wiedergabe der Inhalte, wodurch ein reflexives Moment aufgenommen wird. Es bleibt offen, wann die Aufforderung zur Wiedergabe erfolgt (ob vor oder nach der Erzählung).
- Mit den Items 5.5 und 5.6 werden Zusatzinformationen in den Verstehensprozess integriert, wobei die Qualität der Informationen und ihre Quellen nicht spezifiziert werden.
- Die Items 5.7 und 5.8 thematisieren Inhaltsverstehen aufgrund der Nutzung verschiedener Quellen.

Die *6. Skala (Relevanz)* umfasst nach dem Reliabilitäts-Test zehn statt der üblichen acht Items, da jede Verringerung der Item-Anzahl zu einer deutlichen Verschlechterung der Reliabilität der Skala geführt hätte. Zur Entwicklung und Begründung der Skala ‚Relevanz' vgl. insbesondere Demir/Michael (2016). Das Relevanzverstehen (Kontent) ist eng an den Kohärenzsinn (Antonovsky 1997) geknüpft. Dieser besteht aus den drei Komponenten Bedeutsamkeit, Verstehbarkeit und Handhabbarkeit. Die Aspekte der Kohärenz fließen in die Fragestellungen mit ein, werden aber erweitert. Auch hier werden immer zwei Fragen zum gleichen Phänomen gestellt: Selbstverstehen vs. Fremdverstehen. Cronbachs Alpha beträgt ‚721.

- Die Items 6.1 und 6.2 prüfen die Fähigkeit, zwischen relevanten und irrelevanten Informationen zu unterscheiden und damit den Unterschied zwischen den beiden Aspekten in der Anwendung zu erkennen und zu verstehen.

- Die Items 6.3 und 6.4 prüfen die Relevanz von formalem Wissen aus dem jeweiligen Umfeld (Schule, Uni oder Arbeit) für das Individuum und für andere.
- Mit den Items 6.5 und 6.6 wird die Relevanz täglicher Erlebnisse für den Einzelnen erhoben. Dies gibt einen deutlichen Hinweis auf die Kohärenz/das Verstehen des Alltags.
- Die Items 6.7 und 6.8 thematisieren die Mitmenschen als relevante Umwelt, wobei mit dem Begriff der ‚Angelegenheiten' der Vergemeinschaftungsaspekt (wie er sich z. B. im Klatsch ausdrückt) angesprochen wird.
- Die Items 6.9 und 6.10 thematisieren in der Diskrepanz zwischen Selbst- und Fremdverstehen alltäglicher Probleme eigene Betroffenheit vs. Empathie.

5.2.4 Ziele und Zeit

Im *dritten Teil* des Fragebogens werden die Ziele des Verstehens (Was soll verstanden werden?) sowie die Bedeutung der Zeitdimension für das Verstehen mit vier Skalen erfasst. Die Skalen umfassen jeweils acht Merkmale. *Symbole (Skala 7)*: Das Verstehen von Symbolen gehört zu den Grundanforderungen menschlichen Verstehens. Von besonderer Bedeutung ist dies in der Theorie des Symbolischen Interaktionismus (Elbe 2017). Symbole können als kommunikatives Medium im Verstehen zwischen Menschen angesehen werden, wobei Symbole sowohl Gesten oder Mimik, als auch Formen der Selbstinszenierung (z. B. durch Äußerlichkeiten) oder die Nutzung von schematischen Bildern (z. B. Piktogramme) umfassen. Auch Artefakte und Texte beinhalten Aspekte symbolischer Kommunikation, doch diese werden an anderen Stellen des Fragebogens erhoben. In dieser Kategorie wird nicht zwischen Selbst- und Fremdverstehen unterschieden, da Symbole hier genau die vermittelnde Funktion haben. Cronbachs Alpha beträgt ,798.

- Die Items 7.1, 7.2 und 7.3 sprechen Haltung, Mimik und Bewegung (‚Art zu gehen') als Formen der non-verbalen Kommunikation in ihrer symbolischen (ggf. auch kulturell unterschiedlichen) Bedeutung an.
- Mit den Items 7.4, 7.5, 7.6 und 7.7 werden ‚Äußerlichkeiten' (Frisur, generell Kleidung, Schminke, formaler Anzug) als Formen der gesellschaftlich bedingten Selbstinszenierung angesprochen.

5.2 Begründung und Entwicklung eines Verstehens-Fragebogens

- Das Item 7.8 erhebt die Verstehbarkeit aktuell bedeutsamer schematischer Bilder (Emoticons, Smilies), die für die Interaktion unter Abwesenden zunehmend Bedeutung erlangen.

Situation (Skala 8): Das Verstehen von Situation gehört mit dem Thomas-Theorem: „If men define situations as real, they are real in their consequences" (Thomas 1928, S. 572) zu den Grundlagen der sozialpsychologischen Perspektive. Die Definition der Situation als Handlungsgrundlage ist an das Verstehen der Situation, deren Bewertung und die anschließende motivationale und volitionale Reaktion hierauf gebunden. Dabei gilt, dass Menschen eben nur begrenzt rationale Akteure sind (Simon 1993), ihnen ihr eigenes Handeln aber im Moment des Handlungsbeginns nicht irrational, sondern gemäß der Situationsdefinition konkludent erscheint (das mag sich im Handlungsverlauf ändern). Auch hier wird nicht zwischen Selbst- und Fremdverstehen unterschieden. Cronbachs Alpha beträgt ,750.

- Die Items 8.1, 8.2, 8.4 und 8.5 sprechen Spontanität und Veränderungen als Grundlage von Situationsdefinitionen an: Werden Veränderung als Herausforderungen und bewältigbar verstanden?
- Die Items 8.6, 8.7 und 8.8 beziehen sich auf Situationen, die durch Interaktionen mit Mitmenschen geprägt werden – hier wird die Situationsdefinition durch das Gefühl von Kohärenz im Sinne von Handhabbarkeit der Situation geprägt.
- Das Item 8.8 zielt auf berufliche Veränderungen als Situationscluster, mit großem Veränderungspotenzial.

Artefakte (Skala 9): Das Verstehen von Artefakten, als generellen Ausdruck für von Menschen geschaffene Dinge (Werkzeuge, Kleidung, Texte, Maschinen, Gebäude, Kunst, …) betrifft zum einen das weite Feld der Hermeneutik und die Theorie des Symbolischen Interaktionismus (Brennen et al. 2016, Elbe 2017, Hitzler/Honer 1997). Besondere Bedeutung hat die Analyse von Artefakten z. B. in der Kulturwissenschaft, der Kunstgeschichte aber auch in der Organisationskulturforschung (Elbe 2002, Roßler 2015, Schein 2010). Als Artefakte werden insbesondere Texte, Filme, Gebilde (z. B. Bauwerke, Bilder, Plastiken, technische Geräte) und Musik angesprochen, dies schlägt sich auch im EBVFB nieder. Cronbachs Alpha beträgt ,780.

- Die Items 9.1 und 9.2 beschäftigen sich mit dem Verstehen von Filmen, wobei davon ausgegangen wird, dass, um diese Fragen beantworten zu können, ein Verstehensprozess stattgefunden haben muss.
- Das Item 9.3 zielt auf das Verstehen von/sich-in-Beziehung-Setzen mit Technik, das Item 9.4 auf das Verstehen baulicher Prinzipien (die einer spezifischen, aber alltäglichen Logik folgen) und das Item 9.5 kontrastiert zwei Ebenen des Bildverstehens.
- Die Items 9.6 und 9.7 erheben Verstehen im Zusammenhang zwischen Text und Musik. Es wird weniger auf den Kontent von Texten abgehoben, sondern eher auf den Artefaktscharakter von populärer Musik. Wie gut wird dieser verstanden und wie wichtig ist das im Alltag?
- Das Item 9.10 thematisiert Musik als Korrelat zur Stimmung (also generalisierter Emotionalität) und bindet das musikalische Verstehen explizit nicht an eine Typologie musikalischer Bildung (wie z. B. Adorno 1996).

Zeit (Skala 10): Die Bedeutung von Zeit, als Rahmung (und ultimative Begrenzung) des menschlichen Lebens erfordert alltägliche Verstehensprozesse im Umgang mit unterschiedlichem Zeiterleben, Zeitkonstruktionen (in Vergangenheit, Gegenwart und Zukunft) sowie Zeitgestaltung. Speziell im Umgang mit Zeit zeigt sich der Übergang von Verstehens- zu Handlungsprozessen (Borowsky 2016). Zur Psychologie der Zeit vgl. insbesondere Zimbardo/Boyd (2009), die mit ihrem Fragebogen zum Umgang mit Zeit die hier formulierten Fragen stark inspiriert haben sowie Hinz (2000). Cronbachs Alpha beträgt ‚665.

- Die Items 10.4 und 10.7 beziehen sich auf eine (positiv wertende) Vergangenheitsperspektive, die anzeigt, dass die Vergangenheit als wichtiger Bestandteil der Identität begriffen wird.
- Das Item 10.5 zielt auf eine positive, optimistische Zukunftserwartung, die die Zukunft als Ressource versteht.
- Die Items 10.1, 10.2, 10.3, 10.6 und 10.8 beziehen sich auf die Gegenwartsperspektive, wobei insbesondere die Gestaltung und Nutzung von Zeit im Alltag angesprochen wird und damit deutlich macht, dass Zeit als etwas Gestaltbares verstanden wird.

5.2.5 Versteheneprozess

Teil vier des Fragebogens erhebt die prozessualen Aspekte des Verstehens (also: Wie läuft der Verstehensprozess ab? Wie wird verstanden?). Die sieben zugrunde gelegten Skalen umfassen dabei jeweils nur vier Merkmale (da beim Verstehensprozess nicht von einem grundlegenden Unterschied zwischen Selbst- und Fremdverstehen ausgegangen wird). *Empathie (Skala 11):* Empathie (als einfühlendes Verstehen) ist ein in der Psychologie intensiv erforschter kognitiver Prozess, mit hoher Bedeutung für die Sozialpsychologie. Instrumente und Analysen liegen z. B. von Leibetseder et al. (2015), Stück et al. (2013), Mischo (2003) sowie Kienbaum und Trommsdorff (1997) vor. Auf das Problem der vielfältigen und teilweise widersprüchlichen Begriffsverwendung auch in der psychologischen Forschung weisen Maes/Schmitt/Schmal (1995) hin. Als einfühlendes Verstehen wird Empathie hier im Sinne von ‚sich unter emotionaler Beteiligung in den anderen hineinversetzen' verstanden, das zeigt sich z. B. in Mitgefühl. Zum Hintergrund und Entwicklungsprozess der Fragenformulierung vgl. Kanus und Karras (2016). Cronbachs Alpha beträgt ‚710.

- Das Item 11.1 erhebt im Kontext alltäglicher Situationen die Fähigkeit und Bereitschaft, Gefühle und Bedürfnisse anderer Personen richtig zu erkennen und nachzuempfinden.
- Das Item 11.2 erfasst demgegenüber Empathie als Fähigkeit, eine eigene emotionale Reaktion herzustellen, die der Gefühlslage einer anderen Person ähnelt.
- Item 11.3 geht über die ersten beiden Items dahingehend hinaus, dass hier ein eigener Handlungsdruck aufgrund einer empathischen Reaktion erzeugt wird. Es wird der Übergang vom Mitleid zum Hilfebedürfnis thematisiert und damit ein eigenständiger Prozess des Selbstverstehens angesprochen.
- Item 11.4 zeigt ebenfalls eine erhöhte Handlungsnähe, da die Bereitschaft, sich in Auseinandersetzungen in andere hineinzuversetzen, die eigene Handlungswahl limitiert.

Intuition (Skala 12): Intuition ist das quasi automatisierte Entscheiden aufgrund bekannter Situationsmerkmale (Simon 1993), wobei Berne (1991) darauf hinweist, dass der Entscheider dabei nicht unbedingt erklären kann, wie er zu der Schlussfolgerung gekommen ist. Viele Menschen verlassen sich bei ihren intuitiven Urteilen oft auf einen einzigen guten Grund (Gigerenzer 2008). Das intuitive Verstehen bezieht sich auf das assoziative Verknüpfen der Situationsmerkmale mit einer vorhandenen Kognition: Plötzlich ist die Situation klar, und man weiss, was man zu tun hat. Zur Intuition liegen Instrumente und Analysen von Betsch (2004), Ullrich (2013) sowie Oeding (2015) vor. Zum Hintergrund und Entwicklungsprozess der Fragenformulierung vgl. Kanus und Karras (2016). Cronbachs Alpha beträgt ‚718.

- Item 12.1 prüft die Take-the-Best-Heuristik. Diese erklärt, wie ein Bauchgefühl aus einem guten Grund entsteht. Die Heuristik arbeitet relevante Punkte nacheinander ab und stuft ihren jeweiligen Wert als hoch oder niedrig ein. Beim ersten Punkt, der eine Entscheidung zulässt, trifft die Stoppregel in Kraft, und alle weiteren Informationen werden außer Acht gelassen (Gigerenzer 2008). Intuition resultiert oftmals aus einem guten Grund, der reicht, um eine Entscheidung zu treffen. Wägt der Proband Vor-und Nachteile ab, dann wird er vermutlich verschiedene Gründe auflisten und Option gegeneinander abwägen. Das aktive Nachdenken über Gründe lässt aber keine Rückschlüsse auf intuitives Verhalten zu.
- Item 12.2 erhebt die Nutzung von Urteilsheuristik. Diese dient der Vereinfachung von Urteilen, indem sie Repräsentativität oder Stereotypen als entscheidendes Kriterium heranzieht. Die Entscheidung erfolgt also aufgrund von Ähnlichkeiten.
- Item 12.3 erzeugt hohe Werte bei Personen, die erst handeln bevor sie nachdenken – diese treffen nicht notwendigerweise schlechtere Entscheidungen. Oftmals verlassen sich Experten auf ihre (erfahrungs- und trainingsgeleitete) Intuition, um in komplexen Situationen schnelle Entscheidungen zu treffen. Personen die erst Handeln bevor sie nachdenken, haben eine starke ausgeprägte Intuition, auf die sie sich verlassen.
- Item 12.4 thematisiert Intuition als unbewusste Mustererkennung, die auf das Langzeitgedächtnis zurückgreift. Die Informationen sind nur begrenzt verfügbar. Menschen, die aus dem Gefühl heraus Entscheidungen treffen, wollen nicht rational nachdenken und pro und kontra abwägen. Sie verlassen sich darauf, Hinweisreize zu erhalten, welche durch Assoziationen eine Wiederkennung hervorrufen und ihnen bei der Entscheidung helfen (Simon 1993).

Rationalität (Skala 13): Der Verstehensprozess kann auch rational strukturiert sein und sich spezifischer, expliziter Logiken bedienen. Das Problem rationalen Verstehens liegt in der Tendenz, das Konzept der Vernunft absolut zu setzen. Verstehen im Alltag ist aber nicht rational oder irrational – es ist begrenzt rational (Simon 1993). In dieser Diskrepanz liegt wohl auch der vergleichsweise niedrige Reliabilitätswert der Skala begründet. Zugrunde gelegt werden kann insbesondere

5.2 Begründung und Entwicklung eines Verstehens-Fragebogens

die Auffassung von Handlungsrationalität nach Weber (1980). Die (bereinigte) Skala folgt der Konstruktion von Bernhard/Rapphahn/Towae-Kelbling (2016). Cronbachs Alpha beträgt ,566.

- Item 13.1 prüft, inwiefern die Konsequenz des Handelns schon bei der Entscheidungsfindung berücksichtigt wird. Hierfür muss ein (implizites oder explizites) Wahrscheinlichkeitsmodell zugrunde gelegt werden. Nur ein explizites Wahrscheinlichkeitsmodell entspräche reiner Rationalität.
- Item 13.2 zielt auf die Zweckrationalität (nach Weber 1980). Hier werden Effektivität und Effizienz kombiniert: Ist ein Mittel geeignet, um einen spezifischen Zweck zu realisieren (Effektivität), und wird dabei eine optimale Nutzen-Aufwand-Relation realisiert (Effizienz)?
- In Item 13.3 steht das unüberlegte und spontane Handeln in Widerspruch zur Zweckrationalität, die Frage zielt aber darauf ab, wie dies bewertet wird und damit auf einen wertrationalen Zusammenhang (Weber 1980).
- Das Item 13.4 greift noch einmal die Zweckrationalität auf und setzt diese absolut – aus den (gesetzten) Zielen wird auf die Motivation geschlossen. Nicht das Zustandekommen der Ziele oder diese limitierende (z. B. ethische) Faktoren sind motivationsleitend sondern das Ziel per se.

Reflexivität (Skala 14): Ein wichtiger Aspekt von Verstehensprozessen kann die Reflexivität sein. In Anlehnung an Moldaschl (2005) sind wichtige Elemente der Reflexivität die Selbstbezüglichkeit (Was bedeutet das für mich?), die Berücksichtigung von Nebenfolgen (Was ist dabei zu beachten?), der Wissensbezug als Kognitionsmerkmal (Was ist flexibel?) und die Lernpotentiale (Was kann ich daraus lernen?). Reflexivität bedingt in diesem Verständnis auch die Bereitschaft, sich weiter zu entwickeln und dabei doch die eigene Identität zu bewahren – reflexives Verstehen ist somit auch Identitätsarbeit (Keupp 2016; Elbe 2017). Die (bereinigte) Skala zur Reflexivität folgt der Konstruktion von Bernhard/Rapphahn/Towae-Kelbling (2016). Cronbachs Alpha beträgt ,748.

- Item 14.1 verbindet die Wissensabhängigkeit mit den entstehenden Lernpotenzialen als Reflexivitätsmerkmale.
- Item 14.2 thematisiert die Selbstbezüglichkeit als Nutzen- und Sinnkomponente.
- Item 14.3 greift den Wissensbezug als Kognitionsmerkmal (unter zeitlichem Druck) auf und überprüft, was eigentlich zur Disposition steht.
- In Item 14.4 wird die Einbettungserfahrung und die Bereitschaft zur Selbstkritik (und damit zur Identitätsarbeit) abgefragt.

Rekursivität (Skala 15): Die (bereinigte) Skala zur Rekursivität folgt der Konstruktion von Dekic/Koslowsky/Buhmann (2016). Rekursivität bedeutet, einen Prozess vom Ende her zu denken, also beim antizipierten Handlungsergebnis anzusetzen und von da aus die Handlungs- oder Entscheidungsschritte bis zum Prozessbeginn verstehend zurück zu verfolgen. Dies spricht eine strategische Komponente des Verstehens an: sich selbst in Bezug auf die eigenen Ziele und die Umweltbedingungen zu verstehen. Hiermit ist sowohl die psychologische Perspektive (z. B. Lorenz/Oppitz 2006), als auch die ökonomische Planungsperspektive (z. B. Huber 2008) berücksichtigt. Cronbachs Alpha beträgt ‚542.

- Item 15.1 verbindet das Ziel eines (Bildungs-) Abschlusses (Schule, Ausbildung, Hochschule etc.) mit den einzelnen Zwischenschritten. Unabhängig vom Bildungsniveau spricht die Frage Erfahrungen an, die jedes erwachsene Individuum in unserer Gesellschaft bereits gemacht hat und Rekursivität mit alltagsweltlichem Verstehen verbindet.
- Mit Item 15.2 wird die ökonomische Komponente rekursiven Verstehens unmittelbar angesprochen, und die limitierenden Faktoren im rekursiven Planungsprozess sind sofort verständlich.
- Item 15.3 spricht rekursives Handeln/Planen auf abstrakter Ebene als Selbstbeschreibung an.
- Mit Item 15.4 wird Rekursivität nochmals als persönlichkeitsbezogene Alltagseigenschaft thematisiert: Wie plant der/die Einzelnen die eigene Karriere?

Reziprozität (Skala 16): Auch die (bereinigte) Skala zur Reziprozität folgt der Konstruktion von Dekic/Koslowsky/Buhmann (2016). Mit dem Reziprozitätsbegriff wird ein allgemein sozialpsychologisches Konstrukt des ‚sich in die Position des Gegenübers hineinversetzen Könnens' (Reziprozität der Perspektiven) – und damit ein der Empathie verwandtes, aber nicht damit gleichzusetzendes Konstrukt – angesprochen sowie ein rationaltheoretisch-ökonomisches Konstrukt, das Handeln als Tausch konzipiert: Handeln bedeutet etwas zu geben und dafür eine Gegengabe zu erwarten (Stegbauer 2002). Vor diesem Hintergrund wird eigenes Handeln und das Handeln anderer verstanden und interpretiert. Cronbachs Alpha beträgt ‚641.

- Item 16.1 erhebt das Verpflichtungsgefühl wenn der/die Antwortende eine Gabe/einen Gefallen empfangen hat. Hier wird also die Tauschperspektive zugrunde gelegt.

5.2 Begründung und Entwicklung eines Verstehens-Fragebogens

- Mit Item 16.2 wird zwar eine Tauschperspektive eingenommen, der Tauschgegenstand ist aber eine soziale Institution: Respekt – dies schafft den Übergang zur Reziprozität der Perspektiven.
- Auch Item 16.3 kann vor dem Hintergrund der Tauschtheorie interpretiert werden oder als sozialer Perspektivenwechsel. In beiden Fällen kommt die Reziprozität vor dem Hintergrund der Institution ‚Familie' zum Tragen.
- Item 16.4 erhebt explizit die Reziprozität der Perspektiven, doch kann auch hier wieder eine rationale Perspektive eingenommen werden: Es handelt sich um einen abstrakten, gesellschaftlichen Tausch: Solidarität als gesellschaftlicher Vertrag.

Interpretativität (Skala 17): Interpretativität ist eines der Zentralkonstrukte der Verstehenslehre und reicht tief in die hermeneutische Tradition zurück. Es finden sich Ansätze aus der Philosophie und den Geisteswissenschaften, den Sozialwissenschaften und der Psychologie (Elbe 2002, Hitzler/Honer 1997, Fahrenberg 2010). Interpretation bezeichnet ein deutendes Verstehen (Weber 1980), also eine Nachkonstruktion von Sinnhaftigkeit, die einer Handlung, einer Situation oder einem Artefakt zugeschrieben wird. Kontexte, biographische Bezüge, hermeneutische Prinzipien oder auch Heuristiken sind Hilfsmittel, die eingesetzt werden können, um die sinnkonstruierende Deutung zu erleichtern und zu systematisieren. Betonungen, Auslassungen, Themenwahl, Wiederholungen sind Phänomene, die die Interpretation von Darbietungen (Handlungen, Inszenierungen, Darstellungen) im Alltag beeinflussen. Die (bereinigte) Skala zur Interpretativität folgt der Konstruktion von Ganschow/Michalke (2016). Cronbachs Alpha beträgt ‚748.

- Item 17.1 thematisiert das Alter als wichtiges Kriterium der Interpretativität, da davon ausgegangen wird, dass eigene biographische Bezüge und die Verfügbarkeit von Heuristiken im Lebensverlauf ansteigen.
- Mit dem Item 17.2 wird das Selbstverstehen als Interpretationsleistung von Emotionen als vorsprachlicher Kognition angesprochen – Interpretation ist hier ein Prozess der Selbstverständigung.
- Item 17.3 spricht unmittelbar die Sinnzuschreibung hinsichtlich der Handlungen anderer und damit Interpretation als Fremdverstehen an.
- Item 17.4 bettet Interpretation in Interaktion ein. Kritik (als Lob oder Tadel) ist ein wertendes Folgehandeln einer anderen Person auf bereits gezeigtes eigenes Verhalten hin und kann recht unterschiedlich verstanden werden: als Infragestellen der dem eigenen Handeln zugrundeliegenden Sinnkonstruktionen oder als Angebot zur Herstellung eines gemeinsamen Sinnkonstrukts.

Sinnliches Verstehen (Skala 18): Die (bereinigte) Skala zum sinnlichen (sinnesgebundenen) Verstehen folgt der Konstruktion von Ganschow/Michalke (2016) und bezieht sich auf das Verstehen von Wahrnehmungen (Goldstein 2015). Hiermit sind zuerst einmal die Sinne (Hören, Sehen, Riechen, Schmecken, Berühren, aber auch Gleichgewicht, Temperatur, Schmerz) angesprochen, aber eigentlich bezieht sich das sinnliche Verstehen auf den Wahrnehmungsprozess, der den Sinneseindruck bereits mit einer Wertung (gut-schlecht, angenehm-unangenehm, schön-hässlich etc.) verbindet. Bereits die Wahrnehmung der Wahrnehmung ist also an einen Verstehensprozess gebunden – den Sinnen Sinn zu verleihen oder eine Gestalt (Goldstein 2015, Elbe 2017). Dies wird in der vorliegenden Skala anhand des auditiven Verstehens erhoben. Cronbachs Alpha beträgt ‚762.

- Item 18.1 spricht das kontextuelle Verstehen in andauernden Bezügen, wie es z. B. in gehörten Erzählungen erzeugt werden soll, an.
- Mit Item 18.2 wird das kontextgebundene Hörverstehen thematisiert – hier allerdings die Fähigkeit, aufgrund eines Geräusches ein inneres Bild (z. B. einer Waschmaschine) zu erzeugen.
- Item 18.3 bindet das auditive Verstehen an eine spezifische Wahrnehmungssituation, das Vorgelesenbekommen als Ausdruck sozialer Abhängigkeit – hier verfügen andere über den originären Quellenzugang.
- Item 18.4 greift die Imaginationsfähigkeit als bildhaftes Verstehen von Gehörtem abschließend auf oder – um noch einmal mit Aristoteles zu sprechen – ‚nihil potest homo intelligere sine phantasmate'.

5.2.6 Bewertung des EBVFB

Die Reliabilitätswerte der einzelnen Skalen sind durchaus zufriedenstellend, nur bei den Skalen zur Rationalität und Rekursivität zeigen sich Werte, die zwar den grundsätzlichen Anforderungen genügen, aber noch verbesserungsbedürftig sind. Trotz der hohen Gesamtreliabilität (mit Cronbachs Alpha von ‚93) bedarf das Instrument noch weiterer Überprüfungen und Entwicklungsschritte, um für einen generellen Einsatz empfohlen werden zu können. Hinsichtlich der Validität ist die theoretische Konstruktvalidität hinreichend begründet. Darüber hinaus wurde ein Experiment zur externen Validierung des Fragebogens unternommen. Hierbei wurden anhand einer Simulation (Francis/Young 1996: Sin-Obelisk) 38 Probanden hinsichtlich ihres skalenspezifischen Verhaltens von unterschiedlichen Beobachtern (aus der Gruppe der Seminarteilnehmer, die mit dem Fragebogen und dem Thema vertraut waren) eingeschätzt.[4] Die Probanden füllten anschließend online den Fragebogen (nach Reliabilitäts- und Plausibilitätsüberarbeitung) aus. Nun wurden die Skalenmittelwerte aus der Befragung mit den Einschätzungen der Beobachter verglichen, wobei sich keine signifikanten Korrelationen ergaben. Dieses Ergebnis spricht dafür, dass das innerweltliche Verstehen nicht durch Beobachtung verlässlich erfasst werden kann. Eine finale Validierung des EBVFB steht somit noch aus.

Generell können mit dem EBVFB individuelle Profile hinsichtlich des Verstehens von Einzelpersonen erhoben werden, um einen wichtigen Persönlichkeitsaspekt, der über ein einfaches Persönlichkeitsmerkmal deutlich hinausreicht, sondern vielmehr eine Grundlage für das Sich-in-Beziehung-Setzen mit seiner Umwelt darstellt, zu erfassen. Dies kann – aus wirtschaftspsychologischer Sicht – z. B. eine Grundlage für Coaching- oder Personalentwicklungsgespräche, aber auch für Personalauswahlentscheidung sein. Das Instrument kann aber auch zur Analyse von Gruppen- oder Gesamtheitsbefragungen eingesetzt werden, wobei natürlich die Auswertestrategien und -verfahren jeweils angepasst werden müssen. Es können auch einzelne Skalen und Items aus dem EBVFB in angepasste Fragebögen für spezifische Fragestellungen verwendet werden. Der Vergleich mit dem Idealtyp des homo intelligere bietet sich als Referenz bei jeder Verwendung des Fragebogens an. Mit dem EBVFB wird erstmals ein standardisiertes Instrument zur umfassenden Erhebung des Verstehens als kognitivem Prozess vorgelegt, das sich allerdings in der Forschungspraxis erst bewähren muss und in diesem Prozess auch weiterzuentwickeln ist. Der Fragebogen EBVFB mit den einzelnen Skalen und Items findet sich im Anhang 1 dieses Buches.

5.3 Antonovskys Kohärenzfragebogen

Es wurde bereits mehrfach darauf hingewiesen, dass Verstehen immer eine Auseinandersetzung mit der Umwelt bedeutet. Auch Selbstverstehen ist nur dann relevant, wenn das Selbst in Bezug auf die Umwelt und auf andere Menschen betrachtet wird. In diesem Sinn ist Verstehen natürlich immer auch wertorientiert, da diese Umweltbezogenheit nicht neutral erfolgt, sondern eine Wertung beinhaltet. Hier ist nochmal auf Heidegger (1993, S. 153) zu verweisen:

---

[4] Zum Ablauf des Experiments vgl. Anlage 2.

„Das Entscheidende ist nicht, aus dem Zirkel heraus-, sondern in ihn nach der rechten Weise hineinzukommen."

Einen eigenständigen Weg, in den verstehenden Zirkel hineinzukommen, hat Aaron Antonovsky gefunden, wobei das Verstehen, zusammen mit dem Sinn und der Handlungsorientierung die Faktoren des Kohärenzgefühls – des individuellen Empfindens von Aufgehobenheit in der Umwelt – darstellen. Antonovskys (1997) Verstehenskonzept greift nicht auf die bekannten Vertreter verstehender oder interpretativer Ansätze aus Deutschland oder den USA zurück – die er sicherlich aus seinem Soziologiestudium kannte –, sondern entwickelt einen Verstehenszugang, der sich an der Frage ‚Wie bleiben Menschen gesund?' orientiert – die einzigen Bezüge, die er nennt, sind Sigmund Freud und Viktor Frankl. Der Medizinsoziologie Antonovsky konzipierte dabei einen Ansatz, den er als ergänzend zum krankheitsorientierten Ansatz der Medizin (Pathogenese) als Salutogenese entwarf: als wissenschaftliche Perspektive auf die Entstehung/Entwicklung (Genese) von Gesundheit (Salus). Antonovsky (1997) stellte damit nicht die Existenz von Krankheit oder Leiden infrage, er stellte vielmehr der bisher ganz auf die Krankheitsentwicklung fokussierten wissenschaftlichen Betrachtung eine zweite, empirisch fundierte Perspektive an die Seite, die einer verstehend-handlungsorientierten Auffassung von Gesundheit besser entsprach. So wie Pathogenese und Salutogenese eine komplementäre Beziehung eingehen, ergänzen sich im Modell selbst dann auch Stressoren (als Risikofaktoren) und Ressourcen (als Gesundheitsfaktoren) zu einem kohärenten Gefühl der Aufgehobenheit in der Umwelt, des konsistenten, sinnbehafteten Verstehens und Handelns. Dies drückt sich im Sense of Coherence (Kohärenzsinn/Kohärenzgefühl) aus:

„Das Kohärenzgefühl ist eine globale Orientierung, die ausdrückt, in welchem Ausmaß man ein durchdringendes, dynamisches Gefühl des Vertrauens hat, dass

1. die Stimuli, die sich im Verlauf des Lebens aus der inneren und äußeren Umgebung ergeben, strukturiert, vorhersehbar und erklärbar sind;
2. einem die Ressourcen zur Verfügung stehen, um den Anforderungen, die diese Stimuli stellen, zu begegnen;
3. diese Anforderungen Herausforderungen sind, die Anstrengung und Engagement lohnen." (Antonovsky 1997, S. 36)

5.3 Antonovskys Kohärenzfragebogen

Abb. 5.3 Das SOC-Modell. (Eigene Darstellung)

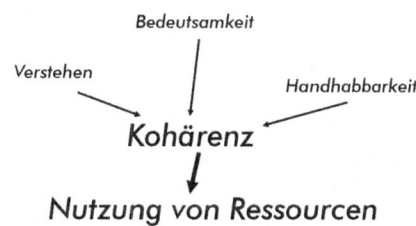

Hiermit sind drei Faktoren benannt, die den Kohärenzsinn in besonderem Maß beeinflussen: das *Verstehen* (der Stimuli), die *Handhabbarkeit* (der Ressourcen) und die *Bedeutsamkeit* (Sinn als Grundlage des Engagements). Diese drei Faktoren wirken (motivational) innerlich und (beobachtbar) in der Handlung zusammen, sie sind Ausdruck der Kohärenz, die auch bei Belastungen, Leid- und Krankheitserfahrungen, Handlungsfähigkeit und damit Gesundheitserleben fördert. Kohärenz befähigt uns dazu, vorhandene Ressourcen zu entdecken und zu aktivieren (Abb. 5.3).

Antonovsky (1997) hat dieses Modell aufgrund empirischer Erhebungen entwickelt und faktoranalytisch validiert (vgl. den Fragebogen mit Auswerteanleitung in Antonovsky 1997, S. 192 ff.). Mit diesem Instrument wurden zahlreiche Untersuchungen in verschiedenen gesundheitsrelevanten Bereichen durchgeführt (vgl. z. B. Bengel/Strittmatter/Willmann 2001), wobei es auch für den Bereich der betrieblichen Gesundheitsförderung eine besondere Bedeutung erlangte.[5]

Im Testhandbuch zur deutschen Version des Kohärenzfragebogens (Singer/Brähler 2007) sind sowohl das Konstrukt mit den entsprechenden Qualitätskennzahlen, als auch der theoretische Hintergrund und die Einsatzbreite des Fragebogens dokumentiert. Franke (1997) weist darauf hin, dass Antonovsky selbst die Bezeichnung ‚Fragebogen zur Lebensorientierung' bevorzugt hat, die auch heute noch vielfach anzutreffen ist. Damit wird deutlich, dass es eben nicht nur um das Verhältnis zu Gesundheit und Krankheit geht, sondern um die grundsätzliche Lebensorientierung des Menschen, seine Aufgehobenheit in der Umwelt, seine Sinnorientierung, sein Verstehen und sein Gefühl, handlungsmächtig zu sein. Der Fragebogen, der auch häufig mit SOC (als Akronym für ‚Sense of Coherence') bezeichnet wird, hat breiten Einsatz gefunden (Bengel/Strittmatter/Willmann 2001, Singer/Brähler 2007) und liegt in verschiedenen Fassungen auf Deutsch vor, u. a. auch in Kurzversionen mit 9, bzw. 13 Items.

---

[5] Vgl. z. B. Richter/Nebel/Wolf 2006 im Sonderheft der Wirtschaftspsychologie, das sich der Salutogenese im organisationalen Kontext widmete.

Der eigentliche Fragebogen umfasst 29 Items, die auf die drei Faktoren Verstehen, Handhabbarkeit und Sinn/Bedeutsamkeit laden – vgl. hierzu die Tabelle in Anhang 3. Die einzelnen Faktoren und damit auch das dezidierte Verstehensmaß bilden sich aber nur im umfassenden Fragebogen ab. Es wird diskutiert, inwieweit sich auch die drei Faktoren durch drei gezielte einzelne Fragen erheben lassen. Elbe (2014) zeigt dies anhand einer Untersuchung mit 1606 Befragten. Hier wurden die Kohärenzfaktoren mit drei Einzelfrage erhoben, und es ist festzustellen, dass die drei Faktoren (Bedeutsamkeit, Verstehen und Handhabbarkeit) in Bezug auf Darmkrebsvorsorge signifikant (sig < 0,01) mit hohen Zusammenhangswerten (r > ,500) miteinander verbunden sind.[6] Beim Vergleich der drei Merkmalsverteilungen fällt auf, dass insbesondere Bedeutsamkeit und Handhabbarkeit fast identische Verteilungsmuster aufweisen, was sich auch im Korrelationswert (r = .,848) zeigt. Dies kann dahingehend interpretiert werden, dass das Verstehen grundsätzlich wichtig ist, aber beeinflussen kann ich nur, was mir wichtig ist.

Interpretation als zentraler Aspekt nicht nur der Lebensorientierung, sondern auch der Erfassung dieser Orientierung beeinflusst auch die Verwendung des Kohärenzfragebogens in seinen verschiedenen Versionen.

„Die SOC-Skala war ursprünglich in Hebräisch formuliert und überprüft worden. Da Englisch die Muttersprache von Antonovsky war, lag es nahe, dass er die Übersetzung sehr bald selbst vornahm. Dabei stellte er bereits fest, wie schwierig es war, kulturelle Äquivalenz zwischen den beiden Versionen herzustellen. Am Beispiel des Items »Viele Leute – auch solche mit einem starken Charakter – fühlen sich in bestimmten Situationen als traurige Verlierer. Wie oft haben Sie sich in der Vergangenheit so gefühlt?« führt er dies näher aus. Das hebräische Wort misken (hier übersetzt mit »trauriger Verlierer«) hatte er mit sad sack übersetzt. Dieser Begriff war aber mittlerweile veraltet, man verwendete stattdessen loser. In einer deutschen Übersetzung wurde statt »trauriger Verlierer« das Wort »Pechvogel« verwendet – auch diese beiden Wörter haben eine jeweils unterschiedliche Konnotation.
Afrikanische Forscher stellten fest, dass genau dieses Item viel Unverständnis auslöste. Die – fast stereotype – Antwort vor allem der befragten Frauen war: »Ein Kind ist (die Personifizierung von) Hoffnung.« Die Formulierung der Frage wurde also adaptiert: »Viele Leute – auch solche die stark sind – verlieren in bestimmten Situationen die Hoffnung. Wie oft haben Sie in der Vergangenheit Ihre Hoffnung verloren?«

---

[6] Die vielfach angebrachte Kritik an dem Konstrukt, dass bei Messungen die drei Faktoren nicht unabhängig voneinander seien, zeigt sich auch hier wieder – nur ist eine Unabhängigkeit der Dimensionen Sinn und Verstehen auch nicht zu erwarten und auch kein prinzipiell zu erfüllendes Kriterium, da die Abhängigkeit, wie hier gezeigt, sinnhaft begründet und statistisch relevant ist. Zu den psychometrischen Qualitätsmerkmalen und weiteren statistischen Anforderungen an das Konstrukt vgl. Singer/Brähler (2007).

Diese Itemfassung weicht natürlich deutlich von der ursprünglichen Form ab. Auffällig oft wurde dieses Item auch einfach aus dem Fragebogen entfernt." (Singer/Brähler 2007, S. 24)

Die Reflexivität des Verstehens zeigt sich auch hier wieder, und es wird einmal mehr deutlich, dass es eben darauf ankommt, wie man in den verstehenden Zirkel hineinkommt, und dies ist abhängig davon, wie sehr der Forschenden ihr kulturelles und fachliches Wissen sich selbst, den Beforschten und auch zukünftigen Rezipienten gegenüber offenlegen. Eine Möglichkeit, das Vorwissen zu systematisieren besteht darin, dieses in einen Idealtyp zu fassen.

5.4 Idealtypen in der Forschungspraxis

5.4.1 Vorwissen und Verstehen

Im wissenschaftlichen Verstehen sind Aussagen über soziale Tatsachen Ziel der Erkenntnis. Es soll nicht in Abrede gestellt werden, dass damit der Wunsch nach Gestaltung der – so wahrgenommenen und erklärten Welt (im jeweils betrachteten Ausschnitt) – verbunden ist. Die Gestaltung kann aber niemals Ergebnis der Theorie sein, sondern nur Aussagen darüber machen, ob Handlungen als regelkonform anzusehen sind oder als regelwidrig und ob die Handlung bei gegebenem Ziel zu dessen Verwirklichung beiträgt oder nicht. Das Ziel selbst kann die Theorie nicht vorgeben. In dem Maße aber, wie sich die Ziele der beteiligten Akteure (ggf. einschließlich der Institutionen selbst) ändern und wie sich, auch in Abhängigkeit davon, das Sprachspiel im jeweiligen Kontext (mithin die Regeln) ändert, müssen auch die Theorien angepasst werden. Theorien sind eben kein Abbild der Realität, die dauerhafte Gesetzmäßigkeiten aufzeigen, sondern Hilfskonstruktionen, die helfen, soziale Tatsachen und Handlungen zu verstehen – dies gilt sowohl für Alltagstheorien als auch für wissenschaftliche Theorien. Wissenschaftliche Theorien sind Produkte des Verstehens 2. Ordnung. Grundlage sind hermeneutisch erzeugte Texte, die das Vorwissen explizieren. In ihnen werden Idealtypen (als Verweis auf die Idee) und lebensweltliches Vorwissen bezüglich des Wesens der jeweiligen Institution (wie es sich näherungsweise in den Sprachspielen ausdrückt) zusammengefasst. Der Idealtyp ist selbst keine Theorie, sondern nur Sinnverweis auf die Notion, eine Hypothese, die uns hilft, die je eigene Logik des Sprachspiels zu verstehen. Der Prozess des Beschreibens, des Erklärens und der Prognose im Verstehen 2. Ordnung ist also vor dem Hintergrund der Typenbildung im Sinne Webers (1980) zu betrachten. Die Bedeutung empirischer Datenerhebung für den verstehenden Ansatz wird dabei durch die Methodologie, als grundsätzliches Vorgehen, vermittelt.

> „Jener ‚Sinnzusammenhang', der von Weber auch ‚Motiv' genannt wird und in dessen Kontext ein beobachtbares (ein ‚aktuell verständliches') Handeln erklärbar wird, kann nun entweder derart konstruiert werden, daß ich das beobachtete Handeln im Kontext eines Einzelfalles mit seiner individuellen Geschichte und fallspezifischen Besonderheit (ideographische Betrachtung) erkläre oder im Kontext von Durchschnittswerten (statistisches Verfahren) oder auf dem Wege einer idealtypischen Konstruktion." (Bohnsack 1993, S. 144 f., unter Auslassung einer Fußnote)

Obwohl Bohnsack in seinem Entwurf einer ‚rekonstruktiven Sozialforschung' die Methodologie Webers einführt und in ihrer Breite umreißt, setzt er sich anschließend nur noch mit der Idealtypenbildung auseinander und wählt einen anderen, traditionell-hermeneutischen Zugang zur Typenbildung.[7] Im Forschungsvorgehen bestimmen aber die Typen (historischer Einzelfall, Realtyp und Idealtyp) das Forschungsdesign, also die Untersuchungsform und damit auch, in welchem Ausmaß man bereit ist, Anpassungen des Vorwissens vorzunehmen. Generell kann bezüglich des Forschungsdesigns zwischen Fallstudie, Feldstudie und Experiment unterschieden werden (Elbe 2015, Elbe 2021), wobei hierdurch noch keine Aussage über die Methode der Datenerhebung gemacht wird.

Fallstudien sind dadurch gekennzeichnet, dass Daten in einer relativ begrenzten sozialen Einheit erhoben werden (z. B. in einer Organisation mit einer überschaubaren Anzahl von Mitgliedern oder nur in einem Ausschnitt einer Organisation, sodass grundsätzlich einheitliche Sprachspiele unterstellt werden können); im Extremfall werden nur Daten bei einer Person erhoben. Bei Fallstudien handelt es sich also um die Erhebung von Daten im historischen Einzelfall, wobei in der daraus resultierenden Beschreibung möglichst genau lebensweltliche und an Notionen gebundene Sinnverweise dargestellt werden.

Feldstudien hingegen erheben Daten einer oder mehrerer sozialer Einheiten, denen Gemeinsamkeiten bezüglich eines Merkmals unterstellt werden (z. B. bei verschiedenen Organisationen, die alle einer bestimmten Branche angehören, etwa der Versicherungsbranche oder bei einer Vielzahl von Personen derselben Organisation, der aber aufgrund der hohen Anzahl von Mitgliedern kaum mehr einheitliche Sprachspiele unterstellt werden können); hier muss prinzipiell eine personelle oder sachliche Auswahl bei der Datenerhebung getroffen werden. Auch Feldstudien erzeugen historisch gebundene Daten, doch liegen diese

---

[7] Vgl. hierzu auch Gerhardt (2001) sowie Guttandin (1997).

5.4 Idealtypen in der Forschungspraxis

auf einer abstrakteren Ebene. Die lebensweltlichen Sinnverweise treten gegenüber den an bloße Ideen gebundenen Sinnverweisen in der Beschreibung zurück; beschrieben werden Realtypen.

Experimente stellen Simulationen sozialer Tatsachen dar, wobei die Vielzahl teleologischer und kausaler Einflüsse gemäß des Idealtyps reduziert wird. In Experimenten werden also die lebensweltlichen Einflüsse bewusst reduziert, um so das Verhalten sozialer Tatsachen nur unter dem Sinnverweis des Idealtyps zu testen. Die reinste Form des Experiments ist das bloße Gedankenexperiment – soziale Tatsachen werden auf die reine Vorstellung des Forschers reduziert. In Laborexperimenten werden soziale Tatsachen intersubjektiv konstruiert, zugleich werden aber lebensweltliche Abweichungen von den idealtypischen Sinnverweisen möglichst gering gehalten. Bei Gedanken- und Laborexperimenten ist somit das wissenschaftliche Sprachspiel prägend. Bei Feldexperimenten dagegen sind die lebensweltlichen Sinnverweise organisationaler Sprachspiele voll erhalten. Die Datenerhebung findet in der sozialen Realität statt, wobei bewusst Variationen im kommunikativen Handeln vorgenommen werden, das Sprachspiel wird irritiert. Aufgrund der selektiven Variation lassen sich dann idealtypische Sinnverweise beschreiben, da das Feldexperiment den Eintritt in das lebensweltlich-organisationale Sprachspiel verhindert. Durch Experimente erzeugte Beschreibungen führen also zu Idealtypen, deren reinster allerdings das Gedankenexperiment bleibt.

Im Prozess wissenschaftlichen Verstehens sind die Forschungsdesigns also an die Typenbildung in der Beschreibung geknüpft.[8] Die Perspektive (Frame) verstehender Sozialwissenschaften ist dabei expliziter Bestandteil des Vorwissens. Unter diesem Blickwinkel werden Institutionen anhand ihrer Sprachspiele untersucht, um zu theoretischen Aussagen über Handeln sowie den damit verbundenen Sinnverweisen in und von Institutionen zu gelangen. Diese Aussagen werden im hermeneutischen Prozess in Texten verfasst, also in das Sprachspiel der Wissenschaft übertragen. Mit der Verfertigung solcher Beschreibungen tritt man in den Zirkel des Verstehens 2. Ordnung ein. Fallstudien führen zu Beschreibungen von Wirklichkeitskonstruktionen im historischen Einzelfall, Feldstudien zu Beschreibungen von Realtypen und Experimente zu Beschreibungen von Idealtypen.

Das Experiment bedarf dabei der Hermeneutik primär in der Prognose, da es direkt zum Idealtyp führt und Beschreibung sowie Erklärung vom organisationalen Sprachspiel getrennt bleiben. Fall- und Feldstudie dagegen durchlaufen alle

---

[8] Schmidt-Hertha/Tippelt (2011) modellieren einen Typologien-Würfel um die Vielfalt verschiedener Typologieformen in eine Systematik zu fassen.

Phasen des wissenschaftlichen Verstehensprozesses: Beschreibung, Erklärung und Prognose sind auf jeweils einer eigenen interpretativen Ebene und sie bedürfen des Idealtyps, um erklären und prognostizieren zu können. Für alle drei Designs gilt dabei, dass sie zu Hypothesen führen, die sich im Idealtyp ausdrücken und damit zu einer verstehenden Theorie der Institution beitragen, selbst aber keine Theorie sind. Die Theorie selbst ist ein wissenschaftliches Sprachspiel, das nicht die Wirklichkeit wiedergibt, sondern die durch vielfache Interpretation vermittelte Konstruktion organisationaler Wirklichkeit, und diese verändert sich im zeitlichen Verlauf, so wie sich die lebensweltlichen Sinnverweise in Institutionen und auch die Idee der jeweiligen Institution ändern.

Die Zulässigkeit der Interpretation ist dabei an den Handlungserfolg gebunden. Dieser war im Verstehen 1. Ordnung an das intuitive Einverständnis geknüpft, das sich im Handlungserfolg reproduziert. Im Verstehen 2. Ordnung wird die Evidenz der Deutung durch die Übersetzung in ein anderes Sprachspiel hergestellt. Der empathische Zugang wird durch einen rationalen Zugang ersetzt und reduziert so die Unsicherheit gegenüber den Regeln des organisationalen Sprachspiels. Dessen Logik wird nun aufgrund der Explizierung und Interpretation zugänglich. Die Handlungsabweichungen von der idealtypischen Regel können nun als anders motiviert angesehen bzw. als Innovation des Sprachspiels verstanden werden. Ob dies allerdings zutrifft, ob diese Wirklichkeitskonstruktion mit den Wirklichkeitskonstruktionen der Teilnehmer am Sprachspiel (z. B. von Organisationsmitgliedern) übereinstimmt, muss sich am Handlungserfolg zeigen. Grundsätzlich ist die Bildung von Idealtypen auf der Grundlage quantitativer wie auch qualitativer Daten möglich. (Abschn. 3.5 in diesem Band sowie Promberger 2011).

Die Beispiele für die Nutzung von Idealtypen im Weberschen Sinn sind vielfältig, hier sollen insbesondere Forschungsprojekte des Autors angeführt werden, um sowohl qualitative als auch quantitative Vorgehensweisen bei der empirischen Arbeit mit Idealtypen vorzuführen.

5.4.2 Beispiel 1: Handlungsleitende Institutionen im Unternehmen

Die erste Fallstudie zeigt, wie im Rahmen einer Theorietriangulation verschiedene theoretische Ansätze zur Interpretation einer spezifischen Handlungssituation in einem Unternehmen zusammengeführt werden können. Ausgangspunkt hierfür ist ein mehrstündiges Interview, das ausgewählt wurde, um eine generelle Problemkonstellation in diesem Unternehmen zu kennzeichnen. Grundlage der

5.4 Idealtypen in der Forschungspraxis

Fallinterpretation ist ein explizit verstehender Zugang, der das Konzept des Sprachspiels (Wittgenstein 1997) mit einer idealtypischen Institutionenanalyse im Anschluss an Weber (1980) verbindet.

Bei dem Unternehmen, nennen wir es X AG, handelt es sich um ein international agierendes Unternehmen. Die X AG befindet sich in einem recht umfassenden Prozess sozialen Wandels, der primär zwei Gründe zu haben scheint: einmal der Übergang von einem Unternehmen der New Economy zu einem Global Player (so die Selbstbeschreibung), zum anderen offene gesellschaftliche Kritik an dieser Tendenz zur Internationalisierung im Heimatland der X AG, die das Unternehmen seine Corporate Citizenship deutlicher betonen lässt.

Dies drückt das Unternehmen in der Definition eines Leitbildes aus, das sich folgendermaßen zusammenfassen lässt. Zentrale Leitlinie für das Verhalten der Mitarbeiter und der Organisation sollen sein: Kundenorientierung, Gesellschaftsorientierung, Leistungsorientierung, Mitarbeiterorientierung und Innovationsorientierung. Dies scheint mehr zu sein, als bloße ‚Hochglanz'-Präsentation, sondern vielmehr Ausfluss eines tief empfundenen Veränderungsbedürfnisses, das so auch intern an die Mitarbeiter kommuniziert wird. Hieran ist auch das Leitbild des Unternehmens ausgerichtet, das mehr ist als nur Selbstdarstellung oder bloße Absichtserklärung, sondern vielmehr der kommunizierte Teil eines beabsichtigten sozialen Wandels der Organisation, der zum einen von den Mitarbeitern mitgetragen werden muss, um so realisiert werden zu können, an dem sich zum anderen aber die X AG messen lassen muss. Diese Definition eines Selbstbildes und deren Kommunikation nach innen und außen hat etwas mit Unternehmenskultur zu tun, stellt aber nicht die Unternehmenskultur an sich dar. Die Probleme der Messung von Unternehmenskultur sind bekannt. Die Gesamtheit der Artefakte, der Symbole, Mythen, Riten und sprachlichen Besonderheiten, die Verweise auf spezifische kulturelle Muster sind, lassen sich natürlich nicht aus einem Interview und etwas Begleitmaterial erschließen – aber: Auch hier gilt, dass die handlungsleitenden Institutionen sehr viel über die Unternehmenskultur aussagen.

Die Annäherung an die von der Organisation postulierten Institutionen, und der Umgang der Organisationsmitglieder damit zeigen sich in den Sprachspielen,[9] die im Rahmen eines äußerst umfassenden Interviews mit einer Mitarbeiterin (Frau Y) der X AG erhoben wurde. Zwischen den Zielen des geplanten sozialen Wandels in der X AG, der Projektierung einzelner Reorganisationsmaßnahmen

---

[9] Mit dem Konzept des Sprachspiels wird hier ein Ansatz von Wittgenstein (1997) genutzt, der quasiinstitutionalisierte Interaktionsformen des Alltags als regelorientierte Tätigkeitsmuster (Spiele) beschreibt, die auf einen spezifischen Sinn (Witz) verweisen. Wer es versteht, sich gewitzt zu verhalten, der geht virtuos mit dem jeweiligen Sprachspiel um und kann dadurch alltägliche Situationen vorteilhaft für sich gestalten.

und dem Umgang der Mitarbeiter (hier: von Frau Y) hiermit, besteht eine deutliche Diskrepanz. Frau Y kann in diesem Spannungsverhältnis nur aufgrund ihres hochgradig mikropolitischen Verhaltens erfolgreich sein. Eben hier entsteht der Beratungsbedarf im Fall der X AG: Die Ziele des sozialen Wandels (die sich z. B. in dem Unternehmensleitbild ausdrücken) mit Managementroutinen und den Handlungsstrukturen der Mitarbeiter in Einklang zu bringen. Aus dem Interview mit Frau Y lassen sich sechs handlungsleitende Institutionen induktiv herausarbeiten, die den Arbeitsalltag von Frau Y prägen: Organisation, Führung, Kommunikation, Kooperation, Arbeit und Geld.

Dies soll anhand des Beispiels der Institution „Führung" deutlich gemachte werden: Das Sprachspiel der Führung taucht im Interview mit Frau Y in drei Erzählzusammenhängen auf, ihrem grundsätzlichen Umgang mit Führung, das Führungsproblem im Reorganisations-Projekt und schließlich das Problemfeld der Zielvereinbarung. Grundsätzlich will Frau Y, die selbst bereits formale Führungsverantwortung in verschiedenen Positionen innehatte, keine formale Führungsrolle übernehmen, da sie um die dadurch verursachte Handlungsbeschränkung weiß. Sie nutzt aber intensiv Aspekte der informellen Führung, um ihr Arbeitsumfeld zu disziplinieren (‚so ein Team ein bisschen treten') und um dadurch ihre Machtposition zu stärken (sie eignet sich die Budgethoheit als ‚Nebenaufgabe' an). Dies illustriert folgender Ausschnitt:

J   *Auch hier, von dem XY-Team, da hab ich eigentlich auch so mehr oder weniger die – das Team in der Hand. //Ja// Also eine gewisse Führung wird da eigentlich ziemlich stark von mir getrieben, weil der eine sehr chaotisch ist, der andere eben auch nur in der Ecke sitzt und wartet, dass was passiert. Und – und so, ähm, bewegen wir eigentlich jetzt was. Und das ist eigentlich das, was so grad ′n gutes Mix ist. Ich möchte keine Mitarbeiter haben, aber so ein Team mal ein bisschen zu treten, dass es dann mal strukturiert, dass was in Schwung kommt, das ist dann ganz gut so. Weil Mitarbeiter – ich hatte auch schon 24 Mitarbeiter gehabt, das war, äh, für fünf Jahre ne nette Erfahrung, aber das möchte ich mir einfach nicht noch mal antun. (lacht) [991–1000]*

Als Teil einer Handlungsproblematik wirkt formale Führung im Reorganisations-Projekt selbst. Der Vorgesetzte in der ersten Phase dieses Projekts erscheint nur als Vollzugsbeamter, der die Vertikalisierung (als Auflösung horizontaler Abstimmungsmechanismen) bekannt gibt. Im Lösen der Unsicherheitsprobleme zu Beginn des Projektes spielte er keine Rolle. Dies versucht Frau Y, durch informelle Verpflichtungen des Vorgesetzten und der Kollegen ihr gegenüber, abzusichern. Als grundsätzliche Handlungsproblematik wirkt das System der

5.4 Idealtypen in der Forschungspraxis

Kundenorientierung	⇨	Kooperation, Organisation
Gesellschaftsorientierung	⇨	Geld, Arbeit
Leistungsorientierung	⇨	Arbeit, Führung (Anreizsystem)
Mitarbeiterorientierung	⇨	Führung, Kommunikation
Innovationsorientierung	⇨	Organisation

Abb. 5.4 Zuordnung von Idealtyp und Handlungsproblematik. (Eigene Darstellung)

Zielvereinbarung. Hierbei handelt es sich de facto um Zielvorgaben, die die Reorganisation eher behindern und dazu führen, dass der Einzelne seinen Umsatz abzusichern sucht, anstatt ein System gemeinsamer Ergebnisoptimierung sinnvoll aufzubauen. Hier werden die Regeln des Sprachspiels nicht umgedeutet, sie werden wort-wörtlich gedeutet. Die Zielvorgaben als Führungsinstrument dominieren andere Formen formaler Führung, dabei entstehende Unsicherheitsfelder werden durch informelle Führung abgesichert.

Als Leitgedanken des Idealtyps der X AG wurden Kundenorientierung, Gesellschaftsorientierung, Leistungsorientierung, Mitarbeiterorientierung, Innovationsorientierung festgestellt. Kontrastiert man dies mit den, in der Interviewauswertung herausgearbeiteten, dominanten Sprachspielen (Organisation, Führung, Kommunikation, Konkurrenz, Arbeit und Geld), ist festzustellen, dass die primär handlungsleitenden Institutionen sich nicht eindeutig den Leitgedanken zuordnen lassen. Es ist anzunehmen, dass der Idealtyp, der eigentlich grundlegende Sinnorientierung im betrieblichen Handeln geben sollte, dies nur in geringem Maß zu leisten vermag (dies zeigt Abb. 5.4).

Die Diskrepanz zwischen dem (aus den Unternehmensleitlinien abgeleiteten) Idealtyp der X AG und den tatsächlich handlungsleitenden Institutionen im Arbeitsalltag von Frau Y ist zu groß, als dass hier eine sinnhafte Bezogenheit unterstellt werden könnte. Wirksam erscheint die pragmatistische Erfolgsorientierung, die gesellschaftliche Wertkompatibilität wird indes nicht handlungsleitend. Für die Handlungsprobleme innerhalb der X AG hat das postulierte Leitbild als Idealtyp kaum eine Bedeutung, in der Außenwahrnehmung der X AG könnte diese Diskrepanz aber zum Problem werden, da das Handeln der Mitarbeiter nach außen inkonsistent wirkt.

Frau Y formuliert selbst die Handlungsproblematik, die sie im Changemanagement in der X AG empfindet. Sie möchte klare Informationen, nach denen sie sich richten kann:

1. Was wird von mir erwartet?
2. Was bedeutet die jeweilige Reorganisationsmaßnahme, was ist ihr Sinn?
3. Was ist meine neue Funktion?

4. Wie kann man dies umsetzen?
5. Wie kann sichergestellt werden, dass der Vorgesetzte seine Mitarbeiter richtig informieren kann?

Frau Y macht auch Vorschläge, wie dies umgesetzt werden kann: Die organisationale Änderung sollte früher kommuniziert werden, es sollten dabei Inhalte vermittelt werden und nicht Schlagworte, dies sollte durch Trainings unterstützt werden, und letztlich bedarf es der Einbindung in ein Team. Als handlungsproblemschaffende Institutionen erkennt Frau Y damit Organisation, Führung und Kommunikation. Nicht bewusst sind ihr das eigene Konkurrenzverhalten und die überdominante Ökonomisierung – oder anders ausgedrückt: Mikropolitik und Opportunismus als Teil der grundlegenden Handlungsproblematik in der X AG. Es sind eben die tatsächlich handlungsleitenden Institutionen, die Interaktion in Organisationen strukturieren und nicht die postulierten Leitsätze.

Dieses Beispiel dokumentiert eine spezifisch hermeneutische Verwendung des Idealtyps. Für ein umfassendes, mehrstündiges Interview, das in transkribierter Form vorliegt, wird eine Interpretationsgrundlage geschaffen, die mit Hilfe des Verfahrens des Idealtypvergleichs das Vorwissen hinsichtlich einer spezifischen betrieblichen Handlungsproblematik offenlegt. Zum Fall vgl. Elbe (2015, 2007).

5.4.3 Beispiel 2: Idealtypen der Beratung

Elbe/Saam (2008) haben Realtypen der Organisationsberatung mit ihren Idealtypen verglichen. Dabei müssen sich auch Typologien der Beratung der Kritik stellen, dass ihre Kategorien willkürlich festgelegt sind und nicht unbedingt einer erkennbaren soziologischen Systematik folgen. Aus diesem Grund legen die Autoren eine Systematik zugrunde, die sich auf das soziale Handeln während des Beratungsprozesses sowie auf dessen theoretische Fundierung bezieht, und dabei mit den Idealisierungen auf der Vorderbühne (Goffman 1996) der Organisationsberatung korrespondiert.

> *„Die im Folgenden vorgestellten Idealtypen übersteigern die von den Beratern zur Selbstdarstellung genutzten Idealisierungen." (Elbe/Saam 2008, S. 329)*

Ihre Idealtypen beruhen auf folgenden Kategorien:

- Startphase
- Diagnose

5.4 Idealtypen in der Forschungspraxis

- Handlungsplanung
- Durchführung
- Abschluss
- Verhältnis des Beraters zu Mitgliedern der Klienten-Organisation
- Kriterien eines erfolgreichen Beratungsprojekts
- Beratungsverständnis
- Theoretischer Hintergrund

In sechs dieser Kategorien finden sich jeweils Merkmalsausprägungen in denen sich alle Idealtypen der Beratung voneinander unterscheiden. Diese Alleinstellungsmerkmale rechtfertigen, dass vier Idealtypen der Organisationsberatung zugrunde gelegt werden: (Kern-) Prozessberatung, strategische Beratung, Organisationsentwicklung und systemische Beratung.

Webers Methodologie (Weber 1980) folgend untersuchen die Autoren nun, inwiefern Berater systematisch von den Merkmalsausprägungen des jeweiligen Idealtyps abweichen. Hierfür legen sie 48 Leitfadeninterviews mit je zwölf VertreterInnen der jeweiligen Beratungsrichtungen, die im Sommer und Herbst 2002 durchgeführt wurden, zugrunde (Elbe/Saam 2008). Diese wurden mit Tonband aufgezeichnet und transkribiert.[10] Es wurden Interviewpassagen mit den jeweils zutreffenden Kategorien des Idealtyps verglichen und Abweichung, bzw. Übereinstimmung mit dem Idealtyp festgestellt und bei Abweichungen wurden Interviews systematisch nach Gründen für die jeweilige Abweichung ausgewertet.

Im Folgenden soll ein Beispiel für die Analyse der Interviews am Beispiel des Idealtyps der systemischen Beratung dargestellt werden:

„Die meisten Abweichungen lassen sich damit erklären, dass es den Beratern nicht gelingt, dauerhaft mit dem Konzept des sozialen Systems zu arbeiten: *„Aber trotz alledem erwische ich mich auch immer wieder dabei, wie man wieder auf die andere Seite wechselt und plötzlich dann wieder genau an der Person arbeitet."* (C8: 156) Auch die Motivation hierfür wird explizit angegeben: *„Eben Wertschätzung insofern, dass man sich wirklich anhört, was erzählen die und mit was arbeiten die."* (C8: 147) *„Aber mir ist es lieber, für die sogenannten Verlierer zu sorgen, dass die vernünftig behandelt werden."* (C5: 161) Diese Berater sehen sich nicht als Beobachter eines sozialen Systems, sondern in der Therapeutenrolle. Sie sind auch nicht mehr neutral, sondern greifen aktiv und parteilich ein. Organisation wird nicht (mehr) als sich selbst organisierendes System aufgefasst, sondern als hierarchisch gesteuertes System. Erkennbar ist, dass der Berater eine Problemlösung herbeiführen will, was

---

[10] Die Autoren danken den am Projekt beteiligten SoziologInnen Natascha Nisic, Angela Obermaier, Michael Taglinger und Monika Wimmer für die Führung der Interviews und das Erstellen der Transkripte.

zu der Vermutung führt, dass der Berater die Auflösung massiver Konflikte nicht unter Rückgriff auf Selbstorganisation, sondern nur unter Rückgriff auf die Hierarchie für lösbar hält. Hieraus lässt sich die Hypothese ableiten, dass die systemische Beratung von Beratern aufgegeben wird, wenn sich das Problem als Bedarf nach Lösung von Konflikten darstellt, und zwar deshalb, weil die systemische Beratung hierfür keine geeigneten Methoden bereitstellt: „*in der Regel ist es ja so, dass, wenn ich eingeschaltet werde, liegt ein Organisationskonflikt vor, sonst holen die mich ja gar nicht, wenn alles läuft; und dann läuft es so, dass ich sozusagen in den Interviews rausarbeiten muss, wer hat welche Interessen und wem stehen die entgegen also wo sind auch die Interessenkonflikte. ... Bei diesen Interviews habe ich dann Informationen gewonnen und ... ich nehme diese Informationen und versuche die sozusagen – ich kann ja nicht gegen die Hierarchie arbeiten – sondern die der Hierarchie dann auch zur Verfügung zu stellen, um die dann wirksam umsetzen zu können.*" (C1: 17–21) Zu erkennen ist weiterhin, dass es der systemischen Perspektive an Konzepten mangelt, das von Beratern als wichtig erachtete Vertrauensverhältnis zwischen Berater und Klient herzustellen: „*Das heißt ich versuche, wenn ich mit einer Gruppe von Menschen zu tun habe, immer auch die einzelnen Personen wahrzunehmen und auch anzusprechen und dadurch krieg ich eigentlich sehr schnell eine Atmosphäre von Vertrauen hin.*" (C7: 145) Ebenso scheint es diesen Beratern nicht möglich, auf der Basis systemischer Methodik Konsens und die Selbstverpflichtung auf gemeinsame Ziele und Handlungspläne herzustellen: „*Also ich meine fundamental wichtig ist die Frage, haben wir das Ausgangsproblem, sehen wir das in etwa ähnlich. Das scheint mir eine fundamentale Phase zu sein. Haben wir Konsens, Commitment darüber, welche Maßnahmen wir wie prioritär sehen?*" (C12: 280–282) Darüber hinaus scheint es Beratern nicht möglich, Widerstand als soziale Konstruktion zu relativieren und als letztlich nicht relevant zu bewerten: „*Und ich glaube ganz zentral ist, den Gegenüber ernst zu nehmen, also wenn es um Widerstände geht.*" (C2: 170) Berater, die – obwohl sie sich als systemisch bezeichnen – bei bestimmten Kategorien zu einer personenorientierten Sichtweise zurückkehren, vertreten dann fast durchgehend die Merkmalsausprägungen der Organisationsentwicklung. Die weithin bekannte Maxime der Organisationsentwicklung, man wolle „Betroffene zu Beteiligten machen", wird von diesen Beratern vielfach aufgenommen. Sie nennen als ihre theoretische Basis nicht nur die allgemeine, naturwissenschaftliche und soziologische Systemtheorie, sowie den familientherapeutischen Ansatz der Psychologie, sondern auch die Gruppendynamik." (Elbe/Saam 2008, S. 342 f.)

Die Autoren beschreiben damit sowohl Vorderbühne als auch Hinterbühne der Organisationsberatung, wobei die Berater auf der Vorderbühne Selbstzuschreibungen auf der Basis von Idealisierungen anbieten, die den Klienten, helfen eine Vorstellung vom Beratungsangebot des jeweiligen Beraters/der jeweiligen Beraterin zu machen. Anhand der Analyse der Interviews bestätigen die Autoren Goffmans Beobachtung, dass sich „Handelnde auf der Hinterbühne vielfach anders verhalten als es die Zeichen suggerieren, die sie als abstrakte Ensembles auf der Vorderbühne inszenieren." (Elbe/Saam 2008, S. 344) Als Begründung für

5.4 Idealtypen in der Forschungspraxis

die Abweichung der Beratungspraxis von den Idealtypen formulieren die Autoren abschließend drei Thesen: eine Konvergenzthese (die Typen der Beratung nähern sich in der Praxis einander an), eine Werte-Vermittlungs-These (in allen Beratungsformen werden Werte vermittelt werden) sowie eine Drei-Realtypen-These (die systemische Beratung stellt keinen eigenen Beratungstyp dar).[11]

Wie das Verstehen selbst zur Grundlage der Beratung gemacht werden kann (und nicht nur implizit dem Beratungshandeln zugrunde liegt), wird in Kap. 6 dieses Buches modelliert.

5.4.4 Beispiel 3: Duale Karrieren

Elbe et al. (2014) konstruieren den Idealtyp eines *homo gymnasialis,* des Leistungssportlers, der sich in zwei gesellschaftlichen Teilsystemen gleichzeitig beruflich bewähren muss. Hierbei sind die folgenden Kriterien zu berücksichtigen:

- *Institutionenorientierung:* Regeln, Strukturen und Abläufe von Karrieren ergeben sich aus der Institutionalisierung im jeweiligen Teilsystem.
- *Konkurrenzaustragung:* Die gesellschaftliche Konkurrenz zeigt sich in den Teilsystemen als Karriere.
- *Erfolg:* Karrieren werden dann als erfolgreich eingeschätzt, wenn im zeitlichen Verlauf eine Besserstellung innerhalb eines Systems erfolgt.
- *Sozialbezug:* Die zentralen Bezugsgruppen leiten sich in den gesellschaftlichen Teilsystemen aus der Konkurrenz- und Karriereorientierung ab.
- *Vermarktbarkeit:* Karrieren realisieren sich aufgrund der Vermarktbarkeit von Eigenschaften, Kompetenzen und Handlungsorientierung in gesellschaftlichen Teilsystemen.

Wenn diese Kriterien an die beiden Teilsysteme, in denen sich Athletinnen und Athleten im Leistungssport zu bewähren haben, angelegt werden, lässt sich die folgende Differenzierung treffen (Abb. 5.5):

---

[11] Ein ähnliches Vorgehen wie in Beispiel 2 (Organisationsberatung) findet sich auch bei Elbe/Butros/Stenke (2015), die Idealtypen der Psychotherapie anhand des therapeutischen Verstehens in der Praxis analysieren – vgl. hierzu Kap. 4.

	Sport	Bildung
Institution	Sportsystem (z.B. OSP)	Bildungssystem (z.B. Hochschule)
Konkurrenz-austragung	Wettkampf	Prüfung
Erfolg	relativ Bester (Gold)	absolut Bester (1,0)
Sozialbezug	Teammitgliedschaft	individuell Studierende
Vermarktbarkeit	perfekter Körper	perfekter Geist

Abb. 5.5 Differenzierungskriterien der Teilsysteme. (Eigene Darstellung)

Der Idealtyp eines Leistungssportlers/einer Leistungssportlerin kann sich in beiden Institutionen souverän bewegen und dabei das eigene Handeln an die jeweilige Rationalität anpassen. Ausgangspunkt ist der Siegeswille des Spitzensportlers, der bei der Bewältigung von Bildungsanforderungen (auch schon in der Schule) hilfreich ist. Trotz grundsätzlicher Teamorientierung im Sport ist den Athleten bewusst, dass hinsichtlich der Leistungsbeurteilung jeder letztlich auf sich gestellt ist und auch im Team diejenigen nominiert werden, die die beste Leistung erbringen. Bezüglich der Bildung gilt, dass am Ende Bildungszertifikate zählen, die ebenso individuell ausgestellt werden. Damit ist der Idealtyp des Leistungssportlers beschrieben – dieser ist aber nur wissenschaftliches Vergleichsmodell. In der Realität lassen sich – wenn man die Untersuchung von Elbe et al. (2014) – zugrunde legt, die folgenden Realtypen unterscheiden:[12]

---

[12] Für die Untersuchung wurde ein Fragebogen entwickelt, der u. a. auf den Fragebogen zur Erhebung des Kohärenzsinns/der Lebensorientierung (Antonovsky 1997) zurückgriff und darüber hinaus Fragen zur individuellen leistungssportlichen Entwicklung und zum bisherigen Bildungs-/Studienverlauf, eine Karriereverlaufsanalyse als quantitativ abgefragte sportbezogene Karriereerzählung sowie individuelle soziodemographische Fragen integrierte. Der „Fragebogen Duale Karriere: Studium und Spitzensport" (Elbe et al. 2014) umfasste damit 72 Fragen, mit 126 Einzelmerkmalen. Es wurden 48 Spitzensportler angeschrieben (31 aktuell Studierende und 17 ehemalige Studenten), die bis Ende Januar 2012 antworten konnten. Der Rücklauf betrug bis dahin 21 verwertbare Fragebögen (43,75 %). Für die Typenbildung kommt es hier aber nicht auf die absoluten Zahlen an, sondern aufgrund der Repräsentation (anstelle von Repräsentativität), auf die deutliche Zuordenbarkeit der Befragten.

5.4 Idealtypen in der Forschungspraxis

- *Typ 1: Studierender Spitzensportler*
  Dieser Realtyp orientiert sich am stärksten am leistungssportlichen Idealtyp. Für das Studium werden minimale Ressourcen aufgewandt.
- *Typ 2: Dualer Karrierist*
  Hier steht die Vereinbarkeit der verschiedenen Anforderungen hinsichtlich zukünftiger Karriereaussichten im Vordergrund.
- *Typ 3: Leistungssportaffiner Student*
  Dieser Typ stellt die Logik studienbezogener Leistungsnachweise in den Vordergrund, der Sport ist fast nur noch eine Möglichkeit zum Verbleib in der institutionellen Sportförderung.

Die Realtypen korrespondieren mit den differentiellen Ausprägungen der einzelnen Individuen, die als Athleten an Wettkämpfen teilnehmen und zugleich ihr Studium bewältigen, dies wurde in der Studie anhand des zeitlichen Aufwands pro Woche für den Spitzensport (in Stunden: h) modelliert. (Abb. 5.6, vgl. Elbe et al. 2014).

Natürlich gibt es jeweils individuelle Ausprägungen, es lassen sich aber somit quantitativ Typen bilden, die sich diesen Realtypen zuordnen lassen.

„Damit stellt auch das Konstrukt des Idealtyps eines Homo Gymnasialis mit seinen drei Realtypen seine empirische Leistungsfähigkeit unter Beweis. Dies lässt sich insbesondere aufgrund der Verlaufsanalyse nachvollziehen. Im Jugendalter entsprechen die Sportler dem Idealtyp in hohem Maß und orientieren sich stark an der Logik des Sportsystems. Mit zunehmendem Kompetenzerwerb sinkt die Zufriedenheitsrate bei denjenigen, die sich einseitig auf ein System konzentrieren (studierende Spitzensportler [...] und leistungssportaffine Studenten [...]). Die drei Realtypen lassen sich gut

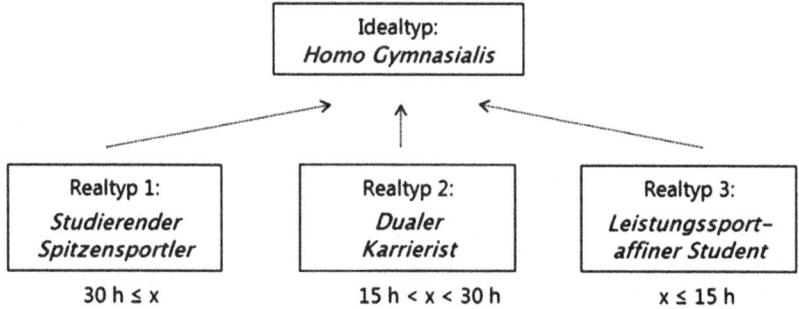

Abb. 5.6 Idealtyp und Realtypen dualer Karrieren. (Eigene Darstellung)

differenzieren und ihre Handlungsdispositionen begründet unterscheiden." (Elbe et al. 2014, S. 11)

Mit den hier vorgestellten Beispielen konnte deutlich gemacht werden, dass es sehr unterschiedliche Anwendungsfelder und Methoden zur Forschung mit Hilfe des Idealtypenvergleichs gibt. Sowohl qualitative als auch quantitative Methoden können zum Einsatz kommen, um Realtypen herauszuarbeiten (und auch diese sind natürlich nur Konstruktionen, denen aber eine empirische Begründung zugrunde liegt), die dann mit dem Idealtyp kontrastiert werden können. Hierdurch erhalten wir eine Hilfestellung für die Interpretation, die Abweichung der Realtypen vom Idealtyp zeigt uns kausale und teleologische Gründe des Handelns auf. Typische Sinnkonstruktionen in der sozialen Realität werden so systematisch verstehbar, ebenso wie damit verbundene soziale Strukturen. Und eben auch soziale Strukturen sind verstehbar, da sie sonst – im Sinne Webers (1980) – sinnlos wären.[13]

Literatur

Adorno, T. (1996): Einleitung in die Musiksoziologie. 9. Aufl. Frankfurt a. M.
Antonovsky, A. (1997). Salutogenese. Zur Entmystifizierung der Gesundheit. Tübingen.
Bengel, J./Strittmatter, R./Willmann, H. (2001): Was erhält Menschen gesund? Antonovskys Modell der Salutogenese – Diskussionsstand und Stellenwert. Köln.
Berne, E. (1991): Transaktionsanalyse der Intuition – ein Beitrag der Ich-Psychologie. Paderborn.
Bernhard, L./Rapphahn, S./Towae-Kelbling, C. (2016): Verstehensprozesse (reflexiv; rational) – Entwicklungsprozess und kritische Evaluation. Hausarbeit/Entwicklungsdokumentation an der HMKW im Studiengang ‚Medien- und Wirtschaftspsychologie'. Berlin.
Betsch, C. (2004). Präferenz für Intuition und Deliberation (PID): Inventar zur Erfassung von affekt- und kognitionsbasiertem Entscheiden. Workingpaper 04-19 im SFB 504. Mannheim.
Bien, A./Wiglinzki, A. (2016): Warum können Kommunikation und Intention als Verstehensmerkmale definiert werden? Hausarbeit/Entwicklungsdokumentation an der HMKW im Studiengang ‚Medien- und Wirtschaftspsychologie'. Berlin.
Bohnsack, R. (1993): Einführung in die Methodologie und Praxis qualitativer Forschung. 2. Aufl. Opladen.
Borowsky, E. (2016): Die Bedeutung von Verstehenszeit für die Entwicklung eines Verstehensfragebogens. Hausarbeit/Entwicklungsdokumentation an der HMKW im Studiengang ‚Medien- und Wirtschaftspsychologie'. Berlin.

---

[13] Vielleicht kann das als Kriterium dafür genommen werden, wann soziale Strukturen nicht mehr funktional sind: wenn sie sinnlos geworden sind und somit nicht mehr verstehbar.

Literatur

Bredendiek, M. (2015): Menschliche Diversität und Fremdverstehen. Eine psychologische Untersuchung der menschlichen Fremdreflexion. Wiesbaden.
Brennen, M./Gebhart, L./Meier, A. (2016): Die Bedeutung von Artefakten für die Entwicklungs eines Verstehensfragebogens. Hausarbeit/Entwicklungsdokumentation an der HMKW im Studiengang ‚Medien- und Wirtschaftspsychologie'. Berlin.
Dekic, L./Koslowsky, L./Buhmann, L. (2016): Entwicklungsprozess und kritische Evaluation. Reziproziät der Perspektiven und Rekursivität. Hausarbeit/Entwicklungsdokumentation an der HMKW im Studiengang ‚Medien- und Wirtschaftspsychologie'. Berlin.
Demir, E./Michael, F. (2016): Die Bedeutung von Relevanz und Kontent für die Konzeption eines Verstehensfragebogens. Hausarbeit/Entwicklungsdokumentation an der HMKW im Studiengang ‚Medien- und Wirtschaftspsychologie'. Berlin.
Elbe, M. (2002): Wissen und Methode: Grundlagen der verstehenden Organisationswissenschaft. Opladen.
Elbe, M. (2007): Verstehen und Beraten betrieblicher Handlungsproblematik. In: Ludwig, J./Moldaschl, M./Schmauder, M./Schmierl, K. (Hrsg.): Arbeitsforschung und Innovationsfähigkeit in Deutschland. München, S. 275–284.
Elbe, M. (2014): Männergesundheit: Lebensführung und Vorsorge bei der Darmkrebsfrüherkennung. In: Bezirksamt Lichtenberg von Berlin (Hrsg.): Geschlechtsspezifische Krebsvorsorge? Motivationsstrategien. Lichtenberger Gesundheitskonferenz 2014. Berlin, S. 26–32.
Elbe, M. (2015): Organisationsdiagnose: Methoden · Fallstudien · Reflexionen. Baltmannsweiler.
Elbe, M. (2017): Sozialpsychologie der Organisation. Verhalten und Intervention in sozialen Systemen. Berlin.
Elbe, M. (2021): Zur wissenschafts- und sozialtheoretischen Grundlegung der empiri-schen Militärsoziologie. In: Elbe, M., Biehl, H. & Steinbrecher, M. (Hrsg.): Empirische Sozialforschung in den Streitkräften. Positionen, Erfahrungen, Kontroversen, S. 57–87.
Elbe, M./Butros, G./Stenke, M.-I. (2015): „Ich nehme alles!" Idealtypen der Psychotherapie und das therapeutische Verstehen in der Praxis. In: Zeitschrift für Gesundheit und Sport 1/2015, S. 7–23.
Elbe, M./Hülsen, A./Borchert, A./Wenzel, G. (2014): Duale Karriere im Spitzensport: Idealtypen und Realtypen am Beispiel des Berliner Modells. In: Leistungssport. 3/2014, S. 4–11.
Elbe, M./Saam, N. (2008): „Mönche aus Wien, bitte lüftets eure Geheimnisse." Über die Abweichung der Beratungspraxis von den Idealtypen der Organisationsberatung. In: Gruppendynamik und Organisationsberatung. Zeitschrift für angewandte Sozialpsychologie 3/2008, S. 326–350.
Fahrenberg, J. (2010). Psychologische Interpretation. Bern.
Förstl, H. (2012). Theory of Mind: Neurobiologie und Psychologie sozialen Verhaltens. Berlin.
Francis, D./Young, D. (1996): Mehr Erfolg im Team: ein Trainingsprogramm mit 46 Übungen zur Verbesserung der Leistungsfähigkeit in Arbeitsgruppen. 5. Aufl. Hamburg.
Franke, A. (1997): Zum Stand der konzeptionellen und empirischen Entwicklung des Salutogenesekonzepts. In: Antonovsky, A. (1997). Salutogenese. Zur Entmystifizierung der Gesundheit. Tübingen, S. 169–190.

Ganschow, S./Michalke, L. (2016): Verstehen in der Psychologie. Fragebogenkonzeption für den Elbe-Beyer-Verstehens-Fragebogen mit den Komponenten des sinnlichen und interpretativen Verstehens. Hausarbeit/Entwicklungsdokumentation an der HMKW im Studiengang ‚Medien- und Wirtschaftspsychologie'. Berlin.

Gerhardt, U. (2001): Idealtypus. Zur methodischen Begründung der modernen Soziologie. Frankfurt a. M.

Gigerenzer, G. (2008): Bauchentscheidungen. Die Intelligenz des Unbewussten und die Macht der Intuition. 11. Aufl. München.

Goffman, E. (1996). Wir alle spielen Theater. Die Selbstdarstellung im Alltag. 5. Aufl. München.

Goldstein, E. (2015): Wahrnehmungspsychologie. Der Grundkurs. 9. Aufl. Heidelberg.

Gollwitzer, P./Bayer, U./ Lengfelder, A. (1999): Von der Intention zum Handeln: Die Erkenntnisse der Würzburger Schule aus heutiger Sicht. In: Janke, W. & Schneider, W. (Hrsg.): Hundert Jahre Institut für Psychologie und Würzburger Schule der Denkpsychologie. Göttingen, S. 327–349.

Guttandin, F. (1997): Konstruieren und Komponieren. Zur Differenz von Methodologie und Methode bei Max Weber. In: Sutter, T. (Hrsg.): Beobachtung verstehen, Verstehen beobachten: Perspektiven einer konstruktivistischen Hermeneutik. Opladen, S. 70–97.

Heckhausen, J./Heckhausen, M. (2010) (Hrsg.): Motivation und Handeln. 4. Aufl. Berlin.

Heidegger, M. (1993): Sein und Zeit. 17. Aufl. Tübingen.

Hinz, A. (2000): Psychologie der Zeit. Umgang mit Zeit, Zeiterleben und Wohlbefinden. Münster.

Hitzler, R./Honer, A. (1997): Sozialwissenschaftliche Hermeneutik. Eine Einführung. Wiesbaden.

Huber, A. (2008): Praxishandbuch Strategische Planung. Die neun Elemente des Erfolgs. Berlin.

John, O./Gross, J. (2004): Healthy and unhealthy emotion regulation: Personality processes, individual differences, and life span development. Journal of Personality (72), S. 1301–1333.

Kanus, M./Karras, M. (2016): Die Bedeutung von Empathie und Intuition für die Entwicklung eines Verstehensfragebogens. Hausarbeit/Entwicklungsdokumentation an der HMKW im Studiengang ‚Medien- und Wirtschaftspsychologie'. Berlin.

Kerschbaumer, J./Zschoch, S. (2016): Die Bedeutung von „Verhalten" und „Emotion" für die Entwicklung eines Verstehensfragebogens. Hausarbeit/Entwicklungsdokumentation an der HMKW im Studiengang ‚Medien- und Wirtschaftspsychologie'. Berlin.

Keupp, H. (2002): Von der (Un-)Möglichkeit erwachsen zu werden – Welche Ressourcen brauchen Heranwachsende in der Welt von Morgen? Vortrag beim „Josefstaler Gespräch" am 30. Juni 2002. URL: https://web.archive.org/web/20170809001828/http://www.josefstal.de/jahresbericht/2002/010_keupp_2002.pdf vom 15.01.2022.

Keupp, H. (2016): Reflexive Sozialpsychologie. Wiesbaden.

Kienbaum, J./Trommsdorff, G. (1997): Vergleich zweier Methoden zur Erfassung des Mitgefühls im Vorschulalter. In: Zeitschrift für Entwicklungspsychologie und Pädagogische Psychologie, (29)4, S. 271–290.

Kintsch, W./Vipond, D. (1979): Reading comprehension and readability in educational practice and psychological theory. In: Nilsson, L. (Hrsg.): Memory processes. Hillsdale, S. 329–365.

Leibetseder, M./Laireiter, A.-R./Riepler, A./Köller, T. (2015): E-Skala: Fragebogen zur Erfassung von Empathie – Beschreibung und psychometrische Eigenschaften. In: Zeitschrift für Differentielle und Diagnostische Psychologie (22), S. 70–85.

Lorenz, T./Oppitz, S. (2006): Myers-Briggs –Typenindikator (MBTI) – Profilierung durch Persönlichkeit. In: Simon, W. (Hrsg.): Persönlichkeitsmodelle und Persönlichkeitstests. 15 Persönlichkeitsmodelle für Personalauswahl, Persönlichkeitsentwicklung, Training und Coaching. Offenbach, S. 299–319.

Maes, J./Schmitt, M./Schmal, A. (1995): Gerechtigkeit als innerdeutsches Problem: Werthaltungen, Kontrollüberzeugungen, Freiheitsüberzeugungen, Drakonität, soziale Einstellungen, Empathie und Protestantische Arbeitsethik als Kovariate. Berichte aus der Arbeitsgruppe „Verantwortung, Gerechtigkeit, Moral" – Nr. 85. Universität Trier: Fachreich I – Psychologie. Trier.

Mischo, C. (2003): Wie valide sind Selbsteinschätzungen der Empathie? In: Gruppendynamik und Organisationsberatung (34) 2, S. 187–202.

Moldaschl, M. (2005): Institutionelle Reflexivität. In: Faust, M./Funder, M./Moldaschl, M. (Hrsg.): Die Organisation der Arbeit. München, S. 355–382.

Neumeister, S. (2004): Literarische Wegzeichen: Vom Minnesang zur Generation X. Heidelberg.

Oeding, J. (2015): Das Unsichtbare sichtbar machen – Entwicklung eines neuen Fragebogens zur Messung von Intuitivität. URL: http://www.usabilityblog.de/2015/05/das-unsichtbare-sichtbar-machen-entwicklung-eines-neuen-fragebogens-zur-messung-von-intuitivitaet/vom 01.04.2016.

Promberger, M. (2011): Typenbildung mit quantitativen und qualitativen Daten. Methodologische Überlegungen. IAB-Discussion Papers 12/2011. Nürnberg.

Richter, P./Nebel, C./Wolf, S. (2006): Ressourcen in der Arbeitswelt – Replikationsstudie zur Struktur und zur Risikoprädiktion des Salsa-Verfahrens. In: Wirtschaftspsychologie 2–3/2006, S. 14 – 21.

Rindermann, H. (2009). Emotionale-Kompetenz-Fragebogen (EKF). Manual. Göttingen.

Roßler, G. (2015). Der Anteil der Dinge an der Gesellschaft: Sozialität – Kognition – Netzwerke. Bielefeld.

Schein, E. (2010): Organisationskultur. The Ed Schein Corporate Culture Survival Guide. Bergisch Gladbach.

Schmidt-Herta, B./Tippelt, R. (2011): Typologien. In: REPORT Zeitschrift für Weiterbildung 1/2011, S. 32–35.

Simon, H. (1993): Homo rationalis: die Vernunft im menschlichen Leben. Frankfurt a. M.

Singer, S./Brähler, E. (2007): Die ‚Sense of Coherence Scale'. Testhandbuch zur deutschen Version. Göttingen.

Stegbauer, C. (2002): Reziprozität: Einführung in soziale Formen der Gegenseitigkeit. Wiesbaden.

Stück, M./Schoope, S./Lahn, F./Toro, R. (2013): Was nützt es, sich in jemanden hineinzuversetzen ohne zu handeln? Untersuchung zur Integration des prosozialen Handelns in das westliche Empathiekonzept in Form eines Messinstruments zur ganzheitlichen Erfassung von Empathie. In: Ergomed/Prakt. Arb. Med. (37) 6, S. 38–46.

Tausch, A. (2006): Facetten emotionaler Expressivität auf Fragebogenebene. Dissertation an der Johannes Gutenberg Universität. Mainz.
Thomas, W. (1928): The Child in America: Behavior Problems and Programs. New York.
Ullrich, D. (2013): Intuitive Interaktion: Eine Exploration von Komponenten, Einflussfaktoren und Gestaltungsansätzen aus der Perspektive des Nutzererlebens. Dissertation an der Universität Darmstadt. Darmstadt.
Weber, M. (1980): Wirtschaft und Gesellschaft. Grundriss der verstehenden Soziologie. Tübingen.
Wittgenstein, L. (1997): Werkausgabe. Band 1. 11. Aufl. Frankfurt a. M.
Zimbardo, P./ Boyd, J. (2009): Die neue Psychologie der Zeit: Und wie sie Ihr Leben verändern wird. Heidelberg.

Anwendung II: Verstehende Beratung

Zusammenfassung

Beratung im Sinne eines dritten Handlungsmodus der temporären Organisationsperspektive (Elbe/Peters 2016) bedient sich einer phänomenologischen Methodologie, und damit wird das Verstehen zur Beratungsgrundlage. Die Möglichkeit des Verstehens sozialen Handelns von und in Organisationen wird dargelegt und mithilfe des Modells betrieblicher Sozialisation auf den Beratungskontext bezogen. Auf dieser Grundlage stellt sich die Frage, inwiefern der Beratungsprozess selbst als Sozialisationsprozess aufgefasst werden kann. Abschließend werden die Konsequenzen für einen „dritten" Handlungsmodus erörtert.

6.1 Verstehen als Beratungsgrundlage

Obwohl Verstehen der Beratung immanent ist, und einige Autoren Forderungen nach Beratungskonzepten, die dies berücksichtigen, aufstellen (Elbe 2001, Saam 2007, Elbe/Saam 2008), wird der konsequente wissenschaftstheoretische Bezug zum Verstehen vielfach gemieden. So benutzt Dewe (1996) beispielsweise den Begriff der ‚beratenden Rekonstruktion', Engel (1997) sieht Beratung als lebensweltbezogene Hermeneutik und entwirft eine ‚reflexive Beratungsarchitektur' (ähnlich auch verschiedene Ansätze in Kühl/Moldaschl 2010), Schnelle (2002) betont die Bedeutung des ‚Verständigungsprozesses'. Minssen (1998) oder Willke (1987) dagegen verwenden den Verstehensbegriff explizit. Für die Organisationsberatung wurde *der verstehende Ansatz* aber insbesondere durch die Organisationskulturforschung fruchtbar gemacht (Franzpötter 1997, Kobi/Wüthrich 1986, Sackmann 2002), die großen Einfluss auf die neuere Organisationsentwicklung hatte. Die zugrundeliegende interpretative Erkenntnistheorie hat zum verstärkten Einsatz qualitativer Methoden in der Beratung geführt (Bentner/Beck 1997), doch bleibt auch hier das soziale Handeln weitgehend außen vor; Gegenstand der Beschäftigung sind Artefakte oder Narrationen und deren Sinnzuschreibungen. Speziell die häufig zur Anwendung kommenden hermeneutischen Methoden der Textinterpretation und die daraus folgende Entwicklung sozial bedeutsamer Kategorien finden ihre Grenzen als Konzepte verstehender Organisationsberatung in der Ermangelung soziologischer Theorie. Es fehlt der *Frame* (die spezifische Perspektive als Vorverständnis): Deutungskategorien werden hier im Verlauf des Beratungsprozesses erst entwickelt. Die Hermeneutik bleibt somit bloße Methode, da sie in der Beratung notwendigerweise den blinden Fleck der Organisation nur reproduzieren kann – außer sie bezieht zur Interpretation doch weitere theoretische Ansätze ein, bei denen es sich letztlich wieder um Idealtypen handeln muss. Auch hier zeigt sich also keine hinreichende Lösung für das grundsätzliche Problem der Notwendigkeit einer verstehenden Organisationsberatung.

Der Kern einer verstehenden Methodologie der Beratung findet sich in der Konstruktion systematischer Verstehensgrundlagen (Elbe 2001) sowie in Typenbildungen im Sinne Webers (1980) und ist damit zutiefst handlungstheoretisch ausgerichtet. Wissenschaftliche *Sinndeutung* ist demnach in drei Formen möglich:

a) in der Erfassung des im Einzelfall Gemeinten,
b) in der Erarbeitung des näherungsweise (durchschnittlich) Gemeinten,
c) in der Konstruktion von Idealtypen.

Während die erste Kategorie auf empirische Fallstudien deutet, beinhaltet die zweite Kategorie einen Verallgemeinerungsprozess (beispielsweise in Form von Statistiken oder von Realtypen),[1] der eine reale Entsprechung hat. Die dritte Kategorie hingegen bezeichnet den Versuch, die reine Idee sozialen oder ökonomischen Sinns zu konstruieren (*Idealtyp*) und Abweichungen hiervon als Grundlage verstehenden Erklärens zu interpretieren. Obwohl reale Gegebenheiten der Gegenwart oder Vergangenheit die Grundlage einer reinen Idee liefern,

---

[1] Mit Realtyp ist hier eine soziale Gegebenheit gemeint, die in der Realität anzutreffen, also empirisch nachweisbar ist und erfassbare Gemeinsamkeiten (Sinnzusammenhänge) aufweist. Realtypen sind alltagsnahe Konstruktionen. Sie können nicht die gesamte Realität wiedergeben, wohl aber relevante Teile unter eine gemeinsame Kategorie subsumieren. Beispiel: Versicherungen gibt es. Die einzelnen Versicherungsgesellschaften unterscheiden sich zwar nach Namen, personeller Besetzung, Gesellschaftsform etc., und doch entsprechen sie alle dem Begriff Versicherungsgesellschaft. Hierbei handelt es sich um einen Realtyp, und wir wissen, was damit durchschnittlich oder näherungsweise gemeint ist.

handelt es sich hierbei zuerst einmal um eine Art Gedankenspiel. Eine solche Konstruktion ist natürlich kein Selbstzweck, sie hat in sich schlüssig, also nachvollziehbar zu erfolgen und verfolgt das Minimalziel, eine reine Begrifflichkeit zu erzeugen (die so in der Realität keine Entsprechung findet). Als reiner Begriff kann der Idealtyp in der Beratung zur Kategorisierung dienen, er hilft, Sinnzusammenhänge zu erfassen: Wenn es gelingt, die gedanklich-idealtypische Form[2] bloß zu legen, kann nach den typischen Sinnzusammenhängen des Mitarbeiter- oder Führungshandelns in Organisationen gefragt werden, und es wird möglich, hiervon abweichendes Verhalten in der Realität in seiner kausalen und teleologischen Verursachung zu deuten, also verstehend zu erklären.

Hier findet sich der Kern des Verstehens: das Vorverständnis, die eigene wertinterpretative Basis, offenzulegen – also das prozessuale Verstehen des Inhalts um den Frame (als Vorverständnis in Form eines Idealtyps) zu erweitern und dadurch das Vorwissen zum expliziten Punkt des Eintritts in den verstehenden Zirkel der Beratung zu machen. Für die Beratungspraxis (Fink/Knoblach 2003) zählt hier letztlich wiederum der Erfolg, der Ratsuchende muss von der Sinnhaftigkeit des Tuns überzeugt sein, und dies ist abhängig von der kommunikativen Kompetenz des Beraters.

6.2 Verstehensprozess und Beratungsprozess

Die beiden Anforderungen an den Berater, sowohl eine Verstehens- als auch eine Beratungsleistung zu erbringen, also eine mehrfache Kompetenz im einheitlichen Prozess zu zeigen, haben für die Organisationsberatung grundlegenden Charakter. Die *Verstehensleistung* durch den Berater ist in der Rekonstruktion des Empfindens eines Mangels beim Ratsuchenden angelegt. Die Folge dieses Mangelempfindens löst als soziale Handlung prinzipiell den Beratungsprozess aus. Doch will der Ratsuchende nicht nur verstanden werden, er will auch Handlungsempfehlungen erhalten. Hier zeigt sich also eine teleologische Begründung in der Nachfrage nach Beratung: Der Ratsuchende erwartet *Hilfestellung,* um den Erfolg sozialen Handelns in der Organisation zu vergrößern (z. B. gleichbleibende Leistungserbringung bei geringeren Kosten).[3] In dieses Spannungsfeld tritt

---

[2] Es sei hier explizit darauf hingewiesen, dass ‚ideal' hier nicht ‚sein sollend', ‚wünschenswert' oder ‚optimal' heißt, sondern nur ‚rein', ‚in der klarsten Form gedacht'; Idealtypen sind weder Wertungen noch Zukunftsentwürfe und auch nicht Realitätsbeschreibungen.

[3] Als weiteres teleologisches Motiv wird vielfach ein verdeckt interessengeleitetes Handeln des Auftraggebers vermutet: Es wird nicht eigentlich der Rat des Beraters gesucht, vielmehr wird er zur Legitimation bereits getroffener Entscheidungen instrumentalisiert

Anbahnung	Entscheidung	Realisation
1. Beraterauswahl 2. Problemidentifikation 3. Problemstrukturierung 4. Zielfestlegung 5. Durchführungsplanung 6. Vertragsgestaltung	7. Informationsbeschaffung 8. Informationsverarbeitung 9. Alternativengenerierung 10. Alternativenbewertung 11. Präsentation/Empfehlung	12. Implementierung 13. Realisierung 14. Erfolgskontrolle

Abb. 6.1 Sachlogisch-chronologisches Prozessmodell. (Eigene Darstellung)

der Berater ein, die Interaktionen zwischen Ratsuchendem und Berater können (idealtypisch) in Phasenmodelle gefasst werden, die sich anhand der gewählten Perspektiven unterscheiden, z. B. der Perspektiven der Entscheidungslogik, der Sachlogik oder der zeitlichen Logik. Abb. 6.1 verdichtet die letzten beiden Perspektiven zu einem Prozessmodell (in Anschluss an Weiershäuser 1996):

Dieses Modell, dem eine explizit ökonomische Perspektive zugrunde liegt, erfüllt in mehrfacher Hinsicht idealtypische Funktion: Zum einen wurde eine spezifische Perspektive gewählt (die sachlogisch-chronologische), zum anderen sind in der Realität die Einzelelemente nicht so getrennt wie im Modell; auch kommen in einem realen Beratungsprozess nicht alle Einzelelemente zwangsläufig vor, es kann sogar eine ganze Phase entfallen (z. B. die Realisationsphase; der Beratungsprozess endet dann mit der Handlungsempfehlung). Verstehensleistungen sind im Beratungsprozess in jedem der Einzelschritte vorhanden, formale Positionen hierzu können aber unterschiedlich sein:

1. Verstehen kann vollständig negiert werden, indem man eine nicht verstehende wissenschaftstheoretische Grundposition wählt (dies muss nicht explizit geschehen).
2. Es kann partiell negiert werden, indem man die Notwendigkeit des Verstehens für einzelne Schritte im Prozess anerkennt (z. B. bei der Problemdefinition), bei anderen Schritten (z. B. der Alternativengenerierung) aber ausschließt.
3. Es können verschiedene Zugänge zum Verstehen gewählt werden (konstruktivistisch, phänomenologisch, hermeneutisch, empathisch etc.), die dann

---

(Meyer/Rowan 1977). Diese Form der Interessenwahrung lässt sich als zielgerichtetes, strategisches Handeln im Rahmen der Rollenausgestaltung durch den Auftraggeber deuten. Für den Berater ist es Teil der Ausgestaltung seiner Beraterrolle, strategisches Handeln dieser Art in Bezug auf organisationale Idealtypen als Abweichung zu verstehen und in sein Beratungshandeln einzubeziehen.

6.2 Verstehensprozess und Beratungsprozess

Konsequenzen für die Verstehens- und Prozessauffassung des Beraters haben und gegebenenfalls zu methodischer Einengung führen.

4. Die Verstehensauffassung kann umfassend sein, dann bezieht sie sich auf den gesamten Prozess, expliziert die wissenschaftstheoretische Position, lässt methodische Vielfalt zu, deckt Idealtypen auf und arbeitet mit ihnen.

Die Verbindung zwischen *Verstehens- und Beratungsprozess* und deren Grundlegung in der Wissenschaft zeigt Abb. 6.2:
Während das Modell von Weiershäuser (Abb. 6.1) die Verstehensproblematik nicht thematisiert, bezieht sich das *Prozessmodell verstehender Organisationsberatung* auf die konsequente Ausrichtung des Prozesses am Verstehen und liegt sozusagen „quer" zum sachlogisch-chronologischen Prozessmodell. Der auf der

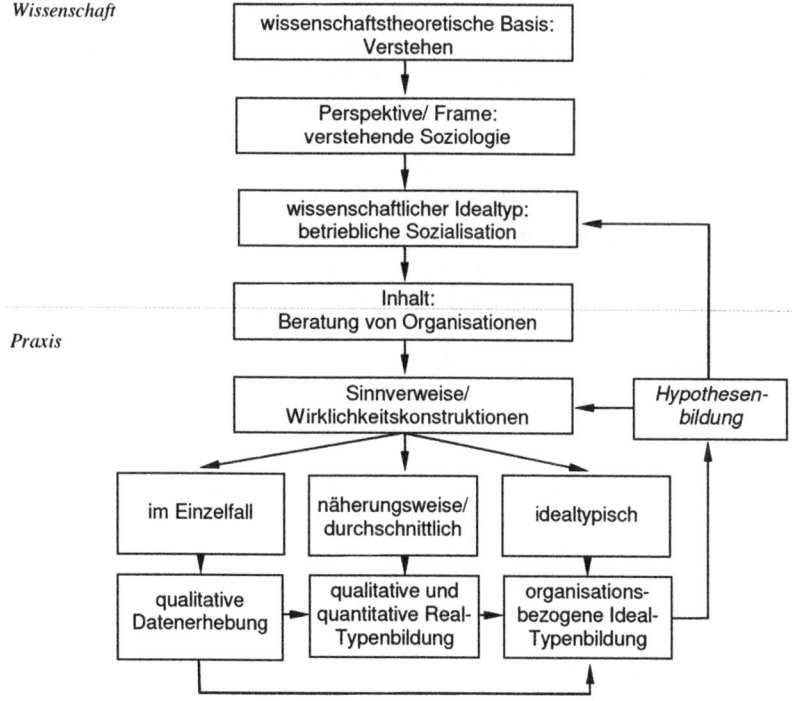

Abb. 6.2 Prozessmodell verstehender Organisationsberatung. (Eigene Darstellung)

praktischen Ebene in Abb. 6.2 dargestellte Ablauf der Bloßlegung individueller und organisatorischer Sinnverweise und Wirklichkeitskonstruktionen bezieht sich auf jeden Einzelschritt, jede Phase und den gesamten Prozess der Beratung. Natürlich führt nicht jede Verstehensleistung im Beratungsprozess zur Herausbildung eines Idealtyps, viele Interaktionen bilden nur den im Einzelfall gemeinten Sinn ab, doch haben sie Einfluss auf den Beratungsprozess im Ganzen, damit auch auf die Hypothesenbildung und die geplante Intervention. Im Sinne der Aktionsforschung[4] sind aber alle Interaktionen Teil der Intervention und somit aus dem Prozess nicht isolierbar. Der Berater befindet sich ständig im verstehenden Zirkel, in der Aktualisierung seines Wissens über die beratene Organisation, welches wiederum aufgrund des idealtypischen Vorwissens generiert wurde. Praxis und Wissenschaft begegnen sich im Zirkel der Hypothesenbildungen über intersubjektiv geteilte Wirklichkeitskonstruktionen.

Während bisher der Inhaltsaspekt, also Verstehen im Beratungsprozess, Gegenstand der Betrachtung war, wird im folgenden Abschnitt die Perspektive verstehender Organisationsberatung als Frame detailliert: betriebliche Sozialisation als Vorverständnis, als Idealtyp der sozialen Prozesse, die in Organisationen stattfinden und in die Organisationen selbst eingebunden sind.

6.3 Verstehen sozialen Handelns von und in Organisationen

Die Anwendung des Verstehenskonzepts auf das Handeln von Organisationen oder das Handeln von Menschen in Organisationen erfordert die Suche nach dem jeweiligen Sinn, der diesen Handlungen unterlegt ist. „Grundsätzlich ist alles Handeln, nicht nur soziales Handeln im engeren Sinn sozial relevant." (Luckmann 1992, S. 37) Die unterlegte Bedeutung ist im Augenblick der Handlung aber nicht unbedingt bewusst, sondern wird häufig erst später, z. B. im kommunikativen Austausch mit anderen, selbst und gegebenenfalls auch fremd verstanden. Soziales Handeln wiederum bedingt, dass es auf andere Menschen bezogen ist, und Interaktionen kommen nur bei aufeinander bezogenen Handlungen von mindestens zwei Menschen zustande. Diese *Verhaltensformen* können sich durchaus mischen, was die Erfassung und Deutung von Sinn sowohl im

---

[4] Das Verhältnis zwischen Aktionsforschung und Beratung diskutieren z. B. Schmidt/Berg (1995) oder Henke/Karstedt (1975).

Alltagsleben als auch durch Beobachter zweiter Ordnung (z. B. Berater) erheblich erschwert.[5] Die Vermischung der Verhaltensformen wird dabei noch von den intendierten und nicht intendierten Bedingungen, Abläufen und Folgen des Verhaltens überlagert. Durch generalisierte Verhaltenserwartungen wird Handeln in Organisationen institutionalisiert[6] und gegebenenfalls formalisiert. Um soziales Handeln in Organisationen zu beraten, also sinnbezogen erfassen, deuten und verändern zu können, ist ein inhaltlich-theoretischer Bezugsrahmen nötig, bei dem es sich nach dem hier zugrunde gelegten Verständnis nur um einen Idealtyp handeln kann. Aus soziologischer Sicht ist von besonderem Interesse, wie Sinnzuschreibungen als Grundlage sozialen Handelns in Auseinandersetzung mit der Gesellschaft (genauer: gesellschaftlich relevanten Teilen, also Organisationen) zustande kommen. Eine solche idealtypische Grundlage liefert das Konzept der betrieblichen Sozialisation sowohl für soziales Handeln von Individuen als auch von Organisationen.

Es gibt heute eine Vielzahl kommunikativer, sozialer Handlungen, die einem *programmierten Handlungsablauf* innerhalb der Organisation entspringen und nicht dem Handeln einzelner Agenten. Insbesondere trifft dies auf automatisierte Systeme zu (z. B. im Geldverkehr zwischen Banken oder bei programmierten Überwachungs- und Regelsystemen im Verkehr bzw. in der Produktion), aber auch auf die Schnittstelle zwischen Menschen und automatisierten Systemen (z. B. im Onlinebanking oder beim Fahrkartenautomaten). All diesen Handlungen unterliegt Sinn, und zwar aus der Organisationsperspektive in einer von einzelnen Menschen abstrahierten Form.[7] Organisationen bilden eigene, institutionelle Wirklichkeiten aus, die sich aus den Wahrnehmungsfragmenten der Organisationsmitglieder und automatisierten Wahrnehmungen ergeben, es entstehen „intersubjektiv geteilte Wirklichkeitskonstruktionen" (Klimecki et al. 1994, S. 52 ff., unter Rückgriff auf Berger/Luckmann 1997). Die Wahrnehmungsfragmente der Mitglieder, die sich in subjektiven Wirklichkeiten manifestieren,

---

[5] Ein überraschend abgebrochenes Telefonat beispielsweise, bei dem man über Kompetenzen stritt, kann als absichtsvoller Kommunikationsabbruch interpretiert werden („… und dann hat er den Hörer auf die Gabel geknallt!"); als Ursache des Kommunikationsabbruchs kann allerdings ebenso der Batterieausfall eines schnurlosen Telefons angenommen werden.

[6] Zur Institutionalisierung vgl. Berger/Luckmann (1997), Esser (2000) sowie Maurer/Schmid (2002), Schmid/Maurer (2003).

[7] Dies war bis nahezu in die 80er-Jahre des 20. Jahrhunderts noch anders. Erst der kulturelle Wandel sowohl im Sinne technischen Wandels (durch automatisierte Wahrnehmungssysteme und mehr noch durch die Vernetzung von Informationssystemen) als auch im Sinne sozialen Wandels (durch veränderten Umgang der Menschen mit diesen Systemen und damit auch untereinander) führte zu der Möglichkeit, dass Organisationen sich eigenständig, ohne Vermittlung durch Agenten verhalten.

werden durch Kommunikation mit anderen Organisationsmitgliedern (also durch soziales Handeln der Individuen) externalisiert. Durch Institutionalisierung solcher Kommunikationen, z. B. in formaler Strukturierung, aber auch in Ritualen, Anekdoten, Symbolen (Kleidung, Rangabzeichen, Logos) und speziellen Sprachcodierungen sowie in technischen Systemen (speziell der Informationsverarbeitung), kommt es zur Objektivation subjektiver Wirklichkeitsfragmente, zur institutionellen Wirklichkeit. Die Organisation besitzt damit eigene Sinnbezüge, die sowohl für handelnde Agenten wie auch für programmierte Systeme zur Handlungsgrundlage werden und nicht mehr mit den Sinnbezügen einzelner Organisationsmitglieder deckungsgleich sein müssen, auf diese wohl aber im Zuge der individuellen (personalen) Sozialisation in der Organisation zurückwirken. Dies zeigt sich insbesondere in der Übernahme von Werten und Normen durch Internalisierung, aber auch in der Notwendigkeit, sich mit den Folgen organisationalen Handelns auseinandersetzen zu müssen, wobei zuerst einmal der Sinnbezug der Organisation zugrunde gelegt wird.

Über den innerorganisatorischen Rahmen hinaus hat aber die Auseinandersetzung der Organisation mit dem gesellschaftlich relevanten Umfeld erheblichen Einfluss auf die *institutionelle Wirklichkeit*. Auch die Organisation unterliegt der Vergesellschaftung, der Sozialisation. Im Rahmen des Konzepts betrieblicher Sozialisation soll dies als ‚organisationale Sozialisation' bezeichnet werden. (Elbe 1997) Soziales Handeln von Organisationen kann im Rahmen der organisationalen Sozialisation mit vergleichbaren Ansätzen wie bei der personalen Sozialisation erfasst werden. Die Suche nach dem Sinn sozialen Handelns von Organisationen hat demnach bei der Rekonstruktion der institutionellen Wirklichkeit als Produkt der Auseinandersetzung zwischen individuellen Wirklichkeiten der Organisationsmitglieder, den historischen Gegebenheiten der Organisationskultur (die sich in den Werten und Normen, den Anekdoten, Ritualen, Symbolen und Artefakten der Organisation manifestiert) und der organisationalen Sozialisation anzusetzen. Erst vor diesem Hintergrund ist ein Verstehen des sozialen Handelns von Organisationen möglich.

Auch Organisationen selbst unterliegen *sozialisatorischen Prozessen*. Sie erbringen Anpassungsleistungen in ihrem gesellschaftlichen Umfeld. Das soziale Handeln von Organisationen kann nur verstanden werden, wenn die Sinnzuschreibungen, die diesem Handeln zugrunde liegen, offengelegt werden. Organisationen sind abstrakte soziale Gebilde, die in der Vorstellung von Menschen und sozialen Gebilden (z. B. anderen Organisationen) existieren, die deshalb dem Handeln der Organisationen Sinn zumessen. Das bedeutet, dass die intersubjektiv geteilte Wirklichkeitskonstruktion, die Handlungsgrundlage der Organisation ist, eingebunden in die kulturell-gesellschaftlichen Interpretationsmuster verstanden werden muss. Die soziale Wirklichkeitskonstruktion findet also zum einen innerhalb der Organisation statt und zum anderen in Auseinandersetzung mit einer übergeordneten Wirklichkeitskonstruktion der Gesellschaft, in Form von kulturellen Mustern (regionaler Kultur, nationaler Kultur, Branchenkultur etc.; vgl. Sackmann 2002). Der Mensch als soziales Wesen denkt sich die Organisation in Analogie zu sich selbst, er erschafft sie in ihrer Abstraktion und Wirklichkeit. Da sie handelt, ist sie existent. Die Grundlage ihres Handelns, ihre Wirklichkeitskonstruktion, entsteht in Auseinandersetzung mit den Wirklichkeitskonstruktionen ihrer Mitglieder und den Wirklichkeitskonstruktionen ihrer Umwelt; sie unterliegt der organisationalen Sozialisation, deren Ergebnis die Organisationskultur in ihren Manifestationen und Grundannahmen ist. Die Organisationskultur ist damit Anpassungsdeterminante für die personale Sozialisation sowie Ergebnis der organisationalen Sozialisation in der Umwelt.

Das Handeln von Organisationen kann nicht primär auf der Grundlage postulierter Zwecke und Ziele verstanden werden oder als Ergebnis formaler und informaler Strukturen, sondern eben als Ausfluss eines andauernden Entwicklungsprozesses der Organisation in der Gesellschaft. Das Modell der *betrieblichen Sozialisation* mit einer Mikroebene in der personalen und einer Makroebene der organisationalen Sozialisation ist ein Entwicklungsmodell, das hilft, die Entstehung sozial bedingter Sinnzuschreibungen des Handelns in und von Organisationen zu verstehen. Eine starke Dynamik gesellschaftlichen Wandels ‚beschleunigt' die Sozialisationsprozesse – wenn die Organisation nicht mehr versteht, welches Anpassungsverhalten erwartet wird, steigt der Bedarf nach Beratung als professioneller Interpretationshilfe. Im Folgenden wird deshalb diskutiert, wie das Modell betrieblicher Sozialisation als Grundlage einer soziologisch orientierten, verstehenden Organisationsberatung genutzt werden kann.

6.4 Beratung mithilfe des Modells betrieblicher Sozialisation

Betriebliche Sozialisation ist ein organisationstheoretischer Idealtyp, der als solcher den Prozess der Organisationsberatung nicht festlegt, sondern hilft, als Frame das Vorwissen des Beraters zu spezifizieren, und der die Grundlage für Fragestellungen und Sinnkategorisierungen liefert. Normativ ist dieser Frame nur in dem Sinn, als die Grundannahmen offengelegt werden, nicht allerdings im Sinn von etwas Sein-Sollendem, einem anzustrebenden Ideal, wie es bei der klassischen Organisationsberatung (z. B. auf Basis des Balanced-Scorecard-Ansatzes), in der Organisationsentwicklung (mit dem Ziel der Humanisierung) oder in der systemischen Organisationsberatung (mit dem Anstreben einer verbesserten Selbstbeobachtungsfähigkeit) zugrunde gelegt ist. Mit der Vorstellung vom Zustandekommen sozialer Handlungsgrundlagen im Modell der betrieblichen Sozialisation können Handlungen der Organisation oder von Organisationsmitgliedern im Beratungsprozess systematisch verstanden werden.

In der *Anbahnung einer Beratungsbeziehung* ist dieses Verstehen noch stark einzelfallorientiert. Aufgrund der Eindrücke, die der Berater bei der Kontaktaufnahme von der Organisation und den stellvertretend handelnden Agenten hat, schließt er auf den gemeinten Sinn. Zu diesem Zeitpunkt hat der Berater noch keine aus dem Beratungsprozess generierten Informationen, gegebenenfalls ‚kennt' er zwar die Organisation oder auch einzelne Handelnde aus den Medien bzw. aus beratungsfremden Kontakten, grundsätzlich aber ist davon auszugehen, dass eine organisationsbezogene Hypothesenbildung noch nicht stattgefunden hat. Sollte dies allerdings der Fall sein, z. B. bei Beratungshandeln in Großorganisationen, bei denen man sich aufgrund der starken Präsenz in den Medien unweigerlich Vorstellungen (Alltagshypothesen) zu der Organisation zurechtlegt, so ist dies im Beratungsprozess zu berücksichtigen und deutlich zu machen. Die immer wieder neu zu stellende Frage lautet: Entspringt die vom Berater gewonnene Vorstellung der Datenerhebung im Beratungsprozess oder ist sie Ausfluss einer prozessfremden Hypothesenbildung? Das Vorgehen in der Anbahnungsphase ist anfänglich stark einfühlend, empathisch. Es wird versucht, den gemeinten Sinn auf der Basis gemeinsamer kultureller Prägungen zu verstehen und sich dabei in die Situation des Ratsuchenden hineinzuversetzen. Dies beinhaltet auch die Feststellung der Gründe, warum Rat gesucht wird: Welche Interessen, welches Problemempfinden (gegebenenfalls sogar welcher Leidensdruck) sind in der Organisation vorhanden, und was verspricht man sich von der Beratung?[8] Bereits in dieser Phase zeigen sich bestimmte Wirklichkeitskonstruktionen, die der Organisationskultur entspringen und anhand derer die Beraterauswahl und das Problemempfinden formuliert werden.[9] Und auch der Berater orientiert in dieser frühen Phase der Beratungsbeziehung sein Verstehen (des Klientenproblems und

---

[8] Hiermit hängt auch zusammen, aus welchem Grund ein spezieller Beratungsansatz favorisiert wird und warum genau dieser Berater (diese Beratungsfirma) ausgewählt wurde.

[9] In der Alltagssprache spricht man von ‚Betriebsblindheit', in der systemischen Beratung vom ‚blinden Fleck'; doch sind die einfache Einnahme einer anderen Perspektive, das Treffen anderer Unterscheidungen alleine nicht ausreichend, da die Wirklichkeitskonstruktion einen sozialisatorischen Hintergrund hat, der dadurch nicht aufgehoben werden kann – bzw. nur Unterscheidungen, die mit den Grundannahmen der Organisationskultur kompatibel sind, die Chance haben, in der Organisation verstanden und gegebenenfalls etabliert zu werden.

6.4 Beratung mithilfe des Modells betrieblicher Sozialisation

der Klientenmotive) am eigenen Vorwissen. Er trifft erste Annahmen über die Sozialisationsprozesse der Organisation und der Menschen, die ihm begegnen. Gegebenenfalls findet im Rahmen der Problemidentifikation, spätestens jedoch bei der Problemstrukturierung eine Realtypenbildung, eine Kategorisierung nahe an der wahrgenommenen Realität, statt.

In der verstehenden Organisationsberatung mithilfe des Modells der betrieblichen Sozialisation geht es somit von Anfang an darum, *sozialisationsbedingte Wirklichkeitskonstruktionen* offenzulegen und damit den Sinnzuschreibungen sowie den daraus resultierenden Handlungsmöglichkeiten in der Organisation auf die Spur zu kommen. Diese Bewusstmachung ist zum einen (aufgrund des Frames) normativ[10] und zum anderen bereits intervenierend, da damit grundlegende Unterscheidungen hinterfragt werden. Gleichzeitig werden die Strukturbedingungen des Handelns aufgezeigt, und Alternativengenerierung im Rahmen der Kompatibilität zur Organisationskultur wird möglich gemacht. Das Interventionspotenzial verstehender Organisationsberatung beschränkt sich somit nicht (wie im Idealtyp systemischer Beratung) auf die Irritation der Organisation, sondern hat die doppelte Wirkung der Bewusstmachung und der Erzeugung von Handlungsalternativen, die dauerhaft gezeigt werden können, weil sie den Handlungsgrundlagen in der Organisation entsprechen.[11]

Hierfür wird in der Entscheidungsphase systematisch bloßgelegt, welche *personalen Sozialisationsbedingungen* Sinnkonstruktionen und damit Handlungsstrukturen prägen sowie welche Strukturen organisationaler Wahrnehmung die Wirklichkeitskonstruktion und damit auch die Organisationskultur beeinflussen. Die Datenerhebung dient also der Feststellung des im Einzelfall Gemeinten, darauf aufbauend der Bildung von Realtypen (des durchschnittlich Gemeinten) und, mithilfe von gedanklicher Übersteigerung, des idealtypisch Gemeinten. Es werden organisationsspezifische Idealtypen gebildet, welche die Grundannahmen, die Wirklichkeitskonstruktionen in der Organisation bedingen, hypothetisch aufdecken.

---

[10] Hierbei handelt es sich um eine triviale Normativität, der sich der Berater nicht entziehen kann, da er eben zur Wissensgenerierung in der spezifischen Organisation auf Vorwissen über Organisationen im Generellen angewiesen ist.

[11] Damit löst die verstehende Organisationsberatung das zentrale Problem bisheriger Beratungsansätze, nämlich die häufige Inkompatibilität von Beratungslösungen zu den organisationalen Wirklichkeitskonstruktionen. Handeln, welches nicht als eigentlich sinnvoll erachtet wird, wird erstens nur unter Zwang gezeigt und ist zweitens zu den Handlungen, denen der kulturgebundene Sinn unterliegt, nicht komplementär und kann damit nicht dauerhaft etabliert werden.

Dieses Vorgehen verstehender Organisationsberatung hat einen doppelten Bezug: die historische Perspektive erfolgter Sozialisationsprozesse und die aktuell-idealtypisch daraus resultierenden Sinn- und Handlungsstrukturen. Sind diese freigelegt, so lassen sich sinnkompatible Handlungsalternativen erzeugen, die eine Möglichkeit der Problemlösung dauerhaft aufzeigen. Die Schritte der Alternativengenerierung und -bewertung sind dabei nur unter intensiver Beteiligung der relevanten Organisationsmitglieder, also derjenigen, die von dem Problem betroffen sind,[12] zu realisieren. Angestrebt wird ja eine Veränderung des Handelns der Beteiligten, somit sind insbesondere deren Sozialisationsbedingungen Gegenstand der Datenerhebung. Durch die Datenerhebung werden aber schon Sinnalternativen angeregt, die bei der Problemlösung zum einen genutzt werden können, zum anderen aber auch den Lösungsraum begrenzen. Die inhaltliche Lösung kann letztlich nur durch die Organisationsmitglieder erfolgen. Der Berater hilft, organisationsspezifische Idealtypen über Sozialisationsbedingungen und Handlungsstrukturen zu konstruieren. Trotzdem kann er auch inhaltliche Anregungen in den Prozess einbringen. Ob diese allerdings Handlungsalternativen sind, müssen die Organisationsmitglieder entscheiden, da sie ja deren Sinnhaftigkeit als Handlungsgrundlage für sich annehmen oder eben boykottieren.

In der *Realisationsphase* hat die verstehende Organisationsberatung die Aufgabe, den Implementierungsprozess zu begleiten. Das bedeutet, dass hierbei durch Wiederholung des Verstehenszyklus die Veränderung des im Einzelfall Gemeinten und letztlich auch der organisationsspezifischen Idealtypen festgestellt wird. Auslöser für das Empfinden eines Beratungsbedarfs beim Klienten ist die Erkenntnis, dass ein Problem (häufiger ein ganzes Bündel von Problemen) nicht durch die Organisation und die Organisationsmitglieder selbst bewältigt werden kann – anders ausgedrückt: dass das Handeln von und in der Organisation nicht mehr den Umweltanforderungen entspricht. Die Implementierung neuer organisationaler Idealtypen ist nur dann sinnvoll und erfolgreich, wenn sich dies in verändertem Handeln ausdrückt. Dieses „neue" Handeln erfolgt aber aufgrund veränderter subjektiver und intersubjektiver Wirklichkeitskonstruktionen. Bei der Aufdeckung von Sinnbezügen, bei der Ableitung von Wirklichkeitskonstruktionen, bei der Konstruktion von organisationalen Idealtypen sowie bei der Generierung und Auswahl von Handlungsalternativen (die zu den Grundannahmen der Organisationskultur kompatibel sind) muss der Berater primär methodische Kompetenz zeigen. Dies gilt auch für die Phase der Realisierung. Es bleibt festzustellen,

---

[12] Das Schlagwort der Organisationsentwicklung – ‚Betroffene zu Beteiligten machen!' – erhält hierbei eine veränderte Bedeutung, da der (nicht triviale) normative Anspruch der Humanisierung aufgegeben wird.

ob sich veränderte Sinnbezüge herausbilden und ob sich das Handeln der Organisation und der Organisationsmitglieder dementsprechend verändert. Beratung ist ein normatives Interagieren: Ein Problem zu definieren, ist normativ, es zu lösen ebenfalls und den Lösungsfortschritt zu überwachen erst recht. Der Verstehenszyklus von der Datenerhebung bis zur Idealtypenbildung wird in der Realisierungsphase beibehalten, bis ein Zustand (im Handeln, in den Strukturen, in den Sinnzuschreibungen) erreicht ist, der den Vereinbarungen des Beratungsvertrages entspricht, oder bis Berater und Klient übereinkommen, dass das Ziel der Beratung erreicht ist. Am Ende des Beratungsprozesses haben sich (so das Ziel) die Sinnzuschreibungen und Handlungsstrukturen so gewandelt, dass stabile Problemlösungsroutinen und damit veränderte Rollenzuschreibungen etabliert wurden.[13]

6.5 Beratungsprozess als Sozialisationsprozess?

Die Verwendung des *Rollenbegriffs* in Bezug auf das Verhältnis zwischen Organisationsberater und Klient ist weitverbreitet (Carqueville 1991, Elfgen/Klaile 1987, Schein 1993, Steyrer 1991). Die Ausbildung von Rollenerwartung ist dabei an sozialisatorische Prozesse geknüpft, weshalb naheliegt, im Rahmen einer verstehenden Organisationsberatung auch zu untersuchen, inwiefern der Beratungsprozess selbst einen Sozialisationsprozess darstellt. Weder die Organisation noch einzelne Organisationsmitglieder und auch nicht Organisationsberater können sich dem Sozialisationsprozess entziehen. In diesem Sinne ist der Beratungsprozess stets als Ausdruck einer sozialen Beziehung aufzufassen, eingebettet in den weiteren gesellschaftlichen oder engeren organisatorischen Wandlungsprozess und somit von sozialisatorischer Relevanz. In der Beratungsliteratur wird dabei meist nicht zwischen den generalisierten Verhaltenserwartungen, die Berater und Klient aufgrund bisheriger Sozialisationserfahrungen zu Beginn des Beratungsprozesses aneinander haben, und der Spezifizierung durch die Ausgestaltung der Rolle im Zuge der Interaktion getrennt. Berater und Klient werden im Beratungsprozess vom generalisierten Anderen zum signifikanten Anderen, und nur die Signifikanz lässt eine Änderung der Wirklichkeitskonstruktionen als Beeinflussung sozialer Wandlungsprozesse durch die Beratung möglich werden. Die Ausgestaltung der individuellen Rolle im Beratungsprozess ist vielerlei

---

[13] In Konfliktfällen (z. B. aufgrund personellen Wechsels im Beraterteam oder in der Organisation; ‚Ausfall des Promotors') kann der Beratungsprozess natürlich auch schon vorzeitig abgebrochen werden. Erfolg wäre dann allerdings eher ‚zufällig'.

Einflüssen unterworfen: der anfänglich generalisierten Rollenerwartung an den Anderen, der spezifizierten Attribution der eigenen Rolle, der Rollenpluralität und den daraus gegebenenfalls erwachsenden Rollenkonflikten. Im Beratungsprozess treffen gleichzeitig Personen und Organisationen aufeinander – so erfährt der Berater selbst Sozialisationsprozesse als Mitglied einer Beratungsorganisation (z. B. in seiner Karriereentwicklung), was sein Handeln gegenüber dem Klienten mitprägt.

Die *Rollentheorie* verliert aber ihre Aussagekraft als Idealtyp,[14] wenn sie zu statisch auf den Beratungsprozess angewandt wird: Der Berater bleibt nicht dauerhaft Inhalts- oder Prozessberater. Er mag seine Rolle zu Beginn des Beratungsprozesses so definieren, während der Beratung treffen jedoch eigene Rollenzuschreibung und Rollenerwartung der jeweils anderen aufeinander. Die spezifische Rolle wird erst im Prozess ausgehandelt. Dies kann sogar zur Aufgabe der Rolle führen, z. B. wenn ein Manager auf Zeit, der im Zuge eines Beratungsvertrages in einer Organisation tätig wird, als dauerhaftes Mitglied in die Organisation wechselt (wobei sich die personale Sozialisation des Managers/Beraters in den beiden Organisationen überschneidet).[15] Der Beratungsprozess lässt sich also rollentheoretisch verstehen, fraglich bleibt allerdings, ob der Beratungsprozess selbst als Sozialisationsprozess aufgefasst werden kann. Mit Sozialisation ist die Entwicklung von Identität in Auseinandersetzung mit der Gesellschaft gemeint, wobei die Gesellschaft, die Kultur dem Einzelnen in Form von signifikanten Anderen begegnet. Im Beratungsprozess werden Klient und Berater für den jeweils Anderen signifikant. In der Beratungsinteraktion werden Werte und Normen ausgetauscht, die Wirklichkeitskonstruktionen werden beeinflusst. In der verstehenden Organisationsberatung ist die Beeinflussung der Wirklichkeitskonstruktionen des Klienten beabsichtigt und gezielt, es findet aber auch eine Beeinflussung der Wirklichkeitskonstruktion des Beraters und der Beratungsorganisation statt.[16] Beratung ist kein geschlossenes System, während des Beratungsprozesses finden vielerlei Interaktionen mit sozialen Subjekten statt, die

---

[14] Die Rollentheorie wird hier als untergeordneter Idealtyp zur Sozialisationstheorie aufgefasst; es handelt sich um die Hilfskonstruktion einer Hilfskonstruktion, um den Verstehensprozess in der Organisationsberatung verstehen zu können.

[15] Hierbei von Institutionalisierung der Beratung (als gesellschaftlichem Phänomen) zu sprechen, wäre nur dann zutreffend, wenn dies eine generelle Erscheinung von Beratungsbeziehungen wäre.

[16] Ein Beispiel hierfür ist die Übernahme individueller Beratungserfahrungen in Datenbanken der Beratungsorganisation, die dann anderen Beratern bei Projekten zur Verfügung stehen. Ein anderes Beispiel findet sich im Problem möglicher Instrumentalisierung von Beratungsleistung zu Legitimationszwecken.

in den Beratungsprozess nicht direkt involviert sind. Die Organisation unterliegt auch während der Beratung der organisationalen Sozialisation, der Berater wird zwar für eine begrenzte Zeitspanne zum signifikanten Anderen, doch bedingt diese Beziehung keine Ausschließlichkeit. Der Beratungsprozess ist somit für Berater und Klient als Teil umfassenderer Sozialisationsprozesse zu verstehen, hat aber nur eine partielle Wirkung und erfährt auch zeitliche Beschränkung. Speziell die zeitliche Begrenzung legt es nahe, die Wirkung von Berater und Klienten in ihrer Signifikantwerdung rollentheoretisch zu betrachten und somit als Teil umfassenderer Sozialisationsprozesse, nicht jedoch den Beratungsprozess als eigenständigen Sozialisationsprozess (wie die personale Sozialisation) aufzufassen.

6.6 Konsequenz für den dritten Handlungsmodus

Verstehen als Grundlage der Organisationsberatung ist zuerst einmal ein wissenschaftstheoretisch fundierter Ansatz, um wertende von nicht wertenden Aussagen zu trennen, um Beratungshandeln über die Kurzfristigkeit einzelner Beratungsmoden (Kieser 1996) hinaus zu systematisieren und den Beratungsprozess damit transparenter zu machen. Organisationsberatung erscheint als Verstehensprozess, der sich der spezifischen Perspektive sozialisatorischer Prozesse in Organisationen als Frame bedient und durch methodologische Offenheit gekennzeichnet ist. Mithilfe des Ansatzes der betrieblichen Sozialisation lassen sich Veränderungsprozesse in Organisationen unter Berücksichtigung der aktuellen und historischen sozialen Eingebundenheit der beteiligten Akteure in Beratungsprozessen gestalten, wobei die Kompatibilität einzelner Beratungsansätze und -moden, die selbst als Idealtypen zu verstehen sind, systematisch zu thematisieren ist. Im Rahmen verstehender Organisationsberatung ist der Ansatz der betrieblichen Sozialisation ein übergeordneter Idealtyp, um das Vorwissen des Beraters über Organisationen offenzulegen. Als wissenschaftlicher Idealtyp wird betriebliche Sozialisation zur Grundlage des systematischen Abgleichs und der Veränderung von Sinnkonstruktionen, die dem Handeln der beteiligten Akteure in einer Organisation zugrunde liegen. Hierbei lassen sich weitere Idealtypen integrieren (z. B. Qualitätsmanagement, Balanced Scorecard), doch auch diese bleiben so lange Gedankenexperimente, bis sie im Zuge der Implementierung in die Sinnkonstruktionen der Organisation eingebaut sind. Verstehen ist der Beratung immanent, und der Idealtyp der betrieblichen Sozialisation ist aus soziologischer Sicht in besonderem Maß dazu geeignet, dies im Beratungsprozess bewusst zu machen und zu unterstützen.

Die Forderungen, die an eine Theorie der Organisationsberatung zu stellen sind (Elbe 2001), werden durch das vorliegende Konzept verstehender Organisationsberatung erfüllt:

1. Das Konzept der betrieblichen Sozialisation entspricht den Grundsätzen soziologischer Erklärung. Das soziale Handeln von Menschen in Organisationen und von Organisationen selbst wird aufgrund des Sich-in-Beziehung-Setzens zu anderen Subjekten in der betrieblichen Sozialisation erklärt. Vor diesem Hintergrund lässt sich auch interessengeleitetes, zweckrationales Handeln verstehen.
2. Das jeder Beratung immanente Verstehen wird durch die Zugrundelegung des verstehenden Ansatzes systematisiert.
3. Mit der Wahl des verstehenden Ansatzes und der Sozialisationstheorie als idealtypischer Grundlage wird die wertinterpretative Basis offengelegt.
4. Die Konstruktion des Organisationsbegriffes wurde entlang subjektiver und intersubjektiver Wirklichkeitskonstruktionen vorgenommen, die Organisation wird als abstraktes, eigenständig handelndes, soziales Gebilde angesehen, das selbst der Sozialisation unterliegt und auf dieser Basis auch beraten wird.

Vor diesem Hintergrund ist *verstehende Organisationsberatung* eine theoretische Rahmung für das Beratungshandeln. Erst wenn das Beratungshandeln auf der Mikroebene in seinem Ablauf und seinen Sinnzuschreibungen, in seinen Erfolgskonstruktionen und seinem Scheitern verstanden ist, kann Organisationsberatung als sozioökonomisches Phänomen auf der Makroebene beurteilt werden. Damit erhält aber auch die Organisationsentwicklung als beratungsorientierter Ansatz zur Gestaltung von Organisationen ein spezifisch sozialwissenschaftliches Fundament. Es galt, das organisationsspezifische Vorwissen bezüglich Theorie – Gestaltung – Beratung zu explizieren, um auf dieser Grundlage die Menschen bei Weiterentwicklung der Organisationen, in denen sie sich engagieren (als Mitarbeiter, Vereinsmitglieder oder auch Schüler), zu unterstützen. Damit wurden die drei Handlungsmodi des Organisierens verdeutlicht und das Vorwissen zur Organisation sowohl hinsichtlich der Inhalte, als auch in Bezug auf die Gestaltungsparameter und die Vorgehensweisen zur Veränderung expliziert. Es liegt es an der Praxis der Organisationsberatung, mit ihren Angeboten der Temporalität der Organisation gerecht zu werden und den Verstehensprozess im dritten Handlungsmodus zur Anwendung zu bringen. Das bedeutet, dass verstehende Organisationsberatung einen *organisationskulturspezifischen* Ausgleich zwischen den verschieden Perspektiven der Temporalität (Prozess, Struktur, Institution) zu finden und zu realisieren hilft.

Literatur

Bentner, A./Beck, C. (Hrsg) (1997): Organisationskultur erforschen und verändern: Ein Methodenrepertoire zur qualitativen Analyse und praktischen Beratung. Frankfurt a. M.
Berger, P./Luckmann, T. (1997): Die gesellschaftliche Konstruktion der Wirklichkeit: Eine Theorie der Wissenssoziologie. Unveränderter Abdruck der 5. Aufl. Frankfurt a. M.
Carqueville, P. (1991): Rollentheoretische Analyse der Berater/Klienten-Beziehung. In: Hofmann, M. (Hrsg): Theorie und Praxis der Unternehmensberatung: Bestandsaufnahme und Entwicklungsperspektiven. Heidelberg, S. 247 – 280.
Dewe, B. (1996): Beratende Rekonstruktion. Zu einer Theorie unmittelbarer Kommunikation zwischen Soziologen und Praktikern. In: Alemann, H. v./Vogel, A. (Hrsg): Soziologische Beratung. Praxisfelder und Perspektiven. IX. Tagung für angewandte Soziologie. Opladen, S. 38 – 55.
Elbe, M. (1997): Betriebliche Sozialisation: Grundlagen der Gestaltung personaler und organisationaler Anpassungsprozesse. Sinzheim.
Elbe, M. (2001): Organisationsberatung: Kritik und Perspektiven aus soziologisch-verstehender Sicht. In: Wüthrich, H., Winter, W./Philipp, A. (Hrsg): Grenzen des ökonomischen Denkens. Auf den Spuren einer dominanten Logik. Wiesbaden, S. 551 – 580.
Elbe, M./Saam, N. (2008): „Mönche aus Wien, bitte lüftets eure Geheimnisse." Über die Abweichung der Beratungspraxis von den Idealtypen der Organisationsberatung. In: Gruppendynamik und Organisationsberatung. Zeitschrift für angewandte Sozialpsychologie 3/2008, S. 326 – 350.
Elbe, M./Peters, S. (2016): Die temporäre Organisation: Grundlagen der Kooperation, Gestaltung und Beratung. Berlin.
Elfgen, R./Klaile, B. (1987): Unternehmensberatung: Angebot, Nachfrage, Zusammenarbeit. Stuttgart.
Engel, F. (1997): Dacapo – oder moderne Beratung im Themenpark der Postmoderne. In: Nestmann, F. (Hrsg): Beratung: Bausteine für eine interdisziplinäre Wissenschaft und Praxis. Tübingen, S. 179 – 216.
Esser, H. (2000): Soziologie. Spezielle Grundlagen. Band 5: Institutionen. Frankfurt a. M.
Fink, D./Knoblach, B. (2003): Die großen Management Consultants. Ihre Geschichte, ihre Konzepte, ihre Strategien. München.
Franzpötter, R. (1997): Organisationskultur: Begriffsverständnis und Analyse aus interpretativ-soziologischer Sicht. Baden-Baden.
Henke, H./Karstedt, S. (1975): Institutionenberatung und Aktionsforschung. Parallelen und Differenzen zur Aktionsforschung. In: Haag, F. et al (Hrsg): Aktionsforschung. Forschungsstrategien, Forschungsfelder und Forschungspläne. München, S 117 – 136.
Kieser, A. (1996): Moden/Mythen des Organisierens. Die Betriebswirtschaft 1, S. 21 – 39.
Klimecki, R., Probst, G./Eberl, P. (1994): Entwicklungsorientiertes Management. Stuttgart.
Kobi, J./Wüthrich, H. (1986): Unternehmenskultur verstehen, erfassen und gestalten. Landsberg.
Kühl, S./Moldaschl, M. (2010): Organisation und Intervention. Ansätze für eine sozialwissenschaftliche Fundierung von Organisationsberatung. München.
Luckmann, T. (1992): Theorie des sozialen Handelns. Berlin.

Maurer, A./Schmid, M. (Hrsg) (2002): Neuer Institutionalismus. Zur soziologischen Erklärung von Organisation, Moral und Vertrauen. Frankfurt a. M.

Meyer, J./Rowan, B. (1977): Institutionalized organizations: Formal structures as myth and ceremony. In: American Journal of Sociology. 83, S. 340 – 363.

Minssen, H. (1998): Soziologie und Organisationsberatung – Notizen zu einem komplizierten Verhältnis. In: Howaldt, J./Kopp, R. (Hrsg): Sozialwissenschaftliche Organisationsberatung: auf der Suche nach einem spezifischen Beratungsverständnis. Berlin, S. 53 – 72.

Saam, N. (2007): Organisation und Beratung. Ein Lehrbuch zu Grundlagen und Theorien. Hamburg.

Sackmann, S. (2002): Unternehmenskultur: Analysieren – Entwickeln – Verändern. Neuwied.

Schein, E. (1993): Organisationsberatung für die neunziger Jahre. In: Fatzer, G. (Hrsg): Organisationsentwicklung für die Zukunft: ein Handbuch. Köln, S. 405 – 420.

Schmid, M./Maurer, A. (Hrsg) (2003): Ökonomischer und soziologischer Institutionalismus. Interdisziplinäre Beiträge und Perspektiven der Institutionentheorie und -analyse. Marburg.

Schmidt, E./Berg, H. (1995): Beraten mit Kontakt. Gemeinde- und Organisationsberatung in der Kirche. Ein Handbuch. Offenbach.

Schnelle, W. (2002): Moderieren von Verständigungsprozessen – Ein Weg soziologisch orientierter Organisationsberatung. In: Führung + Organisation 5, S. 284 – 290.

Steyrer, J. (1991): Unternehmensberatung – Stand der deutschsprachigen Theoriebildung und empirischen Forschung. In: Hofmann, M. (Hrsg): Theorie und Praxis der Unternehmensberatung: Bestandsaufnahme und Entwicklungsperspektiven. Heidelberg, S. 1 – 44.

Weber, M. (1980): Wirtschaft und Gesellschaft. Grundriß der verstehenden Soziologie, 5. Aufl. Tübingen.

Weiershäuser, S. (1996): Mitarbeiterverhalten im Beratungsprozeß: eine ökonomische Betrachtung. Wiesbaden.

Willke, H. (1987): Strategien zur Intervention in autonome Systeme. In: Baecker, D. et al (Hrsg): Theorie als Passion. Niklas Luhmann zum 60. Geburtstag. Frankfurt a. M., S. 333 – 361.

Anwendung III: Gewaltpotenziale verstehen 7

Zusammenfassung

Dieses Kapitel stellte Überlegungen hinsichtlich des Verstehens militärischer Gewaltpotenziale aufgrund der Weitergabe militärischer Organisationskultur in der Sozialisation im Militär vor. Diese Gewaltpotenziale werden als Ergebnis von Sozialisation, die mit spezifischen Verstehensprozessen verbunden ist, aufgefasst. Gewaltwissen wird hierbei als Kern der militärischen Organisationskultur angesehen, die insbesondere anhand von Darstellungen aus der Zentralen Dienstvorschrift der Bundeswehr zum Landkrieg rekonstruiert wird. Hierzu ist eine Interpretation der verwendeten Bilder notwendig.

7.1 Das Gewaltgedächtnis

Im vorliegenden Kapitel soll es anhand eines Beispiels – der Bundeswehr – um die Weitergabe von Gewalterfahrung in der Sozialisation der Soldaten mithilfe von Artefakten der Ausbildung und den Umgang damit im (Dienst-) Alltag gehen. Die Frage ist: Wie wird das Gewaltwissen in der Organisation Bundeswehr so konserviert, dass es auch unter Austausch großer Teile des Personals in der militärischen Sozialisation weitergegeben werden kann, und wie funktioniert diese Weitergabe des Gewaltwissens? Damit geht es auch um das Gewaltgedächtnis der Bundeswehr.

Der Begriff ‚Gewaltgedächtnis' wird im hier verhandelten Zusammenhang als Ausdruck für die verschiedenen Arten des Sich-Inbeziehung-Setzens mit vergangener kollektiver Gewalterfahrung einer sozialen Gruppe verwendet. Hierbei kann auf unterschiedliche Formen der Wissensspeicherung bezüglich erlebter Gewalt zurückgegriffen werden: Gedenkstätten mahnen vielfach an die Opfer von Gewalt oder sie verherrlichen als Triumphbögen und Schlachtendenkmäler den eigenen Sieg und die Niederwerfung des Feindes. Eine andere Form der Wissensspeicherung findet sich in Sagen, Mythen und Märchen – hier können ganz unterschiedliche Formen von Gewalthandeln thematisiert werden: Märchen dienen vielfach der Typisierung und Warnung im Kontext individueller Gewalterfahrung (zum Beispiel bei Hänsel und Gretel), in Liedern werden einzelne Helden und ihre Taten verehrt (zum Beispiel das Lied vom Prinz Eugen), die Nibelungen-Sage wiederum stellt den Prototyp eines Nationalepos dar, der exzessive Gewalt als gemeinsames Schicksal stilisiert. Ein gängiges Muster ist hierbei das Aufzeigen einer willkürlich hereinbrechenden großen Gefahr, die Opfer erfordert (Hänsel soll getötet werden, Wien ist belagert, Siegfried wird erschlagen), um dann durch eigenen Gewalteinsatz schließlich ‚den Feind' zu besiegen.

Das kollektive Gewaltgedächtnis kann also an Artefakte und damit verbundene Riten gebunden werden: An Soldatendenkmälern in ganz Deutschland versammeln sich aktive Soldaten der Bundeswehr zum Totengedenken und sammeln Geld für die Kriegsgräberfürsorge. Es wird durch Mythen konserviert, über Generationen transportiert und in Liedern emotional vertieft (in Friedensliedern mahnend, in Kriegsliedern anstachelnd oder tröstend und in religiösen Liedern transzendierend) und so zu einem gemeinsamen vergangenheitsbezogenen Referenzpunkt gemacht. All diese Gedächtnisstützen sind Formen kollektiven Kulturausdrucks und vermitteln über soziale Praxis, Sprache und Artefakte Werte und Normen hinsichtlich der Bedeutung von und des Umgangs mit Gewalt. Derartige Formen des Vergangenheitsbezugs sind eng mit der Weitergabe von Wahrnehmungs-, Deutungs- und Handlungsmustern in der Sozialisation verbunden – das betrifft den Umgang mit Gewalt generell, insbesondere aber die Ausübung legitimer Gewalt. Der individuell ausgeübten, vielfach illegitimen Gewalt des Alltags (violentia) steht die legitime, durch kollektive Agenten ausgeübte Gewalt (zum Beispiel Polizei, Gerichte, Gefängnisse) *innerhalb* eines Staates, als Manifestation einer – wie auch immer definierten – politischen Gemeinschaft (potestas), und die *nach außen* ausgeübte Gewaltanwendung beziehungsweise -androhung durch Gewalthaufen, Massenheere, Söldnerarmeen oder sonstige Formen dessen, was heute als Militär bezeichnet wird (imperium), gegenüber.

In diesem Beitrag soll analysiert werden, wie das Wissen über Gewalt in der Bundeswehr als Institution legitimer staatlicher Gewalt kollektiv bewahrt und in der militärischen Sozialisation an die einzelnen Soldaten weitervermittelt wird. Hierzu wird im folgenden Abschnitt erörtert, was militärische Gewalt ausmacht und welche Bedeutung das Verstehen für das Erlernen militärischer Gewalt hat. Kap. 3 beschäftigt sich mit der Weitergabe von Gewaltwissen durch militärische Sozialisation. Im 4. Abschnitt wird Gewaltwissen als Kern militärischer Organisationskultur herausgearbeitet. Anschließend (Kap. 5) geht es um die Institutionalisierung organisationalen Gewaltwissens und das daran gebundene Rollenhandeln. Im 6. Abschnitt werden Kulturwandel und Wissensanpassung thematisiert. Abschn. 7 fasst die Erkenntnisse zusammen.

Die Argumentation wird anhand der Zentralen Dienstvorschrift der Bundeswehr zum Landkrieg (ZDv A2-226/0-0-4710: BMVg 1988) und dabei insbesondere von dort verwendeten bildlichen Darstellungen entwickelt.[1] Diese werden aus verstehender Perspektive nach dem gemeinten Sinn und der Verwendung der Darstellungen in der Wissensweitergabe (Ausbildungspraxis) interpretiert, wobei die Interpretation in Anlehnung an Müller-Doohm (1997) als kultursoziologisch-verstehende Bildanalyse erfolgt. Zum einen geht es um die Speicherung und Weitergabe von Gewaltwissen in einer militärischen Organisation, zum anderen um den sozialen Wandel im Umgang mit diesem Gewaltwissen. Es kann nicht geleugnet werden, dass – im Rahmen von Selbstbeobachtung als reflektierter Subjektivität (Steinke 2003) – dabei auch auf Erfahrungswissen des Autors, der Ende der 1980er- bis Ende der 1990er-Jahre als Offizier bei der Bundeswehr tätig war, zurückgegriffen wird.

7.2 Militärische Gewalt – Verstehen und Erlernen

Gewalt wird hier als eine spezifische Handlungsform (unmittelbarer Zwang mit Hilfe von Waffen) verstanden, die im Kontext einer bestimmten Interaktionsordnung (Militär) zu interpretieren ist (Elbe 2019a). Gewalt ist eine spezifische Form der Machtausübung in sozialen Beziehungen, wobei die Willensdurchsetzung auch oder sogar gerade gegen Widerstand erfolgt. Für die Willensdurchsetzung genügt mitunter bereits die Androhung von Gewalt; sie ist aber sozial in dem Sinn, dass sie immer im Kontext einer sozialen Beziehung stattfindet und somit auch sinnbehaftet – und verstehensbedürftig – ist. Dies gilt insbesondere für den Einsatz und die Androhung militärischer Gewalt. In diesem speziellen Fall kollektiver Gewaltausübung gilt, dass die Willensdurchsetzung ohne tatsächliche Gewaltanwendung am ressourcenschonendsten und mithin am rationalsten ist. Der eigentliche Zweck des Militärs liegt demnach in der Nichtanwendung von

---

[1] Die Verwendung der Bilder wurde von der herausgebenden Stelle der ZDv A2-226/0-0-4710, Bundeswehr/AusbKdo FachGrp II Dez 1 (mit Schreiben vom 28.10.2019 an ZMSBw Bereich Publikationen) genehmigt. Die Vorschrift, die 1988 in der aktuellen Form erlassen wurde, war ab 2018 zu überprüfen und befand sich zu diesem Zeitpunkt in Überarbeitung.

Gewalt. Durch die Existenz des Militärs und durch die glaubhafte Willensbekundung dahingehend, dass dieses mit seinen Gewaltmitteln auch eingesetzt wird, soll die Bereitschaft des Gegenübers (hier gedacht als anderer Staat mit ebenso einem militärischen Potenzial), es auf einen gewaltsamen Konflikt ankommen zu lassen, so verringert werden, dass es gar nicht mehr zu einer bewaffneten Auseinandersetzung kommt. Anders formuliert handelt es sich bereits um die erste politische Niederlage, wenn das Militär tatsächlich eingesetzt werden muss (Elbe 2019b). Militärische Gewalt wird damit nicht als Normalität in den Streitkräften, sondern als Potenzial aufgefasst, welches Normen und Institutionen unterliegt, die das legitime Auftreten ermöglichen und zugleich begrenzen (sollen).

Das Verstehen von Gewalt ist als Auseinandersetzung mit den Motiven und Strukturen des Gewalthandelns zu konzipieren: Warum und wozu wird Gewalt angedroht oder ausgeübt? Zur Beantwortung dieser Frage gibt es unterschiedliche Ansatzpunkte, die Selbst- und Fremdverstehen ebenso umfassen, wie situatives Verstehen und das Verstehen von Symbolen oder Artefakten. Damit werden drei Ebenen für die Betrachtung eröffnet:

1. Die Fähigkeit zur Gewaltausübung wird als legitime Handlungsgrundlage in der militärischen Sozialisation weitergegeben.
2. Die Formen des Gewalt-Verstehens werden in der beruflichen Lebensführung der Akteure (insbesondere im Alltagshandeln von Soldatinnen und Soldaten) sowohl kognitiv als auch inkorporiert (etwa durch Formaldienst, Waffendienst) und emotional (zum Beispiel durch Gemeinschaftserfahrung) verankert.
3. Im Rahmen einer solchen handlungstheoretischen Gewaltauffassung im Militär ist die Gesamtheit des kulturellen Wissens und der kulturellen Praxis des Militärs, die Organisationskultur, als Kultivierung von Gewaltpotenzialen aufzufassen, welches im Gedächtnis der Organisation als Sozialisationsgrundlage verankert ist.

Militärische Gewaltpotenziale sind somit immer als organisationskulturelle Manifestation vergangener Gewalterfahrung und -legitimation sowie als Ressource für aktuelles und zukünftiges Gewalthandeln auf unterschiedlichen Wissensebenen zu interpretieren. Im Hinblick auf die Frage, wie Organisationen mit ihrer Vergangenheit aus Perspektive des sozialen Gedächtnisses umgehen, legen die Beiträge in Leonhard et al. (2016) nahe, dass Organisationen ihre Strukturen und ihre Aktivitäten pfadabhängig in Bezug auf ihre Vergangenheit ausbilden und entsprechend zu analysieren sind. Die Anwendung von Gewalt in der Bundeswehr ist demnach durch das Wissen um und das Erinnern an frühere deutsche Streitkräfte und deren Verstrickungen in Gewaltverbrechen geprägt. Dieses Wissen um die

7.2 Militärische Gewalt – Verstehen und Erlernen

Gefahr entgrenzter Gewaltanwendung[2] führt dazu, dass bei der Bundeswehr das Gewalthandeln reglementiert ist. Analog zur Gewaltanwendung im Inneren durch die Polizei ist die Gewaltanwendung nach außen durch die Bundeswehr generell, aufgrund des Kriegsvölkerrechts (insbesondere Haager und Genfer Abkommen), des geltenden deutschen Rechts (Grundgesetz, Strafgesetzbuch), der jeweiligen Einsatzregularien (Rules of Engagement – ROEs) und – als spezifischer Rechtsgrundlage – des Unmittelbaren Zwang Gesetzes der Bundeswehr (UZwGBw) von 1965, geregelt. Letzteres gibt vor: „(…)

> § 10 Einzelmaßnahmen des unmittelbaren Zwanges
> (1) Unmittelbarer Zwang ist die Einwirkung auf Personen oder Sachen durch körperliche Gewalt, ihre Hilfsmittel und durch Waffen.
> (2) Körperliche Gewalt ist jede unmittelbare körperliche Einwirkung auf Personen oder Sachen.
> (3) Hilfsmittel der körperlichen Gewalt sind insbesondere Fesseln, technische Sperren und Dienstfahrzeuge.
> (4) Waffen sind die dienstlich zugelassenen Hieb- und Schußwaffen, Reizstoffe und Explosivmittel.
> (…)
> § 17 Androhung des Schußwaffengebrauchs
> (1) Der Gebrauch von Schußwaffen ist anzudrohen. Als Androhung gilt auch die Abgabe eines Warnschusses. Einer Menschenmenge gegenüber ist die Androhung zu wiederholen.
> (2) Schußwaffen dürfen ohne Androhung nur in den Fällen des § 15 Abs. 1 Nr. 1 Buchstaben a bis c und nur dann gebraucht werden, wenn der sofortige Gebrauch ohne Androhung das einzige Mittel ist, um eine Gefahr für Leib oder Leben eines Menschen oder die Gefahr eines besonders schweren Nachteils für Anlagen, Einrichtungen, Schiffe oder Wehrmittel der Bundeswehr oder der verbündeten Streitkräfte von bedeutendem Wert oder für die Sicherheit der Bundesrepublik Deutschland abzuwenden." (UZwGBw)

Die Anwendung militärischer Gewalt erfolgt damit prinzipiell nach Eskalationsstufen: Die Willensdurchsetzung beginnt mit dem niedrigstschwelligen Zwangsmittel und wird bei Nichtbefolgung der getroffenen Anordnung sukzessive gesteigert. In diesem Sinn ist die mächtigste Stufe des Gewalthandelns, der Einsatz von Distanzwaffen (Pistole, Gewehr etc.), nur nach vorheriger Androhung – gemäß bestimmter Regeln – oder bei „Gefahr in Verzug" erlaubt.

---

[2] Zur organisationalen Perspektive entgrenzter Gewalterfahrung vgl. hinsichtlich des ersten Weltkriegs Briefs (1918) mit seiner Abhandlung über die Pathologie der Organisation im Krieg sowie Kühl (2014) mit seiner Analyse der Beteiligung eines Polizei-Reservebataillons am Holocaust im zweiten Weltkrieg.

Da Menschen als Landlebewesen immer wieder auf Kontakt mit dem Boden als potenzielles ‚Feld' kriegerischer Auseinandersetzung angewiesen sind, werden alle Soldaten (unabhängig davon, welcher Teilstreitkraft, zum Beispiel Heer, Luftwaffe, Marine, sie angehören) im Gefechtsdienst aller Truppen zu Lande ausgebildet. Diese Ausbildung erfolgt im Rahmen der Grundausbildung als erstem Abschnitt soldatischer Sozialisation. Es gibt Ausbildungsanteile, die auf den Gefechtsdienst hinführen (zum Beispiel Sportausbildung, Formalausbildung, Ausbildung an einzelnen Handfeuerwaffen) und diesen in seiner Gesamtheit erst ermöglichen. Die grundlegende Anwendung militärischer Gewalt wird aber erst im Rahmen des Gefechtsdiensts aller Truppen erlernt. Die Wissensweitergabe hierzu hat im Kern drei Teile:

1. Zum einen werden die Soldaten persönlich unmittelbar von ihrem jeweiligen direkten Vorgesetzten (häufig einem Gruppenführer im Rang eines Unteroffiziers) dezidiert in Bewegungsformen und Verhaltensweisen unterwiesen, die im Gelände oder im Rahmen des Wachdienstes einzuhalten sind. Diese Form der exakten Unterweisung, welche Bewegungen vom einzelnen Soldaten und von der einzelnen Soldatin selbst zu vollziehen sind und welche Bewegung von den Kameraden (und in gewisser Weise auch von gegnerischen Soldaten) zu erwarten sind, ermöglicht es, in komplexen und unübersichtlichen Gefechtssituationen unter einer effizienten Kommandosprache das kollektive Handeln einer Gruppe (und aufbauend hierauf auch von größeren Einheiten bis hin zu Verbänden) zu koordinieren. Gelehrt und gelernt wird die effiziente und koordinierte kollektive Gewaltanwendung in drei Schritten: Vormachen – Nachmachen – Üben.
2. Dieses unmittelbare Erlernen der Anwendung von Gewalt, des Schutzes vor fremder Gewaltanwendung und der kollektiven Abstimmung wird unterstützt durch die Nutzung von Ausbildungs- und Handlungsunterlagen, die sich unter anderem in Zentralen Dienstvorschriften (ZDv) finden. Für den Gefechtsdienst aller Truppen zu Lande ist dies die ZDv A2-226/0–0-4710 (BMVg 1988). Hier wird beschrieben, und durch entsprechende Abbildungen verdeutlicht, wie sich Soldaten und Soldatinnen im Gefecht, auf Wachdienst, auf Patrouillenfahrt et cetera zu verhalten haben. Die Zentralen Dienstvorschriften greifen auf Vorgängervorschriften zurück, die teilweise bis ins späte 19. Jahrhundert zurückreichen und damit helfen, das Gewaltwissen über individuelle Vermittlungsprozesse hinaus zu bewahren und institutionell zu verankern. Aufgrund zyklischer Überprüfungen werden diese Vorschriften durchaus aktualisiert, die Breite des dort zusammengetragenen Repertoires an Gewaltwissen wird dabei

aber erhalten, auch wenn bestimmte Anwendungsformen momentan wenig zu Einsatz kommen.
3. Zum Selbststudium und zur Nachbereitung werden in der Truppe Auszüge aus einschlägigen Vorschriften in Form von „Taschenkarten" verbreitet, die wichtige Aspekte (zum Beispiel zum Wachdienst) in komprimierter Form darstellen. Diese haben ein Format, das es ermöglicht, die Taschenkarten in der Beintasche der Uniformhose des Feldanzugs mit sich zu führen. Dasselbe Format haben auch kompakte Taschenbücher, die zentrales Wissen, über das der Soldat verfügen sollte – auch in Auszügen aus Vorschriften – zusammenfassen. Hierzu gibt es verschiedene Angebote; am bekanntesten ist wohl „der Reibert" (aktuell: Bocklet 2018), der schon seit 1929 deutschen Soldaten als Feldmanual, und damit als Wissensspeicher im Alltag, dient.

Militärisches Gewalthandeln – und das prägt auch die Weitergabe militärischer Gewaltanwendung im Rahmen der Sozialisation von Soldatinnen und Soldaten – ist in einem Spannungsfeld zwischen Einfühlung (Empathie) und Kommunikation einerseits und Selbst- und Fremdverstehen andererseits zu verorten. Mit *empathischem Gewalthandeln* ist ein Handeln gemeint, das eine Selbstverständigung dahingehend herstellt, dass man sich gemäß des Erlernten ‚richtig' verhält und sich dabei in die Befindlichkeit Anderer (sowohl von Kameraden als auch von gegnerischen Soldaten) mit hineinversetzen kann, also ein verstehendes Einfühlen in das Gegenüber wie auch in das eigene Ich zu einem anderen Zeitpunkt praktiziert. Dies soll anhand einer Darstellung aus der ZDv A2-226/0-0-4710 zur Verteidigung eines Hauses beim Kampf in geschlossenen Ortschaften demonstriert werden (Abb. 7.1).

Abb. 7.1 zeigt Soldaten in verschiedenen Positionen und Stellungen in einem Haus, das im Rahmen des Kampfes in einer geschlossenen Ortschaft verteidigt werden soll. Ein Gegner ist nicht unmittelbar zu sehen, vielmehr sind die Soldaten, augenscheinlich in Erwartung eines unmittelbar bevorstehenden Angriffs, so in Stellung gegangen, dass eine wirksame Gewaltanwendung zur Verteidigung möglich ist. Im Vordergrund ist die geöffnete Seitenansicht eines Hauses zu sehen, in der verschiedene Stellungsformen zur Verteidigung im Häuserkampf demonstriert werden:[3]

---

[3] Bei den in diesem Artikel besprochenen Bildern handelt es sich um Gebrauchsgrafik in Form von Schattenrissen eines unbekannten Künstlers (oder Künstlerin oder Kollektivs) in einer Dienstvorschrift der Bundeswehr. Die Darstellungsform entspricht dem Standard der Bebilderung militärischer Vorschriften. Die Bildproduktion ist deshalb nicht Gegenstand der vorliegenden Interpretation (und spielt aufgrund der Eigenschaft als Standard-Gebrauchsgrafik auch kaum eine Rolle), wohl aber der Bildinhalt und die Bildrezeption für

Abb. 7.1 Verteidigungsstellungen in einem Haus (BMVg 1988, S. 263, Bild 142)

- Im Dachgeschoss ist zur Kontrolle des Vorfeldes des Gebäudes und zur Wirkung in der Tiefe des Raumes (hier soweit der Einblick reicht: bis zum Straßenende) offensichtlich ein Maschinengewehrposten eingerichtet worden.
- Im zweiten Obergeschoss findet sich am linken Fenster ein Schütze hinter einem (zum Sichtschutz) mit Brettern verschlagenen Fenster, der sich seitlich vom Fenster positioniert, um Schutz vor feindlichem Beschuss hinter der Mauer zu haben. Am rechten Fenster im zweiten Obergeschoss kniet ein Soldat halb verdeckt und wirft eine Handgranate aus dem Fenster – hierbei wird die Kombination von Wirkmöglichkeit (Anwendung von Gewaltmitteln) und Deckung (Schutz vor Gewalteinwirkung) demonstriert.

Ausbildung und Dienst in der Bundeswehr (Müller-Doohm 1997). Eine Rezeption darüber hinaus ist nicht bekannt.

7.2 Militärische Gewalt – Verstehen und Erlernen

- Im ersten Obergeschoss sieht man am linken Fenster eine in den Raum zurückgesetzte Sandsackstellung, die doppelten Schutz vor Splittern oder feindlichem Beschuss bei nur gering eingeschränkter eigener Wirkmöglichkeit bietet. Am rechten Fenster wird der Einsatz einer Panzerfaust aus dem Gebäude heraus gezeigt. Rechts davon am Boden macht sich ein Schütze liegend ein Loch in der Wand als Schießscharte zu nutze.
- Im Erdgeschoss links wird anhand einer zurückgezogenen Stellung gezeigt, wie das Eindringen in ein Gebäude erschwert werden kann: Der Soldat wird durch die Sandsackstellung geschützt, kann aber auf das Fenster und in den Raum zwischen sich und Fenster wirken, also Gegner bekämpfen. Der Soldat rechts nutzt ein Bettgestell als Liegendstellung.
- Rechts vom Haus haben sich Soldaten an Barrikaden verschanzt.
- Im Mittel- und Hintergrund sind Soldaten als dunkle Silhouetten zu erkennen; ganz hinten ist darüber hinaus ein Panzer zu sehen – dies scheint die Angreifer darzustellen.

Die schemen- beziehungsweise skizzenhafte Darstellung, die als schwarz-weiße Druckgrafik ausgeführt ist, soll keine realistische Schlachtenszene darstellen. Vielmehr sind die Einzelfiguren als Anleitung zu unterschiedlich möglichen Kampfpositionen, die Soldaten bei der Verteidigung eines Gebäudes einnehmen können, zu verstehen. Dies macht insbesondere der Handgranatenwurf aus dem zweiten Stock deutlich: Unter dem Werfer befinden sich (soweit ersichtlich) noch gar keine feindlichen Soldaten; durch den Wurf aus dieser Position würde der Werfer realiter die Soldaten an den Fenstern der tiefer liegenden Stockwerke gefährden. Diese illustrierte Anweisung für die Einrichtung unterschiedlicher Stellungen zur Verteidigung eines Hauses ist für Soldaten in der Ausbildung gut verständlich, die Anleitungen verdeutlichen, wie ich mich bei der Verteidigung eines Hauses verhalten soll'. Damit ist sowohl eine kognitive als auch eine empathische Verstehenskomponente eingeschlossen, die auch über die Zeit wirkt, denn die Bildsprache erscheint sowohl in der Darstellungsform, als auch im Gegenstand (zum Beispiel den Häusern) wie eine Szene aus der Mitte des 20. Jahrhunderts.

Das Sich-Einfühlen in das (militärische) Gegenüber, um so letztlich die gegnerischen Handlungsoptionen abschätzen zu können, ist ein wichtiger Aspekt erfolgreichen soldatischen Handelns. Dies wird insbesondere bei der Interpretation des folgenden Bildes deutlich. Diente Abb. 1 als Unterstützung zum Erlernen der Verteidigungsmöglichkeiten eines Hauses, so findet sich ein paar Seiten weiter in der ZDv A2-226/0–0-4710 eine Anleitung zur Bekämpfung genau eines ebenso verteidigten Hauses (Abb. 7.2).

Abb. 7.2 Eindringen in ein Gebäude (BMVg 1988, S. 277, Bild 154)

Hier ist die Außenansicht eines Hauses zu sehen, das möglicherweise verteidigt wird. Die Fenster und die Tür sind verrammelt, wobei Wirkungsmöglichkeiten durch Verteidiger durchaus gegeben sind. Die angreifenden Soldatinnen und Soldaten verhalten sich so, dass sie von möglichen Verteidigern nicht einfach bekämpft werden können: Während zwei Soldaten über die beiden sichtbaren Häuserseiten so absichern, dass sie von den Fernstern aus nicht unmittelbar beschossen werden können, wirft ein dritter Soldat eine Handgranate durch eine Maueröffnung. Die Explosion der Handgranate würde mit großer Wahrscheinlichkeit alle in dem Raum befindlichen Personen schwer verletzen oder töten. Dieses Gewalthandeln erfolgt aufgrund des Wissens, wie Verteidiger sich verhalten würden. Anders formuliert: Der militärische Verteidiger muss um die Angriffstechniken wissen und der militärische Angreifer um die Verteidigungstechniken. Während das Bild, das gerade betrachtet wird, die eigene Integrität aufrechterhalten hilft und die Identität als handlungsfähiger Soldat stärkt (empathisches Selbstverstehen), muss das Wissen um die Handlungsoptionen und die Befindlichkeit des Gegners vorhanden sein, die das jeweils andere Bild lieferte (empathisches Fremdverstehen). Empathie bedeutet im Kontext des Gewaltgedächtnisses von Streitkräften eben nicht Mitleiden, sondern Einfühlen in die Verletzbarkeit des Gegenübers aufgrund der Reziprozität der Perspektiven.

7.3 Militärische Sozialisation als Weitergabe von Gewaltwissen

Die soeben angesprochene Reziprozität der Perspektiven wird in der Sozialisation *en passant* vermittelt und steht nicht in einem Lehrplan (Elbe 2016). Dies gilt auch für die Grundausbildung von Soldatinnen und Soldaten. Viele Verhaltensweisen, Symbole und Normen, Ästhetik und Gebräuche werden durch Gewohnheit, durch die soziale Praxis militärischer Existenz vermittelt und nicht als formal kommunizierte Lehrinhalte. Letztere scheinen zwar den Alltag zu bestimmen, informelle Anteile werden aber im formalen Ausbildungsbetrieb (teilweise gewollt, teilweise ungewollt) stets mit vermittelt. Die formalen Ausbildungsinhalte der Soldaten werden mithilfe kommunikativer Verstehensprozesse verinnerlicht. So wird zum Beispiel eingeübt, wie sich eine Gruppe von Soldaten im Gelände zu bewegen hat und wie dabei eine äußerst knappe Kommandosprache, die gegebenenfalls auch auf fest vorgegebene und ebenfalls zu erlernende Gesten beschränkt ist, das Handeln einer ganzen Gruppe von Menschen unmittelbar steuern kann.

Abb. 7.3 zeigt den Übergang von einer Schützenreihe (hintereinander) in ein Schützenrudel (nebeneinander) im Gelände. Die Rauten kennzeichnen die Soldatinnen und Soldaten, die Raute in der Mitte mit dem kleinen Dach stellt die Gruppenführerin beziehungsweise den Gruppenführer dar. Die Schützenreihe ist die Standardformation, in der sich eine Gruppe von Soldaten im Gelände bewegt. Die Soldatinnen und Soldaten gehen versetzt hintereinander (wenn möglich unter

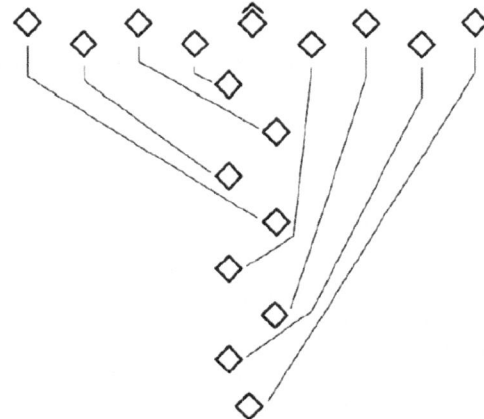

Abb. 7.3 Einnehmen des Schützenrudels aus der Schützenreihe (BMVg 1988, S. 166, Bild 97)

Ausnutzung der Straßenbreite und von natürlicher Deckung, wie Häuser, Bäume et cetera); die erste Person sichert nach vorne; die links gehenden Soldatinnen sichern nach links; die rechts gehenden Soldaten sichern nach rechts; der letzte Mann sichert nach hinten und die vorletzte Person übernimmt die Luftsicherung (gegen feindliche Luftfahrzeuge, zum Beispiel Drohnen). Gibt die Gruppenführerin nun den verbalen oder gestischen Befehl zur Bildung eines Schützenrudels, dann müssen die angesprochenen Soldaten ihre neue Position in einer Linie nach einem festgelegten Muster einnehmen, da es ansonsten weitere Absprachen über das Prozedere der Umgruppierung bedürfte. Um den Koordinierungs- und Kommunikationsaufwand zu reduzieren, ist hier ein konkretes Verfahren des Übergangs von der einen in die andere Gruppenform vorgegeben.

Die spezifisch militärischen Bewegungsformen in einer Gruppe müssen formal kommuniziert und eingeübt werden. Im Rahmen der (Grund-)Ausbildung als Teil der militärischen Sozialisation wird dies auf Übungsmärschen und bei Aufenthalten auf Standort- oder Truppenübungsplätzen solange wiederholt, bis die jeweilige Gruppe das Manöver in verschiedenen Geländeformationen beherrscht. Hierfür bedarf es eines kommunikativen Verstehens als Befehlsdecodierung aufseiten der Gruppenmitglieder und eines reflexiven Selbstverstehens aufseiten des Gruppenführers, das über einfache Habitualisierung hinausgeht. Auch dieses Wissen liegt gespeichert in der ZDv A2-226/0–0-4710 als Bild ebenso wie in Textform vor und ist die Voraussetzung dafür, sich militärisch im Gelände bewegen zu können und gegebenenfalls auch einen Angriff durchzuführen.

Für Angriff und Verteidigung im Gelände gibt jeweils eigene Vorgaben hinsichtlich Bewegung, Deckung, Anwendung von Schusswaffen, Übergang in Nahkampf, Mittel und Techniken des Nahkampfs et cetera. All diese Formen des unmittelbaren Gewalthandelns von Soldatinnen und Soldaten, einschließlich der Abwehr von Gewalt, werden neben zahlreichen weiteren Handlungskontexten (wie zum Beispiel Wachdienst oder Kontrollposten) durch Vorschriften dezidiert vorgegeben und liegen als gespeichertes Wissen vor. Auf dieser Grundlage wird das Gewaltwissen in der militärischen Sozialisation durch Einzelausbildungen (zum Beispiel Zerlegen und Zusammensetzen des Gewehrs, Erlernen des Schießens auf einer Schießbahn, Handgranatenwerfen während eines Truppenübungsplatzaufenthalts) und Gefechtsausbildung im Gelände vermittelt und im Kollektiv eingeübt. So wird zum Beispiel ein, wie in Abb. 7.4 dargestellt, Feuerüberfall aus ausgebauten Stellungen in der Grundausbildung gelehrt und geübt.

Diese Form des Gewalthandelns entspricht der militärischen Logik des modernen Kampfes, bei dem aus gesicherten und geschützten Positionen heraus Gegner ohne Vorwarnung unter Feuer genommen werden, wie das in der Darstellung

7.3 Militärische Sozialisation als Weitergabe von Gewaltwissen

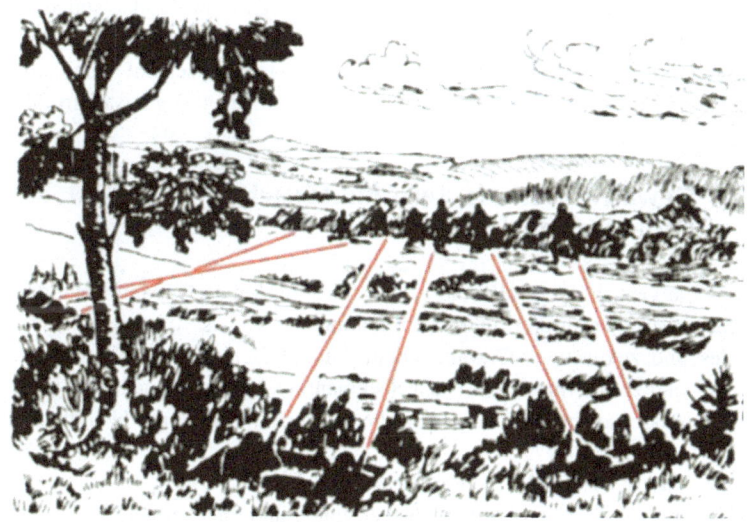

Abb. 7.4 Feuerüberfall (BMVg 1988, S. 151, Bild 90)

offensichtlich der Fall ist – sonst wären die beschossenen Soldatinnen und Soldaten wohl in Deckung gegangen oder hätten sich ergeben.[4] Diese Form des Gewalthandelns entspricht indes nicht dem weiter oben explizierten Prozedere nach UZwGBw oder auch der Haager Landkriegsordnung (Art. 23b der Anlage), da Menschen offensichtlich ohne Vorwarnung niedergeschossen und gegebenenfalls getötet werden. Vielmehr überantwortet das hier dargestellte Gewaltwissen den einzelnen Soldaten und die einzelne Soldatin einem Gewissenskonflikt, der eine Rechtsabwägung mit sich bringt. Auch für Soldaten stellt der Schusswaffengebrauch die *ultima ratio* dar, und das Niederschießen anderer Menschen ohne Vorwarnung, ohne dass diese eine unmittelbare Bedrohung darstellen, ist eine nicht rechtfertigbare Tötung eines Menschen– unabhängig wo dieser Vorfall sich ereignet, also auch im Rahmen von Auslandseinsätzen. Das deutsche Wehrrecht

---

[4] Die durch gerade Linien dargestellten Schüsse sind in der Originalabbildung (BMVg 1988, S. 151, Bild 90) rot, wohingegen das Bild an sich als schwarz-weiße Druckgrafik wiedergegeben wird. Diese Technik des Hervorhebens von Gewaltwirkungen (Geschoßbahnen, Explosionen) durch Nachkoloration in Rot wird in der Vorschrift immer wieder verwendet und entspricht einer traditionellen Hervorhebungspraxis in der Verwendung von Gebrauchsgrafik.

kennt darüber hinaus keinen Befehlsnotstand, der einzelne Soldat und die einzelne Soldatin sind für ihr Gewalthandeln stets selbst verantwortlich. Das in der betrachteten Vorschrift thematisierte Gewaltwissen erscheint somit als ein komplexer und nicht widerspruchsfreier Kern militärischer Organisationskultur.

7.4 Gewaltwissen als Kern militärischer Organisationskultur

Militärische Gewaltpotenziale sind als organisationskulturelle Manifestation vergangener Gewalterfahrung und -legitimation sowie als Wissensspeicher für aktuelles und zukünftiges Gewalthandeln auf unterschiedlichen Wissensebenen verankert und zu interpretieren. Nach Sackmann (1991) lassen sich vier kulturell relevante Wissensebene unterscheiden, die Organisationskulturen beeinflussen:

1. *Lexikalisches Wissen (Dictionary Knowledge)* –
   beschreibende Kategorien für Gegenstände und Sachverhalte.
2. *Handlungswissen (Directory Knowledge)* -
   kausal-analytische Zuschreibungen über Beziehungen und Handlungsabläufe.
3. *Rezeptwissen (Recipy Knowledge)* -
   normative Zuschreibungen als hypothetische Grundlage des Handlungswissens.
4. *Axiomatisches Wissen (Axiomatic Knowledge)* -
   zugrundeliegende Annahmen, die wertbildend wirken.

Das Gewaltwissen der Bundeswehr ist in allen vier Ebene konserviert, die hier im Zentrum stehende Zentrale Dienstvorschrift zum Gefechtsdienst aller Truppen (BMVg 1988) liefert dabei insbesondere beschreibende Kategorien zum Umgang mit Gewalt sowie Handlungswissen hinsichtlich kausaler Zusammenhänge. Die Vermittlung dieses Wissens in der Sozialisation hin zur Anwendung und Verinnerlichung beziehungsweise Enkorporierung von Abläufen der Bewegung und des Kampfes im Feld bedarf der personalen Vermittlung im Rahmen der sozialen Praxis des militärischen Dienstes. Hier werden Normen tradiert, die wiederum auf axiomatische Vorstellungen hinsichtlich Gesellschaft und Gemeinschaft, Gruppe und soziale Schließung, Gewaltanwendung und Gewaltabwehr, Hierarchie, Raum und Zeit et cetera zurückwirken.

Die Bundeswehr versucht, auch diese Ebenen durch Vorschriften zu fassen (zum Beispiel zum Traditionsverständnis der Bundeswehr, zur Inneren Führung),

7.4 Gewaltwissen als Kern militärischer Organisationskultur

doch ist die Organisationskultur letztlich ein Ausdruck für das Zusammenspiel der unterschiedlichen Wissensebenen in der sozialen Praxis. Hier wirken Wissensbestände und Wahrnehmungsmuster, als kultureller Kern, mit dem kommunikativen Handeln der beteiligten Akteure unter der Rahmung von organisationsspezifischen Institutionen, Artefakten und Praktiken, die durch Mythen transportiert werden, zusammen.[5] Beim Durchfahren einer Ortschaft durch einen Spähtrupp oder eine Patrouille müssen die verschiedenen Wissensebenen, Artefakte (Fahrzeuge, Waffen, Schutzausrüstung) und die unmittelbare Gruppe (kleine Kampfgemeinschaft) als sozialer Bezug zusammenwirken, um im Feld bestehen zu können. Mit den Auslandseinsätzen der Bundeswehr wurde das Gewaltwissen, das als Ausbildungs- und Trainingswissen zuvor über Jahrzehnte in der Bundeswehr gespeichert war, wieder mit der Realität konfrontiert. „Erhält der Spähtrupp in einem Waldstück oder einer Ortschaft überraschend Feuer, durchfährt er diese mit höchster Geschwindigkeit und feuert aus allen Waffen." (BMVg 1988, S. 235) Ein solches Vorgehen hätte im Afghanistaneinsatz sicherlich zu größeren Verwerfungen mit der Bevölkerung geführt und auch hier wären die Haager Landkriegsordnung (Art. 25 f. der Anlage) sowie der Art. 3(1)a der Genfer Konventionen zu bedenken. An Beispielen wie diesem wird die Temporalität des in der Vorschrift festgehaltenen Gewaltwissens erkennbar, das im vorliegenden Fall – gemessen an gegenwärtig gültigen Rahmenbedingungen des Einsatzes der Bundeswehr – anpassungsbedürftig zu sein scheint.[6] Dies zeigt sich auch in der entsprechenden Darstellung (Abb. 7.5).

Deutlich wird hier, dass das Gewaltwissen und auch die Reaktionsmuster darauf, wie sie in der betrachteten Vorschrift niedergelegt sind, auf Szenarien beruhen, die vermutlich auf Erfahrungen während des zweiten Weltkriegs zurückgehen. Auch die Geräteausstattung entspricht nicht dem, was in aktuellen Einsätzen bei solchen Aufträgen zur Verwendung kommt. Hier hat die gegenwärtige Einsatzpraxis das in der Vorschrift gespeicherte Gewaltwissen überholt. Weder die Ausführungspraxis eines Spähtrupps mit offenen Lastwagen, auf deren Ladeflächen sich Soldatinnen und Soldaten verschanzen und mit Gewehren in alle Richtung sichern, entspricht heutigen Standards, noch ist die Weisung, bei Beschuss aus allen Waffen in alle Richtungen zu feuern, angemessen. Hier zeigt sich die Vergänglichkeit lexikalischen Gewaltwissens: Es ist zwar

---

[5] Vgl. zu Hierarchiemodellen der Organisationskultur auch Elbe/Peters (2016) sowie Schein (1985).

[6] Ob die eingangs erwähnte Überarbeitung dieser Vorschrift in diese Richtung weist, bleibt abzuwarten. Grundsätzlich dient die Aktualisierung ja der Herstellung von „Aktualität". Das Vergangene, als nicht mehr nützlich erachtete Wissen wird dabei gelöscht; präsent bleibt nur das, was als potenziell anschlussfähig für die Zukunft gesehen wird.

Abb. 7.5 Durchfahrt einer Ortschaft (BMVg 1988, S. 235, Bild 129)

noch im Speicher vorhanden, für das konkrete Gewalthandeln aber nicht mehr handlungsleitend.

Anders sieht dies im Hinblick auf grundlegendere Formen militärischer Kooperation aus. Das Zusammenwirken aus verschiedenen Positionen einer Gruppe in Stellung bedarf erheblicher koordinativer Absprachen beziehungsweise eines dies klärenden Befehls, der von allen akzeptiert und befolgt wird. Hierfür gibt es eine eigene Befehlssprache, die sich an einem grundlegenden Befehlsmuster orientiert, aber an die jeweilige Lage und die entsprechenden Erfordernisse angepasst wird. Abb. 7.6 zeigt das Schema einer solchen Gruppenstellung, wobei aus unterschiedlichen Positionen so in verschiedene Richtungen ein Waffeneinsatz möglich ist (Soldaten würden sagen: gewirkt werden kann), dass Gefahren rundum abgewehrt werden können; die Hauptkampfrichtung (hier nach Norden/Oben) wird dabei am stärksten abgedeckt.

Die Befehlssprache zur Koordination des Feuers dieser Gesamtstellung erfolgt zum Beispiel mithilfe des Akronyms EREZA: *E*inheit – *R*ichtung – *E*ntfernung – *Z*iel – *A*usführung (BMVg 1988) als Merksatz. Damit wird festgelegt, wer wann wohin zu schießen hat. „Das *verkürzte Feuerkommando* enthält nur Ziel und Ausführung, wenn klar ist, wer schießen soll. Wenn das zu bekämpfende Ziel eindeutig ist oder Feind überraschend auftritt, genügt das Kommando *„Feuer!"* (BMVg 1988, S. 152) Die Sprache ist damit ein zentrales und jeweils spezifisches Element jeder Organisationskultur und hat eine verbindende Wirkung

7.4 Gewaltwissen als Kern militärischer Organisationskultur

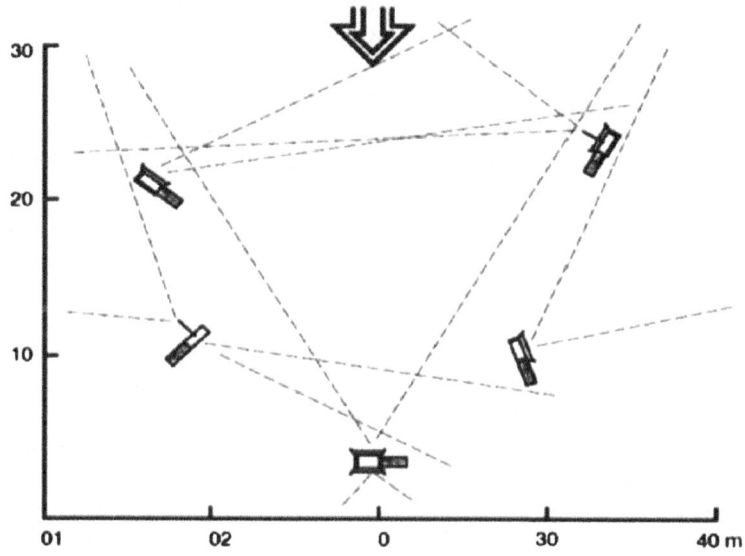

Abb. 7.6 Schema der Stellung einer Gruppe (BMVg 1988, S. 236, Bild 130)

zwischen gespeichertem Wissen (wie hier in der ZDv A2-226/0–0-4710), den normativen Grundlagen und dem tatsächlichen Handeln.[7] Sprache ist in doppeltem Sinn Ausdruck von Organisationskultur: Zum einen wird in Befehlssprache das Gewalthandeln gebündelt und geleitet, zum anderen wird mithilfe von Akronymen die Merkbarkeit von Verfahren (wie zum Beispiel der Zielansprache) erhöht. Vielfach wird versucht, diese Merkbarkeit durch ‚Eselsbrücken' weiter zu verbessern und noch stärker in die Organisationskultur einzubinden, indem mit Merksätzen oder Akronymen an Mythen und Heldengeschichten angeknüpft wird.

Ein Beispiel hierfür stellt der Begriff LANGEMARK dar, der als Akronym für das Ablösegespräch von Alarm- oder Feldposten, zur Absicherung eines Geländeteils (zum Beispiel eines Feldlagers) in eine bestimmte Richtung dient. LANGEMARK steht für *L*age, *A*uftrag, *N*achbarn, *G*renzen, *E*röffnungslinie des Feuers, *M*eldung/Alarmierung, *A*blösung, *R*ückwärtiger Raum, *K*ennwort. Dieses Akronym ist nicht in der Vorschrift ZDv A2-226/0–0-4710 (BMVg

---

[7] Vgl. zu Militärsprache in Bezug auf die Bundeswehr Slater (2015).

1988) verzeichnet, wurde aber in der Bundeswehr über lange Zeit als Merkhilfe gelehrt. Anhand des Begriffs LANGEMARK wurden Ablösegespräche in deutschen Armeen seit dem ersten Weltkrieg geführt; neben der Wirkung als Eselsbrücke wurde dadurch zugleich an die Gefallenen des Gefechts in der Nähe des Ortes Langemarck an der Westfront 1914 erinnert. (Hüppauf 1993) Dieses Gefecht wurde unmittelbar danach und weiter bis in die Zeit des Nationalsozialismus zum Mythos der Tapferkeit und des soldatischen Opfertodes stilisiert. Verschiedene Denkmäler wurden errichtet (zum Beispiel auf dem Berliner Olympiagelände, in Ludwigshafen und auf dem Soldatenfriedhof von Langemarck). Schließlich wurde einer SS-Division dieser Name verliehen. (Hüppauf 1993).

Aufgrund dieser Vorgeschichte erscheint der Begriff ungeeignet für das Traditionsverständnis der Bundeswehr nach ihrer Begründung 1955. Doch aus gewohnter Praxis und militärischer Tradition wurde der Begriff bis Ende des 20. Jahrhunderts weiter in der Ausbildungspraxis verwendet und wird teilweise bis heute in der abgewandelten Form LANGEMAP (der letzte Buchstabe K für Kennwort wurde durch P für Parole ersetzt) genutzt.[8] Damit wird, auch wenn spezifische Verfahren als Teil des Gewaltwissens nicht dem offiziellen Traditionsverständnis entsprechen, in einer minimalen, trotzigen Anpassung das Beharrungsvermögen der Organisationskultur gegen formale Vorgaben demonstriert – und mit der Anpassung letztlich die Erinnerung an das, was nicht Bestandteil der formalen Erinnerungskultur der Bundeswehr sein soll: Denn natürlich wird in der Ausbildung die Erläuterung des Akronyms LANGEMAP letztlich bei einem Hinweis auf das Gefecht von Langemarck enden.

Dieses Beispiel zeigt die Langlebigkeit bestimmter Wissensbestände in der Organisationskultur, aufgrund der Verknüpfung des Wissens mit unterschiedlichen kulturellen Erinnerungsankern. Typische Verankerungen dieser Art in der Organisationskultur sind:

---

[8] Vgl. hierzu BMVg (2011, S. 23): Hier wird von einem Feldwebel die LANGEMAP-Form ganz selbstverständlich verwendet. Die Herausgeber entsprechender Ausbildungshilfen für Soldaten schienen sich dieser Problematik hingegen durchaus bewusst zu sein: In der 62. Auflage des Taschenbuchs für Wehrausbildung (Schnell/Seidel 1985, F43, S. 5 f.) steht hinsichtlich der Ablösung nur am Ende der Seite: „Die Ablösung des Soldaten in der Stellung darf der Feind nicht bemerken." Die nächste Seite ist frei, bis auf das Wort „Notizen". Es ist anzunehmen, dass in früheren Auflagen hier das Ablösegespräch mit Akronym aufgeführt worden war. Nun konnten sich die Soldaten selbst dies eintragen – es ist die einzige Stelle in dem doch sehr umfangreichen Buch, an dem eine solche Notizseite vorgesehen ist.

- Mythen: Konkretes historisches Gewalthandeln zu Beginn des ersten Weltkrieges wird in Erzählungen zu vorbildlichem Verhalten glorifiziert – dieser Mythos wird über das gesamte 20. Jahrhundert weitergetragen.
- Artefakte: Dem historischen Gewalthandeln werden physische Erinnerungsorte (Denkmäler) zugewiesen, die durch Raumgestaltung und Symbolausstattung Weihecharakter erhalten.
- Riten: Diese Denkmäler eignen sich für rituelles Erinnerungshandeln zur Aktualisierung von Gewalt als Gemeinschaftserfahrungen.
- Sprache: Das historische Gewalthandeln erhält eine angepasste Bedeutung, die in der aktuellen Sprachpraxis ständig aktualisiert wird.
- Handeln: Das historische Gewalthandeln wird in aktuelles Gewalthandeln überführt, indem zu einem konkreten Tun angeleitet wird.
- Tabuisierung: Die Entweihung des Gedenkens durch Rekontextualisierung (zum Beispiel im Rahmen des Traditionsverständnisses der Bundeswehr) wird tabuisiert, da das historische Gewalthandeln zum Nukleus soldatischer Opferbereitschaft definiert wird.
- Anpassung: Durch minimale Variation (LANGEMAP) wird die gewollte Wissens- und Kulturanpassung unterlaufen und der ursprüngliche Sinnverweis weiter in der Organisationskultur verankert.

Gewaltwissen wird also in der Organisationskultur vernetzt gespeichert, wodurch ein organisationales Gewaltgedächtnis erzeugt wird. Neben formale Speicherorte, wie Vorschriften, schriftliche Befehle, Dienstpläne oder deren virtuelle Spiegelungen im Intranet[9] treten Sprachmuster und -inhalte, Handlungen und Institutionen, Artefakte und Symbole, an denen sich das Wissen anreichert und vernetzt.[10]

7.5 Institutionalisierung und Rollenhandeln

Die Institutionalisierung des Gewaltwissens findet durch einen Prozess kollektiver Wirklichkeitskonstruktion (Berger/Luckmann 1997) statt. Im konkreten Sprechakt wird Wissen und Sinnbezug hinsichtlich konkreter Gewaltprozesse durch das Individuum, zum Beispiel die Ausbilderin, zugänglich (synchrones Selbst- und Fremdverstehen) und mithilfe von Zeichensysteme (Befehlssprache

---

[9] Dies entspricht der Vorstellung von sozialem Gedächtnis im Sinne eines Speichergedächtnisses (Assmann 1999), in dem das Gewaltwissen als Vorrat gespeichert wird.

[10] Diese zweite Sichtweise von sozialem Gedächtnis entspricht der des Funktionsgedächtnisses (Assmann 1999), mit der Fähigkeit Wissensbestände zu aktualisieren und dies zur Sinnherstellung zu nutzen.

Abb. 7.7 Flankierendes Feuer gegen Feindpanzer (BMVg 1988, S. 243, Bild 132)

als Handlungsanweisung plus Gewehr als Artefakt mit spezifischen Bedeutungsgehalt und Handlungspotenzialen) vermittelt. Erfolgt die gewünschte Handlung, wird in diesem Augenblick ein gemeinsames Verstehen erreicht und damit eine intersubjektive Wirklichkeit über die Verbindung von teleologischen und kausalen Zusammenhängen im Hier und Jetzt hergestellt. Durch Wiederholung dieses Verstehens-Handlungs-Zusammenhangs werden Rollen verfestigt und Habitualisierungen erreicht. Dies führt zu einer Selbstreferenzialität des Verstehens-Handlungs-Zusammenhangs, der nun nicht mehr hinterfragt wird, sondern eine Verankerung im Wertekanon erhält und an den eine spezifische Erwartung geknüpft wird. Das Gewaltwissen und das damit verbundene Handeln wurden so institutionalisiert und als gesellschaftliche Wirklichkeit selbst wieder sinngebend. (Berger/Luckmann 1997) Das Individuum (der Soldat/die Soldatin) internalisiert diese Erwartungen, Sinn- und Wertzusammenhänge im Rahmen der militärischen Sozialisation. Durch die Institutionalisierung und die Wissensweitergabe in der Sozialisation erfährt das Einzelhandeln eine Rechtfertigung durch die Praxis: ‚So wird das gemacht, so haben wir das gelernt.'

Abb. 7.7 zeigt zum Beispiel, wie ein vorbeifahrender Panzer aus einer sich seitlich befindenden Stellung beschossen und getroffen wird.[11] Diese

---

[11] Schussverlauf und Wirkung sind in der Grafik rot nachkoloriert.

7.5 Institutionalisierung und Rollenhandeln

Ausbildungs- und Lehrpraxis lässt die Wirkung dieses Handelns für die innerhalb des Panzers befindlichen gegnerischen Soldatinnen und Soldaten außen vor. Diese werden wahrscheinlich durch die Detonation, die Druck-, Splitter- und Hitzeeinwirkung des Panzerfaustgeschosses getötet. Natürlich wissen das die Schützen in der Stellung abstrakt, konkret wird aber ein habitualisierter Handlungsablauf gemäß der sozialisierten Erwartung vollzogen und damit ein Beitrag zum Gesamtgeschehen eines kriegerischen Handlungszusammenhangs (Scharmützel, Gefecht, Schlacht) geleistet. Ein wichtiger Aspekt der militärischen Sozialisation ist dabei, dass empathisches Fremdverstehen für das Handeln feindlicher Soldaten kein Hinderungsgrund ist, diese zu bekämpfen und zu töten.

Gewaltwissen in militärischen Organisationen ist das Ergebnis der Weitergabe von Organisationskultur, die durch die militärische Sozialisation in der Lebensführung der Akteure, im Alltags- und Gefechtshandeln von Soldatinnen und Soldaten, verankert und durch das Individuum inkorporiert und damit – bis zu einem gewissen Grad – automatisiert wird. Träger der Kultur sind dabei zum einen Vorbildfiguren (gegebenenfalls auch mythische Gründerfiguren, wie für die Bundeswehr mit ihrem Konzept der Inneren Führung Wolf Graf von Baudessin), Selektionsbevollmächtigte (beim Eintritt in die Organisation, für Aufstiege und Positionswechsel) und Kulturvermittler (Ausbilderinnen, Vorgesetzte). Diese machen das Gewaltwissen erlebbar und fassen es in Kontexte, die Anwendungsbeispiele liefern – oder exkludieren dieses von der Teilhabe an der Organisationskultur.

Hinsichtlich der militärischen Sozialisation ist für die Intensität der Anpassung an die Gewaltkultur des Militärs die Kombination von individueller Entwicklung und Rollenentwicklung (Elbe 2016, Rehn 1990) durch den oder die Einzelne(n) von zentraler Bedeutung.

- Bei niedriger Rollenentwicklung und geringer individueller Entwicklung werden vorgegebene Kulturmuster repliziert und ohne größere Variation angewandt. Vormachen – Nachmachen – Üben: Der Dreiklang der Sozialisation mündet in diesem Fall unmittelbar ins soldatische Handeln.
- Eine geringe individuelle Entwicklung bei hoher Rollenentwicklung führt zu einer Überidentifikation mit der Rolle, das Individuum wird durch die Rolle determiniert: Ein Hinterfragen des Gewaltwissens erfolgt hier nicht, es wird vielmehr versucht, diese Rolle möglichst konsequent zur Anwendung zu bringen.
- Eine hohe individuelle Entwicklung bei gleichzeitig niedriger Rollenentwicklung führt dazu, dass das Individuum die Rolle absorbiert und nur bei Bedarf

wirken lässt oder erfüllt: Das Handeln folgt anderen Persönlichkeitsfacetten – hier besteht die Gefahr der Devianz, wenn Gewalthandeln unter dem Deckmantel der soldatischen Rolle zur Befriedigung eigener Wünsche und Ziele eingesetzt wird.
- Eine hohe individuelle Entwicklung gepaart mit hoher Rollenentwicklung führt zu einem explorativen Umgang im militärischen Handlungsfeld: Hier wird ausgetestet, welche Handlungsanteile hinsichtlich des Umgangs mit Gewalt für die eigene Persönlichkeit zuträglich oder tolerierbar sind und welche nicht – die Rolle wird aktiv ausgestaltet.

Aus Sicht des Militärs bleibt das Ziel der Sozialisation die Befähigung zum Kampf, zur Gewaltanwendung. Diese soll den Soldatinnen und Soldaten in unterschiedlichen Situationen eine Anleitung zum Handeln, auch unter erheblichem Stress und auch bei großer Ungewissheit, geben. Die Handlungssicherheit ergibt sich aus der Wiederholungshäufigkeit physischer Handlungsanteile im Umgang mit Waffen oder Bewegung sowie aus genereller Gewöhnung hinsichtlich des Befolgens von Befehlen und des Umgangs mit Gewaltpotenzialen. Die Ausbildung muss im Extremfall dazu geeignet sein, Soldatinnen und Soldaten die Bewegung auf dem Gefechtsfeld (auch unter eigenem und fremdem Feuer) zu ermöglichen.

Abb. 7.8 zeigt das Zusammenwirken von Feuer und Bewegung auf dem

Abb. 7.8 Feuer und Bewegung (BMVg 1988, S. 248, Bild 133)

Gefechtsfeld.[12] Diese Kampfform war von der operativen Planung im Kleinen bis zur strategischen Gesamtplanung dominierend für die Landkriegsführung in der zweiten Hälfte des 20. Jahrhunderts. Die konkrete Gewalterfahrung im Alltag der Ausbildung oder im alltäglichen Dienst in einer Kaserne ist eher gering. Es ist das Potenzial, das unter den organisationskulturellen Bedingungen des militärischen Alltags aufrechterhalten wird und sich im Einsatz bewähren muss.

7.6 Sozialer Wandel: altes und neues Gewaltwissen

Das Gewaltwissen der Bundeswehr war durch die Weltkriegserfahrung ehemaliger Wehrmachtssoldaten in der Aufbauphase und den von ihnen zugrunde gelegten Vorschriften und Ausbildungsprogrammen geprägt. Der entgrenzten Gewalterfahrung wurde in der Organisationskultur der jungen Bundeswehr ein Korrektiv durch die Konzeption der Inneren Führung und die unmittelbare Bindung des soldatischen Handelns an das Grundgesetz, das allgemeine Strafrecht und das besondere Wehrstrafrecht beigegeben. Eine ganze darauffolgende Soldatengeneration in Deutschland hat ihre Dienstzeit ohne eigene Gewalterfahrung im Einsatz durchlebt. Das gilt nicht nur für Wehrpflichtige, die zwischen 1954 und 2011 unfreiwillig Dienst in der Bundeswehr leisteten, sondern auch für Zeit- und Berufssoldaten, die ihren Dienst bis in die 1990er-Jahre hinein beendeten. Bis dahin war die militärische Sozialisation der Bundeswehr von hoher Konstanz geprägt, mit behutsamen Versuchen, auch hier mehr Demokratie zu wagen, insbesondere aufgrund der Konzeption der Inneren Führung, die in der aktuellen Dienstvorschrift ZDv A2600/1 niedergelegt ist. Im Kern der Organisationskultur, in der Ausbildung von Gewaltpotenzialen und den hierfür genutzten Hilfsmitteln, gab es kaum Veränderungen. Der militärische Habitus war der eines ‚Kämpfen-Könnens, um nicht kämpfen zu müssen', sozusagen passiv soldatisch.

Dies änderte sich mit der neuen Rolle der Bundeswehr nach Ende des Kalten Krieges. Ab Anfang der 1990er-Jahre nahm die Bundeswehr an internationalen Einsätzen teil. Eine neue Generation von Soldaten machte eigene Gewalterfahrungen, die nicht den Szenarien der Kriegführung Mitte des 20. Jahrhunderts entsprach, sondern aufgrund der neuen, asymmetrischen Einsatzbedingungen unter jeweils wechselnden *Rules of Engagement* das tradierte Rollenverständnis infrage stellt.[13] Das Gewaltwissen der Bundeswehr wandelte sich, eine neue

---

[12] Geschossverläufe und Wirkung sind in der Grafik rot nachkoloriert.

[13] Dies thematisiert auch Braender (2015) in seinem Artikel „Deployment and Dehumanization: A Multi-Method Study of Combat Soldiers' Loss of Empathy", in dem er herausarbeitet, wie der Einsatz in Afghanistan bei den betroffenen Soldaten zu einem generalisierten

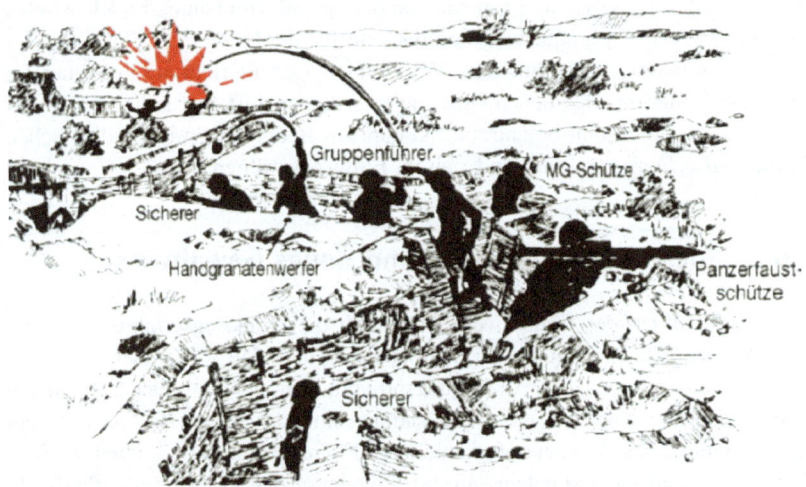

Abb. 7.9 Aufrollen eines Grabens (BMVg 1988, S. 252, Bild 135)

Generation Soldatinnen und Soldaten stellte das überkommene Wissen zunehmend infrage (Bohnert/Reitstetter 2014), zumal manche Teile des tradierten Wissens, wie anhand des Szenarios ‚Durchfahrt einer Ortschaft' (siehe oben, Abb. 5) und entsprechender Bilder aus der aus der ZDv A2-226/0–0-4710 (BMVg 1988) erläutert wurde, aus technischer und taktischer Sicht nicht mehr den heutigen Standards zu entsprechend scheinen und Fragen hinsichtlich der Bewertung des Gewalthandelns aus rechtlicher Sicht aufwerfen. Besonders auffallend wird dies noch einmal in der folgenden Abb. 7.9.

Diese Darstellung greift für die Vermittlung von Gewaltwissen im Militär auf den Stellungskrieg, wie er speziell im ersten Weltkrieg prägend war, zurück. Hier wird eine Gruppe von sieben Soldatinnen und Soldaten beim ‚Aufrollen eines Grabens' gezeigt. Gräben sind in einer verwinkelten Form angelegt, die es den Verteidigern ermöglicht, den Gegner im Vorfeld des Grabens aus verschiedenen Richtungen unter Feuer zu nehmen. Diese Zickzack-Form bestimmt auch den Stellungskampf, wenn ein Einbruch in die feindliche Stellung gelungen ist und diese nun in ihrem Verlauf von gegnerischen Soldaten ‚befreit' werden muss. Der

---

Empathieverlust in Verbindung mit einer Enthumanisierung von nicht der eigenen Kampfgemeinschaft Angehörigen (und dies bezieht sich auch auf andere Angehörigen der eigenen Streitkräfte und auf Vorgesetzte) führt. Offensichtlich werden hier die Fähigkeit andere zu verstehen eingeschränkt, um das eigene Gewalthandeln ertragen zu können.

7.6 Sozialer Wandel: altes und neues Gewaltwissen

Angriff wird mit verteilten Rollen und unter Nutzung verschiedener Waffensysteme vorangetragen. An vorderster Stelle sichert ein Soldat mit Handfeuerwaffe den vorderen Bereich, bis zur nächsten Biegung, ab. Hinter ihm bereitet ein Handgranatenwerfer den Angriff um die Biegung herum vor.

Die Handgranate ist eine Waffe, die unterschiedslos im Umfeld ihrer Explosion durch Splitterstreuwirkung Menschen töten oder schwer verletzen, aber auch Sprengfallen durch die Detonation auslösen kann und somit die Gefährdung der vorrückenden eigenen Kräfte reduziert. Zentraler Punkt bei der raumzeitlichen Anwendung von Handgranaten ist, dass diese nach Entsicherung in eine solche Distanz oder in einen Raum geschleudert werden, dass die Wirkung der Granate nicht die eigenen Kräfte trifft. Dies ist im obigen Bild durch den Zickzack-Verlauf des Grabens gegeben. Position drei der Gruppe im Grabenkampf wird durch den Gruppenführer eingenommen, der hier aus der mittleren Position den Angriff koordiniert. Position vier nimmt ein weiterer Handgranatenwerfer ein, der größere Distanzen im Graben überwinden soll und so den Angriff in die Tiefe vorbereitet.[14] Position fünf nimmt ein Soldat mit Maschinengewehr ein, der den rückwärtigen Raum des Gegners sichert, um einen Gegenangriff aus dieser Richtung zu erschweren. Unterstützt wird er dabei durch einen Panzerfaustschützen, der auch den rückwärtigen Raum des Gegners kontrollieren hilft. Die schließende siebte Position wird wieder durch einen Soldaten mit Handfeuerwaffe eingenommen, der nach hinten hin sichert.

Diese Kampftechnik ist sicherlich nach wie vor für den Grabenkampf sinnvoll. Allerdings hat die Bedeutung des Grabenkampfes aufgrund der dominanten Kampftechniken in der zweiten Hälfte des 20. Jahrhunderts (‚Feuer und Bewegung') deutlich abgenommen und wurde durch die asymmetrische Kriegsführung, wie sie die Auslandseinsätze der Bundeswehr heute prägt, noch weiter zurückgedrängt. Das Bewahren dieses Wissens ebenso wie von entsprechenden Merksätzen, zum Beispiel: „Schanzen spart Blut!" (BMVg 1988, S. 69), folgt in gewisser Weise der Regel: ‚Weiß man, ob man's nochmal gebrauchen kann?' Die unmittelbar handlungsleitende Wirkung solch wenig genutzter Wissensbestandteile ist eher gering, was dazu führt, dass sie einen neuerlichen Verstehensprozess erforderlich machen, also eine neuerliche Verarbeitung und Bewertung. Hierbei geht es darum, das in der Organisation vorhandene Gewaltwissen mit den Erfordernissen der aktuellen Kriegslandschaft (Lewin 2009) in Übereinstimmung

---

[14] Die Granatwirkung im entfernten Grabenteil ist in der Grafik rot nachkoloriert.

zu bringen.[15] Die militärische Stellung wird darin zur psychologischen Gestalt, zu einer bestimmten Form der Wahrnehmung und kognitiven Verarbeitung von Gewaltpotenzialen, die in einem konkreten Umfeld zur Wirkung gelangt.

In diesem Sinn erlangt das Schanzen im Kontext asymmetrischer Kriegführung mit den vorhandenen Gefahren von (Selbstmord-) Attentaten neuerliche Bedeutung, der Grabenkampf hingegen erscheint momentan doch eher als historische Beschreibung vergangener Gewaltanwendung. In Anschluss an Kurt Lewin konzipieren Weick/Bougon (1986) organisationale Wissenslandkarten, die individuelle kognitive Landkarten mit sozialen Bezügen kombinieren und damit die Relevanz und Zugänglichkeit der organisationalen Wissensbestandteile strukturieren. Das memorierte Gewaltwissen in militärischen Organisationen ist deutlich größer als das aktuell angewandte und in der Sozialisation weitergegebene. Zusätzlich erfährt es Ergänzungen, die sich aus neuen kollektiven Wirklichkeitskonstruktionen ergeben. Die kognitive Landkarte wird sozusagen neu ausgerichtet und fokussiert. Aktualisiert werden neben der Zugänglichkeit der jeweiligen Wissensbestandteile hinsichtlich angemessener und erfolgversprechender Gewaltpotenziale auch der Verwendungskontext und die handlungsleitende Wirkung.

7.7 Zusammenfassung

Dieses Kapitel stellte Überlegungen hinsichtlich des Verstehens militärischer Gewaltpotenziale aufgrund der Weitergabe militärischer Organisationskultur in der militärischen Sozialisation vor. Verstehen bedeutet, menschliche Handlungen, Sprache oder Artefakte hinsichtlich ihrer Bedeutung und Wirkung zu interpretieren. Dies kann nur in Abhängigkeit von vorhandenen Wissensstrukturen und ihrer Reproduktion im sozialen Feld geschehen. In diesem Sinn wurde militärische Sozialisation als Weitergabe organisational memorierter Gewaltkultur anhand ausgewählter Beispiele aus der ZDv A2-226/0–0-4710 analysiert.

Die Vorschrift zum Gefechtsdienst aller Truppen (BMVg 1988) beinhaltet 261 Abbildungen und umfasst 427 Seiten. Hierbei werden ebenso Grundkenntnisse vermittelt, als auch spezielle Kampfformen dargestellt. Es werden Maßnahmen der Ersten Hilfe und Grundlagen der Ernährung aus der freien Natur vermittelt. Im Zentrum stehen das Überleben und die Auftragserfüllung von Soldaten

---

[15] Lewin (2009) hatte bereits 1917 im ersten Weltkrieg das Schlachtfeld als physikalisches und psychologisches Feld beschrieben und damit eine wichtige Vorarbeit für seine spätere psychologische Feldtheorie geleistet.

7.7 Zusammenfassung

und Soldatinnen im Feld, in der Regel im Kontext einer Gruppe. Hierbei spielen Anwendung und Abwehr von Gewalt eine zentrale Rolle; Gegenstand der Dienstvorschrift ist aber insgesamt das Leben im Feld. Hier findet sich ein wichtiger Teil des „Speichergedächtnisses" (Assmann 1999) zum gewaltbezogenen Wissen der Bundeswehr. Aus der Breite der in der Vorschrift behandelten Themen konnte hier nur ein kleiner Teil herausgegriffen und anhand von 9 Abbildungen erläutert werden. Dies entspricht dem Schritt der hypothetischen Typenbildung in den Analyseschritten nach Müller-Doohm (1997) aufgrund besonderer thematischer Relevanz einerseits und Repräsentationsgehalt der ausgewählten Bilder für den intendierten Aspekt des Gewaltwissens andererseits.[16] Der Mechanismus des Speicherns, der Weitergabe und des Wandels von Gewaltwissen in einer Organisation lässt sich jedoch anhand dieser ausgewählten Beispiele gut demonstrieren.

Das Gewaltgedächtnis des Militärs ist natürlich nicht auf eine einzelne Vorschrift (und auch nicht auf die Gesamtheit der Vorschriften) beschränkt, sondern findet sich, wie gezeigt wurde, in zahlreichen Facetten der Organisationskultur. Diese Wissensbestandteile sind vernetzt und können über kognitive Landkarten zugänglich, wenn auch nicht in ihrer umfänglichen Komplexität vollständig erfasst werden. Zentrale Aspekte der Organisationskultur– beim Militär insbesondere des Gewalthandelns – sind Weitergabe (als Sozialisation) und Handlungsvollzug und damit funktionale Gedächtnisanteile.[17] Ebenso wie beim Menschen ist das organisationale Gewaltwissen eben nicht statisch, sondern dynamisch organisiert, auch wenn es Speicherorte des Gewaltwissens gibt, die ein hohes Beharrungsvermögen zeigen und nur langsam angepasst werden. Die ZDv A2-226/0–0-4710 (BMVg 1988) ist so ein relativ statischer Speicherort des Gewaltwissens der Bundeswehr, was aber durchaus nachvollziehbar ist, denn: Weiß man, ob man's nochmal gebrauchen kann?

---

[16] Eine abschließende Typenbildung des Gewaltwissens der Bundeswehr in Form einer Zuordnung *des Gesamtmaterials* zu Typen (der Folgeschritt bei Müller-Doohm 1997, S. 103) hätte schon hinsichtlich der hier auszugsweise analysierten Vorschrift den Rahmen des Projekts gesprengt.

[17] Beide Formen des sozialen Gedächtnisses nach Assmann (1999), Speichergedächtnisses und Funktionsgedächtnis, sind also zu analysieren, wenn die Gewaltpotenziale des Militärs verstanden werden sollen.

Literatur

Assmann, A. (1999): Erinnerungsräume. Formen und Wandlungen des kulturellen Gedächtnisses. München.
Braender, M. (2015): Deployment and Dehumanization: A Multi-Method Study of Combat Soldiers' Loss of Empathy. In: Res Militaris 2/2015. URL: http://resmilitaris.net.
Berger, P./Luckmann, T. (1997): Die gesellschaftliche Konstruktion der Wirklichkeit: Eine Theorie der Wissenssoziologie. Frankfurt a. M.
BMVg – Bundesministerium der Verteidigung (2011): Feldwebel. Meister seines Faches. 2. Aufl. Bonn.
BMVg – Bundesministerium der Verteidigung (1988): ZDv A2–226/0–0–4710 Gefechtsdienst aller Truppen zu Lande. Hrsg. Bundeswehr/AusbKdo FachGrp II Dez 1. Bonn.
Bocklet, W. (2018) (Hrsg.): Der Reibert. Handbuch für den Deutschen Soldaten. Berlin etc.
Bohnert, M./Reitstetter, L. (2014, Hrsg.): Armee im Aufbruch: Zur Gedankenwelt junger Offiziere in den Kampftruppen der Bundeswehr. Berlin.
Briefs, G. (1918): Über das Organisationsproblem. Berlin.
Elbe, M. (2019a): Gewalt in öffentlichen Organisationen – eine Einleitung: Das Gewaltproblem moderner Gesellschaften. In: Groß, Johanna (Hrsg.): Soziologie für den öffentlichen Dienst (II): Konflikt und Gewalt in öffentlichen Organisationen. Hamburg, S. 8 – 15.
Elbe, M. (2019b): Gewalt und Ethik als Bezugsgrößen militärischen Handelns – eine militärsoziologische Betrachtung In: Groß, Johanna (Hrsg.): Soziologie für den öffentlichen Dienst (II): Konflikt und Gewalt in öffentlichen Organisationen. Hamburg, S. 26 – 40.
Elbe, M. (2016): Sozialpsychologie der Organisation: Verhalten und Intervention in sozialen Systemen. Berlin.
Elbe, M./Peters, S. (2016): Die temporäre Organisation: Grundlagen der Kooperation, Gestaltung und Beratung. Berlin.
Hüppauf, B. (1993): Schlachtenmythen und die Konstruktion des „Neuen Menschen". In: Hirschfeld, G./Krumeich, G./Renz, I. (Hrsg.): „Keiner fühlt sich hier mehr als Mensch". Erlebnis und Wirkung des Ersten Weltkriegs. Essen, S. 43 – 84.
Kühl, S. (2014): Ganz normale Organisation. Zur Soziologie des Holocaust. Frankfurt a. M.
Leonhard, N./Dimbath, O./Haag, H./Sebald, G. (2016, Hrsg.): Organisation und Gedächtnis: Über die Vergangenheit der Organisation und die Organisation der Vergangenheit. Wiesbaden.
Lewin, K. (2009): Kriegslandschaft. In: Gestalt Theory, 31, S. 253 – 262.
Müller-Doohm, S. (1997): Bildinterpretation als struktural-hermeneutische Symbolanalyse. In: Hitzler, R./Honer, A. (Hrsg.): Sozialwissenschaftliche Hermeneutik. Eine Einführung. Opladen, S. 81 – 108.
Rehn, M. (1990): Die Eingliederung neuer Mitarbeiter. Eine Längsschnittstudie zur Anpassung an Normen und Werte der Arbeitsgruppe. München.
Sackmann, S. (1991): Cultural knowledge in organizations: exploring the collective mind. Newbury Park.
Schein, E. (1985): Organizational Culture and Leadership – A Dynamic View. San Francisco.
Schnell, H./Seidel, H. (1985): Taschenbuch für Wehrausbildung: Ausgabe Heer. 62. Aufl. Regensburg.

Slater, A. (2015): Militärsprache. Die Sprachpraxis der Bundeswehr und ihre geschichtliche Entwicklung. Freiburg i. B.

Steinke, I. (2003): Gütekriterien qualitativer Forschung. In: Flick, U./Kardoff, E. v./Steinke, I. (Hrsg.): Qualitative Forschung. Ein Handbuch. 2. Aufl. Reinbek bei Hamburg, S. 319–331.

Weick, K./Bougon, M. (1986): Organizations as cognitive maps. In: Sims, H./Gioia, D. (Hrsg.): The Thinking Organization: Dynamics of Organizational Social Cognition. San Francisco, S. 102 – 135.

Resümee

8

Mit dem Kap. 7 (Anwendung III) wurden die Anwendungsbeispiele für die Forschung in den interpretativen Sozialwissenschaften abgeschlossen. Im letzten Beispiel lag der Schwerpunkt auf einem bildhermeneutischen Verfahren, nachdem zuvor (Kap. 6) ein Modell der Verstehenden Beratung als Anwendungsbeispiel vorgestellt worden war. Von besonderer Bedeutung für den Anwendungsbereich ist sicherlich das Forschen mit Idealtypen (Kap. 5), das sowohl anhand methodologischer Erwägungen (bezüglich quantitativer und qualitativer Zugänge) als auch anhand mehrerer Forschungsbeispiele dargestellt wurde. Vor der Anwendungsperspektive waren sowohl überblicksartig als auch konzeptionell die grundlegend wissenschaftstheoretischen und konkret handlungstheoretischen Perspektiven des Verstehens in den Geistes- und Sozialwissenschaften, mit besonderen Schwerpunkten in Philosophie, Soziologie und Psychologie, erschlossen worden. Hierbei dürfte deutlich geworden sein, dass wissenschaftliches Arbeiten – zumindest in den Geistes- und Sozialwissenschaften – auf eine verstehende Perspektive angewiesen ist, wenn Theorie und soziale Realität miteinander verbunden werden sollen.

Sozialwissenschaftliche Theorien ohne Sinnbezug im sozialen Feld sind defizitär und damit systematisch fehlerbehaftet. Dem Sinnverstehen ist somit der zentrale Platz in jeder interpretativen Auseinandersetzung mit der Umwelt zuzugestehen. Dies kann einerseits als anthropologische Konstante menschlichen Handelns angesehen werden: Der Mensch steckt seine Umwelt voll mit Sinn – hierbei ist zu beachten, dass dies seine Konstruktion ist und nicht eine Eigenschaft der Umwelt – und andererseits wird damit die Rekonstruktion des wahrgenommenen und gemeinten Sinns Gegenstand jedes wissenschaftlichen Verstehens. *Sinnhaftes Erklären ist stets ein verstehendes Erklären.* Dies ist das erste wissenschaftstheoretische Postulat, das aus einer eingehenden Beschäftigung mit dem Verstehen abzuleiten ist.

Das zweite Postulat setzt am Forschungsprozess selbst an: *Ohne Systematisierung und Offenlegung des eigenen Vorwissens bleibt die Verstehensgrundlage im Forschungsprozess unklar.* Interpretationen werden in verschiedenen Ansätzen mit scheinbarer Objektivität aus dem Material selbst heraus entwickelt – hierbei handelt es sich aber letztlich um Selbstverständigung einzelner Forscherinnen und Forscher (oder auch einer Gruppe) über die eigene Interpretationsgrundlage. Interpretation ist stets ein sinnsuchendes und zugleich sinnhinterlegendes Deuten. Der mehrfach angeführte verstehende Zirkel wird durch den Eintritt in den Verstehensprozess geprägt und nicht erst durch sein Ergebnis. Aus wissenschaftlicher Sicht ist es für den Forschungsprozess also unabdingbar, deutlich zu machen welches Vorwissen bezüglich eines Forschungsthemas zugrunde gelegt wird, um *reflektiert* interpretieren zu können und nur dann handelt es sich um eine kontrollierte, systematische Deutung des zu verstehenden Sachverhalts. Mit diesen Postulaten wird unmittelbar an Wilsons interpretatives Paradigma angeschlossen und das Unterscheidungsargument vom normativen Paradigma in den Sozialwissenschaften (insbesondere in Bezug auf eine naive Rationaltheorie) aufgegriffen.

Im vorliegenden Buch wurden die Geistes- und Sozialwissenschaften dahingehend analysiert, inwiefern Beiträge dazu geleistet werden, das Verstehen besser zu verstehen und dies zur Grundlage wissenschaftstheoretischer und forschungspraktischer Überlegungen zu machen. Hierzu wurden Texte des Autors aus den letzten 25 Jahren aufgegriffen, überarbeitet und ergänzt, sodass ein geschlossener Argumentationsverlauf deutlich wurde und die in der Einleitung aufgeführten Fragen beantwortet werden konnten. Es wurde deutlich, wie Handeln und Interaktionen interpretierbar werden, wie man sich selbst und andere verstehen kann, wie Sinn- und Bedeutungszuschreibung gegenüber sozialen Tatsachen und Handlungen erfolgt, warum und wozu auf eine bestimmte Weise gehandelt wird – und wie sich dies erforschen lässt. Forschung bezeichnet damit letztlich die systematische Anwendung von Verstehen, Beschreiben und Erklären.

Serviceteil

Literaturempfehlungen zum Verstehen und zum interpretativen Paradigma können hier nicht gegeben werden, da ein so breites Spektrum an relevanter Literatur und auch an Einführungswerken aus unterschiedlichen Disziplinen vorliegt, dass jede Übersicht oder Auswahl irreführend wäre. Es sind Texte und Bücher zahlreicher Autoren und Autorinnen aus über 100 Jahren geistes- und sozialwissenschaftlicher Forschung und Theorieentwicklung zu empfehlen, die in den einzelnen Kapiteln des vorliegenden Buches entsprechend gewürdigt werden.

Hingewiesen werden soll aber im Folgenden auf einige Fachgesellschaften und Internetlinks, die sich mit interpretativer Theorie und Sozialforschung im deutschsprachigen Raum beschäftigen, wobei ein Schwerpunkt in der qualitativen Forschung liegt, die sich konsequent auf interpretative und verstehende Ansätze abstützt.

Forschungskomitee Interpretative Sozialforschung
Das Forschungskomitee Interpretative Sozialforschung der Schweizer Gesellschaft für Soziologie ist ein Forum für den wissenschaftlichen Erfahrungsaustausch für interessierte Forscher und Forscherinnen, die sich mit interpretativen Sozialforschung beschäftigen. URL: https://www.sgs-sss.ch/de/forschungskomitees/interpretative-sociologies/

Forum Qualitative Sozialforschung
Das Forum Qualitative Sozialforschung (*FQS*) ist eine frei zugängliche Online-Zeitschrift für qualitative Sozialforschung, die seit dem Jahr 2000 mit mehreren

Ausgaben jährlich erscheint und sich als gemeinschaftliches Projekt aller Beteiligten versteht. URL: www.qualitative-research.net

Initiative Verstehende Persönlichkeits- und Organisationsentwicklung
Der Autor des vorliegenden Buches hat mit der Initiative Verstehende Persönlichkeits- und Organisationsentwicklung (INVOP) eine Internet-Plattform mit Informationen über das Verstehen in den Sozialwissenschaften aufgebaut, die ihre Schwerpunkte in den Bereichen Organisationsentwicklung und Gesundheitsförderung hat. URL: www.invop.de

Institut für Qualitative Forschung
Das Institut für Qualitative Forschung widmet sich der Förderung und Weiterentwicklung qualitativer Methoden sowie der Vernetzung von qualitativ Forschenden. Es werden verschiedene Veranstaltungsformate angeboten. URL: https://qualitative-forschung.de

Gesellschaft für Kulturpsychologie
Die Gesellschaft für Kulturpsychologie dient der Förderung der wissenschaftlichen Kulturpsychologie und kulturvergleichenden Psychologie, womit ein interdisziplinäres Wissenschaftsgebiet bezeichnet wird, das die Sinn- und Bedeutungskonstruktionen des Menschen im jeweiligen kulturellen Umfeld und das damit verbundene Erleben und Handeln thematisiert. URL: http://kulturpsychologie.de/

Neue Gesellschaft für Psychologie
Die Neue Gesellschaft für Psychologie ist eine Vereinigung von Psychologinnen und Psychologen, die im Sinne eines kritischen, reflexiven Wissenschaftsverständnisses Theorie und Praxis der Sozialwissenschaften weiterentwickeln wollen. Hierzu werden wissenschaftliche Kongresse und Tagungen veranstaltet sowie Bildungsmaßnahmen und der Austausch in Arbeitsgruppen gefördert. URL: https://www.ngfp.de/

Sektion Methoden der qualitativen Sozialforschung
Die Sektion „Methoden der qualitativen Sozialforschung" in der Deutschen Gesellschaft für Soziologie (DGS) beschäftigt sich mit der Bedeutung des qualitativen Paradigmas für die Soziologie und die empirische Sozialforschung sowie

mit der Weiterentwicklung der Methoden und der qualitativen Methodenausbildung in den Sozial- und Kulturwissenschaften. URL: https://sociohub-fid.de/s/qualitative-sozialforschung/

Sektion Soziologische Theorien
Die Sektion „Soziologische Theorien" in der Deutschen Gesellschaft für Soziologie (DGS) will Diskussion und Weiterentwicklung allgemeiner soziologischer Theorie fördern, ohne sich auf spezifische theoretische Positionen einengen zu lassen. URL: https://sociohub-fid.de/s/soziologische-theorie

Anhang 1: Der Elbe-Beyer Verstehens Fragebogen (EBVFB) – Kommentierter Überblick

Teil I: Soziodemographische Daten

- Wie alt sind Sie?
- Welches Geschlecht haben Sie?
- Was ist Ihr Familienstatus?
- Wie viele Kinder haben Sie?
- Was ist Ihre Muttersprache? Welche Fremdsprachen sprechen Sie?
- In welchem Land leben Sie?
- Welches ist Ihr Heimatland?
- Was ist ihr höchster Schulabschluss?
- Haben Sie eine abgeschlossene Berufsausbildung?
- Haben Sie einen akademischen Abschluss?
- Was ist der höchste Bildungsabschluss ihrer Eltern?
- Hat einer Ihrer Elternteile eine abgeschlossene Berufsausbildung?
- Hat einer Ihrer Elternteile einen akademischen Abschluss?
- Haben Sie mehr als drei Monate am Stück im Ausland verbracht? Wenn ja, wo?
- Haben Sie berufliche oder akademische Auslandserfahrung gesammelt? Wenn ja, welche?
- Wie viele Einkünfte (netto) haben Sie monatlich verfügbar?
- Als wie konservativ würden Sie sich einordnen?
- Haben Sie Geschwister? Wenn ja, das wievielte Kind in der Geschwisterreihenfolge sind Sie?
- Wie wichtig sind Ihnen Dinge, Ziele und Projekte in ihrem Alltag?
- Wie gut verstehen Sie Alltagssituationen, Probleme und Herausforderung?

- Wie gut können Sie Aufgaben, die das Leben stellt, lösen und Dinge in ihrem Leben beeinflussen?

Teil II: Verstehensformen

Verhalten (Skala 1)

- Wie gut können Sie mit autoritären Verhalten umgehen? (1.1)
- Wie gut können andere mit autoritären Verhalten umgehen? (1.2)
- Zurechtweisung aufgrund von eigenem unangemessenem Verhalten empfinden Sie …? (1.3)
- Zurechtweisung aufgrund von unangemessenem Verhalten von Anderen empfinden Sie …? (1.4)
- Wie gut können Sie Ihr Verhalten an soziale Situationen (z. B. in einem Gespräch) anpassen? (1.5)
- Wie gut können andere Personen ihr Verhalten an soziale Situationen (z. B. in einem Gespräch) anpassen? (1.6)
- Inwieweit können Sie autoritäre Entscheidungen annehmen? (1.7)
- Inwieweit können andere autoritäre Entscheidungen annehmen? (1.8)

Emotion (Skala 2)

- Inwieweit deckt sich Ihre eigene Emotion in einer sozialen Situation (z. B. in einem Gespräch) mit Ihrem Verhalten? (2.1)
- Inwieweit deckt sich die Emotion Anderer in einer sozialen Situation (z. B. in einem Gespräch) mit deren Verhalten? (2.2)
- Wie gut können Sie mit nachteiligen Entscheidungen umgehen? (2.3)
- Wie gut können Andere mit nachteiligen Entscheidungen umgehen? (2.4)
- Wie gut können Sie negative Emotionen im Zuge nachteiliger Situationen regulieren? (2.5)
- Wie gut können Menschen in Ihrem Umfeld negative Emotionen im Zuge nachteiliger Situationen regulieren? (2.6)
- Wie gut können Sie Emotionen regulieren, wenn Gruppenentscheidungen gegen Ihre persönlichen Werte getroffen werden? (2.7)
- Wie gut können Andere Emotionen regulieren, wenn Gruppenentscheidungen gegen deren persönliche Werte getroffen werden? (2.8)

Kommunikation (Skala 3)

- Ich kann mit meinem Partner über Themen reden, die mir wichtig sind und spreche sie direkt an. (3.1)
- Mein Partner kann mit mir über Themen reden, die ihm wichtig sind und kann sie direkt ansprechen. (3.2)
- In Konfliktgesprächen erkenne ich eigene konkrete Verhaltensweisen, die mein Gesprächspartner als unangenehm empfinden könnte. (3.3)
- In Konfliktgesprächen kann mein Gesprächspartner konkrete Verhaltensweisen nennen, die er seinerseits als unangenehm empfindet. (3.4)
- Wenn ich meinem Partner gesagt habe, was mich stört, kann ich erkennen, ob er mich verstanden hat. (3.5)
- Wenn mir mein Partner gesagt hat, was ihn stört, kann ich erkennen, ob ich ihn verstanden habe. (3.6)
- Ich teile Gesprächspartnern häufig mit, ob ich sie verstanden habe. (3.7)
- Gesprächspartner teilen mir häufig mit, ob sie mich verstanden haben. (3.8)

Intention (Skala 4)

- Mein Handeln weicht selten von meiner Zielvorstellung ab. (4.1)
- Das Handeln meines Gegenübers weicht selten von seiner oder ihrer Zielvorstellung ab. (4.2)
- Wie sehr trifft die folgende Aussage zu? Damit ich mich nicht von meinen Zielen abbringen lasse, muss ich mir sicher sein, dass ich sie verstehe. (4.3)
- Wie sehr trifft die folgende Aussage zu? Damit Andere sich nicht von ihren Zielen abbringen lassen, müssen sie sie selbst verstanden haben. (4.4)
- In schwierige Situationen gehe ich immer vorbereitet hinein. Wie sehr trifft diese Aussage zu? (4.5)
- In schwierige Situationen gehen Andere immer vorbereitet hinein. Wie sehr trifft diese Aussage zu? (4.6)
- Wie sehr trifft die folgende Aussage zu? Ich spüre, wenn mein Gesprächspartner etwas Anderes meint, als er sagt. (4.7)
- Wie sehr trifft die folgende Aussage zu? Andere spüren, wenn ihr Gesprächspartner etwas Anderes meint, als er sagt. (4.8)

Kontent (Skala 5)

- Inhalte von Radio-Sendungen verstehen Sie generell ... (5.1)
- Andere verstehen Inhalte von Radio-Sendungen generell ... (5.2)

- Wenn Sie Erzählungen wiedergeben sollen, dann verstehen Sie die Inhalte … (5.3)
- Wenn Andere Erzählungen wiedergeben sollen, dann verstehen diese die Inhalte … (5.4)
- Wenn Ihnen der Inhalt einer Lektüre unklar ist, helfen Ihnen Zusatzinformationen … (5.5)
- Wenn Anderen der Inhalt einer Lektüre unklar ist, helfen ihnen Zusatzinformationen … (5.6)
- Wenn Sie mehrere Quellen nutzen, die dasselbe erklären, dann verstehen Sie den Inhalt … (5.7)
- Wenn Andere mehrere Quellen nutzen, die dasselbe erklären, dann verstehen sie den Inhalt … (5.8)

Relevanz (Skala 6)

- Wie gut können Sie relevante Aspekte von irrelevanten Aspekten beim Lesen eines Textes unterscheiden? (6.1)
- Wie gut können Andere relevante Aspekte von irrelevanten Aspekten beim Lesen eines Textes unterscheiden? (6.2)
- Wie bewerten Sie für sich selbst den Nutzen von gelernten Inhalten aus Schule, Uni oder Arbeit? (6.3)
- Wie bewerten Sie den Nutzen von gelernten Inhalten aus Schule, Uni oder Arbeit für Andere? (6.4)
- Wie schätzen Sie folgende Aussage ein? „Dinge, die in meinem persönlichen Umfeld passieren, haben für mich eine hohe Bedeutung." (6.5)
- Wie schätzen Sie folgende Aussage ein? „Für Andere haben Dinge, die in ihrem persönlichen Umfeld passieren, eine hohe Bedeutung." (6.6)
- Wie finden Sie folgende Aussage? „Angelegenheiten, die andere Menschen betreffen, interessieren mich sehr." (6.7)
- Wie finden Sie folgende Aussage? „Andere interessieren Angelegenheiten, die Dritte betreffen sehr." (6.8)
- Die Aussage „Probleme und Angelegenheiten, die mich betreffen, beschäftigen mich und haben eine hohe Bedeutsamkeit für mich" finden Sie … (6.9)
- Die Aussage „Probleme und Angelegenheiten, die andere Menschen betreffen, haben für mich einen hohen Stellenwert" finden Sie … (6.10)

Teil III: Verstehensziele und Verstehenszeit

Symbole (Skala 7)

- Wie gut können Sie anhand der Haltung einer Person auf das Verstehen eines Sachverhalts schließen? (7.1)
- Inwiefern gibt Ihnen die Mimik einer Person Auskunft darüber, ob sie den gegebenen Sachverhalt nachvollziehen kann? (7.2)
- Wie gut können Sie anhand der Art einer Person zu gehen auf deren Gemütszustand schließen? (7.3)
- Wie gut können Sie anhand der Frisur auf die Gesinnung einer Person schließen? (7.4)
- Wie gut spiegelt die Kleidung einer Person Ihren Status in der Gesellschaft wider? (7.5)
- Wie bewerten Sie folgende Aussage: „Eine stark geschminkte Person ist in der Regel oberflächlich." (7.6)
- Wie gut trifft folgende Aussage zu? „Anzugträger sind in der Gesellschaft besser angesehen." (7.7)
- Wie gut können Emoticons/Smilies zu einem verbesserten Verständnis einer Nachricht führen? (7.8)

Situation (Skala 8)

- Wie spontan können Sie auf eine sich plötzlich verändernde Situation reagieren? (8.1)
- Wie gut können Sie plötzlich auftretende herausfordernde Situationen bewältigen? (8.2)
- Wie finden Sie es, wenn Sie auf der Straße angesprochen werden? (8.3)
- Wie gut nehmen Sie Veränderungen auf einer Ihnen bekannten Strecke im Straßenverkehr wahr? (8.4)
- Wie gut gehen Sie damit um, wenn sich Ihr alltäglicher Ablauf durch veränderte Arbeitsanforderung komplett ändert? (8.5)
- Wenn eine Beziehung schon eine Weile dauert: Wie gut verstehen Sie Ihren Partner/Ihre Partnerin? (8.6)
- Wie ist Ihr Gefühl, wenn sich Ihnen eine fremde Person in einer Ihnen bekannten Umgebung schnell nähert? (8.7)
- Wie stehen Sie neuen beruflichen Herausforderungen gegenüber? (8.8)

Artefakte (Skala 9)

- Wie gut können Sie den Inhalt einer Dokumentation im Nachhinein wiedergeben? (9.1)
- Wie finden Sie folgende Aussage? „Es ist wichtig, dass die Musik zur Handlung des Filmes passt." (9.2)
- Wie gut können Sie mit einem Handy/Smartphone umgehen? (9.3)
- Wie gut finden Sie sich in Supermärkten zurecht? (9.4)
- Wie gut finden Sie die Aussage: „Der Inhalt von Bildern ist mir wichtiger als die Ästhetik." (9.5)
- Wie gut verstehen Sie Texte in deutschen Pop-Liedern? (9.6)
- Wie bewerten Sie die Aussage: Es ist mir wichtig, dass ich die Texte von Liedern verstehe. (9.7)
- Wie gut achten Sie darauf, dass Musik zu Ihrer Stimmung passt? (9.8)

Zeit (Skala 10)

- Die Zeit vergeht schneller, wenn ich mich mit Freunden treffe. Können Sie sich mit dieser Aussage identifizieren? (10.1)
- Zeitdruck hilft mir dabei, produktiver zu arbeiten. Wie beurteilen Sie diese Aussage? (10.2)
- Jeder Tag ist bei mir akribisch durchgeplant. Wie beurteilen Sie diese Aussage? (10.3)
- Wie beurteilen Sie die nachfolgende Aussage? Ich bin zufrieden mit dem, was ich bisher erreicht habe. (10.4)
- Ich sehe der Zukunft optimistisch entgegen. Wie gut trifft diese Aussage auf Sie zu? (10.5)
- Meine Kollegen würden mich als pünktlich beschreiben. Können Sie sich mit dieser Aussage identifizieren? (10.6)
- Wie gut trifft die nachfolgende Aussage auf Sie zu? Ich habe viele schöne Erinnerungen an meine Kindheit. (10.7)
- Entscheidungen durchdenke ich gründlich. Trifft diese Aussage auf Sie zu? (10.8)

Teil IV: Verstehensprozess

Empathie (Skala 11)

- Wenn ich einen Film gucke, bin ich emotional involviert. Trifft diese Aussage auf Sie zu? (11.1)

Serviceteil

- Wie gut trifft die nachfolgende Aussage auf Sie zu? Es macht mich traurig, Menschen im Fernsehen leiden zu sehen. (11.2)
- Sorgen und Nöte Anderer machen mir zu schaffen. Trifft diese Aussage auf Sie zu? (11.3)
- Wie gut trifft die nachfolgende Aussage auf Sie zu? Bei Auseinandersetzungen kann ich mich gut in die Ansichten Anderer versetzen. (11.4)

Intuition (Skala 12)

- Auch vor wichtigen Entscheidungen hat das Abwägen von Pro und Kontra nur eine geringe Bedeutung für mich. Trifft diese Aussage auf Sie zu? (12.1)
- Wie gut trifft die nachfolgende Aussage auf Sie zu? Wenn es darum geht, anderen zu vertrauen, entscheide ich meist aus dem Bauch heraus. (12.2)
- Ich handle erst, bevor ich nachdenke. Trifft diese Aussage auf Sie zu? (12.3)
- Wie gut trifft die nachfolgende Aussage auf Sie zu? Wenn ich eine Entscheidung aus dem Gefühl heraus treffe, erreiche ich eher meine Ziele. (12.4)

Rationalität (Skala 13)

- Bei Entscheidungen kann ich die Konsequenzen abwägen. (13.1)
- Wie gut trifft die nachfolgende Aussage auf Sie zu? Um ein von Ihnen gesetztes Ziel optimal zu erreichen, wägen Sie Nutzen & Aufwand ab. (13.2)
- Wie gut trifft die nachfolgende Aussage auf Sie zu? Menschen, die sich spontan zu Käufen über Maß verleiten lassen, entsprechen nicht meinem Werteverständnis. (13.3)
- Wie gut trifft die nachfolgende Aussage auf Sie zu? Motivation erklärt sich für mich durch gesteckte Ziele. (13.4)

Reflexivität (Skala 14)

- Dies trifft auf mich zu: Nach komplexen Entscheidungen hinterfrage ich meine Position, um daraus zu lernen. (14.1)
- Dies trifft auf mich zu: Meine erreichten Ziele prüfe ich gern auf Sinn & Nutzen. (14.2)
- Dies trifft auf mich zu: In Projekten nehme ich mir Zeit für meine Entscheidungen, um diese mit meinen Überzeugungen abzustimmen. (14.3)
- Dies trifft auf mich zu: Nach einem Streitgespräch betrachte ich die Argumente und hinterfrage diese. (14.4)

Rekursivität (Skala 15)

- Einzelne Prüfungen sind für mich lediglich Schritte auf dem Weg zum Abschluss. Trifft auf mich zu. (15.1)
- Ich plane meine Urlaube ausgehend von meinem vorher festgelegten Budget. Trifft auf mich zu. (15.2)
- Wenn ich an einer Lösung arbeite, erläutere ich zuerst das angestrebte Ziel. Trifft auf mich zu. (15.3)
- Ich habe eine feste Vorstellung von meiner Karriere und arbeite daraufhin. Trifft auf mich zu. (15.4)

Reziprozität (Skala 16)

- Wenn mir jemand einen Gefallen getan hat, fühle ich die Verpflichtung, dies zu erwidern? (16.1)
- Wenn ich jemandem Respekt zolle, erwarte ich diesen Respekt ebenso von der Person? (16.2)
- Wenn meine Eltern pflegebedürftig werden sollten, würde ich sie nach meinen Möglichkeiten unterstützen. (16.3)
- Wenn jemand in einer mir bekannten Situation ist, versuche ich, ihn so zu unterstützen, wie ich es mir in dieser Situation wünschen würde. (16.4)

Interpretativität (Skala 17)

- Wie gut können Sie Verhalten anderer Personen mit zunehmendem Alter deuten oder interpretieren? (17.1)
- Wie gut können Sie ihre eigene Gefühlslage interpretieren? (17.2)
- Wie gut können Sie das Verhalten von Menschen, die Sie mögen interpretieren? (17.3)
- Wie gut können Sie Kritik interpretieren? (17.4)

Sinnliches Verstehen (Skala 18)

- Wie gut können Sie der Handlung in Erzählungen oder Hörspielen folgen? (18.1)
- Ich kann einem mir bekannten Geräusch ein Objekt zuordnen, obwohl ich das Objekt nicht sehe (z. B. das Schleudern einer Waschmaschine). (18.2)
- Ich verstehe einen Text, wenn er mir vorgelesen wird. (18.3)
- Können Sie sich Geschichten bildlich/vor Ihrem inneren Auge vorstellen? (18.4)

Anhang 2: Ablaufplan zur Durchführung des Experimentes: Der Sin Obelisk

Zeit	Ablauf: Versuchspersonen (Vpn)	Ablauf: Versuchsleiter (VL) und Beobachter (B)
0:00	*Die Vpn betreten den Raum* *Die Vpn nehmen ihre Plätze nach den Anweisungen des VL ein*	*Stifte, Papier und die Umschläge mit dem Versuchsmaterial liegen an den 10 Plätzen bereit* *Der VL checkt die Anwesenheitsliste* *Die Sitzordnung ist durchnummeriert beginnend mit #1 links außen* *Der VL begrüßt die Anwesenden, weist ihnen ihre Plätze zu und informiert sie über Ziel und Ablauf des Experiments* Herzlich willkommen und vielen Dank, dass Ihr heute an unserem Experiment teilnehmt. Im Laufe des Experiments werdet Ihr Euch anhand eines Spieles mit den anderen Gruppenteilnehmern austauschen. Wir beobachten die Gruppe hierbei. Bitte lasst Euch nicht durch die Beobachter stören, diese haben vorgegebene Merkmale zu bewerten. Das Experiment dauert nicht ganz eine, Stunde und zum Abschluss erhaltet Ihr eine Teilnahmebestätigung. Zunächst werde ich Euch Informationskarten verteilen und das Spiel erläutern

Zeit	Ablauf: Versuchspersonen (Vpn)	Ablauf: Versuchsleiter (VL) und Beobachter (B)
0:05	*Die Vpn folgen den weiteren Anweisungen des VL*	*Der VL verteilt die 33 gemischten Informationskarten. Sieben Teilnehmer erhalten drei Karten, drei Teilnehmer erhalten vier Karten. Die Karten sollen nicht lesbar/mit der Rückseite nach oben ausgegeben werden und noch nicht umgedreht werden* *Der VL liest folgende Anweisung vor:* In der alten Stadt Atlantis wurde zu Ehren der Göttin Onra ein „Sin", ein massiver rechteckiger Obelisk, gebaut. Das Bauwerk wurde in weniger als zwei Wochen vollendet. Aufgabe Eurer Gruppe ist es nun, möglichst schnell herauszufinden, an welchem Tag der Obelisk fertiggestellt wurde. Ihr habt 25 min Zeit, dann wird das Spiel abgebrochen. Wählt bitte <u>keinen</u> Vorsitzenden. Ignoriert bitte die Kamera und die Aufnahmegeräte. Ihr habt Kärtchen mit Informationen über die Aufgabe erhalten. Ihr könnt diese Informationen mündlich weitergeben, dürft aber Eure Kärtchen nicht herzeigen
0:10	*Die Vpn beginnen das Spiel*	*Der VL steht als Ansprechpartner und Organisator zur Verfügung. Die neun Beobachter bewerten nun alle Teilnehmer einzeln hinsichtlich jeweils zweier Merkmale/Konstrukte. Hierzu wird der Kopf des Beobachtungsbogens (insbesondere Gruppennummer und Merkmal/Konstrukt) ausgefüllt und die Bewertungsskalen je Teilnehmer einmal angekreuzt*
0:35	*Die Vpn beenden das Spiel und teilen dem VL die Lösung mit* *Die Vpn füllen den Fragebogen aus*	*Das Spiel wird vom VL nach 25 min abgebrochen* *Der VL verteilt die Fragebögen und bittet die Vpn, die Fragebögen auszufüllen. Als erstes sollen die Vpn auf das Deckblatt des Fragebogens die Gruppennummer (1 bis 6) und anschließend ihre Platznummer schreiben. Dadurch ist ein Vergleich zwischen der Einschätzung der Beobachter und der Selbsteinschätzung der Vpn gegeben*

Serviceteil

Zeit	Ablauf: Versuchspersonen (Vpn)	Ablauf: Versuchsleiter (VL) und Beobachter (B)
0:50	*Abgabe der Fragebögen und der ausgefüllten Quittung bei der Kp*	*Der VL bedankt sich für die Teilnahme* Haben alle Vpn den Fragebogen abgegeben, werden die Teilnahmebestätigungen verteilt und die Versuchsgruppe darf den Raum geschlossen verlassen, sobald die nächste Versuchsgruppe den Raum betritt
0:55		*Raumcheck für nächste Gruppe*

Anmerkung: Angaben in kursiver Schrift *sind für den Versuchsleiter und die Beobachter gedacht. Angaben in* normaler Schrift *enthalten Anweisungen für die Versuchspersonen und sollten wortwörtlich vorgelesen werden.*

Literatur

Francis, D./Young, D. (1996): Mehr Erfolg im Team: ein Trainingsprogramm mit 46 Übungen zur Verbesserung der Leistungsfähigkeit in Arbeitsgruppen. 5. Aufl. Hamburg.

Anhang 3: Der Kohärenzfragebogen (SOC – Sense of Coherence)

Merkmal	Zuordnung	Kurzversionen
1. Verstandenwerden	V	
2. Zusammenarbeitsorientierung	H	
3. Menschenkenntnis	V	
4. Gleichgültigkeit	S	SOC-13
5. Verhaltensambivalenz	V	SOC-13
6. Enttäuschungswahrnehmung	H	SOC-13
7. Interessenorientierung	S	
8. Zielorientierung	S	SOC-13
9. Ungerechtigkeitsgefühl	H	SOC-13
10. Veränderungsoffenheit	V	
11. Zukunftsorientierung I	S	
12. Anpassungsfähigkeit	V	SOC-13, *SOC-9*

Merkmal	Zuordnung	Kurzversionen
13. Trauerorientierung	H	
14. Lebenssinn	S	SOC-9
15. Lösungsorientierung	V	
16. Zufriedenheitsorientierung	S	SOC-13, SOC-9
17. Offenheitsorientierung	V	
18. Bewältigungsorientierung	H	
19. Gefühlsdiffusion	V	SOC-13, SOC-9
20. Optimismus	H	SOC-9
21. Gefühlsnegierung	V	SOC-13
22. Sinnorientierung	S	SOC-9
23. Beziehungsstabilität	H	
24. Situationsüberforderung	V	
25. Pessimismus	H	SOC-13, SOC-9
26. Bedeutungsangemessenheit	V	SOC-13
27. Problemlösungsorientierung	H	SOC-9
28. Sinnlosigkeitshäufigkeit	S	SOC-13, SOC-9
29. Gefühlsschwankungen	H	SOC-13

Anmerkungen: Die Merkmalskurzbezeichnungen geben nur einen Hinweis auf die einzelnen Merkmalsinhalte, deren Sinn erschließt sich erst in der Vollversion der Skalen, da die Merkmalsausprägungen vielfach Teil der Fragenformulierung sind. Die Zuordnung erfolgt nach den folgenden Kürzeln (mit Häufigkeiten): V = Verstehen (11x), H = Handhabbarkeit/Manageability (10x), S = Sinnhaftigkeit/Bedeutsamkeit (8x). Die einzelnen Merkmale werden auch in Kurzskalen verwendet, deren Zuordnung gibt die dritte Spalte an, wobei sowohl der SOC-13 eine ungleiche Merkmalsanzahl für die einzelnen Gesamtskalen verwendet (5xV, 4xH, 4xS) als auch der SOC-9 (2xV, 3xH, 4xS).

Literatur

Antonovsky, A. (1997): Salutogenese. Zur Entmystifizierung der Gesundheit. Tübingen.
Singer, S./Brähler, E. (2007): Die »Sense of Coherence Scale«. Testhandbuch zur deutschen Version. Göttingen.

Anhang 4: Bibliographische Nachweise der Texte

Kap. 1:
Der Text des 1. Kapitels wurde für den vorliegenden Band neu verfasst.

Kap. 2:
Der Text ist eine überarbeitete Version des 3. Kapitels aus *Elbe, M. (2002): Wissen und Methode: Grundlagen der verstehenden Organisationswissenschaft. Opladen: Springer VS (Leske + Budrich)*.

Kap. 3:
Der Text wurde in weiten Teilen für den vorliegenden Band neu verfasst, Teile des Abschn. 3.2 basieren jedoch auf überarbeiteten Textpassagen aus *Elbe, M. (2002): Wissen und Methode: Grundlagen der verstehenden Organisationswissenschaft. Opladen: Springer VS (Leske + Budrich)*.

Kap. 4:
Im Text des 4. Kapitels wurde der Abschn. 4.1.1 für den vorliegenden Band neu verfasst, der Abschn. 4.1.2 basiert auf dem Artikel von *Elbe, M., Butros, G. & Stenke, M.-I. (2015): „Ich nehme alles!" Idealtypen der Psychotherapie und das therapeutische Verstehen in der Praxis. In: Zeitschrift für Gesundheit und Sport 1/2015, S. 7–23*, der gekürzt und überarbeitet wurde, die Abschn. 4.2 und 4.3 basieren auf Texten aus dem Band *Elbe, M. (2016): Sozialpsychologie der Organisation: Verhalten und Intervention in sozialen Systemen. Berlin: Springer Gabler*, die für diese Ausgabe überarbeitet wurden.

Kap. 5:
In diesem Kapitel wurden die Abschn. 5.1 und 5.2 dem Projektbericht *Elbe, M. (2016): Der EBVFB (Elbe-Beyer-Verstehensfragebogen): Hintergrund und Konstruktion. Projektbericht an der HMKW Hochschule für Medien, Kommunikation und Wirtschaft. Fachbereich Wirtschaftspsychologie. Berlin* entnommen und für diese Publikation überarbeitet. Das Abschn. 5.3 beruht auf Auszügen aus dem Beitrag *Elbe, M. (2014): Salutogenese – Individuum und Organisation aus gesundheitswissenschaftlicher Sicht. In: Zinner, J., Elbe, M. & Lange, D. (Hrsg.): Handbuch Gesundheitscoaching. Kompendium für Praxis und Lehre. Berlin: H:G/Top Sportmarketing, S. 37–47*. Das Abschn. 5.4 wurde für das vorliegende Buch neu verfasst.

Kap. 6:
Der Text des 6. Kapitels geht auf Arbeiten des Autors aus dem Jahr 1997 zurück. In dieser Form veröffentlicht wurde der (korrigierte) Text als 7. Kapitel in *Elbe, M. & Peters, S. (2016): Die temporäre Organisation: Grundlagen der Kooperation, Gestaltung und Beratung. Berlin: Springer Gabler.*

Kap. 7:
Der Text ist ein korrigierter Wiederabdruck des Artikels *Elbe, M. (2021): Gewaltpotenziale verstehen. Zur militärischen Sozialisation als Weitergabe organisational memorierter Gewalt. In: Leonhard, N. & Dimbath, O. (Hrsg.): Gewaltgedächtnisse. Analysen zur Präsenz vergangener Gewalt. Wiesbaden: Springer VS, S. 203–231.*

The manufacturer's authorised representative in the EU is Springer Nature Customer Service Centre GmbH, Europaplatz 3, 69115 Heidelberg, Germany. If you have any concerns regarding our products, please contact ProductSafety@springernature.com

Printed and bound by CPI Group (UK) Ltd, Croydon, CR0 4YY

25/03/2026

02078231-0003